PUBBLICAZIONI DELLA FACOLTÀ DI SCIENZE DELL'EDUCAZIONE
DELL'UNIVERSITÀ PONTIFICIA SALESIANA

ENCICLOPEDIA
DELLE SCIENZE DELL'EDUCAZIONE

69.

MICHELE PELLEREY

EDUCARE

Manuale di pedagogia come scienza pratico-progettuale

MICHELE PELLEREY

EDUCARE

Manuale di pedagogia
come scienza pratico-progettuale

LAS - ROMA

2^a *Ristampa:* Ottobre 2005

Piazza dell'Ateneo Salesiano, 1 - 00139 ROMA
Tel. 06 87290626 - Fax 06 87290629
e-mail: las@ups.urbe.it - http://las.ups.urbe.it

Elaborazione elettronica: LAS ☐ *Stampa:* Tip. Istituto Salesiano Pio XI - Via Umbertide, 11 - Roma (Ottobre)

INTRODUZIONE

Gaston Mialaret in un contributo del 1998 dal titolo «Studio scientifico delle situazioni educative»[1] ha affrontato alcune delle questioni connesse con la definizione dei caratteri della ricerca scientifica propria delle discipline che studiano il campo dell'educazione. Il titolo evoca una proposta originaria dello stesso Autore: definire tali discipline non come *scienze dell'educazione*, bensì come *scienze delle situazioni educative*. La Pedagogia, secondo questa prospettiva, va vista come uno studio sistematico della pratica educativa o, meglio, delle pratiche educative, esaminate nella loro molteplicità e complessità da una pluralità di prospettive di indagine.

Nel suo contributo, Mialaret esamina e cerca di rispondere alle critiche avanzate circa la possibilità di condurre un vero e proprio studio scientifico delle situazioni educative. Gli argomenti avversi si basano spesso sull'ovvia constatazione che ogni situazione educativa è unica nel tempo e nello spazio. Tenendo conto di queste obbiezioni l'Autore riconosce che, anche se la ricerca conduce a dei risultati, l'educatore rimane sempre responsabile delle sue scelte nel contesto dell'azione educativa. «Il ricercatore non ha ordini da dare all'educatore; egli può indicargli, in certi casi, i limiti da non oltrepassare senza danno, in altri casi, indicare possibilità non sfruttate, in tutti i casi, dare un'immagine obiettiva «a specchio» di ciò che avviene» (*Ibidem*, 8).

La Pedagogia, inoltre, se deve garantire il suo aggancio con le situazioni concrete, con la pratica effettiva, non può, però, identificarsi completamente con un insieme più o meno organico di scienze descrittive, rappresentative di particolari visioni di una realtà complessa e dinamica. Essa ha anche la responsabilità di fornire indicazioni metodologiche su come affrontare tali situazioni educative, soprattutto quando esse si presentano difficili, problematiche. E questo comporta una ricomposizione operativa del quadro offerto dalle diverse scienze.

[1] La rivista annuale francese *L'année de la recherche en sciences de l'éducation* (Paris, PUF, 1998) ha aperto il numero del 1998 con il contributo di Gaston Mialaret dal titolo «Étude scientifique des situations d'éducation» (pp. 7-30).

La proposta, che viene sviluppata in questo manuale, è analoga a quella delineata da Mialaret: considerare la Pedagogia come una scienza pratico-progettuale, cioè una scienza direttamente riferita alla pratica, all'azione educativa, ma non prescrittiva, nel senso di indicare in maniera precisa quali modalità d'azione si devono assumere per poter raggiungere i risultati desiderati. Una scienza che risulta, quindi, relativamente autonoma, in quanto essa deve valorizzare tutto ciò che le varie scienze dell'educazione possono offrire al fine di comprendere più in profondità le differenti situazioni educative e poter così intervenire in esse con più incisività e validità.

Che la Pedagogia vista in questa prospettiva possa essere considerata una scienza comporta alcune precisazioni circa la natura stessa della scienza. Nel nostro caso occorre assumere, in questa temperie post-moderna, una definizione più attenta ai limiti intrinseci delle stessa tradizionale ricerca scientifica. Inoltre, l'aggettivo che la qualifica come scienza «pratica» indica non solo che l'oggetto di studio è la pratica educativa, ma anche che i risultati ottenuti non hanno una valenza solo descrittiva, rappresentativa, esplicativa, bensì, come sottolineato da Mialaret, anche di orientamento all'azione, di guida alla elaborazione di progetti di intervento, di sostegno alla operatività dell'educatore. Non in termini prescrittivi, bensì orientativi, metodologici; critici, anche, per aiutare a cogliere le inadeguatezze, le ingiustizie, le false illusioni che si annidano nell'agire educativo, che, di fronte alle resistenze degli educandi, può rifugiarsi nell'imposizione o nell'abbandono, incapace di assumere la responsabilità di accettare la loro «alterità».

È, infatti, nell'emergere delle difficoltà, delle incertezze, dei blocchi nel corso della pratica educativa che si manifesta la qualità dell'azione educativa. La nascita di uno stato problematico, nutrito di conflitti cognitivi e reazioni emozionali, diventa il motore di una rilettura profonda della situazione educativa al fine di prospettare una pratica educativa più valida in sé e più feconda di risultati. Di qui la necessità di un'analisi attenta dell'azione umana, e di quella pedagogica in particolare, da un molteplice punto di vista, filosofico e psicologico. Il processo decisionale in quest'ambito conduce alla progettazione di uno schema d'azione, che comprende obiettivi, itinerari, contesti umani e relazionali, che risultino coerenti e chiaramente finalizzati.

La pratica educativa viene in tale quadro esaminata sotto il profilo della conversazione culturale e del dialogo interpersonale, conversazione e dialogo che caratterizzano in particolare gli anni del passaggio alla vita adulta. L'esperienza quotidiana è segnata da quella che da M.M. Bakhtin[2] è

[2] Del critico letterario russo Mikhail Mikhailovich Bakhtin sono particolarmente significative alcune opere tradotte in inglese negli anni ottanta e, soprattutto: *The dialogic imagination*

stata chiamata la inerente dialogicità della condizione umana, che incessantemente porta all'incontro con una molteplicità di voci: quelle che provengono da altre singole persone, dal proprio sé più intimo, da gruppi informali o organizzati, dalle istituzioni, dai tanti testi proposti dalla comunicazione di massa.

K. Burke[3] suggerisce di esaminare tale dialogicità secondo un metodo più comprensivo di quello spesso utilizzato: l'azione umana è certo l'unità minima di analisi, e ciò comporta la presa di coscienza di almeno cinque riferimenti essenziali: l'atto stesso, la scena, l'agente, la sua competenza, la finalità intesa. Nel caso dell'interazione educativa non si tratta di singole azioni, ma di un intreccio complesso di atti, di agenti, di competenze, di finalità che si collocano nel contesto di una particolare situazione pedagogica. Un contesto che dovrebbe assumere la realtà di una comunità educativa, nella quale gli educandi possano a poco a poco costruire la propria identità in maniera sufficientemente coerente e definita per poter poi aprirsi all'incontro con contesti culturali, sociali, professionali più vasti e complessi.

Questo insieme di esigenze e prospettive fa da sfondo a questo manuale di Pedagogia intesa come scienza pratico-progettuale. Un manuale, quindi, a uso di quanti si preparano ad assumere compiti e responsabilità educative, oppure si impegnano nella riconsiderazione della propria professionalità pedagogica. Un manuale che dovrebbe mettere in grado il lettore, alla fine di un suo attento studio, di raggiungere questi obiettivi:

- *definire l'identità e il ruolo della Pedagogia intesa come scienza pratico-progettuale, nel contesto della differenti Scienze dell'educazione e dei differenti approcci proposti;*
- *descrivere la natura della pratica educativa intesa come pratica umana sociale collaborativa, indicandone il momento centrale caratterizzante;*
- *identificare la struttura fondamentale dell'agire educativo e le fasi che ne caratterizzano il suo sviluppo operativo;*
- *indicare la natura di un processo di progettazione educativa, inteso come processo di soluzione di problemi, mettendo in luce la sua struttura e la sua dinamica;*
- *definire il concetto di domanda educativa, prospettandone alcune di-*

(Austin, University of Texas Press, 1981); *Problems of Dostoevsky's poetics* (Minneapolis, University of Minnesota Press, 1984).

[3] Del critico drammaturgico Kenneth Burke sono molte le opere significative di riferimento. Qui basta citare: *Language as symbolic action: Essay on life, literature and method* (Berkeley, University of California Press, 1966); *A grammar of motives* e *A rhetoric of motives* (Berkeley, University of California Press, 1969); *Dramatism and development* (Worcester, Mass., Clark University Press, 1972).

mensioni fondamentali ed illustrando alcuni metodi di analisi dei bisogni educativi dei giovani;

- *presentare la natura, il ruolo e i limiti dei modelli di pratica educativa nel contesto di un processo di progettazione pedagogica;*
- *precisare il concetto di obiettivo educativo, indicandone i metodi di determinazione e discutendone il ruolo e le problematiche connesse;*
- *identificare il ruolo della progettazione di un itinerario educativo e i diversi modelli che possono essere presi in considerazione;*
- *esaminare la pratica educativa sotto il profilo della metafora della conversazione, cogliendo in essa la centralità del dialogo tra educatore ed educandi;*
- *identificare la natura e il ruolo della comunità educativa come luogo di sviluppo della pratica conversazionale;*
- *indicare le caratteristiche fondamentali del sistema di relazioni interpersonali che deve essere impostato in un progetto di pratica educativa;*
- *descrivere i caratteri della persuasione verbale, dell'esperienza mediata o vicaria e dell'esperienza diretta, intese come forme di azione educativa;*
- *distinguere i vari aspetti e ruoli del processo di valutazione educativa, descrivendone le polarità fondamentali e alcuni modelli operativi e distinguendo tra valutazione del progetto, valutazione dell'azione educativa e valutazione dei suoi risultati;*
- *indicare le esigenze, gli obiettivi e le modalità di formazione degli educatori, e in particolare di quelli professionali.*

Ciascun capitolo affronta una specifica tematica, favorendo sempre l'integrazione dei nuovi argomenti nel quadro complessivo della trattazione. A ogni capitolo segue l'indicazione di letture di approfondimento e alcuni esercizi, che tendono a sollecitare da un lato una comprensione più puntuale e una qualche forma di autovalutazione continua e, dall'altro, una applicazione dei concetti appresi a ulteriori questioni in modo da renderli più operativi.

A quest'ultimo proposito mi sia consentito di suggerire di utilizzare un quaderno di lavoro, sul quale non solo riassumere le idee fondamentali contenute nei diversi paragrafi, ma anche svolgere i diversi esercizi. Tale quaderno dovrebbe accompagnare lo studio progressivo delle diverse parti del manuale e costituire la base non solo per lo sviluppo di una comprensione adeguatamente profonda di quanto letto, bensì anche di un'acquisizione stabile delle varie conoscenze.

Ringrazio, infine, gli studenti che negli ultimi anni hanno utilizzato le edizioni provvisorie e reprografate di questo manuale, aiutandomi a migliorarne continuamente il testo. Un particolare riconoscimento va alla signora Maria Orietta Orio che ha costantemente rivisto il testo dal punto di vista redazionale.

Roma, 1 settembre 1999

MICHELE PELLEREY

TESTI DI RIFERIMENTO

Vengono di seguito indicati al lettore alcuni testi di riferimento, che potranno risultare utili come fonti di chiarificazione terminologica, concettuale e bibliografica.

In italiano:

Dizionario di scienze dell'educazione curato da J.M. Prellezo (coord.), C. Nanni e G. Malizia (Torino-Roma, LDC-LAS-SEI, 1997).
Trattato delle scienze pedagogiche a cura di M. Debesse e G. Mialaret (Roma, Armando, 1971).
Nuovo lessico pedagogico di Mauro Laeng (Brescia, La Scuola, 1998).
Enciclopedia pedagogica a cura di Mauro Laeng (Brescia, La Scuola, 1989).
Atlante della pedagogia a cura di Mauro Laeng in tre volumi dedicati rispettivamente a: *Le idee; Le didattiche; I luoghi* (Napoli, Tecnodid, 1990).

In inglese:

The international encyclopedia of education a cura di T. Husén e T.N. Postlethwaite (Oxford, Pergamon, 1989).
A dictionary of education di D. Rowntree (London, Harper & Row, 1981).
A critical dictionary of educational concepts di Barrow R. & G. Milburn (New York, Teachers College Press, 1990, 2nd ed.).

In francese:

Traité des sciences pédagogiques a cura di M. Debesse e G. Mialaret (Paris, PUF, 1969).
Dictionnaire encyclopédique de l'éducation et de la formation a cura di P. Champy e C. Etévé (Paris, Nathan, 1995).
Dictionnaire de pédagogie di L. Arenilla (Paris, Bordas, 1995).

In spagnolo:

Diccionario Porrúa de pedagogía y ciencias de la educación di F. Larroyo (México, Porrúa, 1982).
Diccionario de las ciencias de la educación (Madrid, Santillana, 1983).
Diccionario de ciencias de la educación a cura di B.A. Escolano (Madrid, Anaya, 1984-87). Comprende i seguenti volumi: *Teoría de la educación, Investigación educativa, Historia de la educación* (I, II)*, Educación comparada, Sociología y economía de la educación, Psicología de la educación, Didáctica y tecnología de la educación, Educación especial y orientación, Administración educativa.*
Diccionario europeo de la educación a cura di J.L. García Garrido (Madrid, Dikynson, 1996).
Diccionario de ciencias humanas di F. Blazques (Estella, Editorial Verbo Divino, 1997).

In tedesco:

Handbuch Pädagogischer Grundbegriffe a cura di J. Speck e G. Wehle (München, Kösel, 1970).
Theorien und Grundbegriffe der Erziehung und Bildung a cura di D. Lenzen e K. Mollenhauer (Stuttgart, Klett, 1983).
Pädagogisches Wörterbuch a cura di H.J. Laabs et alii (Berlin, Volk und Wissen, 1982).
Pädagogik: Handbuch für Studium und Praxis a cura di L. Roth (München, Ehrenwirth, 1991).

SOMMARIO

PRIMO CAPITOLO

LA PEDAGOGIA COME SCIENZA PRATICO-PROGETTUALE

Il primo capitolo ha come obiettivo generale quello di inquadrare la Pedagogia intesa come scienza pratico-progettuale nel contesto delle differenti Scienze dell'educazione. Per far questo vengono presentati alcuni approcci generali al problema dello studio di una metodologia della progettazione, sviluppo e valutazione della pratica educativa. L'articolazione del discorso è guidata da una scelta particolare, rileggere tale metodologia come una scienza progettuale, cioè come una scienza orientata a risolvere i problemi di natura educativa che emergono nel corso dell'azione, mediante l'elaborazione di progetti di intervento che mirano a migliorare la pratica educativa e i suoi risultati. Tuttavia, per comprendere i problemi da affrontare, valorizzare la memoria pedagogica e, quindi, impostare una soluzione valida ed efficace occorre da una parte prendere in considerazione gli apporti delle altre Scienze dell'educazione e, dall'altra, sviluppare particolari metodologie di ricerca e di lavoro.

Obiettivi del capitolo

Al termine dello studio di questo capitolo il lettore dovrebbe essere in grado di:

- *definire i termini di* metodo *e di* metodologia;
- *analizzare criticamente il concetto di Pedagogia come scienza pratico-prescrittiva*;
- *esaminare una possibile definizione di Pedagogia come scienza pratico-progettuale*;
- *elencare i caratteri che permettono di affermare che la Pedagogia intesa come scienza pratico-progettuale è una scienza*;
- *descrivere alcuni metodi di ricerca applicati allo studio della pratica educativa*;
- *indicare il tipo di rapporti che collegano la Pedagogia alle altre scienze dell'educazione.*

1. Natura della Pedagogia come scienza pratica

La Pedagogia come scienza pratica è stata anche definita Metodologia pedagogica oppure Metodologia dell'educazione.[1] Tale titolazione segnala abbastanza bene la sua natura. Dai termini greci *methodos* e *logos* viene il sostantivo, che significa analisi logica o organizzazione logica del metodo, cioè del percorso o itinerario. L'aggettivo specifica che si tratta di percorsi e itinerari educativi.

La Pedagogia come scienza pratica o Metodologia dell'educazione allora può essere intesa come una rivisitazione attenta e consapevole non solo dei modelli di pratica educativa proposti e attuati, ma anche delle risorse, degli strumenti, dei metodi, dei dispositivi, dei congegni in essa sviluppati e che sono disponibili oggi per progettare e attuare un intervento educativo. Questa rivisitazione non ha solo uno scopo conoscitivo, ma soprattutto operativo e strategico, in quanto è diretta a impostare un'azione educativa che sia a un tempo valida ed efficace: valida, quanto a obiettivi, contenuti e metodi; efficace, quanto a risultati conseguiti. L'aspetto strategico deriva dal fatto che un percorso formativo può essere costituito solo in riferimento a un concreto e specifico contesto educativo, orchestrando in maniera conveniente le differenti risorse formative disponibili in vista di mete educative determinate. Non si può infatti pensare a un metodo universale e assoluto, ma soltanto a principi di metodo, cioè a indicazioni operative su come e con quali procedure è possibile e desiderabile organizzare l'azione educativa.

La Pedagogia vista nella nostra prospettiva è una scienza che è stata spesso definita pratico-prescrittiva.[2] Pratica, nel senso che non è diretta a costruire sistemi di sapere, bensì a risolvere problemi d'azione; prescrittiva, nel senso che non mira tanto a descrivere aspetti dell'uomo, della società, del mondo, bensì a orientare l'azione. In due sensi: fornendo suggerimenti su come procedere e indicando una mappa delle aree di intervento

[1] Nella tradizione accademica la Pedagogia veniva suddivisa in due parti: una teorica, l'altra pratica. A esempio G. Corallo ha articolato la sua *Pedagogia* in due volumi. Il primo volume (1965) dal sottotitolo: *L'educazione. Problemi di pedagogia generale*. Il secondo volume (1967) ha come sottotitolo: *L'atto di educare. Problemi di metodologia dell'educazione*. La dizione «metodologia pedagogica» può prestarsi a qualche equivoco in quanto può far pensare soltanto a un discorso relativo ai metodi di ricerca in campo pedagogico, escludendo la considerazione della pratica educativa in se stessa.

[2] Cosimo Scaglioso esplicita il concetto in un intervento dal titolo «Azione educativa e pedagogia come scienza pratica» incluso nel volume a cura di G. DALLE FRATTE, *L'agire educativo: ragioni, contesti, teorie* (Roma, Armando, 1995, pp. 207-217). Il testo è corredato da una ricca e articolata bibliografia sul tema. Lo stesso tema era stato affrontato da Scaglioso nell'«Introduzione» al lavoro di L. FABBRI, *Ricerca pedagogica e pratiche educative. Per una pedagogia come scienza pratica* (Napoli, Tecnodid, 1994).

più significative. Spesso il carattere prescrittivo è stato anche descritto come «normativo» e la pedagogia vista come scienza normativa. Questa denominazione, però, può essere equivoca, in quanto si può inferire da essa che per agire in maniera valida e feconda basti seguire norme dettate dalla pedagogia. In realtà, e val bene ripeterlo, la metodologia dell'educazione può solo aiutare a conoscere meglio i problemi educativi da affrontare, a impostare un progetto di azione che almeno in via di ipotesi si presenti come valido ed efficace, a sviluppare il progetto con flessibilità e continuità, a controllare e valutare nel corso dell'azione il suo andamento e al suo termine i suoi effetti.

Essa costituisce una parte della Pedagogia intesa in senso tradizionale come «teoria e metodologia dell'educazione», di conseguenza entra in stretto dialogo con le varie teorie dell'educazione, come quelle di natura filosofica o teologica. Più in generale fa parte del sistema delle scienze dell'educazione, dialogando con queste da vari punti di vista: cercando in esse quadri di lettura, di interpretazione e di valutazione della realtà e dei problemi educativi; utilizzando concetti e metodi che aiutino a impostare la progettazione degli interventi educativi in maniera valida e feconda; valorizzando strumenti e tecniche di osservazione, rilevazione e valutazione applicandoli alle differenti situazioni educative.

La qualità, quindi, delle Scienze dell'educazione con le quali dialoga influenzerà anche la qualità di una metodologia dell'educazione. L'utilizzazione di elementi affidabili e rilevanti delle diverse scienze dell'educazione è certamente condizione necessaria per impostare in maniera valida e feconda l'azione educativa, tuttavia ciò non è sufficiente. La specificità della Pedagogia come scienza pratico-progettuale fa sì che il tribunale della sua qualità (validità, pertinenza e affidabilità) sia la pratica impostata e realizzata che a essa si ispira. In quanto relazionata da una parte alle varie Scienze dell'educazione e dall'altra alla pratica educativa, essa deriverà da ambedue i campi di conoscenze e valori più o meno fondati, sostanziali e produttivi, utilizzando come criteri di valutazione e di integrazione categorie teoriche scientifiche per quanto riguarda l'analisi della pratica e categorie pratiche operative per selezionare i contributi delle scienze.

Per quanto concerne le varie Scienze dell'educazione, queste sono in continua evoluzione e nuove impostazioni, quadri concettuali e programmi di ricerca si succedono nel tempo. Basti pensare alla psicologia dell'educazione e alle sue transizioni. Nuove teorie nascono dalla crisi delle vecchie, più per insufficiente capacità di spiegazione, che per errori o falsità di risultati. Quanto alle pratiche educative, un carattere comune a molte di loro è di venire attuate in istituzioni: famiglie, scuole, chiese, associazioni, centri sociali e ricreativi, colonie e campi estivi, movimenti religiosi ed educativi. In molti casi queste pratiche caratterizzano, almeno nelle loro linee programmatiche generali, tali istituzioni. I modelli ideali a cui ci si ispira, però, molte volte manifestano scarsi risultati pratici nella loro concretizzazione per incertezze di interpretazione, per insicurezze operative, per scarsa comprensione delle situazioni educative e dei loro problemi, per incoerenze e conflittualità. In molti casi si deve tuttavia constatare che l'origine di tali difficoltà va ricondotta al modello stesso o, almeno, ad alcune sue componenti. Un modello di pratica educativa deve, cioè, essere continuamente adattato, tenendo conto dei cambiamenti storici, sociali e culturali, che si verificano.

Da questa constatazione deriva un carattere proprio della Pedagogia: la sua necessaria adattatività. Essa cerca di delineare orientamenti per l'azione che necessariamente sono radicati nella storia e nella cultura, e che debbono rapportarsi alle varie istituzioni e ai differenti ruoli educativi presenti nella società.

In generale si può affermare che per giungere a una definizione più ricca e comprensiva conviene considerare due suoi aspetti fondamentali, tradizionalmente raccolti nell'espressione «scienza e arte dell'educazione», e cioè: a) l'aspetto di sapere generale garantito da riscontri empirici e che non dipende né dalla modalità con cui si agisce, né dall'inserimento dell'agire in un preciso contesto (cultura pedagogica);[3] b) l'aspetto di sapere pratico, soggettivo, che implica capacità di scelta, di decisione in contesti specifici (competenza pedagogica).

Per esprimere il collegamento tra questi due aspetti si potrebbe usare per la metodologia pedagogica la formula «base scientifica dell'arte educativa». Tuttavia, come giustamente fa notare Blankertz, non è possibile impostare un'azione formativa senza tener conto di assunzioni generali riguardanti l'uomo, la sua crescita, il suo significato. Questo quadro di riferimento teoretico-filosofico, d'altronde, più che fornire principi dai quali si possano dedurre norme per l'azione educativa, indica confini, segnala incoerenze (Blankertz, 1977, 30-38). D'altra parte, ogni metodo educativo, proposto o adottato, trova il suo fondamento in assunzioni di natura teorico-filosofica, implicite o esplicite: motivi, significati, valori che animano lo studioso o l'educatore.

Occorre inoltre subito riconoscere come l'azione educativa non possa essere considerata come un'azione puramente guidata da regole e principi, anche se questi hanno un ruolo importante nell'esaminare i problemi posti dall'educazione e nell'individuare strategie di soluzione. Esiste, infatti,

[3] Riccardo Massa (1992, 28) intende la cultura pedagogica non come disciplina pratica, bensì come «una disciplina conoscitiva, analitica e critico-ermeneutica. Una disciplina capace di configurarsi in quanto tale come tipo determinato di ricerca empirica, di intervento e di consulenza altamente professionalizzati, in ordine a qualunque aspetto dell'esperienza (in quanto sempre passibile di un punto di vista così inteso)».

una sua componente tacita o personale. Polanyi (1990, 139) osserva: «un'arte non può essere specificata nei dettagli, non può essere trasmessa mediante prescrizioni... può essere trasmessa soltanto mediante l'esempio del mastro dell'apprendista». La crescita della conoscenza e della competenza educativa è legata di conseguenza in parte allo sviluppo di una capacità di riflessione nell'azione, oltre che di riflessione prima e dopo di questa. Se questo tipo di conoscenze e competenze non è descrivibile per mezzo di un sistema di regole, né può svilupparsi solo sulla base dell'osservanza di regole espresse e formalmente descritte, come può essere còlto? In genere si risponde: osservando l'azione di persone competenti o esperte e attraverso le interpretazioni che queste ne danno sotto forma di narrazioni. L'agire delle persone esperte in effetti è caratterizzato dalla capacità di inquadrare immediatamente in modo completo e articolato le varie situazioni e di portare a termine tali decisioni in modo fluido, appropriato e senza sforzo. Analoga osservazione viene avanzata evidenziando il ruolo delle intenzioni e delle scelte personali presenti nell'azione dell'educatore.

Pur tenendo conto di queste osservazioni, la pratica educativa non solo può, ma deve essere riletta, criticata e sollecitata da vari punti di vista: quello dell'analisi teorica (filosofica e teologica e in questo contesto si può ricollocare anche l'analisi storica), quello derivante dall'indagine scientifica e quello proprio dell'approccio tecnologico e tecnico-operativo. L'analisi che segue in questo capitolo è diretta più particolarmente a esaminare se e a quale titolo la Pedagogia, o metodologia dell'educazione, possa essere considerata oggi una scienza a partire dalla considerazione degli orientamenti epistemologici attuali circa la natura di una disciplina scientifica.

2. La pratica dell'educazione come oggetto di indagine della Pedagogia

La Pedagogia, come sopra ricordato, è stata definita spesso come l'arte e la scienza dell'educazione, analogamente a quanto detto della didattica come arte e scienza dell'insegnamento. In quanto arte si può pensare a un continuo nel quale a uno dei suoi poli si collochi la componente artistica dell'educazione, un processo che «richiede intuizione, creatività, improvvisazione, espressività» (Gage, 1978, 15); mentre all'altro polo si abbia l'aspetto tecnico-operativo del processo, aspetto che implica abilità specifiche, definite da regole e procedure, basate spesso su precise constatazioni di natura scientifica. Al cuore di questo continuo può essere posta l'abilità di decidere in modo coerente, prudente e responsabile il bene degli educandi in un contesto situazionale complesso. L'eccellenza nel possesso di tale abilità è caratterizzata da intuizione, sensibilità al contesto, flessibilità.

Ponendosi in questa prospettiva, Eisner (1977) ha suggerito di utilizzare anche nello studio della pratica educativa la stessa competenza valutativa e critica che è presa in considerazione in campi artistici, come la letteratura, le arti visive, la musica. In questi campi di indagine si valorizza lo studio delle qualità globali, od olistiche, piuttosto che quantità derivate da metodi analitici. L'uso, cioè, di punti di vista «interni», piuttosto che di punti di vista obiettivi, esterni: un approccio diretto a capire gli eventi didattici, piuttosto che a spiegarli.

L. Stenhouse dal canto suo ha evidenziato come una ricerca scientifica nel campo della pedagogia e in quello della didattica sia una forma di indagine relativa alla pratica educativa, indagine condotta in maniera sistematica, autocritica e resa di pubblico dominio. Tale forma di indagine è fondata sul desiderio di comprendere, più che di spiegare; è sistematica, nel senso che è guidata da una strategia chiara ed esplicita; assume un atteggiamento mentale di tipo problematico che è regolato da principi metodologici di natura critica quanto alle risposte via via ottenute alle questioni poste; è resa pubblica, perché diventa parte di un complesso di discorsi critici presenti in una comunità di studiosi; ed è direttamente riferita alla costruzione di una teoria della pratica educativa. «Se questa relazione con la costruzione di una teoria della pratica educativa debba essere sviluppata da una teoria pedagogica a un qualche livello di generalizzazione oppure da un'estensione dell'esperienza che informa la pratica, o, ancora, elaborando un quadro di riferimento per una ricerca-azione [...], o da una valutazione critica della pratica, o da tutte queste cose insieme sembra una questione aperta. Ma due punti mi appaiono chiari: primo, che gli insegnanti debbano inevitabilmente essere coinvolti nel processo di ricerca; secondo, che i ricercatori debbano giustificare le loro conclusioni agli insegnanti e non questi ultimi ai ricercatori» (Stenhouse, 1981, 114).

E. Eisner (1985, 259-260) ha osservato anche che: «Molti cambiamenti, forse la maggior parte di quelli avvenuti nella pratica educativa e che derivano da nuovi modi di considerare l'educando, hanno preceduto, piuttosto che seguire, quanto emerso dalla ricerca educativa. [...] Per farla breve, io credo che la nostra propensione a modificare la pratica educativa è in funzione più dell'attrattiva che presenta un insieme di idee, che del rigore di un corpo di conclusioni basato su dati». E continua: «Ciò che io credo necessario, se la ricerca educativa vuole effettivamente informare la pratica, è la costruzione di un apparato concettuale e di un insieme di metodi specifici per questo tipo di ricerca» (*Ibidem*, 264). Egli insiste, poi, sul fatto che accanto a un linguaggio scientifico che sia pedagogicamente rilevante, debba esserci un linguaggio critico le cui radici siano collocate in ambito umanistico, un linguaggio «sensibile a ciò che è sottile, ma significativo nei vari contesti educativi, un linguaggio che usa le categorie artistiche, quando è necessario, per mettere in risalto le sottigliezze dell'ambiente educativo a coloro che non le discernono. Quando ben elaborato, questo linguaggio offre intuizioni e quel tipo di guida che il linguaggio scientifico prosciugato della componente emozionale non può dare» (*Ibidem*, 266).

3. La Pedagogia come disciplina scientifica

A questo punto può essere legittimamente posta la domanda: può la Pedagogia, intesa come scienza pratico-progettuale, essere considerata una disciplina scientifica?

H. Freudenthal negli anni settanta affrontò tale questione, esaminandola sotto il profilo dell'educazione matematica, nei termini seguenti. In primo luogo egli tracciò alcuni criteri per definire un campo di studio, e il relativo metodo di indagine, come scientifico. Il primo criterio citato era: «Una questione deve essere rilevante e pertinente [...]; e la questione è tale se consente di avere una risposta che abbia le stesse caratteristiche [...]. La rilevanza non è una proprietà locale soltanto in riferimento a un singolo problema e a una specifica affermazione, ma anche una proprietà globale per un intero insieme di questioni, teorie, campi di conoscenza. Dove "rilevante" significa "ricco di riferimenti", cioè di relazioni con qualche realtà esterna, piuttosto che all'interno del sistema stesso di relazioni» (Freudenthal, 1978, 4-6). A mio avviso, come cercherò di evidenziare nel seguito più in dettaglio, questa rilevanza nel caso della Pedagogia deve essere ricercata e trovata nella realtà della pratica educativa.

Il secondo criterio è la consistenza. «La consistenza non può essere intesa solo in senso oggettivo, come proprietà di un sistema, ma anche dal punto di vista del soggetto che agisce». Svilupperò tale criterio nel seguito segnalandone due caratteristiche: la coerenza interna dell'argomentazione sviluppata e la validità esterna riferita alla pratica educativa.

Il terzo criterio, e a mio avviso quello più centrale, è la pubblicità. «La scienza è un fatto sociale, qualcosa che è esercitato in pubblico ed è accessibile, soggetto alla pubblica approvazione o disapprovazione, un terreno comune, una cattolicità» (*Ibidem*, 12). E da questo punto di vista occorre ricordare come Stenhouse sottolineasse che i ricercatori devono giustificare se stessi a chi agisce nella pratica e non viceversa. Nel pubblico discorso relativo ai risultati dell'attività di ricerca devono trovare il loro posto anche le voci, le opinioni che provengono dal mondo della pratica.

La risposta alla questione posta all'inizio, se, cioè, la pedagogia possa essere considerata una disciplina scientifica, può essere positiva o negativa. Essa dipende dalla natura e dall'inclusività della definizione di disciplina scientifica. Sarà positiva, se accettiamo come «scientifica» una disciplina che abbia queste tre proprietà principali: a) che i problemi (in francese *la problématique*) posti siano rilevanti (anche se dobbiamo specificare da quale punto di vista); b) che l'argomentazione sia internamente coerente ed esternamente valida; c) che i problemi, le argomentazioni e le conclusioni siano disponibili per una discussione pubblica. Sarà negativa, se si restringe la definizione al tradizionale approccio analitico, che implica: a) un chiaro oggetto formale di ricerca distinto da quello delle altre discipline; b) uno specifico metodo di indagine in grado di garantire la correttezza e verità delle conclusioni o asserzioni raggiunte, rimanendo chiusi all'interno del sistema.

Tuttavia occorre sottolineare un'ulteriore distinzione. Si tratta dell'antica distinzione tra scienze teoriche e scienze pratiche. Le scienze teoriche in questa prospettiva sono dirette a conoscere qualcosa del mondo, quelle pratiche sono, invece, dirette a cambiare qualcosa del mondo. Se esaminiamo il campo di studio della Pedagogia possiamo trovare tendenze di indagine più sensibili alle esigenze di una scienza teorica e tendenze di indagine più sensibili alle esigenze delle scienze pratiche. Tentando di sintetizzare il mio pensiero circa la natura della Pedagogia, posso affermare che essa deve essere considerata come una «scienza della pratica», della pratica che viene sviluppata ad ogni livello e in ogni contesto educativo. D'altro canto l'analisi delle varie pratiche può essere sviluppata secondo metodi e paradigmi di ricerca assai diversificati.

4. La Pedagogia come scienza della pratica

Con l'espressione «pratica» possiamo intendere «ogni forma complessa e coerente di attività umana cooperativa socialmente stabilita, attraverso la quale beni interni a questa forma di attività sono realizzati nel tentativo di raggiungere gli standard di eccellenza che le sono propri» (MacIntyre, 1981, 174). Di conseguenza ogni buona pratica e i relativi standard sono definiti storicamente e culturalmente. La pratica dell'educazione è chiaramente una pratica umana sociale i cui standard di eccellenza dipendono dalle concezioni, valori e convinzioni condivisi da una comunità. Le convinzioni e i valori della comunità educativa d'altra parte non sono sempre gli stessi di quelli della comunità degli studiosi e dei ricercatori.

Lo studio di una pratica, in particolare educativa, può essere condotto seguendo varie prospettive: a) più teoretiche (filosofiche, epistemologiche, storiche); più scientifiche (psicologiche, sociologiche, antropologiche, culturali); più tecnologiche e orientate all'azione. Il nocciolo della tesi sostenuta in questo capitolo sta nell'affermazione che l'insieme delle questioni che caratterizzano tale disciplina (*la problématique*) emerge dalla pratica, ciò vuol dire che i problemi da affrontare sono problemi nei quali ci si imbatte nel campo della pratica. Di conseguenza la plausibilità e la validità dei risultati e delle conclusioni raggiunti vanno ricercate nello stesso contesto e cioè nel miglioramento della pratica.

Ma per valutare un miglioramento di questo tipo è necessario avere a disposizione alcuni riferimenti teorici e assiologici: quali concezioni dell'uomo e della sua educazione vengono assunte; quali convinzioni abbiamo circa l'idea di una buona pratica educativa; quale valore attribuiamo ai diversi obiettivi, contenuti e metodi coinvolti in tale pratica. Infine, il miglioramento atteso può essere ottenuto secondo livelli e aspetti assai diversificati e quindi occorre che sia chiaro quando una pratica può definirsi migliore di un'altra o essa stessa migliorata nel tempo.

Se esaminiamo l'attività di ricerca in atto in diverse comunità scientifiche che hanno come campo di indagine l'educazione, possiamo identificare studi che sono sviluppati secondo una pluralità di approcci sia per metodologie utilizzate, sia per problematiche affrontate, sia per livelli di insegnamento considerati. A titolo di esempio si possono ricordare al livello istituzionale le differenti forme di organizzazione della comunità educativa, di attuazione delle relazioni tra educatori ed educandi, di scelta dei contenuti e dei mezzi formativi, il ruolo dei contratti educativi, la progettazione e la realizzazione di programmi educativi da parte della comunità formativa, le forme di valutazione dei processi educativi e dei loro risultati, la storia della pratica educativa e didattica ai vari livelli di età, di sviluppo e di formazione.

Per quanto riguarda gli educatori, si hanno studi relativi ai processi cognitivi e affettivi che precedono, accompagnano e seguono l'azione educativa (conoscenze, convinzioni, atteggiamenti, motivazioni, valori, emozioni) e studi rivolti alle modalità di progettazione, di presa di decisioni, di conoscenza e uso di pratiche educative e didattiche. A livello di singoli educandi si possono ricordare analoghi studi relativi ai processi affettivi e cognitivi che emergono prima, durante e dopo l'azione di apprendimento (conoscenze, convinzioni, atteggiamenti, motivazioni, attese, valori, emozioni) e rivolti all'analisi delle abilità e delle strategie utilizzate. Quanto all'analisi dei gruppi e delle diverse comunità si possono sottolineare le indagini concernenti le interazioni sviluppate tra educatori ed educandi, tra gli educandi stessi o tra gli educatori; in particolare tenendo conto del ruolo della discussione, dei conflitti cognitivi, dell'esperienza vicaria, del modellamento nella costruzione di concetti, abilità e atteggiamenti.

Occorre anche sottolineare come lo studio della pratica dell'educazione deve tener conto in maniera più consapevole e coerente della complessità e dinamicità dei vari processi, specialmente mediante la considerazione degli aspetti affettivi, motivazionali e volitivi dell'esperienza educativa. Questa componente affettiva è stata analizzata secondo diverse prospettive. Convinzioni, atteggiamenti ed emozioni sono termini che esprimono un largo spettro di affettività coinvolta nell'attività educativa. Essi possono essere catalogati secondo «un ordine di crescita del coinvolgimento affettivo e di decremento di quello cognitivo, crescente intensità e decrescente stabilità» (MacLeod, 1989, 246).

D'altro canto i metodi di ricerca variano passando da disegni sperimentali allo studio di storie di vita, da esplorazioni correlazionali a osservazioni sistematiche, dallo studio di casi in profondità a rapporti verbali, ecc. Tuttavia, questa tendenza non deve essere vista come un modo di agire anarchico e frantumato; essa va considerata, invece, come una modalità di procedere basata su un insieme di scelte opportunistiche che spesso sono ben collegate con le intenzioni dei ricercatori e le situazioni contestuali sotto analisi. A mio avviso è più importante ciò che si riesce a trovare, e la sua relativa maggiore plausibilità che si fonda sull'accumulo di prove derivanti da fonti diversificate, da metodi di ricerca variati, da prospettive di indagine diverse, che il seguire in maniera precisa una ben identificata procedura analitica di ricerca.

5. Un'epistemologia della pratica in prospettiva postmoderna

Tra le tematiche, che sono state enfatizzate dall'approccio postmoderno alla conoscenza, certamente trovano una loro significativa collocazione sia il costruttivismo, che il neopragmatismo. Il costruttivismo nel contesto dell'educazione ha una sua ormai consolidata presenza e una sua specifica prospettiva di elaborazione. Le conoscenze che vengono via via acquisite sia dagli educandi, che dagli stessi educatori sono costruzioni che derivano dai processi cognitivi e dalle relative interazioni con il mondo delle situazioni concrete, degli altri, di se stessi. Sul piano dell'indagine scientifica piuttosto che cercare di riprodurre la realtà dell'educazione quale è in se stessa, l'attività di ricerca consiste nell'elaborazione di una interpretazione significativa della realtà per mezzo della costruzione di categorie concettuali e schemi di lettura adeguati.

Una scienza della pratica secondo la prospettiva postmoderna del neopragmatismo, d'altro canto, invece di mirare alla costruzione di un corpo di conoscenze coerente e predittivo basato su un accesso trasparente alla realtà, sposta l'attenzione su programmi di indagine che raccolgono descrizioni di azioni che hanno raggiunto effettivamente il loro fine. E la prova di una conoscenza pragmatica non sta nel fatto che essa produce una rappresentazione corrispondente alla realtà. Secondo l'impostazione postmoderna non abbiamo modo di verificare se esista tale corrispondenza.

Invece, la prova di una conoscenza pragmatica sta nella verifica se essa funziona con successo nel guidare le azioni umane a raggiungere le finalità intese (Polkinghorne, 1992, 151). Una tale scienza della pratica riconosce il ruolo dei processi cognitivi nel capire che cosa sta sviluppandosi nell'attività educativa, nel costruire quadri di riferimento e schemi generali d'azione a partire dalle interazioni in classe, nel migliorare e rivedere tali quadri e schemi. Più è grande la varietà di categorie organizzative e di schemi a nostra disposizione, più probabilmente riusciremo a catturare la diversità delle organizzazioni che esistono nei processi educativi. Tuttavia, le nostre generalizzazioni hanno solo valore euristico come indicatori di che cosa può essere tentato in situazioni simili.

In sintesi, una scienza della pratica permette un'impresa scientifica organizzata e discussa pubblicamente, anche se le finalità di tale impresa devono essere riviste. Invece di mirare a evidenziare leggi e verità proprie dell'universo preso in considerazione, tale scienza serve a raccogliere, organizzare e distribuire le pratiche che hanno permesso di raggiungere le finalità intese. «Il lavoro scientifico include il tentativo di sviluppare nuove pratiche in situazioni sicure e controllate. I risultati di tali tentativi vengono integrati nel corpo delle conoscenze derivate dalle pratiche in corso. I tentativi controllati non assumono carattere di priorità, ma conservano i limiti del posto e del tempo, come ogni affermazione di conoscenza» (*Ibidem*, 153).

In questa prospettiva lo studio di come gli esperti esercitano i loro processi conoscitivi nel corso dell'azione assume un ruolo centrale. Dreyfus e Dreyfus (1986) hanno identificato un complesso progresso che va dal comportamento di un principiante a quello di un esperto. La conoscenza di un esperto è dinamica e genera comprensioni dipendenti dal contesto che provengono dall'interazione tra un vasto repertorio di attese, immagini, tecniche, modelli prototipici e gli stimoli ambientali. Nel contesto dell'educazione la generazione della comprensione dei bisogni degli allievi e delle decisioni che rispondono ad essi si basa su un continuo sintonizzare le teorie e i modelli operativi secondo la configurazione unica e specifica della situazione. In questa affermazione si evidenzia un chiaro riferimento al concetto di inferenza pratica sviluppato da Aristotele. In effetti, lo schema generale dell'inferenza pratica può essere riassunto in questi termini:

> *Se* devo raggiungere un certo obiettivo;
> *E* per raggiungere tale obiettivo nella situazione data devo agire in un certo modo;
> *Allora* mi dispongo ad agire in tale modo.

Il livello della premessa maggiore si colloca sul piano di una visione del bene dell'educando che deriva da una saggezza pratica che coniuga concezioni generali e conoscenza esperienziale. A partire da questa prospettiva la possibilità di sviluppare una «buona» inferenza pratica implica da una parte avere a disposizione un buon repertorio di categorie e schemi per leggere e interpretare la situazione data; dall'altra, padroneggiare un buon repertorio di prototipi e modelli d'azione che sono risultati positivi in situazioni simili. Ma questa capacità di elaborare una «buona» inferenza pratica può essere sviluppata solo attraverso un apprendistato sistematico e una continua riflessione condotta prima, durante e dopo lo sviluppo dell'azione.

6. Un'analisi critica

La prospettiva di una Pedagogia come scienza della pratica elaborata secondo quanto ricordato nei precedenti paragrafi può essere criticata da molti punti di vista. Prima di tutto il campo di studio sembra troppo ampio. In secondo luogo è difficile distinguere tra metodi che possono essere accettati e metodi che non lo possono. In terzo luogo, come si fa a costruire un corpo di conoscenze coerente e affidabile che serva da base per condurre ulteriori ricerche? E poi, la pratica è troppo intrecciata con fattori culturali, personali, storici e contingenti per poter essere studiata nella sua globalità.

Il cuore della questione sta nell'oggetto di studio proposto: la pratica dell'educazione. Ogni pratica, ogni azione umana, ogni interazione tra le persone è situata in un particolare contesto, coinvolge intenzioni e significati personali, produce differenti effetti cognitivi e affettivi. Di conseguenza, i problemi da affrontare sono problemi che vengono percepiti come tali sia dai ricercatori, che dagli educatori. La loro rilevanza e pertinenza deriva dalle difficoltà che sono state sperimentate nel corso dell'azione. Anche usando il disegno sperimentale più controllato è assai difficile raggiungere principi generali o cosiddette leggi generali. Nonostante ciò, mediante l'uso di metodi di ricerca differenziati (sperimentali, etnografici, storici, epistemologici, ecc.) e la loro triangolazione, noi possiamo meglio interpretare le ragioni che danno luogo a queste difficoltà, trovare vie più adatte per promuovere un miglioramento dell'acquisizione delle conoscenze, abilità, atteggiamenti e valori, fornire maggiore plausibilità ai suggerimenti e orientamenti per l'azione. «[...] il cammino che porta a una maggiore certezza diventa non tanto un singolo studio eccellente, che comunque manifesterà debolezze da uno o più punti di vista, quanto la convergenza dei risultati di molti studi che rimangono deboli, ma lo sono da punti di vista diversi. Una debolezza diversificata, non ripetitiva, rende i risultati replicati più sicuri. Dove gli studi non si sovrappongono nei loro difetti ma si sovrappongono nelle loro implicazioni, chi sintetizza tali ricerche può iniziare a sviluppare una buona fiducia nelle loro conseguenza» (Gage, 1978, 35).

Tuttavia, occorre riconoscere come in questa attività giochi un ruolo centrale la concezione adottata circa l'educazione stessa, e le sue finalità, e le iniziative educative da promuovere, il tipo di rapporto educativo e di sistema di relazioni interpersonali da attivare, e i valori dati a tutto questo. Si danno in effetti ben differenti prospettive se si considera l'educazione come un'attività che mira a promuovere una forma ideale già ben configurata nella mente dell'educatore, oppure se essa è concepita come un'attività umana dialogica e promozionale di un impegno costruttivo del soggetto; se il cuore delle conoscenze e delle competenze da promuovere sono i significati, i concetti, l'effettiva capacità di risolvere problemi emergenti nel contesto vitale di ciascuno, oppure se l'attenzione è concentrata sulla correttezza logico-formale e sintattica dei discorsi che vengono memorizzati e riprodotti.[4]

7. La Pedagogia come scienza progettuale

Una prospettiva coerente con quanto sopra analizzato conduce a definire la metodologia dell'educazione come «scienza progettuale», cioè come una scienza che guida l'educatore o meglio la comunità educativa ai vari livelli nel prospettare linee di soluzione ai problemi educativi che deve affrontare. In effetti, la Pedagogia è una disciplina che mira a studiare e sviluppare la pratica educativa a tutti i livelli, inclusi le sue premesse teoriche e ideali, i suoi obiettivi e il suo contesto sociale. Una conoscenza scientifica di questo tipo non può essere raggiunta in questo, come in altri ambiti orientati alla pratica, solo combinando tra loro i risultati provenienti da altre discipline di studio come Sociologia, Filosofia, Psicologia, Storia; è necessario identificare un suo specifico approccio che integri i differenti apporti in un quadro coerente e comprensivo e quindi ne permetta una trasposizione pratica in modo costruttivo.

La specificità di questo compito implica da una parte solide relazioni con le discipline collegate e, dall'altra, un giusto bilanciamento tra la pros-

[4] Sergio De Giacinto (1986, 47) così legge la questione: «In realtà non è vero soltanto che è la teoria che fonda la storia (e la pedagogia fonda l'educazione), ma è vero anche il contrario: ho una storia e devo avere una teoria non riduzionistica che la sappia interpretare. Il nomotetico non proviene dall'idiografico (Galilei) più di quanto l'idiografico non sia tessuto di nomotetico (Platone): i due momenti della realtà sono essenziali perché l'essere umano si ritrovi. Ma il portar in luce il nomotetico non autorizza a separarlo in alcun modo dall'idiografico, nel quale trova la sua vita, ed è questa la forza della lettura ermeneutica della realtà».

simità pratica e la distanza teorica rispetto al campo operativo. Il cuore del discorso rimane la pratica educativa in tutti i suoi aspetti, per cui è necessario che lo studioso sia interessato e resti vicino ai problemi pratici, ma è del pari necessario che egli non riduca il suo interesse a descrivere quadretti edificanti e proporre facili ricette. È qualcosa di analogo alle arti performative, alla musica, alla medicina, all'ingegneria. Certamente la musica, la medicina, l'architettura, l'ingegneria possono essere studiate da molti punti di vista ed è estremamente importante conoscerne la storia, i fondamenti scientifici, la critica, ma è assai più importante costruire teorie e quadri teorici che possano guidare la progettazione, la realizzazione e la valutazione di specifiche realizzazioni.

La natura scientifica di questa disciplina di conseguenza non sta nell'adottare standard e metodi derivati da discipline orientate prevalentemente se non esclusivamente al conoscere, al sapere, alla spiegazione dei fenomeni, come le scienze naturali, bensì da standard e metodi che siano coerenti con la sua vera natura. E la natura propria della Pedagogia può essere descritta secondo la prospettiva indicata da H. Simon nel 1970 come *scienza progettuale*, una scienza che si concentra nel costruire quelli che Simon chiama «artefatti», cioè pratiche educative che siano in grado di risolvere problemi educativi emergenti con un elevato grado di fiducia nella loro validità ed efficacia. Per far questo occorre una fantasia costruttiva basata su fondamenti teorici adeguati, una competenza operativa in grado di trasformare la pratica educativa secondo le prospettive elaborate, una sistematica valutazione sia degli sviluppi della pratica messa in atto, sia dei risultati via via conseguiti.

Che la scienza progettuale sia poi una scienza della pratica deriva in particolare dalla constatazione che i suoi risultati hanno a che fare con l'azione, e sono diretti a risolvere problemi nati nel contesto della pratica umana. Essa riposa su una assunzione precisa: che un vincolo emergente nella realtà «non limita semplicemente il possibile ma è anche un'opportunità [...], non s'oppone [...] a produzione del nuovo ma ne è condizione» (Tagliagambe, 1998, 2). Una scienza progettuale d'altronde si basa su una cultura della progettualità che ristabilisce un equilibrio tra «senso della realtà» e «senso delle possibilità», «un equilibrio attivo e dinamico con il mondo in cui si vive, anche se non è facile, evitando di cadere, da un lato, nella tentazione di restare al di sopra della realtà, con l'utopia, dall'altro, al di sotto, con la rassegnazione» (*Ibidem*, 7).[5]

[5] I. Kant nella sua *Critica della ragion pura* (Bari, Laterza, 1965, 45-46) usa questo esempio: «La colomba leggera, mentre nel libero volo fende l'aria di cui sente la resistenza, potrebbe immaginare che le riuscirebbe assai meglio volare nello spazio vuoto di aria».

8. Su alcuni metodi di ricerca valorizzati dalla Pedagogia

Certamente la pratica educativa può essere studiata secondo metodi e standard di ricerca propri delle scienze positive, secondo disegni di indagine di tipo quantitativo (sperimentali, quasi sperimentali, correlazionali, ecc.) o di tipo qualitativo (studio di casi, storie di vita, interviste cliniche, ecc.). Utilizzando metodi di questo tipo si possono raccogliere dati, che in base alla loro validità, pertinenza e affidabilità, possono essere letti e interpretati per dare origine a conclusioni più o meno plausibili e degne di fiducia. Tuttavia, la prospettiva propria della Pedagogia come scienza progettuale esige un approccio che permetta non tanto e non solo di spiegare o di comprendere le situazioni e i problemi affrontati, quanto di impostare e attuare una strategia di risposta valida ed efficace. In un certo senso in questa direzione si può dire che si accentua il suo aspetto tecnologico, di sapere che guida la trasformazione del reale secondo principi d'azione e valori di riferimento. Occorre evitare, comunque, di trasporre troppo facilmente il paradigma tecnologico in questo ambito, in quanto fulcro della pratica educativa e del suo valore non è tanto la qualità tecnica del progetto, quanto la validità e fecondità del rapporto che si viene a instaurare tra educatori ed educandi.

Volendo richiamare alcuni dei principali paradigmi di ricerca, occorre ricordare l'importanza sia di un approccio storico, sia di un approccio teoretico. Il primo mette a disposizione un repertorio di modelli di pratiche educative che, partendo da problematiche specifiche e sulla base di principi teorici e operativi particolari, hanno impostato schemi interpretativi e d'azione risultati validi e fecondi. Il secondo consente di sviluppare categorie interpretative del fatto educativo e dei suoi problemi e di sviluppare un quadro di riferimento ideale, o ideario educativo, che, come vedremo, svolge un ruolo decisivo nella progettazione pedagogica. D'altra parte la scelta di un approccio metodologico di indagine implica in primo luogo la definizione, almeno a livello generale, delle finalità che si vogliono raggiungere e quindi selezionare metodi di indagine coerenti con esse. Tra queste finalità si possono ricordare: a) conoscere ed esporre di una certa problematica gli apporti più significativi disponibili nella letteratura; b) esaminare criticamente modelli o sistemi di intervento educativo; c) confrontare tra di loro sul piano della loro validità ed efficacia differenti metodi educativi; d) progettare e validare sul campo un particolare intervento educativo; e) descrivere in forma narrativa un progetto educativo e la sua attuazione; f) condurre una inchiesta sui risultati dei processi educativi attuati in contesti istituzionali specifici e per soggetti particolari.

Tra i metodi di ricerca più diffusi si possono ricordare i seguenti. Per un loro approfondimento si rimanda a manuali specifici.

a) *Le rassegne critiche*

Dal punto di vista dello studioso, come del professionista, le rassegne critico-sistematiche della letteratura (articoli, contributi a volumi collettanei, libri scritti da un autore e da più autori insieme), che trattano di specifiche problematiche educative costituiscono una base informativa di grande rilievo. Comunque una rassegna critica rappresenta sempre il primo passo di ogni lavoro di ricerca. In genere solo da un'attenta ricognizione delle conoscenze già disponibili su un certo argomento è possibile in primo luogo familiarizzarsi con le teorie, i concetti chiave, la terminologia, i problemi propri di tale ambito di indagine, per poi individuare un preciso problema da affrontare, una possibile ipotesi di soluzione e relativa strategia di verifica oppure una linea argomentativa di sostegno.[6]

b) *Le inchieste*

Quando si vogliono raccogliere informazioni su aspetti educativi particolari, come il clima educativo di una istituzione o le risonanze soggettive indotte negli educandi da pratiche educative specifiche, si possono condurre inchieste, in genere basate sulla somministrazione di strumenti di rilevazione, come questionari, interviste strutturate o semistrutturate, scale di giudizi, ecc.

Un lavoro di ricerca basato su tale metodologia segue generalmente queste tappe. In primo luogo si decide con cura quale aspetto specifico delle situazioni educative si vuole esaminare. In pratica si tratta di definire con sufficiente chiarezza gli obiettivi dell'inchiesta, cioè quali informazioni si vogliono raccogliere e perché. Si tratta quindi di scegliere uno strumento di indagine già validato e che risponda ai nostri obiettivi, oppure, cosa particolarmente impegnativa, costruirne uno adatto al nostro intento. A questo punto deve essere definito il campione di soggetti al quale tali strumenti di indagine dovranno essere applicati. Norme circa le caratteristiche che deve assumere il campione per offrire informazioni valide e affidabili sono specificate nei vari manuali di ricerca positiva. Dall'applicazione degli strumenti selezionati deriva un insieme di dati, che va opportunamente elaborato statisticamente. Il momento cruciale del lavoro sta però nell'interpretazione dei dati elaborati. E questo vale sia per chi svolge la ricerca, sia per chi ne vuole esaminare i risultati e la loro validità e affidabilità. Spesso questo tipo di ricerche assume l'aspetto di indagine di impostazione correlazionale, nel senso che si cercano correlazioni tra i dati che vengono raccolti.

[6] Sull'importanza e validità delle rassegne critiche è pubblicata una serie di contributi sulla rivista *Review of educational research* a partire dal numero 1 del 1999.

c) *La pedagogia sperimentale*

Tra i metodi di indagine più diffusi, anche se oggi in parte ridimensionati nella loro capacità esplicativa, stanno i metodi sperimentali e quasi sperimentali. A questi si possono collegare i metodi cosiddetti correlazionali, gran parte dei quali possono essere usati per sviluppare inchieste del tipo sopra descritto. Ogni indagine di questo genere parte dalla individuazione di un problema all'interno di una specifica teoria educativa, a esempio si può prendere in considerazione l'utilizzazione di un metodo di natura collaborativa all'interno dei processi di apprendimento e voler verificare se e quali acquisizioni esso consente di raggiungere, oppure se esso permette di ottenere migliori risultati rispetto ad altri metodi. A questo punto occorre impostare un disegno o piano di ricerca che permetta di rispondere alla questione posta, a esempio confrontando le situazioni di partenza e di arrivo di due gruppi confrontabili tra loro.

In genere una metodologia sperimentale classica prevede la possibilità di manipolare almeno una variabile o fattore indipendente, ferme restando le altre variabili o fattori, selezionare in maniera casuale i soggetti dal trattamento e quelli di uno o più gruppi di controllo, in modo da disporre di un valido campione rappresentativo della popolazione studiata. I metodi quasi sperimentali si presentano meno impegnativi, perché manca in essi qualche condizione caratterizzante. In quest'ultimo caso nascono in genere problemi di validità esterna relativi alla generalizzabilità dei risultati, e di validità interna relativa alla qualità del disegno sperimentale.

d) *I metodi interpretativisti e lo studio di casi*

Accanto ai metodi di ricerca di tipo sperimentale, che vengono spesso anche detti quantitativi, stanno metodi di natura più qualitativa o interpretativa. Y. Poisson (1990, 13) precisa: «il ricercatore restringe la sua attenzione a quel numero limitato di casi che reputa significativi in rapporto a un obiettivo specifico e circoscritto. Un obiettivo che si prefigge la comprensione in profondità di una situazione (sociale, gruppale, individuale, istituzionale) tutta particolare. Contrariamente a quanto avviene nelle indagini statistiche e sperimentali, lo scopo dello studio del caso non consiste nel pervenire a una qualche certezza ma soltanto nel favorire, accrescere, corroborare la comprensione di un fenomeno».

Metodi di indagine di questo tipo vengono chiamati anche interpretativisti o ermeneutici perché il caso in esame viene scomposto nei suoi elementi costitutivi per far emergere con più chiarezza le relazioni che li legano e che ne forniscono la chiave di lettura e di interpretazione. Spesso l'approccio è di tipo narrativo e il caso viene affrontato come una «storia di vita»: individuale, familiare, gruppale, istituzionale. Altre volte si utilizzano forme di osservazione partecipante, nel qual caso il ricercatore partecipa alla vita del gruppo per un tempo adeguato al fine di coglierne le relazioni, le interazioni, la cultura.

Indagini di questo tipo esigono spesso la raccolta di dati sotto forma di protocolli, cioè di trascrizioni scritte di esposizioni o di interazioni verbali, di registrazioni sonore o video di situazioni significative, ecc. Questi dati devono essere poi esaminati con cura per mezzo di categorie interpretative per collegarli tra di loro in maniera valida e significativa ed estrarne elementi conoscitivi che permettano una più penetrante comprensione della situazione in esame.

e) *Il metodo della ricerca-azione*

Spesso le ricerche in campo educativo sono state distinte in ricerche per sapere, o per conoscere, e ricerche per agire, o per risolvere problemi. Il metodo della ricerca-azione è stato introdotto negli anni quaranta da K. Lewin per affrontare problemi di cambiamento istituzionale migliorativo. Il ricercatore, o i ricercatori, entrano in rapporto stretto con i membri di una istituzione o di un gruppo per aiutarli a identificare i problemi che impediscono loro un'attività soddisfacente. Il rapporto tra ricercatori e membri del gruppo o della istituzione è paritetico e la funzione dei ricercatori è quella di aiutare la presa di coscienza dei problemi da affrontare, la progettazione di una o più strategie di soluzione, la messa in pratica di tale strategia e la valutazione della sua efficacia. Se l'intervento progettato ha successo si hanno due risultati importanti: uno sul piano dell'azione; l'altro sul piano della conoscenza. In situazioni simili potranno essere adottate strategie analoghe o almeno si avranno a disposizione ulteriori ipotesi di soluzione.

Ricerche di questo tipo implicano da parte del ricercatore un'adeguata capacità di interazione e di comunicazione e, spesso, di sviluppo di una positiva dinamica di gruppo. Il metodo può essere utilizzato sia nella scuola, al fine di migliorarne le pratiche didattiche ed educative, sia nelle associazioni e in altre agenzie formative per analoghi motivi.

9. Articolazioni interne e rapporti esterni

La Pedagogia può essere vista nei suoi aspetti generali o trascendentali, ma più spesso viene ricondotta a contesti specifici e da questi essa assume qualificazioni particolari. Così esiste una pedagogia famigliare, una pedagogia scolastica, una pedagogia associazionista, una pedagogia ecclesiale.

Oppure la sua qualificazione deriva dall'età o dalle differenze tra i soggetti. E allora abbiamo: una pedagogia per l'infanzia, una pedagogia per la fanciullezza e l'adolescenza, una pedagogia per i giovani, una pedagogia per gli adulti (o andragogia), una pedagogia per la terza età, una pedagogia differenziale [secondo i sessi, secondo caratteristiche individuali (handicappati, superdotati)]. O, ancora, può essere accentuato il campo di valori, competenze e conoscenze che costituisce il cuore della pratica educativa. Si parla così di: pedagogia dello sviluppo fisico, pedagogia spirituale, pedagogia religiosa, pedagogia affettiva e sessuale, pedagogia sociale, pedagogia del lavoro, ecc.

D'altra parte una metodologia del fare si colloca come mediazione tra l'agire concreto e le scienze che permettono di: comprendere la situazione cui si deve fare fronte, circoscriverne i problemi emergenti; esaminare nel repertorio delle conoscenze teoriche e delle pratiche validate dall'esperienza e dall'indagine empirica e sperimentale quale possibile risposta si può accettare come valida e significativa; progettare nelle sue componenti essenziali un'azione chiaramente orientata e sistematicamente condotta; impostare una modalità e un sistema di regolazione dell'azione sulla base dei suoi risultati; ecc. Le scienze dell'educazione diventano così uno dei riferimenti obbligati sia nella loro componente teorica (analisi e orientamento verso i fini e i valori da privilegiare, presa di coscienza della complessità educativa derivante dalle disposizioni individuali e dai contesti socio-culturali e relazionali), sia in quella più propriamente psicologica e socio-antropologica (esame dei soggetti, del loro contesto sociale e relazionale, della loro appartenenza culturale, sociale ed economica), sia storica (forme e modelli di azione e di pratica educativa che si sono succeduti nel tempo e loro esame critico-comparativo), sia tecnologica (nel senso di metodi e modelli di strutturazione di un'azione sistematica).

Tuttavia, occorre richiamare con chiarezza la constatazione che la competenza educativa pratica pur essendo segnata da una mediazione tecnologica tra azione educativa e Scienze dell'educazione, non può esaurirsi in essa. In primo luogo la pratica educativa è una pratica sociale e per conseguenza esige una mediazione anche di tipo sociale, cioè deve tener conto del contesto educativo e delle persone che vi sono coinvolte, e cercare la condivisione e l'integrazione tra intenti, relazioni e azioni degli educatori e dei giovani implicati. In secondo luogo educare è sempre un'arte, nel senso più profondo del termine, cioè la competenza educativa esige uno sviluppo che superi qualsiasi descrizione e formalizzazione scientifica o tecnologica per raggiungere quella dimensione sapienziale, che permetta di cogliere con immediatezza, chiarezza e facilità non solo il bisogno dell'altro, ma soprattutto come e quando rispondervi adeguatamente con la parola o con il silenzio, con la vicinanza o la lontananza, con l'azione diretta o indiretta. È una competenza segnata dalle virtù fondamentali dell'uomo e in primo luogo dalla prudenza, virtù che sa calcolare bene i mezzi necessari per raggiungere il bene educativo inteso alla luce della Fede, ma anche la giustizia profondamente perseguita nella Carità, la fortezza animata dalla Speranza e la temperanza vissuta nella pazienza e nel rispetto dell'altro.

10. Conclusione

Se si adotta una definizione di scienza abbastanza vasta e comprensiva, certamente la Pedagogia è una scienza, ma una scienza della pratica. I problemi posti e le soluzioni raggiunte devono essere pertinenti, anche se questa pertinenza va ricercata a livello pedagogico ed educativo. La Pedagogia può certamente sviluppare argomentazioni che sono coerenti dal punto di vista delle concezioni adottate per quanto riguarda se stessa e il suo svilupparsi e consistenti quanto a modalità argomentativa. La validità esterna tuttavia deriva dalla pratica: cioè le conclusioni raggiunte sono dirette a migliorare le azioni educative e devono avere dimostrato di essere in grado di farlo. Infine, i problemi, le prove, le argomentazioni e le conclusioni sono portati alla discussione pubblica; cioè tutto ciò può essere comprovato o falsificato, evidenziando in tale contesto la loro maggiore o minore plausibilità. E questo contesto pubblico deve essere aperto non solo ai ricercatori, bensì anche, e con attenzione particolare, agli educatori, proprio perché la Pedagogia è la scienza della pratica dell'educazione.

La questione finale può esser posta in questi termini: da tale scienza possono essere derivate norme od orientamenti per l'azione? Ciò dipende dalla prospettiva adottata, se essa è più diretta a conoscere e comprendere qualcosa del mondo della pratica oppure se essa mira di più a cambiare qualcosa di questo mondo. In ogni caso è più questione di mettere in evidenza ciò che deve essere evitato, che di fornire un insieme di regole da seguire. Come è stato chiarito in molti ambiti di ricerca ed è stato concettualizzato nella prospettiva postmoderna di studio della pratica, una «buona» azione educativa in un contesto preciso non può essere descritta e spiegata solo sulla base di un insieme di regole e principi derivati da una o più teorie generali. Tuttavia, l'elaborazione di un corpo di conoscenze direttamente riferite alla pratica educativa costituisce una base fondamentale per progettare e migliorare l'attività futura. Anche se nella complessità e dinamicità delle situazioni reali: «deve entrare in gioco l'educatore come un artista, che deve elaborare giudizi clinici, o artistici, circa la migliore strada per educare» (Gage, 1978, 20).

Adottare quindi la prospettiva di una scienza progettuale sembra risolvere anche quest'ultima antinomia, essere cioè una scienza che orienta l'azione nella sua intenzionalità progettuale, ma non può prescriverla nella sua effettiva attuazione, perché questa può discostarsi notevolmente da quanto suggerito a causa delle condizioni di fatto, che possono evolvere nel tempo. D'altra parte come nell'inferenza pratica le circostanze specifiche del contesto dell'azione, quali sono percepite dall'agente, guidano le scelte, così la decisione pedagogica non può essere fatta discendere direttamente da nessuna teoria o quadro generale di principi o di regole. Questo quadro può servire da premessa maggiore, che indica gli obiettivi da raggiungere; ma la premessa minore, quella che indica i mezzi, deve fare i conti con le situazioni e i contesti specifici.

LETTURE DI APPROFONDIMENTO

Un approfondimento dei problemi posti da una definizione della metodologia pedagogica o metodologia dell'educazione si può conseguire dalla lettura delle seguenti opere: W. BREZINKA, *L'educazione in una società disorientata* (Roma, Armando, 1989); G. CORALLO, *Pedagogia, Vol. II: L'atto di educare. Problemi di metodologia dell'educazione* (Torino, SEI, 1967); G.M. BERTIN, *Educazione alla ragione* (Roma, Armando, 1984, 5ª ed.); P. FREIRE *Educazione come pratica della libertà* (Milano, Mondadori, 1983); R. MASSA, *Le tecniche e i corpi. Verso una scienza dell'educazione* (Milano, Unicopli, 1986, 2ª ed.); R. MASSA, *Istituzioni di pedagogia e scienze dell'educazione* (Bari, Laterza, 1990), soprattutto il capitolo settimo; P. MEIRIEU, *La pédagogie entre le faire et le dire* (Paris, ESF, 1995); V. GARCÍA HOZ, *Educación personalizada* (Madrid, RIALP, 1988, 8ª ed.); O. REBOUL, *I valori dell'educazione* (Milano, Ancora, 1995).

Tenendo conto dell'impostazione di fondo seguita da questo lavoro si può rileggere quanto viene descritto nei vari trattati di storia dell'educazione circa l'impostazione dell'educazione presso Aristotele e S. Tommaso d'Aquino. In particolare si consigliano: A. HOURDAKIS, *Aristote et l'éducation* (Paris, PUF, 1998); N. SHERMAN, *The fabric of character: Aristotle's theory of virtue* (Oxford, Clarendon, 1989); S. TOMMASO D'AQUINO, *Il maestro* (Roma, Paoline, 1958).

ESERCIZI

Primo esercizio

Cerca su un dizionario il significato dei termini *metodo* e *metodologia* e trascrivili sul tuo quaderno di lavoro. Poi confrontali con un Dizionario di Scienze dell'educazione, a esempio quello realizzato dalla Facoltà di Scienze dell'Educazione dell'Università Salesiana e curato da J.M. Prellezo, C. Nanni e G. Malizia (Torino e Roma, LDC-LAS-SEI, 1997).

Secondo esercizio

Leggi attentamente il brano seguente tratto da un'opera di Riccardo Massa degli anni ottanta.

Ci sono differenze, analogie, contrasti tra l'impostazione proposta dal testo e quella elaborata da Riccardo Massa?

Per metodologia dell'educazione si deve intendere allora l'elaborazione critica di un complesso organizzato di mezzi educativi, rigorosamente specificato nelle sue articolazioni strutturali, nei suoi presupposti concettuali, scientifici e storici, nella sua situazionalità socio-culturale, nella sua funzione politica ed economica, ma soprattutto concretamente precisato nei suoi caposaldi architettonici, nella sintassi dei suoi elementi procedurali, nei suoi svariati strumenti formativi. Si tratta cioè di indicare, nella loro particolarità, determinati congegni di apprendimento, la loro interdipendenza funzionale e la loro mediazione formale, il tipo di rapporto educativo che consentono di fondare, l'attrezzatura linguistica e simbolica che li sorregge. Si tratta ancora di definire le condizioni che possono determinare un dato stile del processo educativo, l'ambiente sociale e quello naturale che devono venire utilizzati, l'organizzazione sociale della comunità educativa, le attività da impostare e le motivazioni da utilizzare, i progetti da allestire, il genere di comunicazione da instaurare, il tipo di atteggiamento da assumere. Si tratta soprattutto di delineare le forme organizzative e istituzionali con le quali gestire socialmente e pubblicamente l'azione educativa. Insomma, si tratta di occuparsi di tutti gli elementi tecnici e materiali, concettuali ed emotivi che costituiscono e qualificano il processo educativo, considerati nella loro connessione metodologica. Infatti tutti quegli elementi, che si sono in parte indicati alla rinfusa a solo scopo esemplificativo, devono essere rigorosamente connessi in un complesso organizzato, secondo vari ordini di priorità e di reciproca funzionalità. Essi devono cioè costituire un metodo educativo organicamente strutturato, uno schema operativo minuziosamente esplicitato in rapporto alle condizioni politiche, sociali, economiche, giovanili e culturali del tempo presente.

Tematizzare razionalmente e positivamente tutto questo significa fare metodologia dell'educazione, significa occupare un ambito scientifico specifico e circostanziato, unitario e irriducibile, quello della pedagogia in senso proprio. Tale specificità non esclude ma fonda la collaborazione interdisciplinare. Soltanto che essa deve servire di base per l'autonoma invenzione metodologica e l'originale strumentazione didattica del processo educativo, e cioè per una attività di creatività educativa e di immaginazione pedagogica.

Insistere in questo modo sull'interrelazione di tecniche educative non implica però la loro rigida connessione in una specie di totalità assoluta e necessitante, definitiva e universale. È ovvio che una impostazione critica della pedagogia non può che implicare la flessibilità dei suoi prodotti. Essa impedisce di considerare il processo educativo come qualcosa di sostanziale e di necessario, di universale e di metastorico. Si vuole soltanto indicare lo sforzo della pedagogia di controllare il processo educativo nelle sue molteplici componenti e nella loro reciproca relazione, senza fermarsi alla scoperta di particolari tecniche didattiche. La pedagogia non può certo credere di dover edificare un unico sistema educativo assolutamente congruente all'essenza della formazione umana, dal momento che questa essenza non va presupposta. Ma deve prefiggersi di connettere in metodi fallibilistici e autocorreggibili i suoi risultati e le sue scoperte. Infatti i metodi educativi devono potersi relativizzare ai problemi concreti della loro applicazione. Si tratta cioè di strutture funzionali e di schemi operativi con cui poter condurre interventi educativi in modo vasto e prolungato, che si pongano quindi al di fuori di rapporti episodici e settoriali proprio per le loro caratteristiche di continuità longitudinale e di integralità trasversale rispetto alla formazione della personalità e al suo sviluppo. Sicché tali caratteristiche consentono di individuare un aspetto essenziale del concetto di metodo educativo che si propone.

Ma il carattere specificamente operativo e strategico che viene ad assumere il fatto educativo concettualizzato pedagogicamente in senso stretto, nel senso cioè di un intervento formale finalizzato e programmatico, nel momento stesso in cui istituisce il problema scientifico delle tecniche educative e della loro organizzazione metodologica, suscita immediatamente la questione dei criteri che devono presiedere al loro apprestamento e a tale organizzazione fondante. Questa considerazione è tanto ovvia quanto importante per il discorso in oggetto, dal momento che la specificità di tale questione, e dunque l'autentica autonomia della pedagogia nei confronti delle altre scienze umane, risulta pienamente legittimata soltan-

to se i termini delle sue possibilità risolutive non sono totalmente desumibili da esse.

[Tratto da: R. MASSA (1986), *Le tecniche e i corpi. Verso una scienza dell'educazione*, Milano, Unicopli, 2ª ed., 73-75.]

Terzo esercizio

Al termine della lettura e approfondimento del capitolo sei in grado a questo punto di definire con tue parole la disciplina «Pedagogia pratica o Metodologia dell'educazione»? Quali sono a tuo avviso gli elementi fondamentali che caratterizzerebbero questa disciplina? Scrivi le tue risposte sul quaderno di lavoro, poi confrontale con il testo del capitolo.

SECONDO CAPITOLO

PRATICHE UMANE SOCIALI E PRATICHE EDUCATIVE

Nel primo capitolo abbiamo constatato come ad una prima analisi la Metodologia Pedagogica come Scienza della pratica possa essere intesa come una rivisitazione attenta e consapevole non solo dei modelli di pratica educativa proposti e attuati, ma anche delle risorse, degli strumenti, dei metodi, dei dispositivi, dei congegni in essa sviluppati e che sono disponibili oggi per impostare e sviluppare un intervento educativo.

Questo secondo capitolo deve di conseguenza approfondire il concetto stesso di pratica, vista soprattutto come pratica umana sociale collaborativa. Per questo verrà valorizzato l'apporto di un filosofo, MacIntyre, che ha proposto una definizione di pratica umana come elemento di riferimento centrale per un esame dello sviluppo morale dell'uomo. Ma la pratica educativa si caratterizza specificatamente per un particolare rapporto che viene instaurato tra l'educatore, o gli educatori, e l'educando, o gli educandi. Un suggerimento di P. Meirieu sembra a questo proposito particolarmente significativo considerare come momento cruciale di ogni pratica educativa quello che costringe l'educatore a riflettere e ritornare sulle ragioni della sua azione e della sua relazione. Di qui nasce una duplice esigenza: approfondire la natura di tali ragioni e contemporaneamente richiamare alla memoria modelli e schemi d'azione che in simili circostanze sono risultati positivi. Questo lavorio porta progressivamente ad elaborare un nuovo progetto d'azione, che sia insieme coerente con l'impegno educativo assunto e risponda meglio alle difficoltà emerse.

Obiettivi del capitolo

Al termine dello studio di questo capitolo il lettore dovrebbe essere in grado di:

- *definire il concetto di pratica umana, indicandone le caratteristiche fondamentali;*
- *definire i concetti di modello di pratica umana e di virtù quali sono stati espressi da MacIntyre;*
- *definire che cosa si intende per pratica educativa, indicandone gli elementi costitutivi;*
- *esporre le caratteristiche del momento educativo quale è stato definito da P. Meirieu e le possibili forme che esso può assumere;*
- *presentare lo schema di sviluppo di un'azione educativa quale è stato proposto da P. Meirieu.*

1. Il concetto di pratica umana sociale

Il concetto chiave, che guida lo sviluppo del nostro discorso e al quale si è già fatto riferimento, è quello di pratica educativa. È quindi necessario che esso venga approfondito con una certa cura. Per far questo valorizzeremo il concetto di pratica umana sociale, quale è stato definito da Alasdair MacIntyre. Nel 1981 con la sua opera *After virtue*[1] egli ha precisato il concetto di pratica umana, che sta alla base della possibilità di sviluppo di un organismo umano virtuoso. Essa è vista come: «qualsiasi forma coerente e complessa di attività umana cooperativa socialmente stabilita, mediante la quale valori insiti in tale forma di attività vengono realizzati nel tentativo di raggiungere quei modelli che appartengono ad essa e parzialmente la definiscono. Il risultato è un'estensione sistematica delle facoltà umane di raggiungere l'eccellenza e delle concezioni umane dei fini e dei valori impliciti» (MacIntyre, 1988, 225).

McIntyre chiarisce nel suo saggio sia il concetto di pratica umana, sia quello di eccellenza in essa, sia quelli di valore interno e di valore esterno a essa. Per far questo egli presenta in particolare due esempi: uno tratto dall'apprendimento del gioco degli scacchi, l'altro dalla pratica della pittura.[2]

[1] Il volume di A. MacIntyre è stato pubblicato in inglese nel 1981 (*After virtue. A study in moral theory*, Notre Dame, University of Notre Dame Press). La sua traduzione italiana con il titolo *Dopo la virtù* è apparsa nel 1988 nella collana «Campi del sapere», Feltrinelli, Milano.

[2] Occorre dunque distinguere bene tra singole azioni e pratiche umane sociali. A esempio, si può esaminare la tabella:

Non pratiche	*Pratiche*
giocare a scacchi	il gioco degli scacchi
dipingere un quadro	la pittura
tirare abilmente il pallone	gioco del calcio
lavoro del muratore	architettura
azione di insegnamento	insegnamento.

«Consideriamo l'esempio di un bambino di sette anni molto intelligente a cui io voglia insegnare a giocare a scacchi, benché egli non abbia particolare desiderio di imparare questo gioco. Il bambino ha invece un fortissimo desiderio di caramelle, e scarse opportunità di ottenerle. Perciò io dico al bambino che se giocherà a scacchi con me una volta alla settimana gli darò 1000 lire di caramelle; gli dico anche che giocherò sempre in modo tale che per lui sia difficile ma non impossibile vincere, e che se vincerà riceverà 1000 lire di caramelle extra. Motivato in tal modo, il bambino gioca, e gioca per vincere. Osserviamo però che finché le caramelle rappresentano l'unica buona ragione che ha il bambino per giocare, egli non ha alcun motivo per non barare e tutti i motivi per barare, purché possa farlo con successo. Ma possiamo sperare che giungerà un momento in cui il bambino troverà un nuovo insieme di ragioni nei valori specifici del gioco degli scacchi, nel conseguimento di una certa particolarissima specie di capacità analitica, immaginazione strategica e intensità competitiva: ragioni, a questo punto, non soltanto per vincere in una determinata occasione, ma per cercare di eccellere in tutto ciò che è richiesto dal gioco degli scacchi. Adesso, se il bambino bara, non sconfigge me, ma se stesso» (*Ibidem*, 226).

Vi sono dunque due tipi di valori che possono essere ottenuti da una pratica. Da un lato valori connessi in modo estrinseco e contingente, come vantaggi economici, prestigio, posizione sociale. Dall'altro valori insiti nella pratica considerata, che non possono essere ottenuti in nessun modo se non impegnandosi a fondo in quella pratica, in quanto possono essere identificati e riconosciuti soltanto mediante l'esperienza acquisita partecipando alla pratica in questione. «Chi è privo dell'esperienza pertinente, è perciò stesso incompetente come giudice dei valori insiti nella pratica» (*Ibidem*, 227).

La seconda esemplificazione concerne la pratica della pittura di ritratti quale si è sviluppata nell'Europa occidentale dal tardo medioevo al diciottesimo secolo. «Il ritrattista di successo è in grado di ottenere molti valori che sono, nel senso appena definito, esterni alla pratica del ritratto: fama, ricchezza, posizione sociale, in certe circostanze persino potere e influenza presso le corti. Ma questi valori esterni non vanno confusi con i valori che sono interni alla pratica. I valori interni sono quelli che derivano da un continuo tentativo di esprimere l'animo umano attraverso le sembianze fisiche.

«Vi è innanzitutto l'eccellenza dei prodotti, sia nella prestazione dei pittori sia di ciascun ritratto in se stesso. Questa eccellenza, come suggerisce il verbo stesso «eccellere», va intesa storicamente. Le successioni di sviluppo trovano il loro fine e proposito in un progresso verso e al di là di una molteplicità di tipi e forme di eccellenza. Vi sono ovviamente successioni tanto di decadenza quanto di progresso, ed è raro che il progresso possa essere considerato rettilineo. Ma è nella partecipazione ai tentativi di incrementare il progresso e di rispondere creativamente ai problemi che bisogna ricercare il secondo tipo di valore interno alle pratiche della ritrattistica» (*Ibidem*, 228).

D'altra parte il giudizio sui valori interni alla pratica del ritrattista richiede come minimo il genere di competenza che può essere acquisito soltanto praticando la pittura, oppure studiando sistematicamente ciò che il pittore di ritratti ha da insegnare. Inizialmente quindi occorre rifarsi a dei modelli di eccellenza, ma, dal momento che le pratiche hanno una storia e sono segnate culturalmente, anche i modelli possono, e debbono, essere criticati. Da queste considerazioni deriva la possibilità di definire la virtù come «una qualità umana acquisita il cui possesso ed esercizio tende a consentirci di raggiungere quei valori che sono interni alle pratiche, e la cui mancanza ci impedisce effettivamente di raggiungere qualsiasi valore del genere» (*Ibidem*, 228).

Il soggetto agente impegnato in una molteplicità di pratiche, delle quali cerca di realizzare i beni interni a esse, può passare dalla considerazione delle singole pratiche alla vita umana complessiva vista come una pratica unitaria, la pratica della vita buona, finalizzata alla realizzazione del bene a essa interno, cioè la felicità. Le varie pratiche e i beni che ne conseguono vengono così integrati in un quadro unitario in vista della crescita e compimento della persona umana. Ciò che dà unità e specificità alla vita di ciascuno è la sua storia personale, la narrazione che egli ha sviluppato, sviluppa e svilupperà nel corso della sua esistenza.

Di conseguenza anche nel campo della crescita morale umana emerge la necessità di sviluppare forme adeguate di apprendistato pratico che non solo promuovano comportamenti validi, ma aiutino l'esperienza e l'interiorizzazione di valori morali significativi interni alle pratiche stesse e quelle competenze cognitive e affettive, che stanno alla base di decisioni prudenti e responsabili. E ogni apprendistato ha bisogno di confrontarsi con modelli di competenza da interiorizzare e ai quali fare riferimento nel contesto dell'esercizio pratico.

2. La pratica educativa come pratica umana sociale

Nella definizione di pratica umana data da MacIntyre è già inserita la sua dimensione sociale, in quanto tale pratica è caratterizzata dall'essere socialmente stabilita, dal suo svolgersi in maniera collaborativa, dal poter raggiungere livelli di eccellenza definiti storicamente e culturalmente all'interno delle varie comunità. Tuttavia conviene sottolineare l'aspetto sociale peculiare della pratica educativa, che non solo possiede le caratteristiche sopra menzionate, ma che per sua natura si svolge in un contesto segnato da rapporti sociali, che si articolano in rapporti tra educatori ed educandi, in rapporti tra educatori e in rapporti tra educandi. In più l'attività educativa viene esplicata da e in istituzioni sociali primarie, quali la famiglia, lo Stato e la Chiesa, e secondarie, come la scuola, le associazioni culturali, sportive, di volontariato.

Di conseguenza è bene qualificare la pratica educativa come una pratica umana sociale per eccellenza, anzi la prima in assoluto, non solo per l'ordine temporale che essa occupa nell'esperienza di ogni uomo, ma anche perché è con essa che la comunità umana si prolunga nel tempo, trasmettendo i suoi valori, le sue norme, le sue conoscenze, le sue abilità, le sue più profonde esperienze emozionali ed estetiche, le sue opere e le sue risorse.

Ma che cosa caratterizza una pratica educativa rispetto a una pratica umana considerata nella sua generalità? Qual è lo specifico che ci permette di distinguere una pratica educativa da una pratica umana di altro tipo?

È inevitabile ritornare sul concetto di educazione, un concetto che certamente è già stato più volte rivisitato nel corso dei secoli. Dal nostro punto di vista possiamo evidenziarne alcune componenti e strutture costanti. La definizione di educazione che sembra più coerente seguire in questo contesto può suonare in questa maniera.

Uno o più esseri umani, portatori di ideali guida sul bene dell'uomo e la società, svolgono volontariamente, in modo esplicito o implicito, un insieme di azioni e di influenze su un altro o più altri esseri umani (generalmente più giovani) al fine di promuovere in essi lo sviluppo di disposizioni interne, di competenze e di comportamenti esterni che favoriscono il loro benessere.

Quindi una pratica educativa può essere definita come forma coerente e complessa di attività umana cooperativa socialmente stabilita che si attua in un contesto sociale caratterizzato dall'impegno educativo sopra definito. E come per ogni pratica umana si danno modelli di pratica educativa che sono caratterizzati storicamente e culturalmente da ideali di bene da perseguire in favore di coloro ai quali ci si rivolge. Così nella Grecia antica si sono succedute concezioni di *areté* di natura diversa. Omero, Esiodo, Sparta, Atene, Socrate, Platone, Aristotele hanno prospettato ideali diversi di uomo virtuoso. Si tratta di modelli di educazione centrati su un ideale di eccellenza o di virtù di natura assai differente.[3]

Tale richiamo basta a sottolineare la diversità dei modelli di pratica educativa che non solo storicamente, ma anche culturalmente, teoricamente

[3] Una panoramica relativa alle diverse concezioni di *areté*, o ideale educativo, nell'antica Grecia si può trovare nel primo volume dell'opera di J.M. PRELLEZO e R. LANFRANCHI, *Educazione e pedagogia nei solchi della storia* (Torino, SEI, 1995). Il testo classico in proposito è quello di H.I. MARROU, *Storia dell'educazione nell'antichità* (Roma, Studium, 1994).

e praticamente sono stati e sono anche oggi proposti. In essi è peculiare l'attenzione a qualità umane da promuovere nei singoli per costituire una comunità o una città ideale.

Anche per G.M. Bertin un modello educativo è caratterizzato dalla tensione verso un ideale di uomo e di società; in effetti un modello è «uno schema concettuale secondo cui possono essere connessi e ordinati i vari aspetti della vita educativa in rapporto ad un principio teleologico che ne assicuri coerenza e organicità» (Bertin, 1968, 68). Ma se ogni modello di pratica educativa è intrinsecamente caratterizzato dagli ideali guida che esso include circa il bene del singolo e di quello della comunità, occorre riconoscere che nell'idea stessa di modello educativo sta la ricerca o la proposta di una «eccellenza» nella pratica educativa considerata. Eccellenza che include coerenza con gli ideali guida perseguiti e organicità nella strutturazione delle azioni messe in atto, secondo le espressioni di Bertin.

R. Massa in un suo contributo sulla *Clinica della formazione* entra in maniera problematica nel merito del concetto di formazione, tenuto conto della tensione artificiosa spesso avanzata tra educazione e istruzione, individuandone tre significati fondamentali, significati comunque legati al concetto di pratica educativa.

«Basterà ricordare che oggi "formazione" sta in genere a indicare [...] qualunque pratica consapevole, intenzionale, finalizzata, settoriale, organizzata e controllata rispetto all'apprendimento strutturato e permanente di conoscenze, abilità o atteggiamenti determinati. Quando se ne parla in senso più tradizionale, invece, si fa riferimento all'idea di formazione generale o di educazione integrale rispetto a un modello ideale. Dove è sempre essenziale la centralità di un'azione esterna o di un'assunzione interna mirata e programmata. E dove l'apparente contraddittorietà del binomio relativo alla cosiddetta formazione professionale si risolve ad esempio proprio nel rinvio al raggiungimento di capacità e di valori determinati. È questo sempre il senso in cui si parla di formazione scolastica, sia in generale sia nelle sue varie accezioni disciplinari, ma anche di qualunque attività educativa in qualche modo istituzionalizzata su adulti scolarizzati in contesti organizzativi di tipo professionale, e infine di formazione dei formatori» (Massa, 1992, 16-17).

3. Una caratterizzazione specifica della pratica educativa

La pratica educativa è stata caratterizzata recentemente sul piano etico da una particolare prospettiva, quella della responsabilità che investe l'educatore di fronte al volto dell'educando e all'appello che scaturisce da questo incontro. Non solo, il valore morale del prendersi cura dell'altro è divenuto il cardine di un'impostazione che vuole dare spazio a un'intuizione etica declinata al femminile.[4] L'intrecciarsi di una visione etica che coniuga responsabilità di fronte all'altro, e alle sue istanze profonde, e disponibilità ad impegnarsi per rispondere a queste deponendo anche legittime esigenze soggettive, conduce a una rilettura della natura più intima del rapporto educativo.

Una pratica educativa è allora progettata, attuata e valutata, da questo punto di vista, in rapporto a quello che è stato chiamato da P. Meirieu (1995) il «momento educativo». Nel contesto di un'azione diretta alla promozione della crescita personale, sociale, culturale e professionale dei giovani il momento educativo vero e proprio emerge, secondo questo studioso, quando si percepisce la resistenza del bambino o dell'adolescente di fronte ai progetti, agli obiettivi, alla volontà dell'educatore. L'educando sfugge ai propositi e al potere dell'educatore perché non capisce, non accetta oppure porta in sé altri progetti, altri obiettivi, altra volontà. La riflessione pedagogica si sviluppa proprio quando si decide di non mettere da parte tale resistenza, negandola o sopraffacendola, bensì accettandola e cercando di sviluppare un vero e proprio lavorio formativo che dirige la propria attenzione e il proprio interesse verso situazioni e soggetti concreti e le loro resistenze. È quello che Louis Althusser (1994, 13) definiva il «materialismo dell'incontro e della contingenza».

La resistenza dell'altro dal punto di vista educativo non riconduce al potere che potrei esercitare su di lui, ma a quello che devo esercitare su di me. È un rinvio alla mia responsabilità educativa, alla ricerca di un modo di offrire la possibilità di un incontro, al desiderio di comprendere e di aiutare. La manipolazione al contrario si colloca nella volontà ostinata di rimandare sempre all'altro la responsabilità delle difficoltà che si incontrano, nel desiderio di circonvenire per superare l'ostacolo che si frappone. «L'io ha sempre una responsabilità in più di tutti gli altri» (Lévinas, 1982, 95).

Questo ritorno etico si pone a fondamento di ogni ricerca educativa e sollecita la riflessione e l'attivazione di ogni sapere di natura pedagogica. Anche perché esso si esplica in un paradosso, o anche contraddizione, di difficile e complessa soluzione: rispettare la libertà e l'autonomia del soggetto che deve potersi autodeterminare nel suo processo formativo, ma questa qualità e questa competenza si collocano nell'ordine dei fini e degli obiettivi educativi; oppure controllare il processo da vicino, anticipando i bisogni di natura educativa e rispondendo a una domanda sostanziale di

[4] Un approccio al femminile dell'etica e dell'educazione morale è stato proposto da N. Noddings in vari suoi contributi e in particolare nel volume *Caring: A feminine approach to ethics and moral education*, Berkeley, University of California Press, 1984.

educazione, ma questo può condurre facilmente alla manipolazione. In fin dei conti ogni educatore si trova di fronte al dilemma tra formare il soggetto, attivando tutte le arti e le tecniche che rendono tale azione valida ed efficace, e riconoscere l'autonomia e libertà del soggetto, rispettandone le intenzioni e la volontà.[5] Probabilmente è questa la tensione pedagogica fondamentale che si esplica tra accettazione del soggetto come essere già costituito e volontà di promuoverne la crescita secondo uno statuto pedagogico, tra rispetto e manipolazione. Da un'altra prospettiva si può esplicitare questa tensione dal punto di vista dell'educando, come tensione tra obbedienza e libertà: «Tu devi fare questo per il tuo bene, anche se ora sei incapace di capire che questo è il tuo bene (perché l'educazione non è ancora cosa compiuta), e benché io mi rifiuti a che tu lo faccia solo perché mi sarai assoggettato o perché mi obbedirai con fiducia cieca» (Pestalozzi, citato da Meirieu, 1995, 130).

Ma nonostante le resistenze degli altri alla nostra impresa, la persistenza di interessi, desideri, intenzioni, concezioni, azioni divergenti dalle nostre, occorre comunque educare, cioè ricercare nei nostri depositi storici e nei repertori attuali di metodi, parole, dispositivi, risorse di vario genere, ciò che può entrare a far parte di un progetto educativo, caratterizzare un'azione intenzionale e sistematica che cerca l'incontro e l'avvio di una conversazione educativa che a poco a poco porti l'educando là dove viene intravisto il suo bene.

Meirieu traccia uno schema sintetico (fig. 1) che riassume il discorso precedente. In esso si distinguono le due prospettive secondo cui si può considerare l'educando: come individuo da trattare, nel senso proprio di una cura medica o psicologica, oppure come individuo da interpellare come soggetto di un incontro. Queste due prospettive si intersecano con due concezioni dell'educando: come un soggetto già costituito nella sua identità e libertà; oppure come soggetto che deve ancora essere condotto per le strade della formazione. Se l'educando è percepito come un soggetto già costituito nella sua identità specifica allora occorre accettarne le rappresentazioni, i desideri e gli interessi e fornire a lui quanto lo può aiutare nel suo sviluppo, assicurando *continuità* alla sua storia e ai suoi progetti personali. Ma se l'educando è considerato come un soggetto in formazione, allora la sua transizione dalla condizione fanciullesca a quella adolescenziale e da questa a quella adulta implica delle *rotture* con il passato, con conoscenze e abilità ormai inadeguate, con capacità di riflessione e di decisione immature, con forme di rapporti e riti sociali propri dell'infanzia e dell'adole-

[5] Vedremo nel quinto paragrafo del sesto capitolo come la prospettiva di soluzione di questo dilemma abbia dato origine a due sistemi educativi spesso contrapposti, il sistema preventivo e quello repressivo, e come don Bosco abbia decisamente abbracciato una pratica educativa che si ispira al sistema preventivo.

scenza. Se lo si vede non come un individuo da trattare, su cui intervenire, ma come un soggetto da interpellare, allora pur riconoscendo la legittimità delle sue posizioni lo si deve invitare a prendere in considerazione altre impostazioni, lo si deve sollecitare a esaminare con cura le esigenze sociali, culturali, istituzionali poste dalla comunità di appartenenza, lo si deve indurre ad accettare e riconoscere il diritto degli altri all'espressione di sé, pur accettando e riconoscendo il suo diritto. È quello che si può definire un *rinvio* a prendere in considerazione gli altri e altre impostazioni e prospettive. Se, invece, lo si considera come un individuo su cui intervenire, ma che deve essere trattato come un soggetto ancora in formazione, le cui risorse interne sono ancora troppo fragili e aleatorie per poggiare su di esse e a cui occorre non solo prospettare nuovi obiettivi e progetti di vita, ma anche condurlo verso di essi, allora occorre *assumere i rischi* propri di interventi più decisi e incisivi. Nel caso di un individuo che deve in qualche modo subire un trattamento si prospetta, dunque, un'ulteriore tensione tra continuità e rottura.

	L'educando come individuo da trattare	L'educando come individuo da interpellare
L'educando come soggetto già costituito	CONTINUITÀ	RINVIO
L'educando come soggetto in formazione	ROTTURA	RISCHIO DA AFFRONTARE

Fig. 1 - *Quadro di analisi delle situazioni educative* (adattato da Meirieu, 1995, 133).

4. L'agire educativo come responsabilità etica

Il ritorno etico conseguente alla presa di coscienza delle difficoltà o del problema emergente nel contesto di una situazione che rientri in quello che è stato chiamato da P. Meirieu «momento educativo» si alimenta in maniera specifica dal grado di sollecitudine nei confronti dei giovani. Si tratta in definitiva di una caratterizzazione specifica dell'amore verso il prossimo, della disponibilità a prendersi cura dell'altro, della responsabilità professionale e umana di chi è impegnato in attività di servizio nei riguardi della comunità e dei singoli. P. Ricoeur descrive questa sollecitudine come «intima unione tra la prospettiva etica e la carne affettiva dei sentimenti. [...] Ciò che la sofferenza dell'altro e la spinta morale proveniente dall'altro penetrano nel sé, sono sentimenti spontanei diretti verso l'altro» (Ricoeur,

1990, 224). Ma tali sentimenti «sono stati con forza lavorati per mezzo del linguaggio e portati all'altezza di pensieri che hanno dignità letteraria» (*Ibidem*).

In altre parole se la base dell'avventura educativa conseguente la presa di coscienza della domanda educativa proveniente dai giovani provoca la nostra sollecitudine amorosa nei loro riguardi, occorre che tali sentimenti siano sistematicamente controllati da una vigilanza attenta a non cadere in un sentimentalismo che riconduce il tutto alla sola accettazione di una relazione affettivamente segnata dimentica di ciò che caratterizza più propriamente l'impegno educativo: la promozione di una crescita umana, personale, sociale, culturale, professionale dei giovani. In particolare tale vigilanza deve essere rivolta a varie possibili estremizzazioni della sollecitazione amorosa. Un amore-passione, nel quale il fascino provato nei riguardi dell'educando porta alla ricerca di un rapporto duale privilegiato se non esclusivo. Il tentativo di possesso, di dominio, di controllo dell'altro, anche attraverso una «volontà insaziabile di conoscere l'altro, di scoprirne i minimi particolari personali»; una riduzione dell'altro a oggetto, «un oggetto che può essere trasformato e manipolato e, a seconda dei successi o dei fallimenti ottenuti, rotto o messo in vetrina ... ma non ci si lascia interpellare da lui» (Meirieu, 1995, 72). Collegata a quest'ultima tentazione, la riduzione della relazione pedagogica a relazione psicopedagogica, cioè al pensare «che le attività educative possano essere *dedotte* dall'analisi psicologica preventiva dell'allievo, tanto sul piano cognitivo che affettivo» (*Ibidem*, 76), ignorando le esigenze proprie di un incontro che implica una profonda rielaborazione non solo dei progetti, ma spesso anche delle stesse prospettive ideali dell'educatore.

«Io sono responsabile dell'altro, senza attendere che questo diventi reciproco, dovesse costarmi la vita» (Lévinas, 1982, 94). L'educatore è impegnato sì a esplorare il volto dell'altro, la sua domanda di umanità, di infinito, ma il riscontro di questa esplorazione è la ricerca di una più profonda e solida competenza educativa, che consiste nell'esplorare senza sosta gli ostacoli inerenti al mio discorso, nel rintracciare le formulazioni approssimative, nel cercare senza sosta nuovi esempi, dispositivi nuovi, nel moltiplicare le riformulazioni inventive, cambiare di cornice.

Il lavoro pedagogico si caratterizza quindi in primo luogo sul piano della comprensione più profonda delle finalità educative da porre alla sua base, della loro coerenza interna e consistenza esterna, della loro corrispondenza alle situazioni e condizioni presenti. Quindi si sposta sulla ricerca dei mezzi per rendere tali prospettive educative realizzabili. E qui entra in gioco la virtù cardine dell'educatore, cioè la prudenza, intesa come capacità di calcolare, nella situazione di fatto e tenendo conto dei condizionamenti presenti, quali strade operative sono possibili.

Si tratta in particolare di risolvere sul piano prudenziale le classiche antinomie educative. Da quelle già segnalate in precedenza alle molte altre che costellano il panorama pedagogico (Bruner, 1997, 66-70); a esempio, il contrasto tra le aspirazioni, esigenze, prospettive del singolo e quelle della società o almeno della comunità più ristretta nella quale ci si trova. Un esempio viene dal problema dell'orientamento professionale, cioè dall'elaborazione di un proprio progetto di inserimento lavorativo. In questo caso il contrasto può emergere tra le aspirazioni e le disposizioni personali e le effettive opportunità prospettiche di vita professionale attiva e redditiva. Un altro tipo di antinomia deriva dalla considerazione dell'agire educativo e di apprendimento proprio del giovane come soggetto attivo e personalmente responsabile delle proprie conquiste e del proprio destino e dalla constatazione del ruolo fondamentale del contesto culturale, della conversazione e della collaborazione comunitaria nella costruzione di significati, di sistemi simbolici, di tecnologie culturali. Un ulteriore tipo riguarda le stesse finalità educative: promuovere la crescita e la realizzazione dei singoli su basi strettamente individuali, oppure favorire la trasmissione e lo sviluppo culturale in modo da preservare e arricchire la cultura di appartenenza. Tutta questa problematica è oggi assai rilevante, tenendo conto del rinascere di aspirazioni di valorizzazione della propria identità etnico-linguistica-religiosa di molte comunità umane.

5. La progettazione dell'azione educativa

In ogni azione educativa, ma anche in ogni crescita individuale, continuità e discontinuità si intersecano necessariamente. Talora occorre scegliere contro la propria storia culturale, sociale, personale, talaltra occorre garantire fedeltà a essa. Ogni scelta forte implica emozioni profonde: paura di ciò che ci aspetta come conseguenza delle nostre decisioni; tristezza per quello che inevitabilmente dobbiamo lasciare; noia per dover affrontare questo passaggio. In questo senso può essere riletta l'adolescenza e i suoi turbamenti. In questo senso si può rileggere ogni impegno educativo fortemente sollecitante.

In grande sintesi la situazione che si evidenzia può essere rappresentata come in Fig. 2.

Tra il momento pedagogico e l'azione educativa si pongono dunque due altri riferimenti che devono essere ricomposti in un progetto d'azione che si sviluppa nella mente dell'educatore come una narrazione. In questa si evidenziano i momenti propri di una comprensione attenta della situazione, della percezione della sua difficoltà e della tensione che sollecita la nostra capacità immaginativa: quelli propri di episodi (attività-esperienze) educativi che costituiscono i possibili passi verso un superamento positivo della situazione; quelli di prese di coscienza realistiche dei risultati o degli insuccessi in cui si riflette e si cercano vie o percorsi alternativi.

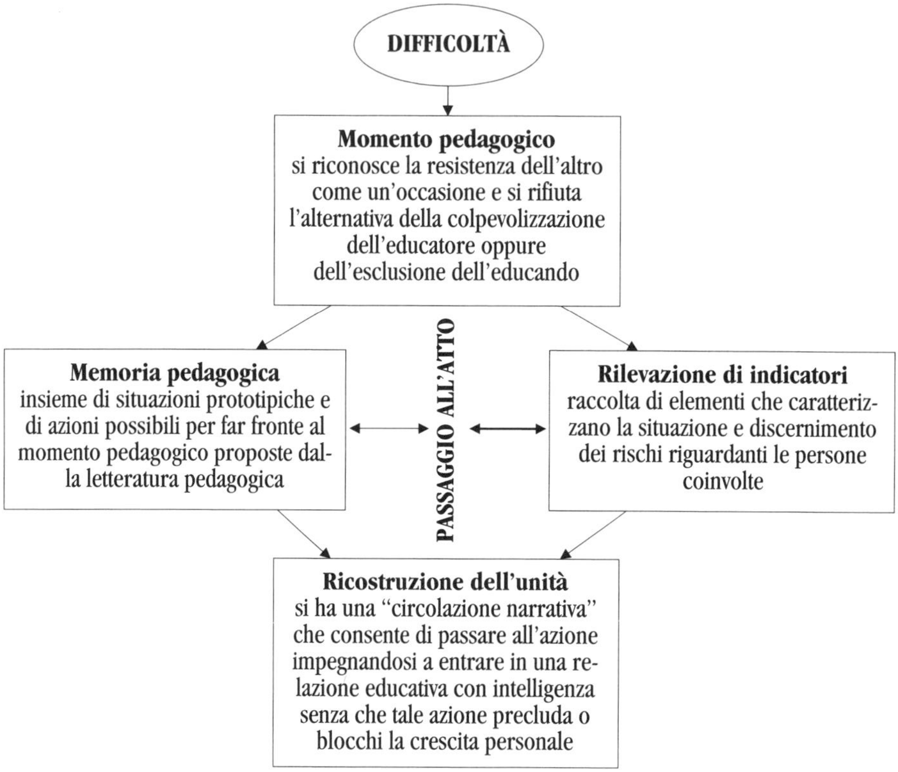

Fig. 2 - *Sintesi del processo di progettazione dell'azione educativa a partire dal problema riscontrato* (adattato da Meirieu, 1995, 256).

In definitiva «l'azione pedagogica [...] rimanda a un insieme di elementi [...]: l'esistenza di una difficoltà, la presenza di una 'memoria' da sollecitare allo scopo di trovare degli elementi risolutivi, la vigilanza che aiuti a reperire nelle circostanze vissute indicatori che permettono di fare appello a questa memoria, ed una «circolazione narrativa» attraverso la quale questi tre elementi siano messi in interazione e che ci dia il coraggio di passare all'atto, accettando che l'esercizio del potere sia anche rinuncia all'onnipotenza» (Meirieu, 1995, 255-256).

L'azione pedagogica dunque prende il suo avvio da una rilettura sensibile della pratica educativa che fa emergere alla coscienza dell'educatore l'esistenza di una qualche forma di resistenza, difficoltà, che obbliga a riprendere le fila del discorso educativo che si va sviluppando per cercare di capire l'origine, il perché, il senso di questa resistenza, di questa difficoltà. Non si tratta né di colpevolizzare se stessi, né tantomeno l'altro, o gli altri, si tratta di attivare un vero senso di «compassione», di aprirsi a «compatire» con l'altro, o gli altri, le difficoltà incontrate al fine di renderci «compatibili», capaci di incontro e di collaborazione reciproca in una impresa che richiede un impegno concorrente: da parte dell'educatore nel creare le condizioni affinché l'altro, o gli altri, possa e voglia educare se stesso; e di questi nello scegliere di affrontare l'avventura della sua crescita con l'aiuto del suo educatore. Occorre promuovere cioè l'incontro di due libertà, delle quali l'una ha la responsabilità della proposta, l'altra quella di manifestare la sua difficoltà e di accettare di cercare insieme una risposta per la quale vale la pena di spendersi.

La presa di coscienza dell'emergere di un «momento «pedagogico», che interpella la mia responsabilità educativa in maniera più acuta, mi porta a cercare di capire più a fondo i caratteri propri di questa difficoltà e quindi mi orienta a raccogliere gli elementi che caratterizzano la situazione e il discernimento dei rischi riguardanti le persone coinvolte. In altre parole esso si può chiamare analisi attenta e consapevole dei bisogni educativi effettivi degli educandi. Si tratta in primo luogo di inquadrare correttamente la situazione, le difficoltà o tensioni che essa include, la domanda esplicita o più spesso implicita di intervento o di interpellazione. Quindi, di esaminare con cura i punti di appoggio più o meno solidi su cui si può impostare l'azione educativa; di rilevare le debolezze, i ritardi, le incertezze che sono presenti; di prospettare gli obiettivi che ragionevolmente si possono individuare per l'azione formativa da intraprendere. A esempio, nel contesto scolastico sono stati segnalati come indicatori importanti i centri di interesse degli studenti, le acquisizioni già realizzate, le rappresentazioni e le strategie individuali d'apprendimento, il rapporto sociale con la conoscenza, il contesto sociale e famigliare, la cultura d'appartenenza.

Contemporaneamente viene sollecitata la «memoria pedagogica» dell'educatore. Da una parte questa memoria è alimentata dall'insieme delle situazioni prototipiche e delle azioni possibili per far fronte al momento pedagogico e che sono state proposte dalla letteratura pedagogica. In altre parole si tratta dei modelli o schemi d'azione educativa che sono stati evidenziati come validi ed efficaci, almeno fino a un certo livello, da educatori, da studiosi, da ricercatori, per rispondere alla urgenza educativa emergente. Evidentemente non si tratta di reperire una procedura che automaticamente possa garantire il risultato inteso, questo lo si può fare solo in un mondo tecnologico. Dall'altra, rievocare la base esperienziale, la conoscenza tacita, il patrimonio pedagogico, che siamo andati costruendo nel tempo mediante la riflessione critica rivolta alla pratica educativa nella quale siamo stati coinvolti più o meno profondamente da protagonisti, consente un consapevole e prudente adattamento alla situazione presente.

Da questa circolarità tra memoria e diagnosi, tra evocazione e descrizione si attiva un processo interpretativo che interseca la situazione. Attraverso la raccolta di indicatori della situazione di fatto e la ricerca di modelli o schemi d'azione, che sono a un tempo coerenti con il quadro ideale da noi assunto e possono, almeno in via di ipotesi, costituire un buon punto di riferimento, può essere prospettato il «nostro» progetto d'azione. E non è necessario esplorare nei suoi dettagli un unico modello o schema d'azione, anzi l'esame di più riferimenti consente di evidenziare le risorse, gli strumenti, i metodi, i dispositivi, i congegni da questi sviluppati e che sono disponibili oggi per impostare e sviluppare il «nostro» intervento educativo.

6. Progettazione educativa e risoluzione di problemi

A conclusione di questa analisi emerge abbastanza chiaramente l'approccio che nel seguito verrà assunto come linea guida per approfondire le varie dimensioni dell'impegno pedagogico. Si tratta di cogliere l'azione educativa come processo di soluzione di problemi di natura pratica, operativa. Ma, come vedremo meglio, i problemi educativi vengono rivisitati non solo e non tanto sotto il profilo tecnico-pratico, quanto sotto quello etico-sociale. D'altra parte, progettare un'azione educativa diretta ad affrontare uno specifico «momento educativo» implica una molteplicità di competenze di natura decisionale. La nascita della situazione problematica connessa con la presa di coscienza della resistenza o difficoltà dell'altro ha riscontri sia sul piano cognitivo, sia su quello emozionale, sia su quello volitivo.

Dewey (1961) pensava che un problema emerge quando nel corso di un'azione, realmente sviluppata o solo pensata, ci si imbatte in un ostacolo, in una difficoltà: non si sa più andare avanti, si è bloccati. A questo punto nasce l'esigenza di fermarsi a riflettere, a pensare. Si sviluppa così quello che egli chiamava il pensiero riflessivo, cioè la ricerca delle vie di soluzione, del come andare avanti, del come superare l'ostacolo. Qui il punto essenziale sta nel fatto che noi desideriamo raggiungere un obiettivo, percorrere un cammino e qualcosa ci si pone di traverso; ma, invece di scoraggiarci e di sentirsi indotti dalla situazione a rinunciare, questo ostacolo diventa una sfida intellettuale. Un problema quindi per essere tale soggettivamente deve essere vissuto come una sfida. Ma una sfida che noi pensiamo di poter affrontare, da soli o insieme ad altri, con qualche speranza di successo.

Più recentemente G. Mandler (1984) ha proposto una teoria delle emozioni che si ricollega molto bene a quanto sopra ricordato. Una reazione emozionale ha origine in genere quando nel corso dell'azione una nostra attesa, un nostro schema di comportamento, una nostra proiezione nel futuro, una nostra pianificazione è inaspettatamente contraddetta da un fatto nuovo e inatteso. Questa reazione emozionale si manifesta in primo luogo a livello fisiologico con aumento del battito cardiaco, tensione muscolare, sudorazione, ecc. Lo stato di eccitazione fisiologica è un segnale che stimola da parte nostra una particolare attenzione e una specifica valutazione. Il significato o la valenza positiva o negativa della reazione emozionale deriva da un processo cognitivo di interpretazione dello stimolo. A esempio, uno stesso problema può essere vissuto dal punto di vista emozionale come una sfida interessante e coinvolgente oppure come origine di ansietà, di paura o anche di panico.

Dal punto di vista pedagogico abbiamo visto che P. Meirieu (1995) ha evidenziato molto bene come il vero momento educativo cruciale si definisca per un educatore quando questi si trova di fronte a uno stato di difficoltà, di tensione, di resistenza da parte dell'educando, perché questi non capisce, non accetta, non segue. Qui si aprono all'educatore tre possibili prospettive. Una lassista: se l'educando non vuole, se non capisce, se resiste, allora vada per la sua strada: io proseguo nella mia attività, secondo i progetti elaborati, chi mi segue ne trarrà beneficio, chi non lo fa, peggio per lui. La seconda strada è quella autoritaria. Si obbliga l'educando a fare quello che deve fare, lo si perseguita, lo si schiaccia sotto la nostra volontà, anche se resiste, se non capisce; basta che esegua ciò che noi chiediamo: noi sappiamo che questo è per il suo bene. La terza strada è la più complessa, ma è quella educativamente più significativa. Di fronte al volto incerto, distante, vuoto o ribelle dell'educando non ci si lascia facilmente trascinare né dall'abbandonarlo a se stesso, né dall'imporre i nostri progetti, bensì siamo spinti a ritornare su noi stessi, sui nostri progetti e a cercare di capire l'origine di tale resistenza, di tale difficoltà, e quindi a rielaborare i nostri schemi d'azione per tentare di superare l'ostacolo in maniera umanamente valida e feconda.

LETTURE DI APPROFONDIMENTO

I volumi che consentono di approfondire i discorsi sviluppati nel capitolo sono: A. MACINTYRE, *Dopo la virtù* (Milano, Feltrinelli, 1988); P. MEIRIEU, *La pédagogie entre le faire et le dire* (Paris, ESF, 1995); P. MEIRIEU, *Le choix d'éduquer* (Paris, ESF, 1991); E. LÉVINAS, *Éthique et infini* (Paris, Fayard, 1982). Si può leggere anche con frutto l'opera di J. DEWEY, *Come pensiamo* (trad. it. Firenze, La Nuova Italia, 1961) e di G. MANDLER, *Mind and body* (New York, Northon, 1984).

ESERCIZI

Primo esercizio

Descrivi una pratica educativa che hai potuto osservare, o alla quale hai partecipato nella tua vita. Può essere una pratica educativa sviluppata in famiglia, a scuola, in un'associazione sportiva, in un gruppo o un'associazione ecclesiale, ecc.

Chi ne era protagonista?

Quali ne erano gli elementi che ti sembrano ora caratterizzanti?

Quali erano i motivi o significati che a questa pratica venivano attribuiti? Cioè perché essa veniva attuata?

Che impressione ne hai tratto e quale valutazione ne faresti ora?

Secondo esercizio

Prova a utilizzare questa definizione nel contesto di alcune pratiche educative per verificarne la validità ed efficacia. Considera a esempio alcune pratiche che sono state concettualizzate e definite in modi specifici: a) pratiche miranti alla umanizzazione dell'uomo; b) pratiche miranti alla liberazione dell'uomo; c) pratiche miranti alla socializzazione dell'uomo; d) pratiche miranti alla inculturazione dell'uomo; e) pratiche miranti all'alfabetizzazione dell'uomo; f) pratiche miranti all'acculturazione dell'uomo; g) pratiche miranti alla professionalizzazione dell'uomo.

Sei in grado di esplicitare il particolare punto di vista o ideale di uomo e di società che anima queste pratiche? In che cosa esse si differenziano? Che cosa accentuano e che cosa tengono meno in considerazione?

Conosci altre forme di concettualizzazione della pratica educativa? Descrivile.

Terzo esercizio

Rifletti sugli attributi che, secondo MacIntyre, caratterizzano una pratica umana. In che senso essi possono essere applicati a una pratica educativa?

Attività umana coerente
Attività umana complessa
Attività umana cooperativa
Attività umana socialmente, storicamente e culturalmente stabilita.

Quarto esercizio

Utilizza questo quadro di riferimento o schema di riflessione per individuare situazioni educative che possono essere incluse in una delle quattro possibilità. Esplicitane poi i caratteri peculiari e le ragioni della collocazione.

• Il caso di un intervento educativo o psicoeducativo prospettato per un soggetto tossicodipendente, come potrebbe essere classificato?
• Il caso di una giovane di sedici-diciassette anni che ha deciso di progettare la sua vita come attrice teatrale e che trova di fronte a sé l'opposizione della famiglia, come può essere inquadrato?
• E il caso di un ragazzo di tredici anni che ha deciso di non studiare più e di cercare un posto di garzone in qualche azienda, anche per rendersi più indipendente dai suoi?

TERZO CAPITOLO

AZIONE UMANA E AZIONE EDUCATIVA

La pratica educativa è il campo dove si esplicano le azioni sia degli educatori sia degli educandi e dove si realizzano le interazioni degli educatori con gli educandi, degli educatori e degli educandi tra di loro. È un mondo di vita complesso nel quale si incontrano, si intersecano, si scontrano mondi interiori (valori, motivi, convinzioni, desideri, significati) e mondi esteriori (ambiente sociale e culturale, forme e strutture istituzionali, norme e tradizioni, messaggi e mezzi provenienti dalla comunicazione di massa). In essa l'educatore cerca di agire in maniera valida e feconda nei riguardi dell'educando, coordinando i suoi sforzi con quelli delle altre fonti di influenza presenti (a volte contrastandole), mentre l'educando agisce anch'esso in maniera più o meno coerente con quanto gli è proposto, apprendendo o sviluppando non solo conoscenze e abilità intellettuali e pratiche, ma anche valori, atteggiamenti e significati.

È quindi del tutto naturale che venga dedicato uno spazio adeguato di riflessione e di approfondimento alle caratteristiche strutturali e processuali dell'azione umana, rileggendole da un punto di vista pedagogico. Questa rilettura deve essere del resto compiuta non solo nei riguardi dell'agire dell'educatore, ma anche di quello dell'educando, in quanto è attraverso la sua azione che questi impara a vivere con conoscenza, competenza e senso di responsabilità. Il primo e il secondo paragrafo saranno dedicati a una rilettura teorica dell'azione umana seguendo i suggerimenti che provengono da una rilettura della proposta aristotelica e tomista oggi di grande attualità nel contesto della riflessione filosofica. Il terzo, quarto e quinto paragrafo, invece, approfondiranno la dinamica dell'azione umana da un punto di vista psicologico, seguendo una tradizione europea, recentemente rimessa in vita da alcuni studi promossi da un gruppo di psicologi tedeschi. Il lettore potrà notare la grande coerenza che esiste tra le due prospettive, filosofica e psicologica. In questo caso il principio dell'interdisciplinarità risulta dunque particolarmente fecondo al fine di fondare il seguito del discorso.

Obiettivi del capitolo

Al termine di questo capitolo il lettore dovrebbe essere in grado di:

- *esplicitare le fondamentali dimensioni dell'azione umana, indicandone le caratteristiche peculiari;*
- *precisare i caratteri della dimensione etico-sociale, distinguendo tra valori di riferimento e competenza nell'azione e nella relazione;*
- *precisare i caratteri della dimensione tecnico-operativa, distinguendo tra progetto e tecnica nella produzione di beni e servizi;*
- *descrivere la struttura dell'inferenza pratica;*
- *distinguere tra motivi-valori, motivazione, intenzione e controllo dell'azione;*
- *descrivere le fasi fondamentali del modello del passaggio del Rubicone di H. Heckhausen;*
- *elencare, indicando le caratteristiche, le modalità fondamentali di controllo dell'azione di J. Kuhl.*

1. La struttura dell'azione umana

L'analisi dell'azione educativa che verrà sviluppata in questo capitolo ha come fondamento teorico l'impostazione che Aristotele ha dato allo studio dell'azione pratica. Tuttavia, saranno prese in considerazione anche le istanze che oggi provengono dalle più recenti impostazioni della Psicologia sociale, che identificano nell'azione sociale il cuore di ogni indagine e costruzione teorica. L'attenzione rivolta all'agire umano e alla sua struttura e dinamica costituisce un riferimento necessario per impostare dal nostro punto di vista una metodologia dell'azione educativa. Si tratta, appunto, di approfondire la razionalità pratica che fa da fondamento della Pedagogia intesa come Scienza pratico-progettuale.

Aristotele nelle sue opere dedicate all'etica distingue due dimensioni o componenti fondamentali dell'agire umano. Questo può essere considerato sia come agire produttivo o poietico, dal greco *pòiesis*, sia come agire etico-sociale, in greco *pràxis*. L'agire produttivo, o tecnico-pratico, è per sua natura diretto alla produzione di oggetti o beni materiali precisi. Esso è guidato dall'idea (*éidos*), modello o progetto, dell'oggetto da produrre e trova la sua perfezione nell'abilità tecnico-pratica (*téchne*) posseduta. Il suo compimento, o celebrazione, è dato dal bene prodotto e dalla sua qualità. L'agire etico-sociale è anch'esso guidato da un'idea o ideale (il bene) e può realizzarsi tramite una particolare disposizione interiore e competenza intellettuale detta in greco *phrònesis* (prudenza), che consiste nella capacità di prendere decisioni prudenti e responsabili. Il suo compimento, o celebrazione, sta nella crescita virtuosa di chi agisce bene e di chi ne è coinvolto.

La razionalità nella componente che è rivolta a dare validità all'agire umano in quanto tale, cioè la razionalità che guida la *pràxis*, può essere a sua volta considerata secondo due ulteriori punti di vista. Il primo mira alla fondazione di una dottrina dell'agire umano, una sorta di filosofia morale e politica. Il secondo punto di vista, che potremmo definire educativo, è orientato a identificare le strade attraverso cui l'uomo giunge ad agire «bene», cioè a portare a compimento decisioni prudenti e responsabili sia nella vita quotidiana, sia nei momenti cruciali della vita.

Questa distinzione aristotelica tra *pràxis* e *pòiesis* è oggi assai valorizzata nell'ambito della riflessione critica contemporanea che studia l'agire umano, anche educativo. Contemporaneamente viene fortemente rivalutato il ruolo del rapporto dialogico, dell'interscambio sociale, sia nella costruzione della conoscenza, sia nello sviluppo della capacità di autoregolazione, sia nell'interiorizzazione di valori (Bubner, 1976; Damiano, 1988).

Occorre distinguere, comunque, tra azione educativa in generale e azione educativa specializzata in contesti particolari, come quella che si attua nella scuola secondo specifici ambiti e livelli di intervento. In questi ultimi casi l'attenzione alla componente tecnico-pratica dell'azione educativa va particolarmente sottolineata. La Didattica si occupa spesso prevalentemente di tale componente. Quando invece si sottolinea l'azione educativa nel suo significato più profondo e vitale allora la dimensione etico-sociale acquista maggiore rilevanza, anche se conserva un suo significato la componente tecnico-pratica di ogni qualificazione in campo formativo.

L'impostazione aristotelica può essere rivisitata in termini più psicosociali, esaminando l'azione educativa come azione sociale. In effetti, nell'ambito della Psicologia sociale si manifestano oggi trasformazioni notevoli. A esempio, si sottolinea che i comportamenti umani sociali, come l'azione di educare, sono inestricabilmente intrecciati con componenti interne (intenzioni, propositi, motivazioni) e con rapporti esterni (persone, ambienti, sistemi di comunicazione) che implicano interazioni sul piano dei significati, delle intenzioni, delle motivazioni (Amerio, 1995). Di conseguenza è assai difficile utilizzare nello studio dell'azione educativa solo metodi sperimentali quantitativi.

Occorre valorizzare anche, se non soprattutto, metodologie di tipo qualitativo, meglio definite come «interpretativiste», intendendo con tale espressione «l'intera famiglia dei metodi di ricerca basati sull'osservazione partecipante» (Erickson, 1986, 119). Tale termine si presenta particolarmente adatto per tre ragioni: è più inclusivo rispetto ad altri (a es. metodi etnografici, di studio per casi); evita la connotazione diretta di «non quantitativo» (in opposizione all'uso del termine «qualitativo»); evidenzia il punto centrale di riferimento comune, l'interesse per il significato immediato e locale attribuito al proprio agire sociale. L'unità minima di analisi è quindi l'azione sociale e l'immediato significato che essa ha per chi la pone (*Ibidem*, 1986, 120).

Nella vita sociale, secondo molti Autori, è difficile trovare uniformità tali che possano portare a relazioni di tipo causale. Certi comportamenti ripetuti che possiamo di tanto in tanto osservare, sia in individui che in gruppi, sono un costrutto di ordine psicologico o sociologico e non un carattere a questi inerente. Due comportamenti apparentemente uguali, in realtà differiscono a causa del diverso significato a essi attribuito da chi ne è all'origine. La distinzione cruciale è di conseguenza tra comportamento, come atto fisico, e azione, che va vista come «comportamento fisico più il significato a essa attribuito da chi agisce e da coloro con i quali questi è in interazione». Compito essenziale della ricerca diventa così l'analisi sistematica dei significati soggettivi. Invece di chiedersi quali comportamenti degli educatori sono correlati positivamente con una crescita umana da parte degli educandi, occorre domandarsi: Quali sono le condizioni di significato che educandi ed educatori creano insieme, quando alcuni educandi sembrano progredire e altri no? Ci sono differenze nell'attribuzione di significato che possono caratterizzare più elevati risultati o un clima educativo più favorevole? A esempio: perché in certe condizioni ha per gli studenti più senso studiare che in altre?

La ricerca deve inoltre tener conto del cosiddetto mondo della vita o mondo vitale (*Lebenswelt*) e dell'organizzazione del significato nell'azione. Cosicché le ricerche di natura interpretativista sono specificatamente interessate ai significati e alle azioni presenti nella vita sociale, cioè in concreti contesti e precise interazioni, significati e azioni che d'altronde si devono collocare nel più vasto quadro del mondo vitale di appartenenza. Esse esigono idealmente prolungate osservazioni partecipanti, attuate nei luoghi stessi in cui si svolgono i processi educativi, seguite da accurate e prolungate riflessioni. Sono questi il luogo e il tempo del lavoro ermeneutico, che implica attenta analisi delle proprie e altrui interpretazioni, in un gioco di scomposizione del tutto nelle parti più significative e di parallela loro ricomposizione in una totalità che sola permette di coglierne il senso. È questo in grande sintesi il significato fondamentale del cosiddetto «circolo ermeneutico».

È evidente l'immediato aggancio al problema dell'interazione verbale, e più in generale a ogni interazione sociale, che utilizza un sistema di segni per comunicare. In campo filosofico, psicologico e pedagogico l'attenzione per il dialogo, la dialettica argomentativa, la retorica comunicativa sembra costituire uno dei caratteri della ricerca della fine del secolo ventesimo. Nel campo psicopedagogico sono evidenti oggi gli influssi di L.S. Vygotskij che negli anni trenta ha sviluppato la tesi della costruzione sociale della conoscenza e degli stessi processi cognitivi. In fin dei conti ogni nostra acquisizione e gran parte del nostro sviluppo culturale e personale dipendono dai processi di interiorizzazione, cioè dalla costruzione interna, compiuta sotto l'influsso esterno linguistico e sociale, di concetti, significati, motivazioni, abiti, ecc. Lo stesso J. Habermas (1986) ha sostituito nel suo approccio all'analisi dell'agire comunicativo il concetto di prassi proprio della tradizione marxista con quello di comunicazione.

2. La dimensione etico-sociale dell'azione educativa

L'agire pratico, come si è visto, è guidato da una razionalità pratica, che fonda e dirige la nostra capacità di trasformare le cose, di interagire con le persone, di modificare le situazioni e i contesti, di gestire le piccole come le grandi economie, di governare se stessi, i nuclei famigliari come le città. In questo paragrafo viene presa in considerazione la dimensione etico-sociale dell'azione, e dell'azione educativa in particolare. Viene preferito il termine etico-sociale al termine etico-politico, di derivazione aristotelica, in quanto sembra accostarsi meglio agli approcci che considerano questa dimensione come componente personale (Lopez Herrerias, 1989) o componente socio-relazionale (Franta, 1990). Si è già accennato al fatto che la prassi, cioè l'azione umana vista nel suo aspetto etico-sociale, è per sua natura guidata da un'idea del bene da conseguire. Questo fine fondamentale che orienta l'uomo nelle sue scelte non è tanto e solo il bene individuale del singolo, quanto quello di una comunità, o di un gruppo ristretto, come la famiglia, o, ancor più, di un gruppo più vasto come la comunità cittadina. È il bene della *pòlis* (la città), che viene in definitiva cercato, «perché il singolo è parte della città» (Berti, 1989a, 116). Di qui la scelta dell'espressione «dimensione etico-sociale» per caratterizzare l'agire dell'educatore in quanto diretto a scegliere comportamenti e relazioni validi e positivi in sé e in rapporto al bene dei singoli e della comunità a lui affidata.

Tuttavia, nella visione aristotelica non basta giungere, con opportuni metodi di indagine (*Ibidem*, cap. IV), a cogliere qual è il bene da conseguire, cioè il fine da porre alle proprie azioni, occorre anche saper deliberare bene, cioè calcolare correttamente i mezzi che ci consentono di raggiungerlo. E questo sempre tenendo conto non solo del bene dell'individuo, ma dell'individuo visto nell'ambito del gruppo sempre più esteso di cui fa parte. Questa capacità decisionale implica una certa esperienza, cioè la conoscenza di casi particolari, e contemporaneamente, come accennato, anche la conoscenza di principi generali. Il procedimento decisionale può essere a questo punto descritto come un «sillogismo pratico», o «inferenza pratica», cioè un ragionamento che da una finalità generale da dare all'azione, tramite la considerazione delle condizioni e dei mezzi concreti secondo cui si può o si deve conseguire tale finalità, permette di giungere alla scelta o all'azione stessa, in altre parole «la premessa maggiore contiene l'indicazione del fine, la minore l'indicazione del mezzo, cioè dell'azione necessaria per conseguire il fine, e la conclusione il comando di agire» (Berti, 1987, 69). In relazione a una prassi elaborata in nome dell'emancipazione, occorre sottolineare che «solo l'identificazione del fine, cioè della perfezione, della piena realizzazione, del completo sviluppo ed esercizio delle facoltà più specificatamente umane, giustifica... l'ideale dell'emancipazione e quindi fonda razionalmente l'etica ad esso corrispondente» (*Ibidem*).

Questa rilettura di Aristotele da una parte è in linea con la sensibilità di molti studiosi contemporanei interessati all'agire umano e alla sua interpretazione e, d'altra parte, si ricollega a una nuova attenzione verso la dimensione etica della professionalità (Quaglino, 1988; Pellerey, 1990a), eticità che va considerata nel suo più profondo spessore, che non in comportamenti legalistici o istituzionalmente corretti. Tuttavia, occorre ribadire una sottolineatura aristotelica: la componente etico-politica dell'agire umano non è interessata solo a scoprire qual è il bene da raggiungere, o addirittura «il bene supremo, bensì si propone anche di realizzarlo» (Berti, 1987). «Con il suo solito realismo, cioè con la consapevolezza già manifestata circa l'insufficienza del solo conoscere ai fini dell'agire bene, ritiene più necessaria, a questo fine, una buona educazione attuata per mezzo di buone abitudini, che un'accurata conoscenza del perché» (Berti, 1989a, 122).

L'azione umana, nella prospettiva aristotelico-tomista, tende a stabilire un rapporto con la realtà del mondo, a intessere una rete di relazioni con le cose, con le persone, con Dio (Abbà, 1995, 30). Questo rapporto non è basato però sulla ricerca di un soddisfacimento razionale dei desideri rivolti al conseguimento di una felicità edonica, bensì alla ricerca di un bene che è giudicato, compreso e voluto come tale (*Ibidem*, 31). Un bene che designa un arricchimento, una crescita, un potenziamento dell'essere proprio o altrui. La moralità, anche e soprattutto per l'educatore, sta nella capacità di governare il proprio agire in vista della realizzazione di una condizione ottimale per l'uomo (*Ibidem*, 32), in particolare per quegli uomini in formazione di cui si ha la responsabilità.

Di conseguenza il problema morale centrale è: che cosa posso fare, come posso agire, secondo le mie possibilità individuali, per questa condizione ottimale, degna e doverosa per l'uomo? (*Ibidem*, 33). Per rispondere a questa domanda entra in gioco la virtù che fonda ogni capacità di giudizio pratico di natura etica: la prudenza, non arte di soddisfare razionalmente i bisogni per massimizzare la felicità edonica, ma competenza nel saper scegliere le vie che portano, nei limiti propri di ciascuno, a tale condizione ottimale. Una competenza che nasce non solo dal saper riconoscere di volta in volta il bene da conseguire e il modo per raggiungerlo, ma anche dall'acquisizione di una disposizione interiore permanente derivata dalla consuetudine nello scegliere e nell'agire in coerenza con il bene riconosciuto.

Secondo Aristotele, per conseguire una crescita della competenza morale occorre «procedere dalle cose più note a noi, cioè dall'esperienza, a quelle più note in sé, cioè ai principi, ma... per esperienza si intende un abito morale acquisito, non una mera conoscenza esteriore» (Berti, 1989a). Questa posizione, che sembra contraddire a un'impostazione razionale dell'agire educativo, in realtà chiarisce il fatto che un conto è il sapere che cosa è bene fare o decidere, un altro avere la forza e la coerenza di agire di conseguenza. È dall'intreccio inestricabile tra approfondimento del senso e della direzione da dare al proprio agire come educatori e comportamento coerente con queste assunzioni che cresce la dimensione etico-sociale dell'azione educativa, come, d'altra parte la personalità dell'educando.

L'educazione come iniziazione a un'umana conversazione fondata sui principi morali non può essere solo interiorizzazione di valori, o disvalori, propri della società quale la si coglie nella vita quotidiana. Oggi, soprattutto, occorre interiorizzare i valori di una società libera e giusta. L'educazione, e in particolare l'educazione scolastica, ha la morale responsabilità di introdurre i giovani criticamente nella vita sociale e nella convivenza democratica. Ma questo è del tutto vano se essi non hanno un'esperienza di uomini e comunità che siano liberi e giusti, impegnati nella ricerca di conoscenza e competenza, attenti e dediti alla cura degli altri.

3. La psicologia dell'azione, come intreccio tra motivazione e volizione

È utile ripercorre alcune tappe che nel corso del secolo ventesimo sono state percorse dalla Psicologia che si è occupata della dinamica dell'azione umana. In genere si tratta di una scuola promossa da studiosi tedeschi e belgi, che avevano una buona fondazione di natura filosofica.

Verso la fine del secolo passato erano emerse dallo studio e dalla riflessione di filosofi e psicologi due possibili spiegazioni dei processi volitivi umani. Una sottolineava il ruolo dei fattori esterni, come le sensazioni e i relativi stati emozionali da queste suscitati, quali fonti della volizione umana; un'altra, invece, poneva all'interno della persona l'origine degli atti volitivi: una era detta teoria eterogenetica degli atti volitivi, l'altra era denominata teoria endogenetica della volontà. La prima si rifaceva più o meno direttamente alle concezioni humiane di causalità ed aveva come rappresentanti di spicco Hermann Ebbinghaus e Kuelpe, che aveva concettualizzato la volontà come un'«acuta sensazione organica».

Wundt fondatore della Psicologia scientifica, e maestro di Kuelpe, pensava, invece, che all'origine della volizione ci fossero processi cognitivi interni come pensieri, ricordi, forme di attenzione. Questi attivavano processi affettivi connessi con l'atto di volontà. Oltre a tali processi cognitivi si dovevano considerare combinazioni di idee e di sentimenti, che egli chiamò «motivi». Era una prima forma di distinzione tra processi motivazionali e processi volitivi, oggi ripresa e sviluppata in modo approfondito, come meglio vedremo nel seguito.

Accanto a questi si potrebbero ricordare numerosi altri studiosi tedeschi del tempo che, oltre ad approfondire queste tematiche, misero a punto metodologie di ricerca sperimentale ancor oggi in auge nella psicologia cognitiva, come l'uso dei tempi di reazione e i cosiddetti metodi sottrattivi.[1]

In sintesi la questione era, in termini attuali, se il «locus of control» della volontà fosse esterno o interno al soggetto, cioè se il soggetto si percepisse come origine e responsabile delle proprie scelte, oppure dipendente da altri o dalle circostanze esterne. Oggi si usa questo concetto più in senso attributivo che esplicativo. Cioè si cerca di vedere se il soggetto attribuisce la causa dei suoi successi o fallimenti, e in genere delle sue azioni, a fattori esterni o a fattori interni e non tanto di studiare se il processo volitivo come tale derivi di fatto dagli uni o dagli altri.

N. Ach iniziò le sue ricerche sulla psicologia della volontà agli inizi del 1900 e dedicò più decenni a studiare la fenomenologia e la natura dei processi di volizione, ignorando quasi del tutto quelli motivazionali. I processi volitivi venivano esaminati soprattutto nella loro componente energetica, cioè veniva studiata la forza con la quale si riusciva a perseverare nel raggiungimento di uno scopo di fronte a condizioni di difficoltà e a scopi rivali. Più o meno analoghe ricerche vennero svolte dalla scuola di Würzburg, e in particolare da O. Selz. Fu K. Lewin che con un articolo del 1926 diresse l'attenzione dei ricercatori sui processi motivazionali, in particolare sulle rappresentazioni interne delle opportunità di un'azione. Nel 1944 giunse a distinguere con chiarezza tra il processo di determinare gli obiettivi delle nostre azioni e il processo di impegnarsi a fondo (*striving*) per raggiungerli. Nel primo caso si tratta di studiare quali fini vengano scelti, i valori attesi dall'agire in un certo modo e le possibilità di scelta che si offrono. Nel secondo caso si indaga sul come ci si dirige verso gli obiettivi scelti.

A. Michotte, d'altra parte, nel 1910 aveva esplorato la scelta volontaria. Egli individuò una certa regolarità nella decisione umana: a una fase di valutazione delle alternative seguiva una pausa o momento inibitorio, poi una

[1] Circa i tempi di reazione (o dati di latenza) e i metodi sottrattivi vedi, a esempio, E.D. GAGNÉ, *Psicologia cognitiva e apprendimento scolastico*, Torino, SEI, 1989, pp. 36-38 e 44.

tensione muscolare che segnalava la risoluzione del momento del dubbio e il passaggio a quello della certezza. Quando la decisione era presa si aveva una vera e propria coscienza dell'azione iniziata (*conscience d'agir*).

Ci fu un libro che riassunse le ricerche sviluppate negli anni iniziali del secolo ed ebbe una certa risonanza anche in campo educativo: è il libro che Johannes Lindworsky pubblicò negli anni venti. Egli sottolineò in particolare come l'attività cruciale nella volizione umana non è tanto l'intensità dell'atto volitivo, quanto «il tenere a mente il compito prefissatosi mentre questo viene realizzato» (Lindworsky, 1923, 94). Nel volume si cita anche un principio scoperto da Hillgruber e oggi spesso riscoperto nelle ricerche sulla motivazione, il principio motivazionale della difficoltà: aumentando il livello di difficoltà del compito aumenta anche il livello di prestazione del soggetto. Questo principio fu ripreso dallo stesso Ach, al quale si deve anche la sua denominazione.

Dalla fine degli anni trenta l'attenzione per la psicologia della volontà scomparve pressoché del tutto, soprattutto per la soverchiante influenza della psicologia di stampo comportamentista. È stato merito di H. Heckhausen e di J. Kuhl aver ritrovato le antiche strade. Forse ciò è stato facilitato non solo dalla rinnovata attenzione per i processi interni dell'uomo, ma anche da una nuova temperie filosofica.

I decenni passati, infatti, non sono solo stati teatro di un profondo rinnovamento nel campo della psicologia con la rinascita e i nuovi sviluppi della psicologia cognitiva (va ricordato a questo proposito che W. James definiva nel secolo passato la psicologia come «lo studio della vita mentale»), ma anche più recentemente per l'attenzione sempre più consistente diretta verso i processi affettivi. Sia in psicologia, sia in sociologia, sia in filosofia si è avuto uno slittamento di interesse dai comportamenti esterni all'azione umana, considerata nella sua complessità come il vero nucleo o unità fondamentale di analisi. Questa attenzione ha trovato terreno fertile nei cosiddetti movimenti postmoderni e nelle filosofie ermeneutiche e neomarxiste. È rinato un interesse particolare per la filosofia pratica e per una razionalità umana più vasta e comprensiva della sola razionalità analitica, razionalità che aveva sempre più dominato il mondo della scienza.

Di conseguenza il riferimento obbligatorio per molti studiosi è stato Aristotele, che nei suoi studi di Etica aveva posto le basi per un'analisi teorica dell'azione umana. Dei suoi studi si evocava soprattutto la distinzione tra agire produttivo e agire etico e l'attenzione si concentra in particolare su questa seconda dimensione dell'azione. È stata così ripresa in considerazione e riletta in termini moderni l'inferenza pratica, a cui abbiamo già accennato, vista come una struttura logica, analoga al sillogismo logico formale, ma che se ne discosta essenzialmente, perché non è diretta a verificare la validità di una conclusione logica a partire dal valore di verità delle premesse, bensì quella della validità di un'azione sulla base dei valori, o delle intenzioni, dell'agente e delle informazioni che si hanno sulla situazione di fatto.[2]

L'inferenza pratica, nella struttura fondamentale valorizzata da questi studiosi, assume in genere una di queste forme:

[1] Io intendo conseguire un certo fine

Per raggiungere questo fine è necessario per me agire in un determinato modo

Dunque mi dispongo ad agire in tale modo

[2] Io desidero realizzare un determinato bene

Per realizzare tale bene è necessario conseguire un altro bene intermedio

Mi attivo a raggiungere quest'ultimo bene

Il secondo tipo di inferenza indica come nella normalità dei casi si abbia a che fare con una serie o catena di inferenze pratiche che partendo da motivi, o finalità, assunti in proprio dal soggetto, porta via via verso la scelta dell'azione da compiere nell'immediato. È in pratica quello che si chiama un progetto d'azione finalizzato al raggiungimento di un fine.[3]

Si può notare come nella psicologia cognitiva attuale si utilizza l'espressione «produzione» per indicare una struttura condizionale di questo tipo:

[3] Se si verificano queste e queste condizioni

Allora fai (o faccio) questo e questo

R.J. Sternberg (Sternberg - Caruso, 1985) ritiene, sulla base delle ricerche di J.R. Anderson, che questa sia la forma di rappresentazione del pensiero pratico. È evidente l'analogia con l'inferenza pratica di origine aristotelica.

L'inferenza pratica aristotelica si presta anche a uno slittamento di struttura sul versante dell'obbligatorietà.

[4] Io ritengo obbligatorio per me raggiungere un determinato fine

[2] Per P. Ricoeur (1989) un motivo è una ragione d'agire intimamente legata a un desiderio. La desiderabilità di qualcosa è alla base di un «ordine di ragioni», di una serie di «perché» che porta all'azione finale. «Ciò che richiede alla fine questa messa in ordine è la *distanza* fra il carattere di desiderabilità e l'azione singolare. Quando viene posta intenzionalmente questa distanza, il ragionamento pratico consiste nell'ordinare in una strategia la catena dei mezzi» (*Ibidem*, 234-5).

[3] Vedi a quest'ultimo proposito anche l'opera di J. NUTTIN, *Théorie de la motivation humaine*, Paris, PUF, 1980.

Ritengo, inoltre, che in questa situazione per raggiungere tale fine sia necessario agire in questo modo

Dunque è obbligatorio per me agire in questo modo.

È questa un'inferenza che viene chiamata deontica perché interessa la sfera dell'obbligo morale.

Tale digressione sull'inferenza pratica e su quella deontica apre anche la strada alla comprensione di alcuni fondamenti teorici presenti nelle ricerche del gruppo di ricercatori tedeschi che hanno avuto in Heckhausen e Kuhl due protagonisti indiscussi. Questi ricercatori, infatti, anche tenendo conto delle ricerche di inizio secolo sulla psicologia della volontà, hanno distinto tra motivi, motivazione e atto decisionale in una forma che ha profonde analogie con lo schema dell'inferenza pratica aristotelica. Essi tuttavia hanno aggiunto a tutto questo un'attenzione particolare, derivata dalle ricerche di Ach e Michotte, per il processo postdecisionale o processo volitivo. In questo hanno fatto rivivere un'impostazione già ben presente nella più antica tradizione e cioè la distinzione tra conoscere, sentire e volere.

Di questi tre processi interiori dell'uomo la psicologia del profondo ha valorizzato soprattutto il secondo; la psicologia cognitiva, anche nell'analisi dei processi motivazionali, ha valorizzato il primo. Assai più in ombra è rimasto il terzo, anzi si è tentato spesso di eliminarlo dalla considerazione tanto quanto bastava per non parlarne più. Solo la psicologia a cavallo del secolo passato, e di questo, vi aveva dedicato la sua attenzione. Possiamo ora esplorare la rinascita di interesse e di valorizzazione di questo terzo processo.

4. Il modello del Rubicone

Alla metà degli anni settanta il tedesco Heinz Heckhausen del Max Planck Institut für Psychologische Forschung diede l'avvio a un ambizioso progetto pluriennale di ricerca sui processi volitivi. Per questo radunò vari studiosi e ricercatori tedeschi e avviò una collaborazione scientifica che a tutt'oggi include particolarmente i tedeschi Julius Kuhl, Peter Gollwitzer, Jurgen Beckman, Uwe Kleinbeck e gli statunitensi Eric Klinger e Frederick Kanfer. Le prime opere fondamentali pubblicate sono di Heckhausen (1980) e di Kuhl (1981). In esse si distinguono due momenti fondamentali delle azioni umane: uno predecisionale di tipo motivazionale e uno postdecisionale di tipo volitivo. Il momento motivazionale termina, in questa impostazione, con il prendere una decisione, un evento più o meno conscio che proietta il soggetto nel momento volitivo (Heckhausen & Gollwitzer, 1987, 103).

Kuhl nel 1983 e nel 1984 in due celebri lavori ha dedicato uno studio approfondito ai processi che presiedono alla realizzazione delle nostre intenzioni: l'avvio dell'azione diretta al fine inteso, la perseveranza e la resistenza nell'agire per conseguirlo, le strategie attivate per superare gli ostacoli che si frappongono, ecc. In questa prospettiva la motivazione deve essere vista come il processo attraverso il quale si formano le nostre intenzioni, cioè l'elaborazione delle ragioni che ci inducono a fare qualcosa, mentre la volizione è il processo in base al quale le nostre intenzioni si attuano, cioè il concreto voler conseguire il fine espresso dalle nostre intenzioni.

H. Heckhausen (1990; 1992) ha sintetizzato il quadro di riferimento generale assunto in questo ambito. Esso indica in maniera abbastanza chiara il percorso che conduce dai valori e motivi che animano la nostra persona alla costituzione degli stati motivazionali e delle intenzioni che guidano le nostre azioni, alla loro attuazione e valutazione. Per comprendere meglio la proposta è bene riprendere da quest'Autore alcune precisazioni concettuali.

In primo luogo vengono riconsiderati i concetti riguardanti motivi e motivazione. I primi sono disposizioni stabili che superano le singole azioni e relative motivazioni, in quanto stanno all'origine di un intero insieme di possibili e desiderabili fini. Si tratta di disposizioni valoriali, che raggiungono un livello notevole di astrattezza e per questa stessa ragione non possono esser osservati né rilevati direttamente, ma solo inferiti. Inoltre, essi tendono a strutturarsi secondo quello che è stato chiamato un reticolo nomologico, cioè un'organizzazione più o meno gerarchizzata e ben sviluppata di orientamenti per l'azione. Sia lo sviluppo dei motivi, che la loro organizzazione interna, soprattutto nel caso dei motivi di ordine superiore, derivano in gran parte dai processi di inculturazione e socializzazione. Dal punto di vista educativo si tratta dell'influenza che i contesti familiare, scolastico, ecclesiastico e sociale (in particolare televisione e compagni) hanno nel sollecitare non solo l'esperienza diretta, ma anche quella vicaria e le relative interpretazioni personali.

La motivazione in questo quadro di riferimento viene vista come un processo che si instaura nell'interazione tra la persona e l'ambiente esterno, quale è dal soggetto percepito (Nuttin, 1983). Sulla base dei motivi o valori, che guidano le sue attese e i suoi desideri, e delle strategie cognitive che è in grado di gestire nell'analizzare e interpretare la situazione presente, si attivano più o meno fortemente energie interiori che non solo predispongono all'azione, ma anche la orientano. Si tratta, cioè, di un processo che incorpora non solo le attese di risultati desiderabili o non desiderabili, derivanti dalle azioni intese, ma anche la percezione della propria capacità di raggiungere tali risultati. È un processo che si attua nel contesto della relazione tra persona e situazione e costituisce il primo passo dell'agire in quanto si tratta di un'elaborazione cognitiva, segnata da componenti affettive, che sollecita più o meno fortemente verso una conclusione operativa. Spesso si elabora una prefigurazione della situazione quale dovrebbe risultare come trasformazione operata dal nostro agire.

Nuttin schematizza il processo nel modo seguente. Il comportamento umano va definito a partire da un soggetto in situazione, che agisce su uno stato di cose percepito in vista di uno stato di cose concepito: la meta o obiettivo. Ed è quest'ultima che definisce l'azione. Essa si realizza più o meno nel risultato o effetto raggiunto. Il risultato non è qualcosa che semplicemente segue l'atto; in quanto fine, esso regola il corso dell'azione e ne è il prodotto (*Ibidem*, 57-58). Più esplicitamente: «Il punto di partenza di un atto motivato non è uno stimolo né uno "stato di cose" in quanto tale, bensì un soggetto in situazione. È necessario insistere [...] sul fatto che il soggetto non è un'identità a sé: esso fa parte integrante d'una unità funzionale e bipolare che chiamiamo l'unità Individuo-Ambiente al di fuori della quale esso non esiste. L'ambiente in questione è la situazione significativa così com'è costruita dal soggetto, e il soggetto è una modalità di funzionamento in interazione con questa situazione, modalità che, nel nostro caso, costituisce la personalità umana. Il punto d'arrivo del comportamento – l'effetto o il risultato raggiunto – deve, anch'esso, definirsi e misurarsi in relazione con il soggetto, cioè con il risultato progettato e atteso dal soggetto. È questo risultato progettato ed atteso (la meta) che, più del risultato ottenuto antecedentemente (rinforzo), determina l'atto del soggetto. Infine è sulla situazione percepita che il soggetto esplica la sua azione per apportarvi quelle modifiche che possono condurre al risultato progettato. In una parola, è nei loro rapporti mutui che bisogna considerare soggetto, situazione, azione, risultato» (*Ibidem*, 55).

Il processo motivazionale pur essendo il primo passo verso l'azione non include in sé la generazione dell'intenzione. Occorre che almeno si sviluppi un atto di interno consenso per trasformare la finalità di un'azione in un'esplicita intenzione d'agire. Si tratta del momento decisionale vero e proprio, che non riguarda tanto se fare o meno una certa cosa, ma se farla proprio ora, in questo contesto preciso. Si passa cioè da un desiderio a una scelta.

Usando il paradigma dell'inferenza pratica si può tentare di illuminare meglio tale processo.

Se desidero conseguire un determinato fine (livello dei motivi)

E, data la situazione, per raggiungerlo è necessario agire in un certo modo (livello della motivazione)

Allora decido di agire in tale modo (livello del consenso all'azione e dell'intenzione).

Dal punto di vista psicologico motivi e motivazioni sono processi psicologici profondamente diversi, che possono implicare anche tempi abbastanza lunghi. In particolare la formazione dei desideri, cioè delle disposizioni interiori stabili e profonde, in una parola dei motivi e dei valori, è il risultato di un lungo processo di interiorizzazione di esperienze, interazioni, comunicazioni, riflessioni, azioni ed emozioni (Pellerey, 1991c). Quanto al livello della motivazione, cioè della proposizione minore nell'inferenza pratica, in questa prospettiva esso può implicare una laboriosa riflessione dominata dalla razionalità calcolatrice, che rimane sotto l'influsso di dinamiche affettive. In questa stessa fase si possono scontrare motivi e desideri contrastanti, tali da finanche inibire, o almeno ritardare a lungo, la decisione. In un certo senso si può parlare anche di processo di soluzione di problemi.

Il punto sottolineato con più vigore è quello del processo di volizione, processo che non consiste solo nel cosiddetto passaggio del Rubicone, cioè nella decisione di agire in un certo modo e in un certo momento, ma anche, se non soprattutto, nell'intensità dello sforzo e nella persistenza nel tempo secondo i quali si persegue l'obiettivo prescelto e la resistenza che si riesce ad attivare di fronte alla fatica, alle contrarietà, agli imprevisti, ecc. che sorgono nel corso dell'azione. Kuhl, in particolare, sottolinea il ruolo dei processi di controllo o di regolazione della volizione. Si tratta delle strategie messe in atto per rilevare cosa sta avvenendo, per individuare difficoltà attuali o possibili, per cambiare l'impostazione dell'azione, quando necessario, per superare momenti emotivamente negativi, per generare sentimenti positivi, per attribuire i risultati ottenuti a cause controllabili e modificabili, ecc.

Vengono così a emergere due fondamentali processi, tra loro distinti e distinguibili anche sul piano empirico, uno predecisionale e uno postdecisionale. Essi sono separati dall'atto decisionale propriamente detto, quello che a suo tempo W. James denominò il «Fiat» e che Heckhausen rilegge come il «passaggio del Rubicone».

Fig. 1 - *Dalla motivazione alla volizione, passando per la formazione dell'intenzione o atto decisionale* (Heckhausen, 1990; 1992).

Heckhausen (1992) ha riassunto la dinamica dell'azione secondo una progressione che privilegia il momento postdecisionale o volitivo. Delle quattro fasi che secondo questo studioso caratterizzano il corso dell'azione una precede la decisione, le altre tre la seguono. Egli, infatti, distingue tra formazione dell'intenzione, o momento decisionale, e inizio dell'attuazione dell'intenzione. Tra l'una e l'altro egli pone la fase da lui denominata volizione pre-attiva, cioè un momento di ricerca o di attesa dell'occasione e del tempo propizio per avviare la realizzazione dell'azione. Questa fase è importante, perché pur avendo molte volte già preso delle decisioni, non è sempre possibile o non è opportuno realizzarle immediatamente. In altri casi, tuttavia, è talmente chiaro, profondo e stabile l'orientamento preso, che non appena si presenta l'occasione, o le circostanze lo consentono, immediatamente viene attuato quanto inteso. Questo fenomeno può acquisire le caratteristiche dell'automaticità, soprattutto quando ormai motivi e motivazioni hanno portato a orientamenti definitivi e permanenti all'azione. Si tratta di quelli che, in altri termini, si possono chiamare «abiti».

Alla fase nella quale si realizza l'azione, Heckhausen fa seguire una fase da lui denominata post-attiva, a carattere valutativo, nella quale il soggetto cerca di capire le ragioni o le cause del successo o dell'insuccesso dell'azione intrapresa. Di qui possono nascere riflessioni, sentimenti ed emozioni che favoriscono o contrastano azioni future nella stessa direzione, confermare motivi e valori che stanno all'origine della scelta operata oppure renderli più problematici, ecc. Come si vede, questa fase ha caratteri che la collegano con gli aspetti motivazionali e per questo è chiamata anche motivazione post-attiva.

Le quattro fasi sono rappresentate in sintesi nella Fig. 2.

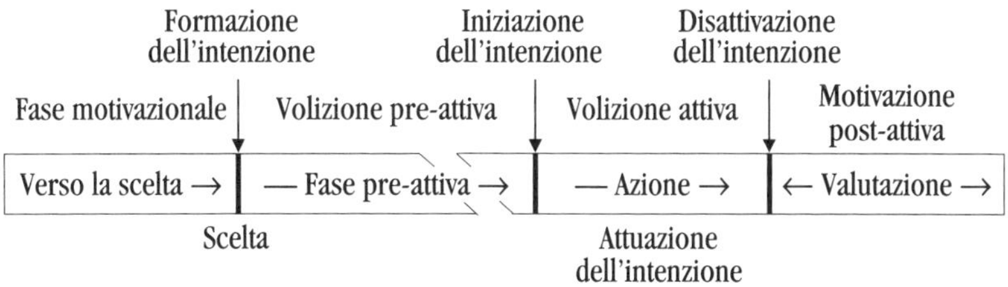

Fig. 2 - *Le quattro fasi fondamentali del modello del passaggio del Rubicone* (Heckhausen, 1990; 1992).

5. La volizione e il controllo dell'azione nell'attuazione delle decisioni

Kuhl ha approfondito l'analisi della fase postdecisionale che precede immediatamente la realizzazione della scelta effettuata. Egli distingue, sulla base di dati empirici, due modi di viverla. Li indica con le espressioni «orientamento all'azione» e «orientamento allo stato». Egli distingue, cioè, tra due modi di procedere, uno più energico e chiaramente definito e uno più insicuro e incerto. Nel primo caso la persona si concentra sul compito da svolgere e sulle strategie e schemi d'azione che sono necessari o utili a raggiungere l'obiettivo. Nel secondo caso la persona rimane nella fase preattiva perché tendente a ruminare i suoi dubbi e le sue emozioni, a ritornare sulle difficoltà passate o presenti, a considerare possibili strategie alternative, a non visualizzare se stessi nell'azione da svolgere, ecc.

Il controllo delle azioni, cioè della sottofase attiva, può essere (Kuhl, 1987, 286) passivo o attivo. Nel primo caso si sviluppa automaticamente e tra le intenzioni (derivate dalle motivazioni e influenzanti i piani di azione) in competizione prevalgono quelle più attraenti: è il caso dei bambini. Nel secondo caso (controllo attivo) si evidenzia un sistema di autoregolazione di ordine metacognitivo. L'emergere di questo sistema si verifica intorno ai 9 anni (Mischel & Mischel, 1983). Kuhl (1983; 1984) ha individuato sei strategie di tipo metacognitivo che permettono l'autocontrollo delle azioni.

a) Strategie di attenzione selettiva rivolte alle informazioni pertinenti, utili o necessarie a sviluppare positivamente l'azione; parallelamente strategie di inibizione delle informazioni che possono favorire tendenze competitive. La ricerca (Mischel & Mischel, 1983) ha evidenziato a esempio la possibilità di apprendere strategie di controllo dell'attenzione che portano a evitare il contatto visivo con possibili fonti di distrazione.

b) Strategie di mantenimento nella memoria di lavoro e di codificazione delle informazioni che proteggono le intenzioni e migliorano o mantengono efficienti i piani d'azione correnti, mentre eliminano elementi che potrebbero indebolirli o renderli inefficaci. Anche in questo caso esistono buone basi di risultati di ricerca (Kuhl, 1987, 287).

c) Strategie cognitive di governo, come una certa parsimonia nel ricercare le informazioni che possono facilitare o inibire la realizzazione delle intenzioni, selezionando solo quelle fondamentali. Si tratta di evitare un'eccessiva riflessione nel considerare le varie possibilità di attuazione dell'intenzione e nel soppesare il valore degli esiti dell'azione. Tutte le volte che si è convinti della necessità di trovare continuamente altre informazioni utili a impostare vie alternative di realizzazione delle intenzioni può verificarsi un depotenziamento della motivazione. Occorre individuare limiti temporali congrui e porre un termine alla ricerca per iniziare l'azione vera e propria. Le persone in effetti sembrano da questo punto di vista tendere verso quello che può definirsi un orientamento allo stato di ruminazione preventiva, che ritarda o addirittura impedisce l'attivazione dell'azione, oppure verso un orientamento all'agire che si attiva non appena definito in maniera sufficiente un piano di attuazione dell'intenzione (Kuhl & Beckmann, 1994). Nel primo caso entrano in gioco aspetti emozionali, come l'ansietà e la paura dell'insuccesso, e motivazionali, come un basso concetto di sé e la percezione di un debole senso di efficacia.

d) Strategie di controllo delle emozioni che possono ridurre la forza del processo volitivo sia nella predisposizione di un piano d'azione, sia durante l'azione. A esempio, la tristezza e la frustrazione favoriscono l'emergere di alternative seducenti e rendono più debole la capacità di persistenza nel portare a termine il piano d'azione, mentre l'ansietà tende a collocare in uno stato di incertezza nel momento di preparazione all'azione (Izard, 1977; Kuhl, 1987). Si tratta anche di controllare le reazioni emotive che insorgono di fronte alle difficoltà incontrate e che possono ritardare o bloccare l'azione.

e) Strategie di controllo e di protezione delle motivazioni di fronte a motivazioni alternative che entrano in concorrenza con quelle presenti. Oltre a strategie analoghe a quelle di attenzione selettiva, ma che riguardano direttamente il rinforzo della motivazione, si possono ricordare strategie di richiamo alla memoria delle ragioni e dei motivi che sono alla base delle scelte operate.

f) Strategie di organizzazione e governo dell'ambiente di apprendimento. In questo caso oltre alle consuete forme di organizzazione di un ambiente non distraente, di evitamento di elementi o persone che disturbano la concentrazione e l'attenzione, si possono ricordare forme di impegno sociale, cioè il manifestare le decisioni prese a persone che sono per noi importanti e che possono a loro volta costituire motivo di sollecitazione a portare a termine i nostri piani d'azione.

L'analisi di Kuhl, dunque, può essere riletta entro il quadro più generale dello sviluppo della capacità di autoregolazione. Attraverso tale sistema, infatti, i soggetti sviluppano strategie personali che permettono un impiego produttivo del tempo e dell'impegno nel portare a termine i diversi compiti. La motivazione attualizza nella situazione concreta i motivi o valori che il soggetto ha più o meno profondamente interiorizzato e strutturato, portandoli verso la definizione di un'intenzione, od obiettivo d'azione, e la decisione di impegnarsi in maniera adeguata per raggiungerlo. La capacità di controllare il processo di volizione garantisce l'efficacia di tale decisione. La guida fondamentale allo svolgersi dell'azione rimane la rappresentazione interna dell'obiettivo da perseguire; tuttavia ricopre un ruolo decisivo anche la forza volitiva che determina l'intensità e la perseveranza dell'azione stessa. Bandura (1988) indica tre fattori che concorrono al costituirsi di questa forza volitiva: una continua osservazione e valutazione del proprio agire nella direzione intesa, valutazione che risulta segnata emotivamente; la percezione soggettiva di poter raggiungere efficacemente lo scopo prefigurato; la capacità di adattamento all'evolversi della situazione, rinforzando quando necessario il proprio comportamento. A quest'ultimo proposito val la pena ricordare subito due fenomeni significativi. Il primo è già stato segnalato, in quanto scoperto all'inizio del secolo: compiti od obiettivi che si presentano impegnativi, esercitano una maggiore attrazione sul soggetto, almeno fino a un certo livello di difficoltà. Il secondo ha preso il nome di sovragiustificazione e riguarda la caduta di impegno quando la propria azione viene gratificata oltre il dovuto.

Quanto sopra ricordato è stato collegato in varie ricerche (Corno & Kanfer, 1993) al tratto della personalità che può essere descritto come «coscienziosità». Dalle ricerche emerge che i soggetti che manifestano tratti della personalità associati a un forte senso dell'impegno assunto nel perseguire uno scopo, e del conseguente obbligo soggettivamente vissuto, e a una energica capacità di perseveranza negli impegni riescono meglio non solo nello studio, ma soprattutto nella loro attività professionale.

La valutazione dell'azione, o motivazione post-attiva, è stata particolarmente studiata da B. Weiner (1992) che ha elaborato la sua teoria attributiva della motivazione. Weiner ha studiato sulla base di ricerche precedenti, le attribuzioni che i vari soggetti elaborano circa le cause di un loro successo o di un loro fallimento. In genere le cause riscontrate risultano classificabili in interne (come la capacità) o esterne (come la mancanza di tempo), stabili (come la difficoltà di un argomento) o instabili (come l'impegno); controllabili (come lo sforzo messo in atto) o incontrollabili (come la fortuna). Tali giudizi, soprattutto se ripetuti nel tempo, portano a veri e propri stili attributivi, cioè tendenze ad attribuire il proprio successo o fallimento a cause che hanno determinate caratteristiche. A esempio, in genere noi siamo portati ad attribuire ad altri la responsabilità delle cose che vanno male e a noi stessi quella delle cose che vanno bene. Le attribuzioni causali, soprattutto se inscritte in stili attributivi, generano reazioni emozionali, positive o negative, in molti casi sulla base di una percezione di responsabilità. A esempio, il non essere riusciti a portare a termine un compito può generare un giudizio di responsabilità morale e un senso di colpa. A lungo andare ne rimangono segnate le disposizioni motivazionali stabili che precedono l'azione, come l'autostima, la percezione di competenza, ecc.

LETTURE DI APPROFONDIMENTO

Per approfondire i temi affrontati nel capitolo si possono leggere, oltre ai volumi citati di Heckhausen e Kuhl, le seguenti opere: J. NUTTIN, *La motivazione umana* (Roma, Armando, 1983); E.L. DECI e R.M. RYAN, *Intrinsic motivation and self-determination in human behavior* (New York, Plenum, 1985); E.L. DECI e R. FLASTE, *Why we do what we do. The dynamics of personal autonomy* (New York, Putnam, 1995);

Chi è interessato a un approfondimento delle dimensioni dell'agire umano e alla rinascita della prospettiva aristotelica può leggere di M. PELLEREY, *L'agire educativo. La pratica pedagogica tra modernità e postmodernità* (Roma, LAS, 1998).

ESERCIZI

Primo esercizio

Leggi il seguente brano tratto da un testo di Psicologia sociale e verifica se le idee espresse dall'Autore concordano o meno con quanto affermato nel primo capitolo.

Al di là di ogni altra peculiarità, l'azione è essenzialmente lo strumento per fare, *cioè per operare in quel* dominio della pratica *che è costituito dall'attività degli uomini e che a sua volta contribuisce a costituirli come* esseri umani sociali, *cioè come esseri che nella loro storia filogenetica hanno avuto un costante ruolo di intervento sull'ambiente da un lato, e di concomitante costituzione di rapporti sociali dall'altro. Una storia filogenetica che si ripete in quella ontogenetica, dall'altro. Una storia filogenetica che si ripete in quella ontogenetica, nelle vicende personali di ogni individuo e di ogni generazione: anche se, evidentemente, in tal senso il* fare *diviene soprattutto un modificare e trasformare nell'ambito di situazioni non solo materiali (fisici e biologici) ma anche sociali. Questa centralità del fare era già posta chiaramente dal pensiero greco: in Aristotele il* poiein *(cioè il fare) è ciò che connota l'azione* praxis *rispetto alla* theoria *intesa come puro pensiero, come «contemplazione» che il filosofo indirizza alle cose eterne del* kosmos *che sono poste al di là di ogni agire umano. La distinzione tra* teoria *e* pratica *riposa appunto su questo: ferma restando la tensione che può indirizzare l'essere umano a portare il suo pensiero al di là della materia del mondo, è poi nella materia del mondo che il suo fare si esercita, non solo come* poiesis *(cioè come produzione dell'oggetto) ma come* praxis, *cioè come* agire pratico *in generale nell'am-*

bito delle relazioni che la pratica crea. Un dominio, quello pratico, che meglio si precisa ricordando quelle che per Aristotele sono le scienze pratiche*: cioè la retorica, l'economia, la scienza militare e la politica (della quale è parte integrale l'etica). Scienze quindi del cambiamento che si può produrre nelle cose del mondo, scienze della persuasione e dell'influenza sociale, scienze della gestione e del governo, in cui si esercita la capacità che l'essere umano ha di compiere scelte e prendere decisioni. Vi è «qualche decisione in chi agisce – diceva Aristotele – in quanto pratico e scelto sono la stessa cosa». È questa l'idea di azione che dal mondo greco si trasporta nel mondo rinascimentale: il mondo delle «cose umane», come ricorda Machiavelli, dove l'«uomo d'azione», capace di cogliere la congiuntura favorevole alla connessione mezzi-fini, impone sul determinismo che sembra governare le cose (la «necessità» e la «fortuna») le proprie aspirazioni e le proprie scelte. Un uomo che non è solo il Principe, ma anche il Costruttore: come ci ricorda Leonardo nella sua celebre lettera a Ludovico il Moro. Non stupisce che questa idea di azione abbia affascinato la generazione romantica («in principio era l'azione», dice Faust), abbia suscitato fantasie di potenza tra Nietzsche e Stirner, e sia pervenuta poi nella più completa teoresi di Maurice Blondel (1893).*

In realtà il soggetto dell'azione che la psicologia sociale può prendersi in carico è un essere assai più dimensionato, ma, forse proprio per questo, più reale. È in definitiva un essere portatore di desideri, aspirazioni, progetti (non importa quanto nobili o quanto banali) che si trova a nascere e vivere in un contesto di problemi che le situazioni di vita gli mettono costantemente dinanzi. Si tratta ovviamente di problemi non solo materiali connessi alla sua sopravvivenza ma anche relazionali, connessi cioè alla sua vita sociale in senso lato, e quindi ai processi di identificazione e differenziazione, alla concezione di sé, a quanto è legato ai ritualismi sociali, alle norme, alle regole, e così via. Fondamentalmente è un essere che ha come sua prerogativa fondante, e come fondamentale strumento per affrontare i problemi dell'esistenza, quella del fare*: uno quindi che, nell'ambito di situazioni definite da fattori sia obiettivi (risorse, capacità, regole, norme, rapporti di potere) che soggettivi (in dipendenza delle sue rappresentazioni, valutazioni, inferenze, decisioni), cerca di affrontare i suoi problemi e di realizzare i suoi desideri* facendo *qualcosa atto a modificare lo stato presente delle cose per renderlo maggiormente sintonico con i suoi fini. Può agire in conformità dei propri desideri o anche per «imposizione» di elementi esterni [...]. Tali elementi possono limitare ovviamente le sue scelte e talvolta vanificarle: ma all'origine dell'azione, intesa come processo concreto, vi è sempre un atto decisionale che la promuove, indispensabile per dar corso alle operazioni che essa richiede. Dopo di che il nostro soggetto cerca di fare questo «qualcosa» con una* razionalità *che,* *pur con tutti i vincoli e i limiti possibili, è diretta ad instaurare relazioni funzionali sia tra le intenzioni e gli scopi, sia tra gli scopi e i mezzi.*

Il fatto che questo insieme di processi e operazioni sia in parte automatizzato nell'ambito di scripts *e di altre forme schematiche, il fatto che molte decisioni sottostanti a sequenze di azione non appaiano neppure più tali a causa dell'ormai ridottissimo «lavoro cognitivo» richiesto, non muta sostanzialmente il quadro dell'attore qui tracciato.*

Un quadro che invece obbliga a modificare sostanzialmente la concezione del «sociale» che fa da sfondo in generale alla ricerca della psicologia sociale. Questa, infatti, accanto a un soggetto puramente epistemico ha in generale evocato un sociale assunto nella sua mera superficie osservabile, ontologicamente posto al di là e al di fuori di quel soggetto: un sociale nel quale l'ordine delle cose esistente finisce coll'essere la sola e vera realtà, resistente al cambiamento e anche alla cognizione. Ovviamente il sociale richiamato dalla nozione di azione è un altro: non è una «realtà a sé», ma un prodotto *che l'agire dei soggetti individuali e collettivi contribuisce a costruire, e che quindi da questi può essere modificato e trasformato, dando con ciò consistenza all'idea stessa di progetto e di proposito, e quindi pervenendo ad arricchire la cognizione, ad indirizzarla e concretizzarla. Il cambiamento si colloca dunque qui (come in parte era previsto nell'ottica di Lewin) non solo e non tanto come un fenomeno di ordine strutturale che si impone sulle persone e sui gruppi, ma come un processo che persone e gruppi possono promuovere e gestire: o che almeno, quando siano interessati fattori sovrastanti (mutamenti di status, di ruolo, di tecnologie, eventi naturali o sociali strutturali, ecc.), possono in parte indirizzare e guidare.*

[Tratto da: P. AMERIO, *Fondamenti teorici di psicologia sociale*, Bologna, Il Mulino, 1995, 302-303].

Secondo esercizio

Rispondi per iscritto alle seguenti domande. Se sei incerto, rileggi il terzo paragrafo del capitolo.

a) Qual è la differenza tra inferenza pratica e inferenza deontica?

b) Qual è la premessa maggiore dell'inferenza pratica? e quella dell'inferenza deontica?

c) Qual è la conclusione dell'inferenza pratica? e quella dell'inferenza deontica?

Terzo esercizio

Scegli l'alternativa che, secondo te, è più corretta tenendo presente quanto esposto nel quarto paragrafo del capitolo.

Le fasi principali dell'azione umana descritte da H. Heckhausen sono:

A. fase motivazionale, momento decisionale e fase volitiva;

B. fase preattiva, fase attiva, fase postattiva;

C. momento decisionale, fase attuativa, fase valutativa;

D. fase progettuale, fase esecutiva, fase valutativa.

Quarto esercizio

Secondo J. Kuhl si possono individuare sei strategie fondamentali che permettono di controllare l'attuazione di un'azione decisa e progettata. Elencale per iscritto sul tuo quaderno di lavoro, seguendo la traccia indicata.

a) Prima strategia: ....

b) Seconda strategia: ....

c) Terza strategia: ....

d) Quarta strategia: ....

e) Quinta strategia: ....

f) Sesta strategia: ....

QUARTO CAPITOLO

PROGETTARE L'AZIONE EDUCATIVA

Nel primo capitolo abbiamo definito la Pedagogia, considerata come scienza pratica, una scienza progettuale, cioè una scienza diretta a promuovere il miglioramento della pratica educativa tramite la predisposizione, attuazione e valutazione di progetti educativi validi ed efficaci. Tale impegno progettuale si rivela particolarmente urgente quando l'educatore incontra sul suo cammino difficoltà, imprevisti, fallimenti. Nel secondo capitolo si è visto come il momento educativo più delicato e impegnativo emerga quando l'educando o gli educandi resistono all'azione educativa e obbligano questi a ripensare l'intera loro impostazione. Si tratta di riprogettare la propria azione educativa. Tale riprogettazione deriva fondamentalmente da esigenze di natura etica, connesse con la responsabilità dell'educatore.

Nel terzo capitolo, di conseguenza, sono state approfondite sia la struttura che la dinamica dell'azione educativa, considerata soprattutto nella sua dimensione etico-sociale e nella modalità sia di generazione dell'intenzione d'azione, che di perseveranza nel portarla a termine. L'impatto tra valori e motivi che animano l'educatore e una percezione attenta delle situazioni, che risultano insoddisfacenti, provoca uno stato motivazionale che sollecita l'elaborazione di un piano d'azione che consente di generare situazioni più positive.

È naturale allora rileggere il processo di impostazione e sviluppo dell'azione educativa come un processo di soluzione di problemi. È quanto faremo in questo capitolo, approfondendo in primo luogo il concetto di progettazione educativa da questo punto di vista, per esaminare, quindi, il concetto di lettura della domanda educativa, vista come analisi dei bisogni educativi.

Obiettivi del capitolo

Al termine dello studio di questo capitolo il lettore dovrebbe essere in grado di:

- *interpretare l'elaborazione di un progetto educativo come processo di soluzione di problemi;*
- *descrivere le fasi principali di un processo di soluzione di problemi;*
- *definire il concetto di bisogno educativo;*
- *spiegare il ruolo della rilevazione della situazione iniziale secondo la quale si trovano gli educandi;*
- *enunciare alcune esigenze e opportunità poste dal contesto culturale degli educandi e dell'istituzione educativa;*
- *esplicitare alcune osservazioni critiche relative all'istanza progettuale in ambito educativo.*

1. La progettazione dell'azione educativa come soluzione di problemi

Al termine del secondo capitolo è stato evidenziato come la progettazione di un'azione educativa possa essere riletta come un processo di soluzione di problemi. Questi ultimi sorgono, in effetti, nel contesto di una pratica educativa e la loro identificazione sollecita non solo una loro definizione, ma anche l'elaborazione di una strategia risolutiva tendente a superarli o almeno a contenerli. In definitiva si tratta di migliorare una situazione educativa, che ha manifestato incertezze, lacune, contraddizioni interne o contrasti esterni, blocchi o reazioni inaspettate, esiti insoddisfacenti. Nella impostazione evidenziata da P. Meirieu la nascita di una situazione problematica propriamente educativa si ha quando nel contesto di una pratica educativa emerge una resistenza dell'altro che non capisce, non accetta, non riesce a seguire, rimane distante, si contrappone a quanto propone o fa l'educatore.

Un passaggio tratto dalla letteratura pedagogica salesiana può illustrare questo punto. In una lettera redatta a Roma e inviata da don Bosco alla Comunità salesiana dell'Oratorio di Torino-Valdocco il 10 maggio 1884 si descrivono due situazioni contrastanti. Una rievoca una pratica educativa ideale, quella vissuta da un suo antico allievo di nome Valfrè prima del 1870, l'altra presenta una condizione nella quale molti dei principi ispiratori del metodo salesiano sono trascurati. Il confronto tra le due situazioni mette in risalto la necessità di un cambiamento e il ruolo progettuale di uno specifico principio ispiratore. Leggiamone alcuni passi. Essi ci serviranno anche a rilevare l'importanza della narrazione nel comunicare non solo le idee pedagogiche, ma soprattutto quel tipo di conoscenza e competenza che Polanyi definisce «tacita» o «personale» e che non può essere raccolta sotto forma di regole e principi.

«Or dunque in una delle sere scorse io mi ero ritirato in camera e mentre mi disponeva per andare a riposo, avea incominciato a recitare le preghiere che mi insegnò la mia buona mamma. In quel mentre non so bene se preso dal sonno, o tratto fuori di me da una distrazione, mi parve che mi si presentassero innanzi due degli antichi giovani dell'Oratorio.

Uno di questi due mi si avvicinò, e salutatomi affettuosamente mi disse:

– O Don Bosco mi conosce?

– Sì che ti conosco – risposi.

– E si ricorda ancora di me? – soggiunse.

– Di te e di tutti gli altri. Tu sei Valfrè, ed eri nell'Oratorio prima del 1870.

– Dica! continuò Valfrè, vuol vedere i giovani che erano nell'Oratorio ai miei tempi?

– Sì, fammeli vedere, io risposi; ciò mi cagionerà molto piacere. E Valfré mi mostrò i giovani tutti colle stesse sembianze e colla statura e nell'età di quel tempo. Mi pareva di essere nell'antico Oratorio nell'ora della ricreazione. Era una scena tutta vita, tutta moto, tutta allegria. Chi correva, chi saltava, chi faceva saltare. Qui si giuocava alla rana, là a bancarotta, ed al pallone. In un luogo era radunato un crocchio di giovani che pendeva dal labbro di un prete il quale narrava una storiella. In un altro luogo un chierico che in mezzo ad altri giovanetti giuocava *all'asino vola* e ai *mestieri.* Si cantava, si ricadeva da tutte parti e dovunque chierici e preti, e intorno ad essi giovani che schiamazzavano allegramente. Si vedeva che fra giovani e Superiori regnava la più grande cordialità. Io era incantato a questo spettacolo e Valfrè mi disse: – Veda: la famigliarità porta amore, e l'amore produce confidenza in Confessione e fuori di Confessione.

In quell'istante si avvicinò a me l'altro mio antico allievo che avea la barba tutta bianca e mi disse: – D. Bosco vuole adesso conoscere e vedere i giovani che attualmente sono nell'Oratorio?

– Sì, risposi io; poiché è già un mese che più non li vedo – .

E me li additò. Vidi l'Oratorio e tutti voi che facevate ricreazione. Ma non più udiva grida e cantici, non più vedeva quel moto, quella vita come nella prima scena. Negli atti e nel viso di molti di voi si leggeva una spossatezza, una noia, una musoneria, una diffidenza che faceva pena al mio cuore. Vidi è vero molti che correvano, giuocavano, si agitavano con beata spensieratezza, ma altri non pochi io ne vedeva star soli appoggiati ai pilastri in preda a pensieri sconfortanti; altri sulle scale e nei corridoi per sottrarsi alla ricreazione; altri passeggiare lentamente in gruppi parlando sottovoce fra di loro dando attorno occhiate sospettose e maligne: talora sorridere ma con un sorriso accompagnato da occhiate da far non solamente sospettare, ma credere che S. Luigi avrebbe arrossito se si fosse trovato in compagnia di costoro; eziandio fra coloro che giuocavano ve ne erano alcuni così svogliati, che facean vedere chiaramente come non trovassero gusto nei divertimenti. Rari si scorgevano fra i giovani i Chierici ed i preti. Varii giovani cercavano studiosamente di allontanarsi dai maestri e dai Superiori. I Superiori non erano più l'anima delle ricreazioni.

Io allora domandai al mio amico dalla barba bianca: – Ti sembrano più buoni i giovani di adesso o quelli di una volta?

Mi rispose: – Il numero dei giovani buoni eziandio nel tempo presente è assai grande nell'Oratorio.

– Ma perché tanta differenza fra i giovani di una volta e i giovani di adesso?

– Causa di tanta diversità si è che un certo numero di giovani non ha confidenza nei Superiori. Anticamente i cuori erano tutti aperti ai Superiori, che i giovani amavano ed obbedivano prontamente. Si ricorda quei belli anni quando lei Sig. D. Bosco poteva intrattenersi continuamente con noi? Era un tripudio di paradiso, e noi per lei non avevamo segreti. Ma ora i Superiori sono considerati come Superiori, e non più come padri, fratelli ed amici; quindi sono temuti e poco amati. Perciò se si vuol fare un cuor solo ed un'anima sola per amor di Gesù, bisogna che si rompa la fatale barriera della diffidenza, e sottentri a questa la confidenza cordiale. Che quindi l'obbedienza guidi l'allievo come la madre guida il suo fanciullino. Allora regnerà nell'Oratorio la pace e l'allegrezza antica» (Braido, 1992, 365-367).

A questo punto emerge la necessità di ritornare su se stessi, di riflettere, di cercare le ragioni di questa resistenza, di capire come è possibile impostare un'azione più congruente con la situazione emersa, senza rinunciare, ma anche senza ricorrere all'imposizione, alle sole ragioni dell'autorità, alla violenza. Nel caso descritto da Don Bosco il principio metodologico che deve guidare la trasformazione della pratica educativa è riassunto in queste parole: «Famigliarità con i giovani specialmente in ricreazione. La famigliarità porta all'amore, e l'amore porta alla confidenza». La ragione più profonda è «Che i giovani non solo siano amati, ma che essi stessi conoscano di essere amati».

Si può richiamare a questo proposito quanto accennato nei precedenti capitoli. Le difficoltà emergenti nel contesto della pratica educativa e i vincoli che in essa sono presenti non devono spingere verso la rassegnazione o, peggio, verso la disperazione, bensì devono essere vissuti come appelli, sollecitazioni e opportunità, occasioni per ripensare, ritornare da una parte alle ragioni ideali che guidano la nostra azione e, dall'altra, per riprogettare quest'ultima, tenendo conto con maggiore e più puntuale comprensione della realtà, dei suoi vincoli, ma anche delle sue possibilità.

Il percorso psicologico che deve essere affrontato quando nel contesto di una pratica educativa emergono situazioni problematiche può essere così descritto. Il corso dell'azione subisce un più o meno improvviso arresto. Si incontrano nuove difficoltà, nuove incertezze. Tali situazioni mettono in moto il pensiero riflessivo,[1] un ritorno su di esse per capire meglio le ragioni delle difficoltà, delle resistenze. Contemporaneamente si attiva una reazione emozionale, che può essere vissuta negativamente, se prevalgono sentimenti di disperazione, oppure positivamente, se riattiva motivazioni e desideri orientati a cercare con più intensità e congruenza il bene degli educandi.

I passi che contraddistinguono un percorso di risoluzione di problemi possono essere così riassunti nella loro logica generale.

a) Nel corso dell'attuazione di una pratica educativa emergono stati di insoddisfazione e di incertezza: si avvertono contraddizioni interne alla stessa per divergenze tra aspirazioni e clima sperimentato, tra intenzioni e risultati ottenuti; si percepisce uno stato diffuso di insoddisfazione; si verificano blocchi o reazioni inaspettate; si percepiscono resistenze più o meno esplicite ed esternamente manifestate; si fan strada in maniera ancora indistinta nuove sensibilità e diverse prospettive d'azione.

È quello che si può definire la nascita di uno stato problematico, la coscienza della necessità di modificare uno stato di cose o di trasformare una prospettiva o una modalità d'azione. Questo stato di cose in genere è accompagnato da reazioni emozionali e tensioni relazionali.

b) La nascita di uno stato problematico deriva in gran parte dalle contraddizioni o incongruenze che si avvertono tra aspirazioni, intenzioni, valori, significati e motivi che guidano le nostre azioni e la situazione educativa quale essa viene percepita dai singoli educatori o educandi, oppure dall'intero gruppo. Questo stato problematico è esso stesso motivante, cioè sollecita la ricerca di un suo superamento. Tuttavia ciò non sarà possibile se non verrà identificato con più chiarezza il problema educativo nelle sue precise dimensioni. In una parola occorre procedere a quella che si può chiamare la definizione del problema stesso. In questo lavoro di riflessione critica entrano in gioco non solo valori e significati generali di riferimento, ma anche aspetti culturali ed esperienziali più specifici, competenze e abilità intellettuali e pratiche, attese, desideri, ansie e paure. Per progettare o riprogettare l'azione, cioè, occorre comprendere più profondamente e in

[1] J. Dewey ha ben esaminato la natura di questo tipo di pensiero. Si può rileggere a questo proposito la sua opera *Come pensiamo* (Firenze, La Nuova Italia, 1961).

maniera più pertinente la natura delle difficoltà incontrate e degli ostacoli che si frappongono alla prosecuzione del cammino educativo.

Dal punto di vista metodologico è necessario esplicitare alcuni principi e indicazioni operative che aiutino a definire adeguatamente il problema educativo che è sotteso da una situazione problematica. In questo svolgono un ruolo decisivo le varie Scienze dell'educazione sia per quanto concerne il come procedere in questa analisi, sia per quanto riguarda la raccolta di elementi informativi rilevanti e affidabili. Tuttavia, per quanto si riferisce alla definizione della rilevanza educativa del problema e dell'urgenza che esso riveste, occorre evidenziare che si tratta di un'attribuzione di valore che può essere portato a termine solo attraverso una lettura interpretativa che si appoggi a un quadro teorico adeguato.

c) La definizione del problema educativo porta come conseguenza anche l'identificazione delle condizioni nelle quali si potrà dire che il problema è stato superato. Cioè, in una parola, permette l'identificazione degli obiettivi educativi in termini operativi: descrizione della situazione educativa che si deve raggiungere per uscire dalla situazione che ha dato origine allo stato problematico. Si giunge così a identificare quello che è stato definito da Newell e Simon (1972) lo *spazio del problema*, caratterizzato da una comprensione sufficientemente chiara della situazione iniziale, quella che ha dato origine al problema; della situazione finale, l'obiettivo o gli obiettivi che devono essere raggiunti per dire di aver risolto il problema; della natura delle strategie risolutive che devono essere adottate o inventate per passare dalla situazione iniziale a quella finale. In tutto questo gioca un ruolo centrale la rievocazione e valorizzazione nell'attuale contesto dell'insieme delle conoscenze già possedute e delle esperienze già personalmente rielaborate. Si tratta di quello che dal punto di vista psicologico viene definito *transfer* o trasferimento delle conoscenze.

Il processo di concettualizzazione sopra ricordato permette di procedere alla progettazione di una pratica educativa che risponda alle esigenze poste dalla definizione del problema e dalla identificazione delle intenzioni operative dell'educatore o del gruppo educativo. In questo ambito progettuale entrano in gioco conoscenze e competenze di varia natura. In particolare svolgono un ruolo importante i modelli di pratica educativa che per analogia potrebbero essere seguiti nell'impostare il proprio progetto. Entrano in gioco anche tecniche e competenze professionali specifiche connesse con la progettazione educativa. Va anche ricordata l'importanza della conoscenza tacita o personale studiata da Polanyi e alla quale abbiamo già accennato. È una conoscenza pratica che non può essere facilmente espressa mediante principi e regole generali e che nel campo educativo si manifesta spesso come una forma di eccellenza o di virtù specifica dell'educatore: la capacità di cogliere con grande facilità e immediatezza il cuore dei problemi educativi che emergono nella sua azione e di impostare un'azione che risponda in maniera congruente e flessibile a queste esigenze. È questa una virtù calcolatrice di natura intellettuale, sorretta e sostenuta da componenti affettive e volitive, che può essere anche descritta come «prudenza educativa».

d) L'elaborazione di un progetto operativo può rimanere una pratica abbastanza astratta e burocratica, se non si unisce a un insieme di competenze pratiche di natura organizzativa e gestionale. Spesso i progetti educativi rimangono tali perché poco rapportati all'effettiva disponibilità di concrete risorse economiche, di tempo, di persone, di competenze, di ambienti, strumenti e materiali, ecc.

Tuttavia l'attuazione di un progetto operativo anche ben impostato e intelligentemente strutturato è condizionata da fattori di natura più immediata come competenze relazionali e comunicative e competenze decisionali immediate. In un parola si tratta di concretizzare un progetto operativo in un contesto di pratica educativa che ne permetta effettivamente lo sviluppo e la dinamica.

e) La valutazione in questo caso è data dal confronto o comparazione tra la situazione educativa e relativa pratica che ha dato origine allo stato problematico e alla impostazione di una nuova forma di azione formativa e la situazione educativa e relativa pratica che ne è derivata.

Si tratta di verificare con accuratezza se il progetto elaborato risponde nella sue differenti componenti agli obiettivi individuati e risulta fattibile, tenendo conto delle reali possibilità di attuazione. Tale modifica può portare a miglioramenti parziali o complessivi o, talora, anche a un ridimensionamento delle aspirazioni in quanto queste risultano eccessivamente ottimistiche

Naturalmente l'emergere di una situazione problematica nel contesto dell'azione educativa può avvenire anche in riferimento a un solo educando. In questo caso lo schema operativo è perfettamente analogo, salvo che la terminologia può essere più vicina a quella considerata dalla clinica, in quanto si può parlare di diagnosi iniziale, di terapia da prescrivere, di monitoraggio, valutazione ed eventuali interventi correttivi della terapia predisposta, ecc.

2. L'analisi della domanda educativa

L'analisi dei bisogni di educazione, o della domanda educativa, può essere sviluppata seguendo prospettive metodologiche differenti. Una delle modalità molto diffuse tenta di identificare una domanda educativa trasversale, tale cioè da caratterizzare tutta la condizione giovanile, o almeno gran parte di essa. Si prefigura, cioè, un quadro di riferimento ideale desunto però da rilevazioni di natura empirica. In effetti più o meno periodicamente vengono realizzate indagini sulla situazione giovanile dei vari Paesi.[2]

Un diverso modo di procedere, pur tenendo conto di informazioni generali quali quelle sopra ricordate, cerca di cogliere più da vicino le caratteristiche delle condizioni di partenza mediante un esame della situazione dei giovani che effettivamente sono presenti nella pratica educativa presa in considerazione. In questo caso si possono adottare metodologie di varie natura che vanno dall'uso di questionari opportunamente redatti, somministrati ed elaborati, alla realizzazione di interviste più o meno strutturate, alla valorizzazione di storie di vita narrate oralmente o per iscritto dai giovani stessi.

Contrastante rispetto a tali impostazioni di lavoro è quella che privilegia l'apporto che può provenire da prospettive più teoriche di natura antropologica, psicologica, filosofica, teologica.

La proposta metodologica che viene qui avanzata è quella di considerare queste due prospettive come complementari. In realtà, infatti, ciò a cui occorre giungere è la costruzione, sulla base di un sistema ordinato di finalità educative tratte da una solida impostazione teorica, di un quadro di riferimento di bisogni educativi intesi come carenze che si riscontrano nei singoli o nel gruppo dei soggetti in educazione. Un *bisogno educativo*, quindi, può essere inteso come *discrepanza, o distanza, esistente tra una situazione o stato educativo desiderato o «quale dovrebbe essere» e la situazione «quale essa è»*.

Il primo riferimento è messo in relazione con un giudizio di valore, il secondo con una rilevazione, quanto è possibile oggettiva e pertinente. Gli obiettivi educativi appartengono al quadro educativo «quale dovrebbe essere» non certo all'inizio, ma al termine del processo formativo. Tuttavia, è evidente la necessità di un raffronto iniziale tra uno stato ideale e uno stato reale per poter evidenziare non solo le differenze in se stesse, ma anche la loro profondità e la loro caratterizzazione. Questo esame fornirà quindi le informazioni necessarie per poter stabilire un ordine di priorità o grado di urgenza degli obiettivi: quanto più grande e marcata è la distanza tra un aspetto dell'essere e il relativo aspetto del dover essere, tanto più impellente sarà la necessità di puntare sul superamento di questi elementi deficitari. Ritorneremo su questa impostazione concettuale e metodologica

[2] A esempio si può rileggere la ricerca sulla formazione dell'identità negli adolescenti italiani promossa dai COSPES (Centri di Orientamento Scolastico Professionale e Sociale) e pubblicata sotto il titolo *L'età incompiuta* (Torino, LDC, 1995).

trattando nel settimo capitolo della definizione e determinazione degli obiettivi educativi, in quanto questi possono essere riletti come specifici bisogni educativi.

Un pericolo che spesso è presente in questo lavoro progettuale e che si manifesta poi nella redazione scritta dei vari progetti educativi è quello di limitarsi a proporre un quadro ideale di natura valoriale, che però rimane in qualche modo disincarnato e lontano dalla realtà e dalla situazione problematica che si deve affrontare. Un quadro di questo tipo è certamente importante come orizzonte di riferimento per compiere poi scelte più puntuali e vicine alla realtà di fatto, ma può rimane inefficace se si rimane a tale livello di astrattezza. I giovani, i problemi che essi pongono all'educatore, le loro condizioni umane, le loro ricchezze e povertà, il loro grado di sviluppo cognitivo, affettivo e del carattere, sono tutti elementi decisivi per elaborare un progetto che permetta, almeno in via di ipotesi, di risolvere il problema o i problemi educativi individuati. Tuttavia, senza questo quadro ideale di riferimento si può rimanere prigionieri di impressioni occasionali, di reazioni emozionali poco controllate, di decisioni legate a circostanze non ben esaminate e valutate, di stati d'animo passeggeri.

Un quadro di riferimento educativo ben costruito e assunto responsabilmente consente una maggiore sistematicità di analisi, una più consistente e riflessa percezione delle difficoltà e dei bisogni, un giudizio più accurato e consapevole della relativa importanza e urgenza delle varie dimensioni della domanda educativa, la possibilità di giungere a decisioni maturate a un buon livello di comprensione e previsione degli sviluppi futuri.

A questo livello evidentemente gioca un ruolo fondamentale la concezione antropologica che l'educatore assume di fronte al suo compito formativo, in altre parole la sua visione del bene degli educandi e più in generale dell'uomo e della società. Si tratta di un insieme di qualità personali, di significati e valori, di competenze umane generali e specifiche, che dovrebbero caratterizzare una crescita umana equilibrata e valida sia sul piano individuale sia comunitario.

3. Le dimensioni della domanda educativa

Il primo passo in un'analisi dei bisogni educativi sta, dunque, nell'accettare o costruire una mappa delle qualità umane che, soprattutto in relazione ai soggetti presenti, sono da considerare essenziali per la loro crescita personale. E questo non può essere fatto che all'interno di un quadro teorico di riferimento.

Uno di questi quadri di riferimento educativi teorici, derivato dalla teoria della personalità di G.W. Allport, è stato elaborato da L. Boncori

(1975) ed è riportato in appendice. Le caratteristiche di base di una personalità matura, secondo Allport, sono raggruppabili in quattro grandi dimensioni: maturazione dei rapporti sociali e affettivi, cognizione, integrazione e sicurezza emotiva, elaborazione di una propria filosofia di vita. Analizzando queste dimensioni è possibile trarre una lista di aspetti più dettagliati della personalità nella sua strutturazione migliore, che possono costituire come gli elementi di una tassonomia di obiettivi educativi.

Un altro esempio di impostazione di un quadro ideale di esiti educativi può essere tratto da una visione antropologica esplicitamente cristiana quale è stata prospettata dalla filosofia cristiana dell'educazione. «Il primo fine dell'educazione è la conquista della interiore e spirituale libertà, che la persona deve compiere, o in altre parole la liberazione di quest'ultima mediante la conoscenza e la saggezza, la buona volontà e l'amore» (Maritain, 1951, 11). Questa conquista si ottiene sviluppando progressivamente un organismo interiore virtuoso, cioè acquisendo qualità umane morali sempre più radicate, prontamente disponibili, perseguite con continuità e soddisfazione, e secondo un equilibrio e una integrazione personalmente e validamente strutturata.

Le qualità umane morali di base nella tradizione aristotelico-tomista erano identificate sotto quattro dimensioni. La prudenza è la virtù radicale, il fondamento di tutte perché fornisce la capacità di deliberare, giudicare e decidere a tempo e luogo, in maniera seria e responsabile, cosa fare, come agire, quali relazioni instaurare. È questa la fondamentale virtù regolatrice delle nostre azioni, vera e propria saggezza pratica. La giustizia è la virtù che guida non solo il rispetto dei diritti dei singoli e delle comunità ma anche i doveri verso se stessi e gli altri. «Giustizia è quell'abito in virtù del quale un uomo di ferma e costante volontà attribuisce a ciascuno il suo proprio diritto» (Tommaso d'Aquino citato da Pieper, 1956, 8). La sua proprietà è quella «di regolare l'uomo in tutto quanto è in relazione con gli altri» (*Ibidem*, 21) e si distingue dall'amore in quanto si basa sull'alterità, sulla distinzione delle identità personali. La fortezza è la qualità umana che garantisce la capacità di perseguire con costanza e fermezza gli obiettivi che ci si propone di raggiungere, nonostante difficoltà, incomprensioni, frustrazioni, fallimenti parziali. Sulla fortezza è basato il coraggio, che evita prudentemente sia la pusillanimità, sia la temerarietà. La temperanza (Pieper, 1957) è la qualità umana che regola l'uso equilibrato delle sollecitazioni interne o, in termini tradizionali, delle passioni, come l'aggressività perché non degeneri in ira, come l'appetito perché non degeneri in golosità, della sessualità perché non degeneri in lussuria. È una virtù che fornisce all'uomo quell'equilibrio interiore che gli permette di uscire da una concezione egoistica e autocentrata per aprirsi alla generosità e alla magnanimità. L'uomo maturo da questo punto di vista è l'uomo che, guidato dalla prudenza, sa scegliere nella vita liberamente e responsabilmente, guidato da valori e motivi profondi di agire nella giustizia, con fortezza e temperanza. L'organismo cristiano è poi strutturato più profondamente ancora dalle tre virtù teologali: la fede, la speranza e la carità.

È interessante notare come la psicologia sociale di impostazione sperimentale abbia riscoperto alcune di queste qualità umane come radicate in tutti gli esseri umani a livelli più o meno sviluppati. Si possono citare a questo proposito due trattati di Psicologia sociale. Sabini (1995) esamina con cura tratti umani come l'altruismo, la giustizia, l'aggressività. F. Emiliani e B. Zani (1998) dedicano un capitolo, il sesto, ad *Altruismo e solidarietà*. Una rilettura degli apporti psicologici in chiave educativa è sviluppata da M. De Beni in *Prosocialità e altruismo. Guida all'educazione socio-affettiva* (Trento, Erikson, 1998).

La tradizione pedagogica ha dal suo canto individuato alcune dimensioni fondamentali dell'educazione, dimensioni che rispecchiano linee di sviluppo generali della persona umana. G. Corallo (1967) distingue, a esempio cinque dimensioni educative: educazione fisica, educazione intellettuale, educazione morale, educazione sociale ed educazione religiosa. E per ciascuna di esse indica non solo i caratteri peculiari, ma anche alcuni principi di metodo. G.M. Bertin (1971) a partire dalla sua prospettiva problematicista esplora sei dimensioni educative: l'educazione intellettuale, l'educazione etico-sociale, l'educazione affettiva, l'educazione estetica, l'educazione fisica e quella professionale. E ne esplicita obiettivi e indicazioni metodologiche. Evidentemente ogni impostazione pedagogica prospetta un diverso equilibrio e una differente importanza relativa delle varie dimensioni educative considerate.

Certamente le prospettive precedentemente ricordate si prestano tutte a fornire un quadro di possibili domande di educazione. Nella nostra prospettiva sembra, però, più coerente e utile per impostare un quadro di lavoro valido nella determinazione degli obiettivi educativi seguire la tradizionale tripartizione delle dimensioni evolutive umane già prospettata da Aristotele: lo sviluppo della dimensione emozionale, di quella cognitiva e di quella volitiva. Queste dimensioni non possono essere considerate nel vuoto, ma collegate almeno secondo linee generali con le pratiche educative che possono favorirne la crescita e strutturazione unitaria, in particolare sotto il profilo della capacità di agire in maniera prudente e responsabile. Affronteremo più specificatamente questo discorso nel prossimo capitolo. Ma già fin d'ora occorre che le tre dimensioni sopra ricordate si integrino tra loro nella realtà dinamica della persona umana, per questo si parla oggi di intelligenza emozionale (Goleman, 1996), di fattori cognitivi, affettivi e volitivi che concorrono allo sviluppo di atteggiamenti e alla interiorizzazione di valori.

Comunque, dal punto di vista della pratica educativa rimane valido approfondire le tradizionali dimensioni educative e le relative impostazioni metodologiche. In particolare l'educazione fisica può essere riletta all'interno della più vasta educazione alla salute fisica e mentale; l'educazione intellettuale al vasto campo dello sviluppo culturale e professionale; l'educazione morale può essere riletta come la categoria generale che riassume le finalità fondamentali di ogni azione formativa, in quanto ha di mira la crescita di un organismo interiore virtuoso; l'educazione sociale non solo si innesta profondamente in quella morale, ma implica lo sviluppo di competenze comunicative e relazionali che sono in gran parte legate alla dimensione affettiva della persona, dimensione, quest'ultima, che è presente nello sviluppo dei comportamenti, dei sentimenti, delle motivazioni, delle convinzioni, dei valori di ciascuno. Un cenno a parte merita l'educazione estetica, dimensione spesso sottovalutata negli attuali progetti educativi sia scolastici, che extrascolastici. Educare al bello, alla capacità di provare emozioni di natura estetica e di saperle esprimere in forme adeguate sta certamente al cuore di una educazione umanizzante che, nella ricerca del vero, del buono e del bello e nella formazione a coglierli nelle loro varie manifestazioni ed esigenze, pone un'irrinunciabile tavola di significato o di senso della vita e dell'educazione.

4. La rilevazione della situazione

Come abbiamo rilevato nel secondo paragrafo, la definizione della domanda educativa implica un confronto tra uno stato o situazione ideale e uno stato o situazione reale. Certamente non basta delineare le dimensioni fondamentali della crescita del soggetto, occorre anche che l'educatore, o meglio la comunità educativa, indichi aspetti e livelli di queste dimensioni ritenuti particolarmente importanti. A esempio, potrebbe essere scelto come prioritario qualche aspetto della crescita morale, intellettuale o religiosa degli educandi.

In genere nell'elaborare un progetto educativo ci si limita a proporre un quadro di mete ideali che incarnano le dimensioni educative scelte e alle quali si attribuisce particolare valore. Questo ideario, o quadro di riferimento ideale, è certamente importante perché chiarisce, usando una terminologia tradizionale, quali beni educativi si vogliono perseguire e si prefigura l'identità educativa del progetto e dell'istituzione che lo ha elaborato e lo vuole realizzare. Tuttavia, al fine di impostare una concreta azione educativa questo livello progettuale non è sufficiente. Occorre che la comunità educativa, o l'educatore singolo, rilevi a quale livello di sviluppo si trovino gli educandi rispetto alle mete educative prescelte.

Entriamo qui nel contesto di un processo di natura valutativa. Si tratta infatti di valutare quelle che generalmente si definiscono condizioni di ingresso o stato iniziale degli educandi. Al processo di valutazione, ai suoi modelli e metodi è dedicato l'undicesimo capitolo. Qui si può solo accennare che ogni valutazione implica da una parte un insieme di criteri di riferimento, e questi sono dati dalle mete educative sopra ricordate, e, dall'altra, un insieme di informazioni sulla situazione di fatto sufficientemente valide, pertinenti e affidabili. Valide, nel senso di effettivamente presenti in modo stabile e non occasionale; pertinenti, nel senso di chiaramente riferite ai criteri di valutazione prescelti; affidabili, nel senso di degne di fiducia perché descrivono la situazione in maniera abbastanza oggettiva.

La valutazione che deve compiere la comunità educativa, o il singolo educatore, consiste nel rilevare per ogni aspetto educativo ritenuto importante qual è la situazione e di conseguenza decidere l'urgenza e rilevanza pratica delle diverse mete educative. Questo processo valutativo conduce progressivamente alla identificazione degli obiettivi che possono, o debbono, essere posti a riferimento dell'attività educativa da progettare. Ma di questo tratteremo più diffusamente più avanti.

C'è però un punto sul quale merita subito riflettere e che pone e porrà sempre più problemi alla progettazione della pratica educativa. Ogni educando non solo è rappresentante e portatore di una cultura di appartenenza che lo ha segnato nel suo primo crescere, ma in questa cultura continua a vivere. Egli, cioè, fruisce negli ambiti famigliare e sociale di un insieme di riferimenti che guidano la sua maniera di osservare, percepire e valutare le situazioni, i rapporti, le forme e i contenuti delle comunicazione. J. Bruner (1997) ricorda come la mente umana cresce e viene strutturandosi all'interno di una comunità culturale interagendo con le forme simboliche che essa esprime.[3] L'attribuzione di senso alle vicende umane, proprie o altrui, avviene attraverso forme di negoziazione che implicano sempre modalità di comunicazione culturalmente segnate. Egli inoltre distingue tra livelli «macro» che coinvolgono valori, diritti, forme di scambio, obblighi, opportunità, potere e livelli «micro» che riguardano le richieste poste al soggetto dal sistema culturale.

Progettare una pratica educativa implica tener conto in maniera attenta e puntuale delle istanze culturali presenti nel gruppo degli educandi. In particolare, le nostre società tendono a far coesistere l'una accanto all'altra comunità culturali anche profondamente diversificate per riferimenti non

[3] J. Bruner (1997) distingue due approcci allo studio della mente umana. Uno è definito computazionale, l'altro culturale. Il primo approccio è quello privilegiato, a esempio, dalla psicologia cognitivista che considera l'uomo come un sistema che elabora informazioni. Un esempio di sviluppo interessante di questo approccio è quello di J.R. Anderson (1983; 1995). L'approccio culturale è stato in particolare sviluppato dallo stesso Bruner (1988; 1992; 1997).

solo linguistici, ma soprattutto religiosi, etici, estetici e per forme di pensiero e di interazione sociale. Prendere coscienza attenta di questa realtà è una componente essenziale dell'analisi della situazione problematica di partenza. Tutto ciò può rimettere in discussione anche alcune o molte delle assunzioni di riferimento, implicando un'attenta negoziazione e rinegoziazione delle nostre aspettative. È questo un ambito di discorso che viene sviluppato e approfondito dalla cosiddetta pedagogia interculturale, che esamina le implicazioni educative di società complesse, pluraliste, multiculturali (Chang - Checchin, 1996; Nanni, 1998).

Riprenderemo nel nono capitolo il problema del ruolo della comunità nel processo educativo di un giovane. Occorre, quindi, ricordare il ruolo che svolge una comunità caratterizzata da un sistema di convinzioni, credenze, costumi e pratiche sociali nella crescita di un suo membro dal punto di vista dell'interiorizzazione di valori e di sviluppo di una concezione di vita particolari, dell'acquisizione di abiti morali che conducono a comportamenti coerenti con la concezione di vita sviluppata.[4] Questo processo viene generalmente chiamato processo di inculturazione.

D'altra parte la pluralità di comunità presenti nelle società può essere vista sia come una minaccia all'identità personale, sia come una occasione di ulteriore maturità umana e sociale. L'incontro o il confronto con comunità culturali diverse dalla propria o con singoli loro appartenenti può dar luogo a conflitti e tensioni, oppure a incontri aperti e rispettosi, a sviluppo di capacità di comprensione e non solo di tolleranza, a forme di acculturazione mediante le quali su abiti culturali già formati, si inseriscono modelli nuovi e diversi, legati ad altre realtà storico-sociali (Dalle Fratte, 1995, 374).

Bruner (1997, 97), trattando del ruolo della scuola, afferma: «L'apprendimento in tutta la sua complessità comporta la creazione e negoziazione dei significati in una cultura più vasta, e l'insegnante è il rappresentante di questa cultura». «Questo comporta la costruzione di culture scolastiche che operino come comunità interattive, impegnate a risolvere i problemi in collaborazione con quanti contribuiscono al processo educativo. Questi gruppi non rappresentano solo un luogo di istruzione, ma anche un centro

[4] Circa il problema del ruolo della comunità culturale di appartenenza nel processo educativo e i problemi che a questo proposito vengono posti da teoria liberale oppure comunitaria dell'etica e della morale si può leggere proficuamente il libro curato da Gino DALLE FRATTE, *Concezioni del bene e teoria della giustizia. Il dibattito tra liberali e comunitari in prospettiva pedagogica* (Roma, Armando, 1995); in particolare sono utili i contributi di Sergio Galvan «Per una teoria liberale della comunità» (pp. 347-364) e di Gino Dalle Fratte «Per una teoria comunitaria della scuola» (pp. 365-390) e l'abbondante bibliografia. Un buon contributo a questo proposito si trova nel capitolo settimo del volume di Giuseppe ABBÀ, *Felicità, vita buona e virtù* (Roma, LAS, 1995, 2ª ed.).

di costruzione dell'identità personale e di collaborazione» (*Ibidem*, 95). Questa impostazione dell'attività educativa permette di superare tre antinomie proprie dell'educazione, che Bruner esprime sotto forma di dilemmi: «L'educazione deve riprodurre la cultura, o deve arricchire e coltivare il potenziale umano? Deve proporsi di coltivare in maniera diversificata il talento di quelli che hanno le migliori doti innate, o deve dare la priorità al compito di fornire a tutti gli strumenti culturali che consentano loro di funzionare efficacemente? Dobbiamo dare la priorità ai valori e alle usanze della cultura nel suo complesso, o dare la precedenza alle identità delle sottoculture che la compongono?» (*Ibidem*, 93).

5. L'istanza progettuale educativa: riflessioni critiche

Le evoluzioni scientifiche e tecnologiche di questi ultimi decenni hanno progressivamente accentuato l'importanza del momento progettuale, rispetto a quello realizzativo. Questo è avvenuto per un insieme di ragioni complementari abbastanza complesse. Spicca tra esse la sempre più marcata possibilità di gestire processi e produrre materiali con l'ausilio di macchine automatiche, fino al punto da rendere trascurabile l'apporto umano nel momento esecutivo. Chi ha accostato anche superficialmente l'informatica sa quanto siano essenziali le fasi di analisi e soluzione del problema e di programmazione della procedura risolutiva automatizzabile; il resto è routine. Questo accenno può indurre molti a vedere con sospetto la spinta verso la progettazione. Quasi che si voglia ridurre il processo educativo a pura esecuzione automatica di operazioni e decisioni già tutte previste e prefigurate. Sarebbe una visione ancora più disumana e ridicola della burocratizzazione delle professionalità educative.

In ambito scientifico, tuttavia, la questione è oggi posta in termini assai diversi. L'ipotesi che l'Universo, il Sistema solare, la Terra e, quindi, l'uomo e la sua discendenza potessero essere il risultato di una serie di trasformazioni originate da combinazioni casuali consolidate per la loro positiva accoglienza da parte dell'ambiente circostante, sta cedendo il posto a un più complesso quadro che vede all'origine del tutto e delle sue evoluzioni un'istanza progettuale originaria che si attua nel tempo componendosi con gli apporti di fenomeni e situazioni più occasionali e fortuiti. A molti quest'impostazione evoca un riferimento religioso: un progetto creativo originario di Dio, che si compone con le scelte più o meno felici dell'uomo. Tuttavia, anche questa prospettiva non può essere assunta in forma meccanicistica, quasi che tutto è ormai disegnato e si attua nel tempo secondo piani e forme predefiniti nei loro minimi particolari. Neanche un progetto divino può essere concepito come una programmazione definita nei singoli eventi e nella loro successione temporale. Questa impostazione è propria delle nuove tecnologie a base microelettronica e rappresenta il loro punto di forza, ma anche quello di massima loro debolezza, in quanto non può essere applicata alle vicende umane, né tanto meno ai processi educativi. Un progetto creativo di Dio, come un progetto educativo umano, assume ben altra identità e valenza, proprio perché si attua in un contesto di rapporti e di interazioni che coinvolgono scelte e decisioni libere.

Il senso dell'istanza progettuale in campo educativo può essere dunque riconsiderato in una prospettiva religiosa cristiana come la generazione di un quadro di riferimento entro il quale concorrere all'opera creativa e redentiva di Dio, promuovendo la crescita personale, culturale, professionale e sociale dei giovani. Il nostro progetto educativo sull'uomo, quindi, non può e non deve porsi in contrasto con il progetto originario e permanente di Dio; anzi, quest'ultimo è come il limite alle nostre scelte e alla violenza che le nostre azioni possono sempre rendere presente. Ciascun educando è un soggetto che conserva in sé un suo progetto originario, che non può e non deve essere stravolto o manipolato dall'educatore.

D'altro canto un processo educativo, che si svolga in una istituzione, non può e non deve essere la pura somma e conseguenza degli stimoli e delle reazioni, che singoli educatori e singoli educandi in momenti diversi mettono in moto. Sarebbe un approccio analogo a quello degli scienziati che fondavano sul caso e sul contingente la spiegazione dello sviluppo dell'Universo e dei suoi abitanti.

Istanza progettuale, d'altronde, indica, nel nostro contesto, corresponsabilità e coerenza; l'esistenza, cioè, di una vera comunità educativa. È stato detto che una comunità educativa cresce e si realizza attorno ad un progetto, e questo, d'altra parte, è per la stessa comunità ragione e forza di nascita e di sviluppo. È evidente, quindi, che la scrittura di un progetto educativo non è compito da affidare ad un singolo, anche se qualificato, ma il risultato di lavoro collettivo, che nasce dall'esperienza concreta, dai risultati positivi e dai fallimenti, in un continuo dialogo con i valori e le fonti ispiratrici del proprio impegno educativo. Questo non vuol dire che la stesura concreta di un documento progettuale anche per motivi di stile, non possa poi essere affidata ad una sola persona.

Ai progetti educativi scritti dalle varie comunità educative si rimprovera spesso di ispirarsi più a trattati teorici o ideologici che ai problemi da affrontare e all'azione da svolgere. Occorre immediatamente dire che fare un progetto significa scegliere, ridurre la genericità e il globalismo, privilegiare un punto di vista. E questo è difficile e faticoso, soprattutto da parte di una comunità, di un gruppo di persone, per quanto esse siano affiatate e abituate a lavorare insieme collettivamente. Fare un progetto non è impresa agevole o indolore, né per i singoli, né per i gruppi. Quando lo sembra, è perché c'è poca partecipazione, o poco realismo, si ha, cioè, fuga, o nell'autoritarismo o nell'astratto. Si può dire che fare un progetto è come costruire un modello operativo: richiede tempo, competenza e aderenza ai problemi e allc prospettive future. Fare un progetto significa calare nella storia e nella geografia (antropologica) del tempo e del posto in cui si deve operare un insieme coerente di riferimenti ideali e di valori.

Si deve ricordare, infine, come la stesura di un progetto può risultare sensibile ad alcuni riferimenti secondo logiche differenti. Spesso sono state proposte logiche deduttive da assunti e riferimenti valoriali astratti, oppure da teorie psicologiche o sociologiche, per coglierne le implicazioni sul piano dell'azione. Occorre riconoscere la circolarità che esiste tra riferimenti ideali e constatazioni di fatto, tra aspirazioni e valori di riferimento e situazioni concrete. Progettare implica apertura continua alla riprogettazione, all'adattamento, a una duplice fedeltà, all'ideale e al reale, che costringe a una continua rimessa in discussione e reimpostazione delle pratiche educative adottate.

Il problema, che la comunità educante deve affrontare, dunque, consiste principalmente: a) nel leggere e interpretare con continuità la domanda educativa che si manifesta nei giovani ai quali essa si rivolge; b) nell'elaborare e proporre, sotto forma di quadro ipotetico e dinamico, un insieme coerente di obiettivi, attività e forme di vita, che costituiscono un itinerario educativo in grado di rispondere validamente ed efficacemente a questa domanda. Tale itinerario, comunque, dovrà essere ripensato e rimodulato nel tempo, secondo quanto verrà via via riscontrato nello sviluppo pratico del progetto. Tanto più che nessun progetto educativo può ignorare un insieme di elementi di carattere storico-sociale che condizionano, talora pesantemente, l'attività educativa. Ogni istituzione educativa, infatti, è nata per rispondere ad una serie di sollecitazioni e opportunità, che raramente sono rimaste le stesse nel trascorrere del tempo e delle vicende umane. Prendere coscienza di come ci si sia progressivamente adattati alle mutate circostanze, fino a che punto si sia rimasti fedeli all'originaria ispirazione, quali istanze siano rimaste insoddisfatte, come si possa oggi e soprattutto nel futuro adeguare il tutto alle nuove esigenze e alle nuove richieste, senza distruggere o mettere in crisi la propria identità: tutto questo fa da sfondo costante alla ricerca di soluzioni e di impostazione del lavoro formativo.

6. Progettazione come narrazione proiettata sul futuro

Da molti versanti sono stati sollecitati un serio ripensamento e un adeguato approfondimento del ruolo della costruzione e negoziazione dei significati nell'attribuzione di senso alla propria esperienza personale e, più in generale, alle differenti vicende umane. J. Bruner, uno studioso che da ormai qualche decennio insiste sulla prospettiva di una psicologia culturale, afferma che: «Il metodo che consiste nel proporre e riproporre una negoziazione sui significati con la mediazione dell'interpretazione narrativa costituisce a mio avviso uno dei grandi risultati dello sviluppo umano in senso ontogenetico, culturale e filogenetico» (Bruner, 1992, 73). E continua: «Tra la fine degli anni settanta e l'inizio degli ottanta ha fatto la sua comparsa la nozione di un Sé narratore: un Sé che narra storie in cui la descrizione del Sé fa parte della storia» (*Ibidem*, 109).

In un altro contributo lo stesso Bruner (1988) aveva precisato il suo pensiero, distinguendo due forme, o modi, di pensare, complementari, ma irriducibili l'una all'altra. La prima forma si sviluppa secondo il paradigma dell'argomentazione, con procedure e criteri di validità propri; l'altra, utilizza il paradigma della narrazione, con ben diverse modalità di sviluppo e di validazione. Questa seconda forma di pensiero è legata direttamente all'azione e all'attribuzione di senso non solo alle diverse vicende umane, ma anche, se non soprattutto, alla propria esperienza personale.

La prima forma di pensiero si esprime attraverso testi di natura espositiva, che esplicano con la loro struttura concettuale e la loro organizzazione argomentativa la propria forza comunicativa. La seconda forma di pensiero è legata inscindibilmente allo sviluppo temporale delle vicende umane e all'intrecciarsi delle azioni dei vari soggetti coinvolti.

Da questa serie di constatazioni nasce la possibilità, se non la necessità, di rileggere la progettazione educativa come una modalità particolare di sviluppo dell'intelligenza narrativa. Infatti la progettazione delle azioni e delle pratiche educative può essere vissuta dai singoli, ma soprattutto dall'intera comunità educativa come una forma di narrazione proiettata sul futuro, che si innesta sulle storie personali del passato e sulle presenti risonanze soggettive. Le vicende educative prospettate nel futuro, infatti, inevitabilmente si devono ricollegare a tali biografie personali, anche se mirano a sollecitarne uno sviluppo più valido e maturo. La scena entro la quale si sviluppano le vicende prospettate, d'altra parte, inevitabilmente deve essere collegata ai contesti esperienziali, culturali e sociali di appartenenza dei vari protagonisti.

Occorre ricordare, però, come in una narrazione non è tanto centrale lo svolgersi cronologico di tutti gli eventi, quanto lo svolgersi di quelli cruciali. Il tempo narrativo include certamente una suddivisione che prevede un inizio, uno sviluppo, una conclusione, ma esso è soprattutto un «tempo umanamente rilevante» (Ricoeur, 1988), la cui «rilevanza è data dai significati assegnati agli eventi dai protagonisti della narrazione o dal narratore della storia o da entrambi» (Bruner, 1997, 148). Bruner include, tra gli altri, alcuni principi narrativi. Uno di questi afferma: «Le azioni hanno delle ragioni. Quello che fanno le persone delle narrazioni [...] è motivato da convinzioni, desideri, teorie, valori o da altri "stati intenzionali"» (*Ibidem*, 151). Un altro principio, la capacità di espansione storica della narrazione (*Ibidem*, 158), può essere ripensato come un principio di apertura alla novità, alla modificabilità, alla pluralità e combinabilità dei percorsi.

Il concetto di «sé possibili» sviluppato da Markus e Nurius (1986), insieme di realtà soggettive future desiderate o temute, può essere esteso a un sé collettivo, a un noi che veniamo a formare come comunità di educatori e come comunità che include gli stessi educandi, alle attese che albergano nelle nostre e nelle loro menti e nei nostri e nei loro cuori, ai pericoli che ciascuno intravede e ai timori del futuro, alle aspirazioni e ai desideri, agli ideali e ai sogni privati e pubblici di ciascuno.

Si tratta, cioè, di intessere una narrazione di quanto pensiamo sia possibile realizzare, tenuto conto di tutto questo. Una narrazione delle possibili o probabili azioni, reazioni e interazioni future, degli effetti educativi previsti o temuti, delle alternative a possibili sconfitte o resistenze opposte.

La progettazione educativa considerata nel quadro di un processo di soluzione di problemi trova nel modello narrativo anche uno strumento ulteriore per rileggere criticamente la pratica educativa e riuscire in questo modo a identificare con più chiarezza la natura dei problemi da affrontare. In particolare, può essere con più puntualità evidenziata la natura delle difficoltà o resistenze incontrate, valorizzando a questo scopo la narrazione delle storie vissute dai diversi partecipanti e delle risonanze soggettive che queste hanno sollecitato. Si evidenziano in questo modo «testi» narrativi (scritti, orali, formali, informali, esposti per immagini o drammaticamente), che esigono un ascolto e una interpretazione attenta da parte degli educatori.

Sulla base di questo lavoro diagnostico ed ermeneutico è possibile definire lo scenario entro cui la vicenda educativa potrà essere sviluppata, i personaggi e i loro caratteri e ruoli, le condizioni fisiche, ambientali, culturali e sociali, le risorse di cui si dispone o di cui si pensa di poter disporre nel futuro. In un ulteriore passo si dovrà identificare in questo quadro la successione delle mosse centrali, o delle attività fondamentali, che gli educatori possono o debbono prospettare per risolvere i problemi educativi emersi e raggiungere quegli obiettivi che sono stati individuati come desiderabili e possibili. E, in relazione a queste, evidenziare quali contromosse o reazioni si possono aspettare da parte degli educandi e come è possibile rispondere a esse in maniera valida e produttiva.

Questo intreccio può essere anticipato, tenendo conto di ciò che passa sotto il nome di episodi o eventi di una storia narrata secondo quanto prospettato dall'analisi psicologica dei testi narrativi (cfr. Boscolo, 1997, cap. 8). L'insieme degli eventi che vengono previsti nel progetto educativo, espresso sotto il profilo di testo narrativo, forma un insieme complesso nel quale le relazioni sono di molteplice natura: temporali, causali e relative a condizioni utili o necessarie. Si tratta di un tipo di narrazione che deve consentire il dispiegarsi nel tempo dell'azione educativa senza che ci si riduca a un puro proceduralismo, quale si può cogliere nelle descrizioni operative che puntano soprattutto a valorizzare indicazioni di tipo tecnologico.

La progettazione di azioni e pratiche educative espressa sotto forma narrativa, se realizzata in maniera valida, permette probabilmente anche una migliore comunicazione tra gli educatori e tra gli educatori e gli educandi, non tanto sul piano dell'impianto tecnico-operativo del progetto, quanto su quello del senso globale del processo educativo prefigurato, dei significati generali e personali delle varie iniziative e attività, dei limiti e delle condizioni di sviluppo delle differenti azioni. Al testo progettuale narrativo possono essere applicati quindi i criteri di qualità di stesura e di modalità di fruizione propri di tutti i testi narrativi, favorendo una comprensione e condivisione profonda del progetto e non solo della operatività pratica.

Nell'analisi dei testi narrativi sviluppata dalla psicologia è stato messo in evidenza come ogni testo, dopo aver inquadrato la vicenda narrata entro un contesto sociale, culturale, personale e temporale, introduce un elemento di rottura o conflittuale, detto spesso anche «complicazione», elemento che è all'origine della trama stessa. Spesso nel corso del racconto si ha una pluralità di complicazioni - sviluppi - risoluzioni, che si collocano su più piani narrativi, intrecciantesi tra loro. L'analogia con la progettazione educativa è evidente. Come più volte ribadito un progetto nasce per rispondere a una domanda educativa, a un problema emerso nel corso della pratica pedagogica. Si tratta di quello che è stato definito da Meirieu il «momento pedagogico», nel quale si richiede da parte dell'educatore un rientrare in se stesso, un ripensare attento della situazione e delle origini della difficoltà, per cercare vie di soluzione più coerenti ed efficaci. Da questo momento, da questa complicazione, prende il suo avvio anche la progettazione intesa come narrazione proiettata sul futuro.

7. Progettazione e programmazione educativa

La progettazione di una pratica educativa implica non solo la definizione dei suoi obiettivi, come prospettiva verso la quale far convergere le varie azioni e interazioni, ma anche una organizzazione sufficientemente articolata di percorso formativo. Si tratta di scegliere in primo luogo le varie attività educative, le loro caratteristiche e motivazioni, la loro successione, chi ne dovrà essere responsabile e partecipante, ambienti e spazi di vita e di presenza implicati, il clima educativo da promuovere, le modalità di raccolta delle informazioni di ritorno che possono aiutare a regolare o pilotare lo svolgimento del progetto, la maniera di valutare se le nostre azioni sono coerenti con gli obiettivi assunti e con le esigenze degli educandi che via via emergono nel corso dell'azione, se esse sono anche efficaci, cioè portano effettivamente ai risultati intesi.

Per programmazione educativa si intende dunque una predisposizione dei mezzi educativi in funzione del raggiungimento dei fini intesi mediante l'identificazione di chi, come, quando, con quali risorse agirà nel contesto della pratica educativa prefigurata. Nella prospettiva di una valorizzazione del pensiero narrativo si può rileggere il processo programmatorio come la scrittura di quanto verrà sviluppato sotto forma di racconto. Si tratta dunque in primo luogo di descrivere la scena che farà da cornice alla pratica educativa: il contesto generale entro cui si svolgerà l'azione, i protagonisti che verranno coinvolti, l'ambiente e i comportamenti che fanno problema e che si ritiene debbano essere trasformati. Occorrerà, e questo è un po' diverso dal solito modo di svolgere un racconto, anche descrivere ambiente e comportamenti che si ritengono adeguatamente modificati e positivi. Se ricordiamo la descrizione che è stata fatta dell'ambiente e dei comportamenti presenti nell'Oratorio di Torino da parte di don Bosco nella sua lettera da Roma e la rievocazione di ambienti e comportamenti validi di educatori ed educando intesi quale meta da conseguire, abbiamo un esempio di come sia possibile presentare sotto forma narrativa le condizioni di fatto e quelle desiderabili. La programmazione della pratica educativa e delle azioni che si intendono attuare in tale contesto si colloca proprio entro tali confini.

La programmazione delle azioni educative e le attività che da esse trarranno origine e che intesseranno la trama della pratica educativa implica quindi la scelta e la chiarificazione dei principi d'azione di natura regolatoria che debbono guidarle nel loro svolgersi. Nel caso rievocato si trattava di principi propri del sistema preventivo elaborato da don Bosco: che i giovani non solo siano amati, che si rendano conto di ciò di persona (amorevolezza); che ci si muova con un senso profondo di ragionevolezza e di rispetto dei singoli (ragione); che il senso e il perché delle iniziative e la loro modalità di attuazione traggano la loro origine e i mezzi educativi da riferimenti di natura religiosa e civile (religione, ovvero formare onesti cittadini e buoni cristiani). È il momento dell'assunzione oppure dell'elaborazione del modello operativo di pratica che si intende assumere. Tale modello deve trovare poi le sue concretizzazioni nel tempo e nello spazio per mezzo del repertorio delle pratiche che nel passato da questo hanno tratto ispirazione e si sono rivelate valide ed efficaci. Non per riprodurle nella loro materialità, ma per confrontarsi con esse e trarre spunto per impostarne altre che rispondano adeguatamente alle esigenze della situazione in atto.

F. Meirieu, come abbiamo già notato in precedenza, descrive tali repertori di pratiche come la memoria pedagogica dell'educatore, cioè «l'insieme delle situazioni prototipiche e di azioni possibili proposte dalla letteratura pedagogica per far fronte al *momento pedagogico*» (Meirieu, 1995, 256). Alle obbiezioni, spesso avanzate, circa la distanza che inevitabilmente si frappone tra i modelli evocati e le situazioni nuove da affrontare e di conseguenza la poca valenza operativa che essi presentano, Meirieu osserva che proprio tale distanza rende impossibile «applicare» banalmente le proposte che da essi derivano. L'educatore è invitato a vivere, in qualche modo, le situazioni pedagogiche che tali modelli ci presentano, a iscriversi mentalmente nel loro universo, a comprendere i vincoli e le risorse dei quali essi dispongono, cioè ad agire pedagogicamente: dal punto di vista intellettuale, per seguire il cammino che ha permesso di arrivare alle proposte elaborate da tali modelli; praticamente, quando egli stesso forte di questa esperienza condivisa, potrà, a sua volta, elaborare la sua proposta (*Ibidem*, 260). La modalità narrativa attraverso la quale generalmente si incontra la proposta elaborata da un modello faciliterà lo sviluppo di una nuova narrazione, in questo caso non più descrittiva del passato, ma proiettata sul futuro.

La programmazione delle azioni e delle attività educative dovrà poi essere sviluppata tenendo conto dei tempi, degli spazi (in primo luogo umani), dei vincoli e delle risorse presenti. La dimensione temporale implicherà la elaborazione di un itinerario educativo che si distende linearmente; la dimensione spaziale, soprattutto per quanto riguarda lo spazio dei rapporti e delle interazioni educative, implicherà la predisposizione di un clima o piattaforma relazionale che sia coerente e fecondo. Di ambedue le dimensioni verrà trattato più dettagliatamente in seguito. Sia la dimensione temporale della successione delle attività e azioni educative, che quella relativa alla piattaforma comunicativa e relazionale sono anch'esse assai coerenti con una prospettiva narrativa. Si tratterà dunque da parte della comunità educativa, anche, quando possibile, con il contributo degli educandi, di costruire un racconto disegnato nei suoi momenti cruciali, nei suoi passaggi fondamentali, nei suoi significati profondi, nei suoi personaggi e relativi ruoli. Un racconto, però, non scritto definitivamente, ma aperto ad adattamenti ed evoluzioni, a mano a mano che da proiettato sul futuro diventa esperienza passata su cui riflettere a da cui trarre spunto per rielaborare la trama.

LETTURE DI APPROFONDIMENTO

Sui processi di soluzione di problemi si possono utilmente leggere i seguenti volumi.

Per un approfondimento dal punto di vista della loro natura e delle metodologie di sviluppo delle dimensioni fisica, intellettuale, morale, sociale, estetica, religiosa, affettiva, professionale si possono leggere: G. CORALLO, *Pedagogia, Vol. II: L'atto di educare* (Torino, SEI, 1967); G.M. BERTIN, *Educazione alla ragione* (Roma, Armando, 1984, 5ª ed.).

Un significativo apporto all'impostazione del problema dell'educazione morale si trova nel volume di G. ABBÀ, *Felicità, vita buona e virtù* (Roma, LAS, 1995, 2ª ed.). In particolare, il settimo e ultimo capitolo traccia un percorso di formazione del carattere virtuoso.

Quanto al ruolo della narrazione nei processi di costruzione dell'identità personale si può fare riferimento ai volumi di J. BRUNER, *La ricerca del significato: per una psicologia culturale* (Torino, Bollati Boringhieri, 1992) e *La cultura dell'educazione* (Milano, Feltrinelli, 1997) oltre che alle opere citate in bibliografia di P. Ricoeur.

Anche nel caso degli interventi di tipo psicologico e psicoterapeutico è necessario elaborare un progetto che, a partire da una diagnosi dei problemi emergenti, imposti un percorso diretto al raggiungimento di obiettivi sufficientemente chiari sia allo psicologo, sia, spesso, anche al cliente. A questo proposito è utile leggere di P. SCILLIGO, *La relazione di aiuto fondata sull'azione* (Roma, IFREP, 1994). Soprattutto la seconda parte ha forti assonanze con alcuni orientamenti presentati in questi capitoli, basta richiamare in sintesi il modello di colloquio orientato all'azione o alla gestione di problemi. Esso può essere suddiviso in tre stadi:

- lo stadio dell'analisi della situazione attuale;
- lo stadio dell'analisi della situazione desiderata;
- lo stadio delle strategie da adottare per arrivare alla situazione desiderata.

È interessante anche notare il rilievo dato alla narrazione nel primo stadio.

Per quanti sono interessati alla progettazione delle azioni educative nel contesto scolastico si può leggere: M. PELLEREY, *Progettazione didattica* (Torino, SEI, 1994, 2ª ed.).

ESERCIZI

Primo esercizio

«Progettare», «pianificare», «programmare», sono verbi spesso usati nei vari contesti (economici, tecnici, educativi) in maniera equivalente. Cerca su un vocabolario il loro significato usuale, poi confrontalo con quanto affermato nel testo di questo capitolo.

Secondo esercizio

L'attività di soluzione di problemi è anche denominata in inglese «problem solving». Essa è stata studiata con grande attenzione dalla psicologia, in quanto costituisce una delle espressioni più elevate della capacità umana. Leggi questo passaggio tratto da un testo di psicologia educativa e confrontalo con quanto esposto nel primo paragrafo del capitolo.

«L'analisi dei problemi basata sull'elaborazione delle informazioni è costituita tipicamente da uno stato finale, uno stato iniziale e da tutti i possibili percorsi risolutivi per raggiungere l'obiettivo. Questi tre elementi sono chiamati "spazio del problema"» (Newell e Simon, 1972). La figura seguente illustra vari possibili spazi del problema.

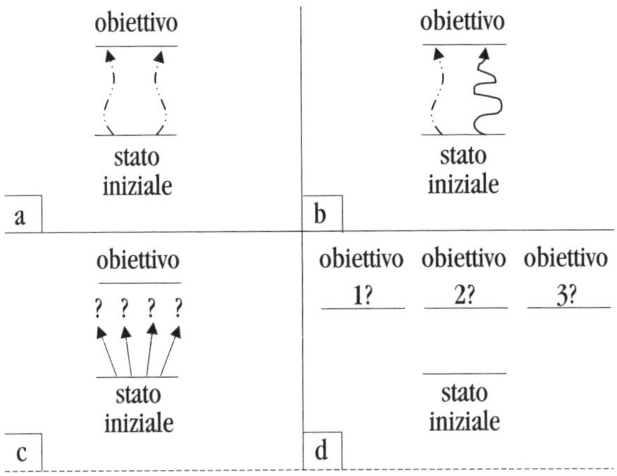

Un problema è costituito da uno stato iniziale, uno stato finale e dall'insieme dei percorsi di soluzione per raggiungere l'obiettivo. I riquadri mostrano vari tipi di «spazio del problema».

Nel caso a) *ci sono un obiettivo e due soluzioni ugualmente efficaci per raggiungerlo. Un esempio potrebbe essere la risoluzione di una divisione lunga con una delle due procedure standard. Nel caso* b) *c'è un obiettivo per il quale un percorso di soluzione è chiaramente molto più efficace dell'altro. Un esempio potrebbe essere l'obiettivo di un bambino di capire una storia. Un modo efficace di raggiungerlo è quello di leggere la storia (se il bambino sa leggere). Un sistema meno efficace sarebbe cercare di trovare qualcuno che gliela legga. Il caso* c) *raffigura una persona in un punto e l'obiettivo in un altro, senza che vi sia alcun percorso noto fra il punto di partenza e quello di arrivo. Questa è una situazione normale per le persone che cercano di risolvere problemi nuovi. Esse possono pensare ad azioni da tentare senza, tuttavia, essere sicure di raggiungere l'obiettivo attraverso questi tentativi. Infine, il caso* d) *presenta un problema nel quale ci sono diversi obiettivi possibili oppure obiettivi poco chiari. Questa situazione si verifica nei problemi «mal definiti», in cui il passo iniziale della risoluzione del problema è quello di decidere il proprio obiettivo. Una volta che il soggetto lo ha deciso, questi problemi ritornano ad essere come quelli presentati nei casi* a), b) *e* c). [...]

Qualunque siano le caratteristiche dello spazio di un dato problema, i processi che si svolgono durante il problem solving *sono gli stessi. Inizialmente, il soggetto* si forma una rappresentazione del problema. *Questa può essere costituita da proposizioni o da immagini nella memoria di lavoro e può inoltre comprendere alcune rappresentazioni esterne su carta, alla lavagna, ecc. Ad esempio, nell'affrontare un problema di algebra, si possono creare nella propria memoria di lavoro delle proposizioni che assegnano dei valori a certe variabili, e si possono anche annotare queste equazioni su un pezzo di carta. Tale rappresentazione del problema attiva poi le conoscenze correlate. Ad esempio, una rappresentazione simbolica di un problema può attivare vari processi matematici, come la combinazione dei termini simili e la sostituzione degli elementi equivalenti. Le conoscenze attivate sono poi applicate alla nuova situazione. L'attivazione e l'applicazione della conoscenza, insieme, costituiscono il* transfer. *Infine, c'è una* valutazione *della validità della soluzione.*

Questi processi sono interattivi. Ad esempio, dopo aver formato la rappresentazione iniziale di un problema e attivato le conoscenze per essa rilevanti, si può concludere che le conoscenze in questione non sono adatte. Ci si formerà quindi una nuova rappresentazione e si attiveranno altre conoscenze. Queste interazioni continuano fino a quando il problema è risolto o finché la persona vi rinuncia. Come esempio di tali interazioni, consideriamo quello di un insegnante che desidera che un suo alunno migliori i voti riportati in storia. L'insegnante può dapprima pensare a cose come «È intelligente, e perciò potrebbe fare meglio» e «Quindi, deve esse-

re pigro». Questi pensieri formano la rappresentazione iniziale del problema. Le conoscenze attivate da questa rappresentazione possono essere modi per motivare studenti «intelligenti, ma pigri», magari l'assegnazione di un compito che rappresenti per loro una sfida. L'insegnante potrebbe applicare questa idea chiedendo allo studente di fare una ricerca sulle cause della seconda guerra mondiale. Se questo non riesce a motivare lo studente, l'insegnante può modificare la propria rappresentazione iniziale del problema, pensando «Questo studente forse non è intelligente come credevo. Sembra che abbia copiato la sua ricerca direttamente da un'enciclopedia. Forse capisce poco ciò che legge». La nuova rappresentazione potrebbe attivare conoscenze su come migliorare le abilità di comprensione, che dovrebbero essere applicate valutandone poi i risultati. Quest'interazione dinamica può continuare finché l'insegnante trova una soluzione adeguata.

Come si vede, la rappresentazione del problema è molto importante per il successo del problem solving, *in quanto determina quali conoscenze saranno attivate nella memoria a lungo termine. Ricerche recenti mostrano, confrontando esperti e principianti, le notevoli differenze del modo in cui essi rappresentano inizialmente i problemi. La rappresentazione prodotta dagli esperti raggiunge rapidamente i principi fondamentali, mentre il soggetto poco esperto rappresenta il problema in termini di attributi superficiali, anche se percettivamente salienti. Ad esempio, dovendo scrivere un racconto, un alunno di seconda media può attivare le proprie conoscenze riguardo a quanto dovrebbero essere lunghi i racconti e rappresentare quindi il problema producendo un documento scritto di due pagine. Un altro può attivare alcune scene di una storia immaginate in precedenza, e rappresentare quindi il problema facendo vivere sulla carta le scene immaginate. Il primo studente si comporta come un principiante rappresentando il problema in termini di un aspetto percettivamente importante come la lunghezza della soluzione. L'altro ha una rappresentazione del problema più ricca di significato e si comporta, quindi, come un soggetto più esperto. Vedremo nel seguito di questo libro, esempi di differenze nelle rappresentazioni dei problemi da parte di persone esperte e di persone non esperte».*

[Tratto da: E.D. Gagné, *Psicologia cognitiva e apprendimento scolastico*, Torino, SEI, 1989, 177-179].

Terzo esercizio

Il processo di progettazione dell'azione educativa può essere così schematizzato:

– *Primo passo:* confrontando le finalità formative dell'istituzione interessata, o della comunità educativa con la condizione effettiva degli educandi, individuare le priorità da dare all'azione educativa e individuare i livelli di crescita personale che rappresentano un progresso effettivo per l'educando.

– *Secondo passo:* definire con sufficiente chiarezza gli obiettivi educativi che si vogliono raggiungere in maniera che essi siano condivisi dalla comunità educativa e possano costituire un riferimento utile alla valutazione regolativa dell'azione educativa e finale dei suoi risultati.

– *Terzo passo:* sulla base del repertorio di dispositivi educativi e di possibili attività formative conosciuti e disponibili, elaborare un percorso o itinerario educativo diretto al conseguimento degli obiettivi definiti e articolato secondo attività formative sufficientemente definite nelle risorse da utilizzare e nei dispositivi da valorizzare.

– *Quarto passo:* programmare in maniera più puntuale tempi, modi, iniziative, uso di risorse fisiche, economiche e personali, clima e modalità di relazionarsi, tempi e modi di verifica, al fine di attuare il progetto in maniera valida ed efficace.

– *Quinto passo:* individuare il ruolo e le forme della valutazione iniziale, continua e finale nel contesto del progetto educativo.

Tenendo conto di questo schema esamina il progetto educativo di qualche istituzione o gruppo o associazione formativa. Assegna un punteggio da 1 a 4 sulla base della qualità che secondo te tale progetto presenta per ciascuna delle seguenti dimensioni.

a) Analisi della domanda educativa	1	2	3	4
b) Definizione degli obiettivi	1	2	3	4
c) Descrizione del percorso educativo	1	2	3	4
d) Descrizione del contesto educativo	1	2	3	4
e) Ruolo e forme della valutazione	1	2	3	4

QUINTO CAPITOLO

LE DIMENSIONI DELLA DOMANDA EDUCATIVA

Nel capitolo precedente è stata esaminata l'istanza progettuale che sottende l'azione educativa. È stato messo in risalto il ruolo sia delle prospettive ideali, sia della rilevazione delle situazioni reali nel cercare di definire e ridefinire una pratica pedagogica. La prospettiva adottata è stata quella propria dei processi di soluzione di problemi. In effetti un educatore, o una comunità educativa, non è impegnato normalmente ad affrontare situazioni e prospettive formative partendo da zero. Entrambi sono in genere chiamati a inserirsi in una trama esistenziale che è già portatrice di una storia di difficoltà e incertezze. Tuttavia, la lettura e interpretazione di ciò dipende in larga misura dalle aspirazioni e dalle attese di chi è chiamato ad affrontare una situazione problematica. È importante di conseguenza soffermarsi su un approfondimento delle dimensioni della domanda educativa, intesa quest'ultima soprattutto come distanza tra quanto desiderabile perseguire nel cammino educativo e quanto si riscontra nell'impatto con la condizione personale e sociale effettiva degli educandi.

Come accennato nel precedente capitolo l'analisi delle varie dimensioni della domanda educativa verrà fatta sulla base di una prospettiva tripartita, esaminando successivamente la dimensione affettiva, quella cognitiva e quella volitiva. Queste tre dimensioni nella concretezza della persona interagiscono tra loro soprattutto sul piano del comportamento, dell'interiorizzazione di valori, di sviluppo di una propria identità, espressa in genere sotto forma narrativa come maturazione umana legata all'attribuzione di senso alla propria esistenza e alla propria esperienza. In questo stesso contesto viene evocata l'importanza di uno spazio interiore di vita aprendo così la riflessione su alcuni caratteri della crescita spirituale e religiosa.

Obiettivi del capitolo

Al termine dello studio di questo capitolo il lettore dovrebbe essere in grado di:

- *indicare le principali dimensioni della domanda educativa e le loro reciproche relazioni;*
- *descrivere le caratteristiche della dimensione emozionale e sociale;*
- *descrivere le caratteristiche della dimensione cognitiva;*
- *descrivere le caratteristiche della dimensione volitiva e comportamentale;*
- *elencare le tappe dello sviluppo della dimensione valoriale, presentandone le caratteristiche;*
- *esplicitare i caratteri dello sviluppo di un'identità narrativa;*
- *indicare alcuni aspetti fondamentali della dimensione spirituale e religiosa.*

1. La dimensione emozionale e relazionale

Un libro di successo ha riassunto alcuni elementi significativi raggiunti dalla ricerca più recente nell'ambito di quella che è stata definita l'«intelligenza emotiva» (Goleman, 1996). Obiettivo dell'autore è quello di favorire «una maggiore attenzione alla competenza sociale ed emozionale nostra e dei nostri figli, e di coltivare con grande impegno queste abilità del cuore» (*Ibidem*, 7). Una serie di dati sociali riscontrati in vari paesi, soprattutto dell'area più economicamente sviluppata, ha messo in risalto «la necessità di insegnare ai bambini quello che potremmo definire l'alfabeto emozionale – le capacità fondamentali del cuore. [...]. Oggi è proprio la neuroscienza che sostiene la necessità di prendere molto seriamente le emozioni. Le nuove scoperte scientifiche sono incoraggianti. Ci assicurano che se cercheremo di aumentare l'autoconsapevolezza, di controllare più efficacemente i nostri sentimenti negativi, di conservare il nostro ottimismo, di essere perseveranti nonostante le frustrazioni, di aumentare la nostra capacità di essere empatici e di curarci degli altri, di cooperare e stabilire legami sociali – in altre parole, se presteremo attenzione in modo più sistematico all'intelligenza emotiva – potremo sperare in un futuro più sereno» (*Ibidem*, 8-9).

Come vedremo, molti degli elementi che caratterizzano l'intelligenza emotiva sono strettamente interconnessi con la dimensione cognitiva e volitiva della persona. Damasio (1995) indica inoltre, sulla base di dati di ricerca, come e a quale livello l'assenza di emozioni e di sentimento sia dannosa e «capace di compromettere la razionalità che ci permette di essere peculiarmente umani e ci permette di decidere in armonia con un senso di futuro personale, di convenzione sociale e di moralità» (*Ibidem*, 19). La tesi sostenuta da Damasio è da lui riassunta in questi termini: «Nell'edificio neurale della ragione, i livelli più bassi sono gli stessi che regolano l'elaborazione delle emozioni e dei sentimenti, insieme con le funzioni somatiche necessarie per la sopravvivenza dell'organismo. A loro volta, questi livelli mantengono relazioni dirette e mutue con pressoché tutti gli organi del corpo; questo viene così posto direttamente all'interno della catena di operazioni che generano le conquiste più alte del ragionamento, della decisione e, per estensione, del comportamento sociale e della creatività. Emozione, sentimento, regolazione biologica hanno tutti un ruolo nella ragione umana. I livelli più modesti del nostro organismo fanno parte del ciclo della ragione superiore» (*Ibidem*, 20).

Mayer e Salovey (1997), dal canto loro, definiscono l'intelligenza emotiva (in inglese *emotional intelligence*) sulla base di quattro livelli di competenza crescente: «l'abilità di percepire accuratamente, valutare ed esprimere una emozione; l'abilità di accedere e/o generare sentimenti quando essi facilitano il pensiero; l'abilità nel capire una emozione e di comprendere la conoscenza emozionale; l'abilità di regolare una emozione in maniera da promuovere la crescita emozionale e intellettuale» (*Ibidem*, 10). Gli stessi Autori hanno proposto un quadro evolutivo che tiene conto di questi livelli dell'intelligenza emozionale.

a) *Percezione, valutazione ed espressione di una emozione:*

– abilità di identificare una emozione che caratterizza uno stato fisico, un sentimento, un pensiero;
– abilità di identificare emozioni negli altri, nelle opere d'arte, nei progetti, ecc., attraverso il linguaggio, il suono, l'aspetto e il comportamento;
– abilità nell'esprimere accuratamente le emozioni, e di esprimere i bisogni riferiti a questi sentimenti;
– abilità di discernere tra accurata e inaccurata, onesta o disonesta espressione dei sentimenti.

b) *Facilitazione emozionale del pensiero:*

– le emozioni danno priorità al pensiero dirigendo l'attenzione su informazioni importanti;
– le emozioni sono sufficientemente vivide e disponibili in modo da poter essere generate come un aiuto al giudizio e al ricordo dei sentimenti;
– l'umore emozionale fa oscillare la prospettiva individuale da ottimistica a pessimistica, incoraggiando la considerazione di molteplici punti di vista;
– gli stati emozionali incoraggiano specifici approcci differenziati ai

problemi come quando la felicità facilita il ragionamento induttivo e la creatività.

c) *Comprendere e analizzare le emozioni; usare la conoscenza emozionale:*

– abilità nell'assegnare un nome alle emozioni e nel riconoscere relazioni tra le parole e le emozioni stesse come la relazione tra piacere (mi piaci) e amare (ti amo);
– abilità nell'interpretare il significato che le emozioni hanno nei riguardi delle relazioni, come la tristezza che spesso accompagna una perdita;
– abilità nel comprendere sentimenti complessi: sentimenti simultanei di amore e odio o mescolanze come il timore combinazione di paura e sorpresa;
– abilità nel riconoscere probabili transizioni tra le emozioni, come quelle tra rabbia e soddisfazione o tra rabbia e vergogna.

d) *Regolazione riflessiva delle emozioni al fine di promuovere la crescita intellettuale ed emozionale:*

– abilità nel rimanere aperti nei riguardi dei sentimenti, sia di quelli piacevoli che di quelli spiacevoli;
– abilità nell'impegnarsi o distaccarsi in maniera riflessiva da una emozione sulla base di un giudizio nei riguardi dell'utilità che offre;
– abilità nel monitorare in maniera riflessiva le emozioni in relazione a se stessi o agli altri, come il riconoscere quanto siano chiare, tipiche, influenti o ragionevoli;
– abilità nel gestire le emozioni proprie e altrui moderando quelle negative e intensificando quelle piacevoli, senza reprimere o esagerare le informazioni che esse possono evidenziare.

In genere si distinguono cinque componenti fondamentali tra loro strettamente interconnesse. In primo luogo entra in gioco la conoscenza delle proprie emozioni. Non si tratta solo di saper distinguere le diverse emozioni che possiamo provare, positive (come la gioia) o negative (come la tristezza), bensì di saperle riconoscere in noi quando queste si presentano. Collegato a questa consapevolezza sta il controllo delle proprie emozioni. Come è ovvio la capacità di controllare e canalizzare positivamente le proprie reazioni emozionali presuppone quella già ricordata di saperle riconoscere in noi quando si manifestano. Tra queste capacità di controllo si possono ricordare la capacità di calmarsi, di liberarsi dall'ansia, dalla tristezza o dall'irritabilità. Questa capacità è a sua volta relazionata con la capacità di motivare se stessi e di mantenere vive le proprie motivazioni. La capacità di controllare e canalizzare le proprie emozioni per raggiungere un obiettivo costituisce una base indispensabile per concentrare la propria attenzione e per motivare e gestire la propria attività sia fisica, sia pratica, sia intellettuale. Passando a considerare le competenze di natura sociale, emerge la capacità di riconoscere le emozioni altrui. L'empatia, cioè la capacità non solo di riconoscere ma anche di entrare in sintonia con le emozioni altrui, assume un ruolo essenziale nello sviluppo delle nostre competenze relazionali. Infine, occorre tener conto della capacità di gestire validamente le relazioni sociali e in particolare di gestire positivamente non solo le proprie emozioni, ma anche quelle che si è in grado di riconoscere negli altri.

Goleman utilizza un precedente quadro di riferimento proposto da Salovey e Mayer nel 1990 per impostare gran parte della sua trattazione. Lo schema seguito (Goleman, 1996, 64-65) è il seguente.

1. *Conoscenza delle proprie emozioni.* L'autoconsapevolezza – in altre parole la capacità di riconoscere un sentimento *nel momento in cui esso si presenta* – è la chiave di volta dell'intelligenza emotiva. La capacità di monitorare istante per istante i sentimenti è fondamentale per la comprensione psicologica di se stessi, mentre l'incapacità di farlo ci lascia alla loro mercé. Le persone molto sicure dei propri sentimenti riescono a gestire molto meglio la propria vita; esse infatti hanno una percezione più sicura di ciò che realmente provano riguardo a decisioni personali che possono spaziare dalla scelta del coniuge all'attività professionale da intraprendere.

2. *Controllo delle emozioni.* La capacità di controllare i sentimenti in modo che essi siano appropriati si fonda sull'autoconsapevolezza. Per questo vanno sviluppate la capacità di calmarsi, di liberarsi dall'ansia, dalla tristezza o dall'irritabilità, e tener conto delle conseguenze della mancanza di tale fondamentale abilità. Coloro che ne sono privi o scarsamente dotati si trovano a dover perennemente combattere contro sentimenti tormentosi, mentre gli individui capaci di controllo emotivo riescono a riprendersi molto più velocemente dalle sconfitte e dai rovesci della vita.

3. *Motivazione di se stessi.* La capacità di dominare le emozioni per raggiungere un obiettivo è una dote essenziale per concentrare l'attenzione, per trovare motivazione e controllo di sé, come pure ai fini della creatività. Il controllo emozionale – la capacità di ritardare la gratificazione e di reprimere gli impulsi – è alla base di qualunque tipo di realizzazione. La capacità di entrare nello stato di «flusso» ci consente di ottenere prestazioni eccezionali di qualsiasi tipo. Chi ha queste capacità tende a essere più produttivo ed efficiente in qualunque ambito si applichi.

4. *Riconoscimento delle emozioni altrui.* L'empatia, un'altra capacità basata sulla consapevolezza delle proprie emozioni, è fondamentale nelle relazioni con gli altri. Vanno esaminate le radici dell'empatia, il costo sociale della sordità emozionale, e le ragioni per le quali l'empatia genera l'altruismo. Le persone empatiche sono più sensibili ai sottili segnali sociali che indicano le necessità o i desideri altrui. Questo le rende più adatte alle professioni di tipo assistenziale, all'insegnamento, alle vendite e alla dirigenza.

5. *Gestione delle relazioni.* L'arte delle relazioni consiste in larga misura nella capacità di dominare le emozioni altrui. La competenza e l'incompetenza sociale, e le capacità specifiche che vi sono implicate sono abilità che aumentano la popolarità, la leadership e l'efficacia nelle relazioni interpersonali. Coloro che eccellono in queste abilità riescono bene in tutti i campi nei quali è necessario interagire in modo disinvolto con gli altri: in altre parole, sono veri campioni delle arti sociali.

Naturalmente le persone hanno capacità diverse in ciascuno di questi cinque ambiti; può darsi, ad esempio, che alcuni di noi riescano a controllare benissimo la propria ansia ma siano relativamente incapaci di consolare i turbamenti altrui. Il nostro livello di capacità ha, senza dubbio, una base neurale; come vedremo, però, il cervello è eccezionalmente plastico, sempre impegnato com'è nei processi di apprendimento. Le eventuali carenze nelle capacità emozionali possono essere corrette: ciascuno di questi ambiti rappresenta, in larga misura, un insieme di abitudini e di risposte passibili di miglioramento, purché ci si impegni a tal fine nel modo giusto.

Sono state sviluppate varie applicazioni educative di quanto proposto da Salovey e Mayer ed elaborati progetti operativi. Un esempio viene citato nel secondo esercizio di questo capitolo. In genere le varie proposte presentano numerosi agganci al problema dell'autostima. Una buona definizione di autostima parte da due concetti collegati: quello di immagine o concetto di sé e quello di io ideale o sé possibile. Il concetto di sé si riferisce all'autorappresentazione che ciascuno ha di se stesso da vari punti di vista: fisico, morale, sociale, intellettuale, religioso. L'io ideale, come dice lo stesso termine, concerne invece una rappresentazione di sé prospettica, un sé oggetto di desiderio, di aspirazione. Il confronto tra il concetto di sé attuale e l'io ideale e la valutazione soggettiva che ciascuno ne trae conduce all'autostima, cioè a una valutazione del valore che si attribuisce a se stessi, secondo la percezione che ne abbiamo. Un passo avanti nel concetto di io ideale è stato compiuto con l'introduzione del concetto di «possibili sé» da parte di Markus e Nurius (1986).

La stima che si ha di se stessi può riguardare la totalità della persona o specifici ambiti di attività ed esperienza. Essa è basata sui processi di autopercezione, che sono certamente influenzati dal proprio contesto sociale e culturale e dalle persone che ne fanno parte. Essa ha un ruolo centrale nella generazione non solo di emozioni positive o negative, ma anche nello sviluppo di atteggiamenti e di stati motivazionali. Una bassa stima di sé può condurre a scelte e condotte del tutto inadeguate, e talora distruttive, delle proprie possibilità di crescita. A questa dimensione del sistema del sé va posta quindi particolare attenzione dal punto di vista educativo. J. Bruner (1997) ha sottolineato la centralità dell'azione educativa nella formazione dell'identità personale, del sé e della stima di sé. «Quello che caratterizza l'identità umana è la costruzione di un sistema concettuale che organizza una sorta di "documentazione" degli incontri attivi con il mondo, una registrazione che è riferita al passato (e abbiamo la cosiddetta "memoria autobiografica"), ma che viene anche estrapolata per applicarla al futuro – un sé con storia e possibilità. È un "sé possibile" che regola le aspirazioni, la fiducia, l'ottimismo e i loro contrari» (*Ibidem*, 49). Questo sistema del sé è valutato da noi stessi: «L'autostima nasce dalla nostra percezione di quello di cui ci crediamo (o anche ci speriamo) capaci e di quello che temiamo non sia alla nostra portata» (*Ibidem*, 50).

La reazione emozionale a uno stimolo esterno o interno viene oggi descritta (Frijda, 1990; Izard-Kagan-Zajonc, 1984; Lazarus, 1984; Damasio, 1995) come dovuta a due componenti: una fisiologica, una cognitiva. La prima componente è legata a complessi meccanismi interni che si manifestano in alterazioni fisiologiche come sudorazione, rossore, accelerazione del battito cardiaco e che sono alla base dell'intensità dell'emozione stessa. La seconda componente riguarda la qualità dell'emozione, se positiva o negativa, se di un tipo o di un altro. Si tratta di una valutazione, o *appraisal*, più o meno automatica dello stimolo. Il ruolo svolto dai processi cognitivi nei processi affettivi è oggi assai chiaro non solo nelle emozioni, ma anche negli atteggiamenti e negli stati motivazionali. Come d'altra parte è evidente il ruolo della componente affettiva nelle convinzioni, nei processi decisionali, in quelli di pensiero e di apprendimento.

2. La dimensione cognitiva e razionale

Tenendo conto di quanto sopra ricordato, e cioè del ruolo che la dimensione affettiva gioca nei processi cognitivi, è opportuno soffermarsi un poco su questi, in quanto se è importante promuovere una valida e feconda crescita nella dimensione affettiva ed emozionale, non meno importante dal punto di vista educativo è la funzione di guida e sostegno alla crescita intellettuale. In questo ambito la nostra attenzione sarà meno rivolta a specifiche conoscenze o particolari strategie cognitive (come risoluzione di problemi, ragionamento pratico, ecc.), quanto sulle varie articolazioni dell'intelligenza. La psicologia ha proposto negli anni scorsi la prospettiva di un'intelligenza multipla. Gardner (Gardner, 1993; Gardner & Hatch, 1989) ha individuato nelle sue indagini sette differenti tipi di intelligenza: linguistica, logico-matematica, visivo-spaziale, corporeo-cinestetica, musicale, intrapersonale e interpersonale. Delle prime cinque è facilmente intuibile il significato. Per quanto riguarda le ultime due è opportuno specificare subito che si tratta del settore delle relazioni che il soggetto instaura sia con se stesso, e quindi riguarda il suo mondo interiore, sia con gli altri, e quindi riguarda le competenze comunicative e relazionali sociali. A ogni tipo di intelligenza corrispondono particolari competenze, abilità, capacità, e prove relative al livello di sviluppo raggiunto, mentre esiste una relativa discontinuità, se non estraneità, di ciascun tipo di intelligenza rispetto all'altro. Tanto che lo sviluppo di ognuna di queste particolari forme di intelligenza richiede un processo formativo specifico e per molti versi separato dagli altri, tanto più che le differenzia anche una diversa struttura e un diverso uso linguistico. Va da sé che tale molteplicità e diversità delle forme intellettuali non implica, anzi rifiuta, ogni organizzazione gerarchica e ogni giudizio di importanza in ordine allo sviluppo cognitivo del soggetto.

Nell'ambito della nostra esplorazione pare più importante riflettere sul problema da un punto di vista più generale, ma denso di conseguenze sul piano formativo. Esso deriva da alcune esigenze poste da tendenze cosiddette postmoderne (Pellerey, 1996b). In realtà si tratta in questo caso del recupero di alcune prospettive premoderne. In seguito potremo approfondire altri stimoli che giungono dalle sollecitazioni del pensiero postmoderno.

Il pensiero premoderno, che si rifaceva in questo ambito in gran parte ad Aristotele, prendeva in considerazione una molteplicità di forme o modalità di pensiero. In grande sintesi si possono indicare le seguenti: la razionalità analitica, quella propria della matematica e delle scienze naturali; la razionalità dialettica, più propria della filosofia e del ragionamento teorico; la razionalità retorica, utilizzata nel dialogo e nei procedimenti diretti a cercare di persuadere gli altri; la razionalità pratica a sua volta articolata in razionalità diretta alla produzione di beni e servizi e razionalità posta al servizio dell'agire etico-sociale. Il pensiero moderno, sviluppatosi prima sotto l'influsso di Galileo Galilei sul piano scientifico, poi di René Descartes sul piano filosofico, ha valorizzato soprattutto, se non esclusivamente, la razionalità analitica o matematico-scientifica. Oggi si è riscoperta la molteplicità non solo delle vie della ragione, ma anche l'importanza di un loro adeguato sviluppo e valorizzazione sul piano educativo.

Lo sviluppo del pensiero sotto forma *analitica* si fonda, come dice lo stesso aggettivo, su un metodo di analisi, che parte dall'assumere ciò che si cerca come qualcosa di già concesso. Quindi si passa a dedurre da questa premessa le conseguenze che ne sono implicate. Si scompone, cioè, la premessa accettata in partenza nelle sue parti costitutive, per giungere a constatare il legame di necessità che unisce queste ultime alla prima.

Una forma di razionalità *dialettica*, secondo il pensiero antico e premoderno, si svolge seguendo un ben diverso percorso intellettuale. Essa si appoggia sul concetto di contraddizione: è impossibile affermare e negare lo stesso predicato dello stesso oggetto, nello stesso tempo e sotto il medesimo rispetto. La dialettica è un procedimento, quindi, intrinsecamente connesso con la logica della non contraddizione. E qui sta la differenza fondamentale con l'accezione moderna di dialettica, che si presenta, invece, dopo Hegel, come una vera e propria logica della contraddizione. Nell'argomentazione serrata, che caratterizza la dialettica, la confutazione di un'affermazione significa evidenziarne la falsità (la cosiddetta «reductio ad absurdum»), cosa che contemporaneamente indica la verità dell'affermazione a essa contraddittoria. Per giungere alla verità non basta dedurre le conseguenze di una certa ipotesi (come nell'analitica), ma anche formulare l'ipotesi a essa opposta e dedurre le conseguenze di quest'ultima, perché in tal modo l'ipotesi le cui conseguenze risulteranno contraddittorie, sarà falsa, e quella opposta sarà vera. Secondo Aristotele, d'altro canto, questa tecnica argomentativa può essere usata sia dal filosofo per conoscere la verità, sia nelle conversazioni quotidiane, nelle discussioni politiche, nei processi giudiziari.

Recentemente la razionalità dialettica è stata rivalorizzata anche nelle scienze matematiche e sperimentali. Si parte infatti dall'assunzione di un'affermazione, cioè dalla sua accettazione come vera, e si cerca di vederne le conseguenze. Se queste tendono a confermare l'affermazione fatta aumenta la sua plausibilità, se, invece, esse tendono a contraddirla, la plausibilità diminuisce. La posizione di filosofi e scienziati come Lakatos, Polya e de Finetti si colloca in questa direzione. Più radicale è Popper per il quale occorre tener conto soprattutto, se non esclusivamente, dei riscontri che tendono a falsificare l'affermazione fatta.

Della *razionalità pratica* abbiamo già avuto occasione di parlare nel primo paragrafo del terzo capitolo, ricordando come essa si articoli secondo una razionalità pratica produttiva o tecnica e una razionalità pratica di natura etico-sociale.

Per quanto concerne la razionalità *retorica*, intesa come arte della persuasione, avremo spazio per trattarne nel primo paragrafo del decimo capitolo, in quanto essa costituisce una delle forme proprie della conversazione educativa.

Un accenno particolare va fatto al cosiddetto *procedimento ermeneutico*, sviluppatosi prima in modo specifico nel contesto dell'interpretazione di testi scritti, poi allargatosi a ogni tipo di testualità, includendo testi di molteplice formato, come film, video, prodotti audiovisivi e multimediali, ecc. Il procedimento ermeneutico è una modalità di pensiero di natura circolare, che si sviluppa a partire da una prima lettura o precomprensione dei testi, per poi esaminarli scomponendoli nelle parti o elementi fondamentali al fine di ricomporre il tutto secondo una comprensione più completa e profonda. Vattimo (1972, XVII) così definisce il circolo ermeneutico: «Nella sua forma più semplice il circolo ermeneutico significa che le parti di un testo si capiscono solo alla luce del tutto, ma il tutto è compreso solo in base alle parti». Sul piano psicologico questa esigenza era stata evidenziata già dalla Psicologia della Gestalt, soprattutto da M. Wertheimer (1965). D.P. Ausubel (1978) aveva proposto una descrizione del processo di acquisizione della conoscenza che evoca tale circolarità: uno sviluppo concettuale che sia significativo, che cioè implichi una vera comprensione, comporta un processo circolare progressivo che si modula su questo schema: da una precomprensione più globale a una progressiva differenziazione, a una continua integrazione conciliativa.

Sul piano educativo è immediatamente evidente la necessità che la promozione dello sviluppo intellettuale proceda tenendo conto di queste molteplici forme di razionalità. Da due punti di vista: quello di una loro crescita progressiva tenendo conto dei successivi stati di preparazione e di disponibilità cognitiva e quello di una presa di coscienza personale di tali vie della ragione, delle loro potenzialità e dei loro limiti, della necessità di coerenza metodologica nella loro valorizzazione nell'apprendere e nel pensare, ma anche dell'importanza di un dialogo fecondo tra i differenti approcci. Ciò permetterà di evitare quelle eccessive ed esclusive forme di mitizzazione che sono state denunciate dalle correnti cosiddette postmoderne nel caso della razionalità analitica (Pellerey, 1998).

3. La dimensione volitiva e del carattere

Negli ultimi due decenni del secolo ventesimo è riemerso un interesse puntuale e diffuso per quella dimensione formativa che viene chiamata educazione del carattere (Lickona, 1991). Con questa espressione si allude in gran parte all'educazione morale e a quella componente della personalità che passa sotto il nome di volizione. Ricerche raffinate di neuropsicologia (Damasio, 1995, 86-93) hanno evidenziato come soggetti che erano del tutto capaci di scelte sociali e morali valide e di continuità di impegno nel portarle a termine, una volta subite particolari lesioni cerebrali conservano «capacità normale di produrre opzioni di risposta alle situazioni sociali e di considerare spontaneamente le conseguenze di alcune opzioni particolari», sono «capaci di concettualizzare i modi per conseguire obiettivi sociali, di predire il probabile esito di situazioni sociali e di compiere ragionamenti morali a un livello avanzato di sviluppo»; tuttavia essi non sono poi in grado di scegliere in maniera coerente le conclusioni raggiunte sul piano cognitivo, ma soprattutto di perseverare nel perseguire determinati obiettivi. In poche parole viene loro a mancare proprio quella dimensione della personalità che passa sotto il nome di volizione.

Per l'educazione del carattere di un giovane non basta certo che egli sia in grado di compiere giudizi morali validi e coerenti sia con i principi di riferimento positivi, sia con la conoscenza pertinente delle situazioni che interpellano la nostra decisione. Occorre anche che egli sviluppi un complesso di qualità personali che garantiscono la capacità di agire con perseveranza e sistematicità secondo le scelte compiute. Come si è accennato nel terzo capitolo, in particolare nel contesto del terzo, quarto e quinto paragrafo, in ambito sia psicologico, sia sociologico, sia filosofico è riemerso un grande interesse per lo studio della componente volitiva dell'agire umano. Non meraviglia quindi che anche in ambito pedagogico ed educativo si siano sviluppati movimenti direttamente interessati al problema dell'educazione del carattere e della volizione, mettendo in rilievo l'importanza di un apprendistato che si fonda da una parte su modelli espliciti di comportamento e, dall'altra, su un esercizio pratico sistematico e guidato.

Negli Stati Uniti si sono diffuse iniziative e sperimentazioni sistematiche dirette a evidenziare forme e metodi di educazione morale nel contesto scolastico. Ciò è particolarmente evidente per il fatto che un carattere positivo viene identificato nella capacità di conoscere il bene, di amarlo in quanto tale e di realizzarlo nel proprio spazio vitale (Ryan, 1993). Particolarmente forte è in questo contesto l'orientamento a riconsiderare la scuola come una comunità impegnata sul piano etico. Viene, infatti, evidenziato il ruolo e la responsabilità delle varie comunità di vita, anche di quella scolastica, nel promuovere lo sviluppo morale dei giovani, in quanto esse sono le realtà fondamentali nelle quali l'individuo cresce. Viene sottolineato, riprendendo l'idea da MacIntyre, che certamente uno dei compiti fondamentali dell'autorità dei genitori è educare i figli in modo che diventino adulti virtuosi, ma viene aggiunta la constatazione che oggi più che mai questo compito deve essere assunto anche dalla scuola. In particolare occorre promuovere la virtù della prudenza, intesa come capacità di decisione meditata e responsabile che pervade tutto l'agire umano, della giustizia, del coraggio, della perseveranza, del prendersi cura degli altri.

Lo sviluppo morale di un giovane viene riletto dai movimenti educativi sorti di recente come sviluppo del carattere in tre direzioni: 1) capacità di cogliere il bene, che è sollecitato nelle diverse situazioni di vita, capacità che impegna l'educando sul piano intellettuale; 2) capacità di amare tale bene, cioè capacità di scegliere di agire coerentemente per conseguirlo, capacità che implica motivazioni profonde e forte desiderio di conseguire tale bene; 3) capacità di essere costante e perseverante nel cercarlo, nonostante le difficoltà, i contrasti e le disillusioni, capacità che implica forza di volontà e controllo di sé, del contesto vitale e delle motivazioni contrastanti (Lickona, 1993).

Da quanto sopra affermato emerge che lo sviluppo del carattere deriva sul piano psicologico dalla convergenza di tre fattori o componenti fondamentali (Pellerey, 1995).

a) *Fattore cognitivo*. Ciò comporta lo sviluppo: 1) della consapevolezza delle dimensioni morali implicate nelle varie situazioni; della conoscenza dei valori morali e delle esigenze che essi pongono nei casi concreti; 2) di un orientamento generale all'agire in senso prospettico e proattivo; 3) di una competenza di ragionamento e di argomentazione morale; 4) di capacità di decisione riflessa e consapevole delle conseguenze; 5) di autoconoscenza morale. La centralità del fattore cognitivo nella decisione morale era già stata evidenziata da Aristotele e da S. Tommaso d'Aquino, che mettevano al centro dello sviluppo morale l'acquisizione della virtù intellettuale della prudenza. Questa era radice e forma fondamentale di tutte le altre virtù, in quanto «ogni virtù è necessariamente prudente».

b) *Fattore affettivo*. Ciò implica lo sviluppo: 1) di una sensibilità specifica per l'obbligo di fare ciò che si giudica giusto; 2) di un costante rispetto per se stessi; 3) di atteggiamenti empatici nei riguardi degli altri; 4) di un amore, come dedizione, per il bene; 5) di un grado adeguato di autocontrollo emotivo; 6) di un sufficiente livello di umiltà, intesa come disponibilità a riconoscere le proprie debolezze morali e a correggerle. La dimensione affettiva dello sviluppo morale è stata spesso identificata con la soggettiva preferenza o la tendenza emotiva verso un oggetto, una persona, una situazione, considerandola, dunque, come unica fonte costitutiva dei valori e delle scelte morali, identificata, spesso, dal principio del piacere o dell'interesse. In realtà essa, pur avendo un ruolo centrale nella decisione morale, si intreccia in maniera profonda sia con la sua dimensione cognitiva che con quella volitiva. Spesso si manifesta come desiderio o rifiuto più o meno profondamente sentito, come un'attrazione o una repulsione emotivamente segnata.

c) *Fattore comportamentale o volitivo*. Ciò implica lo sviluppo: 1) di una valida competenza nel saper ascoltare, nel saper comunicare, nel saper collaborare; 2) di una volontà realizzatrice che riesce a mobilizzare giudizi ed energie interne; 3) di abiti morali come disposizioni interne, stabili ed efficaci per rispondere alle situazioni in forma moralmente buona.

Lo sviluppo delle virtù intese come disposizioni stabili che facilitano le scelte e gli atti moralmente positivi è basato sull'elicitazione effettiva e sempre più coerente di tali scelte e sulla sempre più agevole fedeltà nella loro attuazione.

Questi tre fattori o componenti interagendo tra loro in forma circolare costituiscono una struttura interna unitaria. I sentimenti e l'affettività che caratterizzano l'orientamento all'azione sono mediati da un sistema di credenze, di convinzioni e di conoscenze che costituiscono il riferimento interno delle intenzioni elaborate. L'azione che ne scaturisce, quando raggiunge una sua eccellenza relativa, è fonte di piacere interiore e di soddisfazione profonda, che influenzano a loro volta l'elaborazione di giudizi di valore e lo sviluppo di stabili disposizioni interne. Credenze, convinzioni e conoscenze costituiscono la base delle tendenze motivazionali e della formazione delle intenzioni; quando queste si concretizzano in azioni coerenti e perseveranti, producono emozioni e sentimenti che sono fonte di profonda gratificazione personale.

4. Lo sviluppo della dimensione motivazionale e valoriale

Verso la metà degli anni sessanta era stata progettata, e in parte realizzata, l'idea di R. Tyler di costruire una matrice di riferimento per organizzare in modo sistematico il lavoro di valutazione in relazione agli obiettivi educativi della scuola. Per questo era stata costruita da parte di un gruppo di studio guidato da B.S. Bloom (1956) una tassonomia degli obiettivi cognitivi basata sul principio ordinativo della complessità del processo coinvolto. Nel 1964 venne pubblicata dallo stesso gruppo (Bloom - Krathwohl - Masia) una tassonomia per gli obiettivi affettivi basata sul grado di interiorizzazione dei valori. Nel terzo capitolo abbiamo constatato come i motivi-valori stiano alla base dello sviluppo della motivazione all'azione. La lettura delle situazioni specifiche e contingenti alla luce di questi riferimenti e disposizioni interiori stabili genera una tendenza all'azione, che porta alla decisione e consente poi di sostenere e controllare lo stesso svolgersi dell'azione. Lo sviluppo stabile di motivi-valori interni costituisce quindi come la base fondante di una struttura personale ben formata. Una rilettura degli apporti della riflessione del gruppo guidato da Bloom ci è di aiuto per comprendere lo sviluppo nel tempo del processo di interiorizzazione dei motivi-valori personali.

Il gruppo guidato da Bloom sotto la denominazione di dimensione «affettiva» raccoglieva elementi riferibili a «interessi, atteggiamenti, apprezzamenti, valori, disposizioni o alterazioni emozionali». Nella letteratura psicologica ormai si accetta chiaramente una multicomponenzialità dei concetti di atteggiamento e di valore, che include fattori cognitivi, affettivi e di orientamento all'azione, con una certa dominanza della componente cognitiva nei riguardi degli ultimi. D'altra parte si potrà constatare come nel processo di interiorizzazione dei valori, criterio tassonomico assunto, giochino un ruolo determinante oltre ai fattori affettivi, anche quelli cognitivi e comportamentali. Il processo di interiorizzazione, inoltre, è visto come un processo di «crescita interna che ha luogo in quanto c'è un'accettazione da parte dell'individuo degli atteggiamenti, codici, principi o sanzioni che divengono parte di lui stesso nel formare i giudizi di valore o nel determinare la sua condotta» (Good, 1959, citato da Bloom, Krathwohl e Masia, 1984, 35).

La tassonomia comprende cinque livelli di interiorizzazione:

a) Il *primo livello*, che coincide in gran parte con un minimo livello di interesse, include una qualche disponibilità ricettiva che si manifesta nel rendersi conto dell'esistenza di uno o più valori e quindi nella disponibilità a prestare attenzione in maniera selettiva a discorsi, azioni, giudizi relativi a essi. L'azione educativa mira di conseguenza a sensibilizzare il soggetto, a renderlo consapevole e attento, in grado cioè di differenziare un oggetto, un'azione, una persona dall'intero contesto delle sue percezioni.

b) Il *secondo livello* implica un maggiore coinvolgimento. Permane l'interesse, ma di fronte a una sollecitazione ad agire in conformità a uno o più valori si ha una risposta inizialmente più caratterizzata da un'acquiescenza a quanto richiesto, poi via via più disponibile e segnata dalla soddisfazione. L'azione educativa è diretta a sollecitare e sostenere una risposta attiva alla semplice attenzione prestata; si tratta di aiutare a impegnarsi in un'attività o in un argomento e fenomeno, per chiarirlo, provando piacere nell'affrontarlo o nell'approfondirlo.

c) Il *terzo livello* è più chiaramente caratterizzato da processi di natura cognitiva e decisionale (in accordo d'altronde con la stessa tassonomia per i processi cognitivi). Si ha una vera e propria accettazione o scelta del valore, seguita da una preferenza per esso, che si manifesta nell'impegno: la convinzione emerge nell'azione, anche se non ancora in forma stabile e strutturata. Si ha un comportamento che è abbastanza solido e stabile da assumere le caratteristiche di una convinzione o di un atteggiamento. Il soggetto manifesta questo comportamento con sufficiente coerenza e nelle circostanze appropriate, perché si possa pensare che sia guidato da significati, intenzioni o valori specifici. È un comportamento motivato, non dal desiderio di piacere o di obbedire, ma dall'impegno individuale nei confronti del valore fondamentale che determina il comportamento.

d) Il *quarto livello* implica un'organizzazione interna dei valori, una loro strutturazione sia nel senso di una più chiara concettualizzazione, sia in quello dell'elaborazione di un sistema valoriale. Si tratta di organizzare i valori entro un sistema, determinando le interrelazioni che esistono fra di essi e stabilendo quali sono i più importanti e più profondi. La concettualizzazione permette un processo di unificazione e di differenziazione sia delle esperienze attive, sia delle preferenze emerse intorno a nuclei più ricchi e coerenti. Di qui emerge anche la possibilità di un ordinamento.

e) Il *quinto livello*, infine, indica la caratterizzazione dell'agire a partire da un sistema di valori stabile e chiaramente organizzato. La tendenza ad agire sulla base di questo sistema valoriale è ormai talmente generalizzata e naturale da costituire un carattere stabile delle decisioni e delle azioni del soggetto. I valori entrano a far parte di una gerarchia personale: sono organizzati in una qualche forma di sistema intrinsecamente coerente e regolano il comportamento e il giudizio dell'individuo con sufficiente continuità e durata per affermare che ne costituiscono la base portante. Formano per lui una filosofia di vita, una «visione del mondo», a cui rimane coerente.

Non è il caso di entrare nel merito delle critiche e discussioni che sono derivate da questa e dalle altre tassonomie elaborate. Dal nostro punto di vista sembra emergere anche in questa proposta un'intima relazione tra il costituirsi di un sistema di valori e l'esperienza totale del soggetto: affettiva, cognitiva e comportamentale. D'altra parte questo schema si presta anche a una rilettura delle varie teorie sull'acquisizione e trasformazione degli atteggiamenti e dei valori. È una conferma a quanto esposto nel paragrafo precedente.

Circa l'interiorizzazione di motivi e motivazioni umane si può anche ricordare l'apporto della corrente psicologica umanistica e in particolare di Deci e Ryan (1985). Essi intendono per interiorizzazione il processo attraverso il quale valori, convinzioni e comportamenti ispirati da altri dall'esterno, diventano a poco a poco riferimenti e schemi d'azione regolati personalmente dall'interno. I passaggi vengono così descritti: a) regolazione esterna, il soggetto è motivato a eseguire o inibire un certo comportamento su sollecitazioni esterne; b) regolazione introiettata, il soggetto controlla se stesso al fine di mantenere o sviluppare un buon concetto di sé o per evitare ansia e sensi di colpa; c) regolazione per identificazione, il soggetto attribuisce valore personale a una specifica modalità d'azione, assumendosene la responsabilità. È evidente l'importanza educativa di promuovere una progressiva interiorizzazione delle motivazioni estrinseche inspirate dall'esterno in motivazioni intrinseche che vengono assunte e guidano normalmente il comportamento personale.

5. L'identità narrativa

La centralità dei processi narrativi nello sviluppo dei significati e valori personali è stato negli ultimi decenni più volte sottolineato. Come accennato nel capitolo dedicato alla progettazione, sia la psicologia culturale sviluppata da J. Bruner, sia la filosofia, soprattutto di impostazione ermeneutica, sia le istanze del pensiero postmoderno[1] hanno aperto un ampio orizzonte sul problema dell'identità narrativa. Quest'ultima espressione si deve a P. Ricoeur[2] che distingue nel concetto di identità due diverse accezioni, complementari tra loro, che rispondono a due diverse domande: «che cosa sono io» e «chi sono io». La prima, relativa all'identità espressa dal termine *idem*, può essere messa in crisi dalla dispersione e frammentarietà dell'esperienza, sviluppando una dissociazione interiore, che invoca però una risposta alla seconda, relativa quest'ultima all'identità espressa dal termine *ipse*.

L'identità narrativa si viene a costituire nell'interazione tra le due identità, quella della sedimentazione anteriore, della constatazione della dispersione, e quella prospettica, della promessa e dell'impegno rivolto al futuro che aspira alla coesione. «La persona si designa essa stessa nel tempo come unità narrativa di una vita che riflette la dialettica della coesione e della dispersione, che l'intreccio media» (Ricoeur, 1994, 78). Al fine di mantenere l'impegno prospettico di una identità profonda del sé occorre: un'adeguata *stima di sé*, come fiducia nella capacità di mantenere la propria parola; la cura o sollecitudine per l'altro, recettore della nostra parola; l'*aspirazione a vivere in istituzioni giuste* (*Ibidem*, 86-87). Le ultime due esigenze derivano dal fatto che: «ciascuna storia di vita, lungi dal chiudersi in se stessa, si trova intrecciata con tutte le storie di vita con le quali ciascuno è mescolato. In un certo senso, la storia della mia vita è un segmento della storia di altre vite umane, a cominciare da quella dei miei genitori, continuando per quella dei miei amici e – perché no – dei miei avversari» (*Ibidem*, 93-94).

L'esigenza e la possibilità di recuperare se stesso nel contesto di una rilettura attenta di una storia di vita personale aggrovigliata a mille altre storie è legata, secondo molte indicazioni (Demetrio, 1992; 1997; 1998), al dispiegarsi di un racconto autobiografico. «Il narratore si racconta avvertendo un impulso di carattere emozionale ed affettivo, costitutivo della mente, alla autoriflessione, alla descrizione, alla interpretazione degli eventi che ha vissuto o che sta vivendo. L'autobiografia [...] non concerne soltan-

[1] Le sollecitazioni provenienti dal cosiddetto pensiero postmoderno verranno esaminate nell'ottavo capitolo dedicato in particolare alla conversazione intesa come pratica educativa.

[2] Si può vedere in particolare il volume: P. Ricoeur, *Persona, comunità e istituzioni*, a cura di A. Danese, Firenze, Edizioni Cultura della Pace, 1994.

to il passato: compare ogni qualvolta il protagonista del racconto trascenda il puro esperire della propria vita e le rivolga (si rivolga) delle domande» (Demetrio, 1998, 107-108). Il soggetto diventa così un ricercatore di se stesso, delle proprie ragioni esistenziali, della trama profonda che sottende la propria vicenda personale. Si tratta di una vera e propria «pedagogia della memoria», che considera la vita interiore come un luogo euristico privilegiato.

La considerazione dell'identità narrativa e del suo formarsi attraverso modalità di espressione autobiografiche può aiutare alla identificazione della domanda educativa presente negli educandi. L'educatore, o gli educatori, per giungere a ciò, dovranno aprirsi a un ascolto attento delle storie di vita di ciascuno; aiutandolo a scoprire le domande profonde che da tale ritorno su se stessi possono emergere alla loro coscienza. Dalla frammentarietà e dispersione dell'esperienza, dal che cosa sono, aprirsi alla ricerca di chi sono, di chi desidero essere; alla identificazione di quali promesse a me e agli altri debbo fare, di quali istituzioni e pratiche giuste educative debbo desiderare.

6. La dimensione spirituale e religiosa

Una delle dimensioni fondamentali dell'esperienza umana, nella quale è possibile cogliere e vivere significati, motivi, valori e che va riscoperta e promossa in noi e negli altri, è la dimensione spirituale dell'esistenza umana. Qui l'aggettivo «spirituale» non si riferisce a una spiritualità religiosa specifica. Certo, tutte le religioni riconoscono la dimensione spirituale come un aspetto fondamentale della vita e dell'esistenza umana. Le tradizioni religiose la esprimono attraverso simboli che riguardano la condizione umana, che vengono espressi in racconti, narrazioni, miti, poemi riferiti a fondamentali situazioni di vita dell'uomo. Esse, cioè, riconoscono l'importanza della dimensione conversazionale, riflessiva e contemplativa della vita spirituale.

In questo caso ci si riferisce, tuttavia, a quella dimensione della vita dell'uomo, appunto detta spirituale, che da antichi e da moderni è stata vista in stretta interazione con la sua vita fisica e psichica. La maniera specifica di dare senso e significato a queste tre dimensioni della vita e dell'esperienza può essere chiamata umanesimo. La dimensione spirituale si rivela nel crescere dell'uomo interiore, dell'uomo che non attribuisce solo valore alle cose, ai beni di consumo, a quanto si può fruire solo esternamente, al mercato, ma soprattutto alla vita dello spirito, al dialogo interiore, riflessivo e allo scambio di significati, di senso, di speranza con gli altri, cioè alla fruizione interiore dell'esperienza, alla risonanza profonda di quanto si vive nell'esperienza della vita di lavoro, famigliare, sociale, politica, associativa, ecclesiale.

Le condizioni per sperimentare e coltivare la dimensione spirituale umana sono apertura e ricettività, senso di incompletezza, di impotenza, di mancanza, di vulnerabilità, di inquietudine, ma anche disponibilità, percezione della possibilità di essere diversi e migliori, di essere trasformati, di poter trascendere se stessi, di essere aperti all'attesa e alla speranza che la vita può essere diversa, migliore. E questo si realizza nel lavoro, nello studio, nelle relazioni interpersonali e istituzionali, nella vita sociale e culturale, nelle esperienze di vita fondamentali e quotidiane. In tal senso dare spazio nella formazione alla dimensione spirituale viene ad essere equivalente a costruire un nuovo umanesimo che riconosca i valori che derivano dalla tradizione cristiana, ma anche dalla tradizione laica, su cui si possano appoggiare lo sviluppo di valori etici e religiosi riletti in una nuova chiave culturale umanistica.[3]

Non è possibile approfondire in questo contesto i caratteri della dimensione religiosa e cristiana della domanda educativa. Il lettore potrà farlo utilizzando altri riferimenti (Alberich, 1992; Astley, 1994; Bitter e Miller, 1986; Dubuisson, 1982; Maymi, 1980). Qui è utile richiamare quanto indicato da W. Brezinka (1989) circa lo sviluppo dell'organismo virtuoso cristiano. Egli ricorda come in questa crescita la fede preceda la speranza e questa la carità: «Soltanto chi già crede in Dio, può sperare in lui e nella vita eterna: solo chi crede in lui, può giungere anche ad amarlo. Nella gerarchia delle virtù, invece, l'amore ha il primo posto, la fede l'ultimo» (*Ibidem*, 85). E le condizioni perché tale organismo virtuoso possa crescere si raggruppano, secondo questo Autore, secondo tre grandi complessi: l'organizzazione della vita del credente, la volontà di credere, l'agire in conformità con la fede.

Dal punto di vista dell'organizzazione della vita del credente, Brezinka appare vicino alle posizioni proprie di coloro che pensano che lo sviluppo e la crescita nella vita morale esigano l'appartenenza a una comunità, a un gruppo che condivide tradizioni e prospettive morali. In questo caso si tratta di tradizioni e prospettive religiose. «Le virtù morali come quelle religiose sono sempre virtù specifiche di gruppi» (*Ibidem*, 87). Le attese, la testimonianza, uno stabile ordinamento di vita e il sostegno dei membri del

[3] P. Ricoeur ha identificato tre aspetti che vengono evocati dal termine «spirito» e «spiritualità»: a) la mente, nel senso generale di mentale (intenzionalità, significato, comunicabilità, intesa reciproca); b) il trascendentale, aver come obiettivo il vero, il bene, il giusto, il bello; è il livello delle funzioni direttrici o regolatrici che presiedono alle attività di conoscenza, d'azione, di sentimento; c) l'ispirazione, quella del poeta, dello scienziato; le diverse espressioni del sentimento religioso; l'entusiasmo, la passione, la «follia» (J. CHANGEUX e P. RICOEUR, *La natura e la regola. Alle radici del pensiero*, Milano, Cortina, 1999, 171-174).

gruppo diventano così indispensabili. Vedremo nel decimo capitolo altre ragioni che stanno alla base di questa esigenza. Ma in una società aperta e pluralista come l'attuale si esigono anche altre condizioni, più interne. E tra queste proprio la volontà di credere, cioè il desiderio e l'impegno nel mettere da una parte, nel preservare e sviluppare il dono della fede e, dall'altra, di agire in coerenza con essa. «Il senso è questo: la fede ha un fondamento morale (la "buona volontà") e può essere consolidata attraverso l'agire rettamente (le buone opere). Quando l'uomo fa il bene che gli viene comandato, egli trasforma se stesso e i propri simili, tanto da percepire gli effetti del suo agire come salutari e quindi come conferma della verità di quanto gli è stato comandato. Fa parte dell'agire per fede tutto ciò che la dottrina della fede prescrive come amore di Dio e del prossimo, come perfezionamento di se stessi nell'imitazione di Cristo» (*Ibidem*, 89). «Chi fa la verità viene alla luce» (Giovanni, 3, 21). E ciò vale in particolare per gli educatori.

Oggi la domanda di educazione religiosa si fa più pressante per molti motivi. Tra questi: la difficoltà e conseguente attenuazione nello sviluppo di valide pratiche di iniziazione religiosa nella famiglia; i contesti sociale e di comunicazione di massa che tendono a esteriorizzare i fatti e fenomeni religiosi, esaminandoli e criticandoli da questo punto di vista; la diffusione di sentimenti vaghi e incerti di apertura al misterioso ed esoterico sulla scia anche di superficiali interpretazioni delle filosofie orientali; la difficoltà di trovare e poter partecipare a comunità o gruppi che vivano l'esperienza religiosa in maniera valida e feconda. Gli studi di pastorale giovanile e catechetica proposti da varie parti e, in particolare, dagli Istituti di Catechetica della Facoltà di Scienze dell'Educazione e di Pastorale della Facoltà di Teologia dell'Università Salesiana di Roma, tentano di offrire risposte che siano sensibili alle condizioni esperienziali dei giovani.

LETTURE DI APPROFONDIMENTO

Per quel che riguarda le varie dimensioni della domanda educativa un'opera è particolarmente significativa per esplorarne i vari campi: M. MINDER, *Champs d'action pédagogique. Une encyclopédie des domaines de l'éducation* (Paris-Bruxelles, De Boeck e Larcier, 1997), il libro è ricchissimo di citazioni. È interessante anche dal nostro punto di vista l'opera di J.P. POURTOIS e H. DESMET, *L'éducation postmoderne* (Paris, PUF, 1997) che, sulla base di un approccio multireferenziale, indica dodici bisogni educativi raggruppati secondo le aree affettiva, cognitiva, sociale e dei valori.

Per le varie dimensioni si possono leggere:

– dimensione emozionale e affettiva: oltre al già citato volume di GOLEMAN, *Intelligenza emotiva* (Milano, Rizzoli, 1996) chi è interessato a un approccio più filosofico può leggere il volume curato da T. MAGRI, *Filosofia ed emozioni* (Milano, Feltrinelli, 1999); il volume più sistematico dal punto di vista psicologico e quello di N.H. FRIJDA, *Emozioni* (Bologna, Il Mulino, 1990);

– dimensione sociale: tra le variabili sociali oggi vengono sottolineate in particolare l'importanza della capacità di convivenza democratica; la disponibilità a partecipare alla vita della città e l'apertura all'interculturalità. In questa direzione si possono citare varie opere di L. Corradini dedicate a questi argomenti, tra cui *La difficile scommessa* (Brescia, La Scuola, 1976); F. MARIET e L. PORCHER, *Apprendre à devenir citoyen à l'école* (Paris, Flammarion, 1995); A. MOUGNIOTTE, *Éduquer à la démocratie* (Paris, Cerf, 1994); H.-C.A. CHANG e M. CHECCHIN, *L'educazione interculturale* (Roma, LAS, 1996); A. NANNI, *L'educazione interculturale oggi in Italia* (Bologna, EMI, 1998);

– dimensione intellettuale: P. MEIRIEU, *Enseigner, scénario pour un métier nouveau* (Paris, ESF, 1990); P. MEIRIEU, *L'école, mode d'emploi* (Paris, ESF, 1985);

– dimensione fisica: L. CORRADINI e P. CATTANEO, *Educazione alla salute* (Brescia, La Scuola, 1997);

– dimensione morale: G. GATTI, *Educazione morale, etica cristiana* (Leumann, LDC, 1994, 2ª ed.); P. OSTERRIETH, *Faire des adultes* (Liège, Mardaga, 1996);

– dimensione religiosa: T.H. GROOME, *Sharing faith* (San Francisco, Harper, 1980); E. ALBERICH, *La catechesi della Chiesa* (Leumann, LDC, 1992); F. DARCY-BERUBE, *Religious education at a crossroads* (New York, Paulist Press, 1995).

ESERCIZI

Primo esercizio

Si è accennato alla necessità di una alfabetizzazione emozionale. Uno dei primi passi riguarda la capacità di categorizzare le proprie e le altrui emozioni per mezzo di termini adatti. Infatti per esprimere le emozioni possono essere usati molti termini. Ecco alcuni esempi. Ogni emozione è caratterizzata dalla sua valenza (positiva o negativa) e dalla sua intensità.

Vengono anche indicati tre livelli di intensità emozionale e i corrispondenti termini. Per ogni categoria emozionale trova altri termini, collegandoli a un preciso livello di intensità.

Tipo di emozione	**Livello di intensità**		
	Basso	***Medio***	***Alto***
Gioia	sereno	contento	felice
Rabbia	infastidito	irritato	furioso
Paura	preoccupato	impaurito	terrorizzato
Tristezza	dispiaciuto	infelice	disperato

Secondo esercizio

Il volume di Goleman (1996), oltre ad approfondire in maniera diffusa la natura delle diverse componenti dell'intelligenza emotiva e ad evidenziarne l'importanza personale e sociale, giunge a suggerire modalità atte a promuoverne lo sviluppo nella prospettiva di una «alfabetizzazione emozionale». Vengono così indicati alcuni programmi di alfabetizzazione emozionale. A titolo di esempio si può riportare il curricolo «della scienza del sé» sviluppato da K.F. Stone e H.Q. Dillehunt (1978), ripreso da Goleman (1996, 348-349). Leggi tale proposta e valuta poi se essa risulta coerente con l'impostazione di Salovey e Mayer e con le tue personali esperienze e sensibilità.

«Essere autoconsapevoli: *osservare se stessi e riconoscere i propri sentimenti; costruire un vocabolario per i sentimenti; conoscere il rapporto tra pensieri, sentimenti e reazioni.*

Decidere personalmente: *esaminare le proprie azioni e conoscerne le conseguenze; sapere se una decisione è dettata dal pensiero o dal sentimento; applicare queste idee a questioni quali il sesso o la droga.*

Controllare i sentimenti: *"colloquiare con se stessi" allo scopo di cogliere messaggi negativi come le autodenigrazioni; capire che cosa c'è dietro un sentimento (ad esempio il senso di offesa che è sotteso alla collera); trovare modi di controllare le paure e le ansie, la collera e la tristezza.*

Controllare lo stress: *imparare il valore dell'esercizio, della immaginazione guidata e dei metodi di rilassamento.*

Essere empatici: *comprendere i sentimenti e le preoccupazioni degli altri e assumere il loro punto di vista; apprezzare i diversi modi con cui le persone guardano alla realtà.*

Comunicare: *parlare dei sentimenti con efficacia; saper ascoltare e sa-*

per domandare; distinguere tra ciò che qualcuno fa o dice e le tue reazioni o i tuoi giudizi al riguardo; esporre il proprio punto di vista invece di incolpare gli altri.

Essere aperti: *apprezzare l'apertura e costruire la fiducia in un rapporto; sapere quando si può parlare dei propri sentimenti privati senza correre rischi.*

Essere perspicaci: *identificare modelli tipici nella propria vita emotiva e nelle proprie reazioni; riconoscere modelli simili negli altri.*

Autoaccettarsi: *sentirsi orgoglioso di sé e considerarsi in una luce positiva; riconoscere i propri punti forti e le proprie debolezze; essere capaci di ridere di se stessi.*

Essere personalmente responsabili: *assumersi le responsabilità; riconoscere le conseguenze delle proprie decisioni e azioni; accettare i propri sentimenti e umori; portare a compimento gli impegni assunti (ad esempio nello studio).*

Essere sicuri di sé: *affermare i propri interessi e sentimenti senza rabbia o passività.*

Saper entrare nella dinamica di gruppo: *saper collaborare; sapere quando e come comandare e quando e come eseguire.*

Saper risolvere i conflitti: *saper affrontare lealmente gli altri ragazzi, i genitori, gli insegnanti; saper negoziare i compromessi in maniera che ambo le parti restino soddisfatte».*

Terzo esercizio

Rispondi alle seguenti questioni, scegliendo l'alternativa corretta.

1. La domanda educativa è la differenza o distanza tra ciò che è desiderabile e ciò che invece è attualmente presente in un contesto educativo SÌ NO

2. La capacità dialettica riguarda la capacità di elaborare un ragionamento matematico o scientifico logicamente corretto SÌ NO

3. La capacità retorica riguarda la capacità di elaborare un ragionamento in grado di persuadere l'interlocutore SÌ NO

4. La capacità analitica riguarda la capacità di sviluppare un'argomentazione che renda plausibile un'affermazione, evidenziando la falsità di quella contraddittoria SÌ NO

5. La dimensione emozionale della domanda educativa riguarda la conoscenza delle proprie emozioni e la capacità di regolarle SÌ NO

6. La dimensione cognitiva della domanda educativa riguarda la capacità di cogliere il bene, di amarlo e di cercarlo con perseveranza SÌ NO

7. La dimensione volitiva e del carattere riguarda i sentimenti positivi da sviluppare e l'affettività di base del soggetto SÌ NO

SESTO CAPITOLO

MODELLI DI PRATICA EDUCATIVA

Il compito di elaborazione di un quadro di riferimento per impostare l'azione e la pratica educativa in termini di mete ideali da perseguire viene facilitato non solo da riflessioni teoriche sui fini e le dimensioni fondamentali dell'educazione riferite alle varie tappe della crescita umana, ma anche, se non soprattutto, dai modelli di pratica educativa elaborati nel tempo da chi ci ha preceduto in questo impegno. Al termine del secondo capitolo è stata presentata una proposta elaborata da P. Meirieu per facilitare la elaborazione di un progetto educativo. In essa veniva inclusa la valorizzazione della memoria pedagogica e in particolare la rievocazione dei modelli e metodi educativi, che sono risultati validi ed efficaci in contesti simili a quelli nei quali ci si trova.

D'altra parte spesso l'educatore si trova a dover progettare, attuare e valutare la sua azione nel contesto di una tradizione pedagogica che ha come suo riferimento ideale un modello o sistema educativo, da reinterpretare nel proprio contesto specifico di attività. È importante, quindi, non solo esplorare con una certa cura il concetto di modello di pratica educativa, ma anche presentare qualche modalità di esame e valutazione dei vari modelli proposti nel tempo ed esaminarne alcuni che presentano significativi elementi di validità sia teorica, che operativa.

Obiettivi del capitolo

Al termine dello studio di questo capitolo il lettore dovrebbe essere in grado di:

- *definire il concetto di modello di pratica educativa;*
- *distinguere e descrivere i diversi piani secondo cui si articola un modello di pratica educativa;*
- *elencare e descrivere le componenti fondamentali di un modello educativo;*
- *descrivere i differenti modelli di pratica educativa presentati da Lapp, Bender, Ellenwood e John;*
- *ricostruire e utilizzare il diagramma di M. Schiro per esaminare i diversi modelli educativi;*
- *descrivere gli elementi caratterizzanti il modello clinico;*
- *indicare gli elementi caratterizzanti il Sistema preventivo di don Bosco.*

1. Modelli di pratica educativa

Abbiamo già visto nel secondo paragrafo del secondo capitolo che per G.M. Bertin un modello educativo è caratterizzato dalla tensione verso un ideale di uomo e di società. Un modello è «uno schema concettuale secondo cui possono essere connessi e ordinati i vari aspetti della vita educativa in rapporto ad un principio teleologico che ne assicuri coerenza e organicità» (Bertin, 1968, 68). Ma se ogni modello di pratica educativa è intrinsecamente caratterizzato dagli ideali guida che esso include circa il bene del singolo e di quello della comunità, occorre riconoscere che nell'idea stessa di modello educativo sta la ricerca o la proposta di una «eccellenza» nella pratica educativa stessa. Eccellenza che include coerenza con gli ideali guida perseguiti e organicità nella strutturazione delle azioni messe in atto, secondo le espressioni di Bertin.[1]

Un modello educativo, da un punto di vista descrittivo, può essere definito come una particolare strutturazione delle variabili fondamentali che entrano in gioco in una pratica educativa a partire da un insieme di concetti, principi e metodi di riferimento. Al posto del termine modello è spesso usato con analogo significato quello di sistema e anche quello di metodo.

[1] Un'analisi puntuale delle teorie relative all'uso dei modelli in pedagogia, soprattutto dal punto di vista della progettazione delle pratiche educative, si può trovare in una serie di testi elaborati dalla Federazione delle Scuole Materne di Trento: G. DALLE FRATTE (a cura di), *Teoria dei modelli in pedagogia*, Trento, Federazione Provinciale Scuole Materne, 1984; G. DALLE FRATTE (a cura di), *Teoria e modello in pedagogia*, Roma, Armando, 1986.

Così nella tradizione pedagogica salesiana si parla di «sistema preventivo», riprendendo l'espressione stessa di S. Giovanni Bosco.

Occorre però ricordare come il termine «modello» venga usato in una pluralità di accezioni che vanno dalla persona che fa da modello di riferimento per apprendere o sviluppare una competenza (a esempio il mastro artigiano), a una struttura fisica che riproduce in maniera ridotta, ma fedele, una qualche realtà del mondo (modello di edificio, mappamondo). La prima di queste due accezioni del termine verrà ripresa in seguito accennando al problema dell'esperienza indiretta o vicaria e dell'apprendimento osservativo. La psicologia sociale utilizza in quest'ultimo caso le parole inglesi «model» e «modeling» (modello e fare da modello, ma anche modellizzare). In campo sia psicologico, sia educativo, sia spirituale si giunge a parlare di «modelli ideali», riferimenti prospettici che includono il concetto di eccellenza, oppure di «modelli reali», personaggi storici o viventi, che concretizzano un proprio ideale di vita.

Per chiarire ancor meglio il concetto di modello si può cercare di precisare il processo di modellizzazione. Esso consiste nell'individuare gli elementi salienti di una situazione, o di una pratica, e le relazioni fondamentali che la caratterizzano e nel rappresentare gli uni e le altre in forma adeguata. Tale rappresentazione può assumere forme varie: verbali, mediante descrizioni e narrazioni; fisiche, mediante disegni, diagrammi, immagini fisse o in movimento; simboliche, mediante opportuni sistemi di segni. La relazione che collega il modello alla realtà della pratica educativa a cui esso fa riferimento non può essere che di tipo omeomorfico, cioè di similitudine o di analogia, e non di isomorfismo. In effetti non solo si ha una riduzione della complessità della situazione reale, ma anche una sua rappresentazione analogica.

In generale, quando si parla di modello si evoca un'analogia tra una situazione o un fenomeno e un oggetto costruito (che può essere anche un testo) che permette, in quanto simula la situazione o il fenomeno, di rispondere a qualche quesito o problema P posto a riguardo di questi ultimi.

L'uso legittimo di un modello deriva da alcune caratteristiche di quest'ultimo:

a) che esso abbia una sua coerenza interna;

b) che la sua costruzione derivi dall'esigenza di trovare una risposta al problema P;

c) che il problema P sia traducibile in un problema P' interno al modello;

d) che la soluzione S' trovata grazie al modello e all'interno del modello, possa essere tradotta in una soluzione S del problema P originario;

e) che questo carattere esplicativo del modello permetta di comprendere e dominare meglio la situazione o il fenomeno originario.

Un esempio di modello di questo tipo è dato dalle carte stradali. Si tratta di una rappresentazione grafica mediante immagini stilizzate della situazione stradale di una regione geografica, della quale sono rese evidenti alcune caratteristiche principali: tipo di strada, località collegate dalle strade e loro dimensione, distanza stradale tra i vari luoghi indicati, ecc.

I problemi che possono essere risolti ricorrendo alle carte stradali sono relativi in genere alla progettazione di un viaggio. Il problema P in oggetto (a esempio andare da Roma a Vicenza in automobile) viene tradotto in un problema P' interno al modello (la carta stradale). La soluzione S' trovata consultando la carta stradale è traducibile in una soluzione S del problema originario P valida e affidabile entro i limiti del modello stesso (non si tiene conto di eventuali lavori in corso, deviazioni locali occasionali, incidenti che bloccano un percorso, ecc.).

S. Toulmin (1968, 44) ha affermato: «[È proprio] una gran virtù di un buon modello la sua capacità di suggerire nuove domande, portandoci così al di là dei fenomeni con i quali abbiamo cominciato e inducendoci a formulare ipotesi che risultano sperimentalmente fertili [...] Certamente è proprio questa capacità di suggerire congetture, e la sistematica possibilità di sviluppo, che fanno di un buon modello qualcosa di più di una semplice metafora».

Nel caso dei modelli di tipo educativo, un modello può riguardare a esempio una rappresentazione dei processi decisionali interni a una comunità educativa. Vengono così evidenziate nel modello le variabili implicate (persone, spazi, tempi, risorse economiche e strumentali, obiettivi, ecc.) e le relazioni che le legano. Un problema P viene tradotto in un problema P' interno al modello. La soluzione trovata S' viene quindi interpretata nel contesto specifico che ha dato origine al problema.

In un modello di pratica educativa possono essere individuati concetti, principi e metodi che riguardano piani logici differenti.

a) *Piano delle asserzioni o degli assunti impliciti di natura teorica* (filosofica, teologica). Essi riguardano la concezione stessa della persona umana e della società, del loro significato, del loro destino, del loro bene. Da qui derivano le finalità fondamentali che caratterizzano la messa in opera di una pratica educativa ispirata al modello. A esempio, un'espressione semplice ma pregnante come «onesti cittadini e buoni cristiani» implica già una visione etica e religiosa particolare dell'uomo. Questo piano viene definito «assiologico», perché riguarda i valori a cui il modello si ispira e quelli che intende promuovere attraverso la sua attivazione pratica.

b) *Piano delle assunzioni di ordine «scientifico»* in senso largo, in particolare di tipo psicologico e relative allo sviluppo del soggetto nelle sue varie dimensioni, alle relazioni e interazioni educative, ai processi di apprendimento e di acquisizione delle conoscenze e delle competenze. Occorre chiarire che l'aggettivo scientifico qualifica le conoscenze a cui si rifà il modello in quanto derivanti da una qualche disciplina scientifica applicata all'educazione, come una psicologia dell'educazione o una sociologia dell'educazione. A esempio, alcuni modelli di educazione morale si sono ispirati alle teorie piagetiane oppure a quelle di Kohlberg in proposito. Il pericolo insito in alcuni modelli è quello della diretta deduzione da qualche teoria psicologica o sociologica, senza mediazioni assiologiche o pratiche. A esempio, sono state tratte dalle teorie piagetiane dello sviluppo morale indicazioni operative e norme pratiche che hanno esasperato la componente intellettuale dell'educazione morale dei giovani. Analoghe deviazioni sono state riscontrate in particolare nell'ambito degli apprendimenti scolastici a causa di un uso deduttivo e acritico delle teorie comportamentiste di B. Skinner, oppure di quelle cognitiviste che interpretano la mente umana come un sistema di elaborazione delle informazioni. Questo piano viene definito «scientifico», perché riguarda le conoscenze disciplinari di cui il modello tiene conto in maniera più o meno critica e mediata.

c) *Piano dei principi operativi e di metodo.* A esempio, nel sistema, o modello, preventivo di S. Giovanni Bosco si esplicitano alcune indicazioni di ordine procedurale e relazionale ispirate ai due piani precedenti: «ragione, religione, amorevolezza». Nella storia della pedagogia, soprattutto di quella che può essere definita «pedagogia pratica», sono molte le proposte di questo tipo, generalmente raccolte sotto il titolo di indicazioni metodologiche o principi di metodo. Basti qui citare a questo proposito G. Corallo (1967) e G.M. Bertin (1968). Questo piano viene anche definito «prasseologico», perché prende in considerazione appunto gli aspetti operativi o pratici del modello. Il termine prasseologico deriva dai termini greci «praxis» e «logos» che indicano una organizzazione razionale della pratica educativa.

Meirieu (1994) indica cinque componenti fondamentali di un modello educativo scolastico. Per analogia qui esse vengono estese a ogni modello educativo.

1) Il grado di strutturazione delle conoscenze, delle competenze, degli atteggiamenti e dei valori a cui ci si riferisce nel processo educativo. Si possono porre agli estremi di un continuo un approccio destrutturato e basato su esperienze naturali o anche occasionali e per converso, un approccio assai organizzato sia quanto a situazioni educative, sia quanto a una loro successione temporale.

2) Tipologia delle situazioni educative attivate. A esempio, si può impostare l'azione educativa in modo collettivo, rivolto cioè all'intero grup-

po degli educandi, e basato sulla comunicazione diretta e unidirezionale; oppure preferire una situazione di natura più interattiva e centrata sugli interscambi tra educatore e gruppo e tra i membri del gruppo; oppure ancora dare spazio privilegiato agli interventi individualizzati. Recentemente in ambito scolastico si è concettualizzata una diversa tipologia delle situazioni educative distinguendo tra impostazione competitiva, individuale e collaborativa della gestione della classe.

3) Tipologia e qualità degli strumenti e materiali educativi adottati. A esempio, si può accennare ai diversi media coinvolti: dal teatro, in particolare il teatro cosiddetto educativo, alla musica, sia come fruizione sia come produzione, all'uso del videoregistratore o del cinema, a quello del computer e della multimedialità, a quello del libro e del giornale. A questo proposito si può ricordare come la scelta della strumento non è indifferente. Anche senza esasperare la posizione di chi dice, come MacLuhan, che il vero messaggio è dato dai caratteri propri del mezzo adottato, occorre riconoscere che uno stesso contenuto educativo ha una differente valenza formativa a seconda di come e con quale mezzo viene proposto. Ben diverso è il caso di un coinvolgimento attivo personale in una impresa a forte valenza educativa, da quello di una proposta e descrizione puramente verbale o anche presentata per mezzo di uno spettacolo da vedere.

4) Tipologia e qualità delle relazioni prefigurate. Qui entriamo nel campo del sistema di rapporti interpersonali e di quelli istituzionali. Se ne tratterà in un prossimo capitolo. Tuttavia la piattaforma comunicativa che si intende attivare o che viene privilegiata è certamente carattere peculiare di un modello educativo. L'accettazione di relazioni interpersonali tra educatore ed educando basate sull'empatia, sull'accettazione incondizionata, sulla vicinanza ai suoi problemi esistenziali, è cosa ben diversa dalla teorizzazione di rapporti basati sul principio dell'autorità, della distanza, del rispetto di regole e regolamenti imposti dall'esterno.

5) Modalità di valutazione adottata. Anche in questo caso si possono distinguere: forme diagnostico-pragmatiche, dirette a conoscere per agire oppure a classificare gli educandi; valutazione formativa, intesa come modalità di regolazione o pilotaggio dell'azione educativa oppure come giudizio sulla qualità delle prestazioni degli educandi; valutazione finale o sommativa più o meno concordata tra i vari partecipanti alla comunità educativa.

Una prima possibile classificazione dei modelli di pratica educativa porta a distinguere almeno tre impostazioni fondamentali: approccio direttivo, approccio non direttivo, approccio neo-direttivo. Analisi più dettagliate verranno esplicitate nei prossimi paragrafi.

Nei modelli di tipo *direttivo* obiettivi, metodi, strumenti, valutazione sono tutte componenti che vengono gestite in prima persona dall'educatore. Tuttavia esistono modelli nei quali viene di fatto non solo imposta una visione del mondo, ma anche non si tiene conto della soggettività dell'educando, mentre esistono modelli che partono da una comprensione iniziale del mondo interiore dell'educando.

Nei modelli di tipo *non direttivo* obiettivi, metodi, strumenti, valutazione sono in mano dell'educando, anche se il contesto o ambiente educativo e il sistema di relazioni attivato sono progettati dall'educatore.

I modelli che possono essere definiti *neo-direttivi* tengono conto della necessità di negoziare con gli educandi gli obiettivi dell'azione educativa, i loro significati e le ragioni che portano ad adottarli, ma lasciano in mano all'educatore l'organizzazione delle attività educative, mentre favoriscono una valutazione condivisa, che comprende cioè forme di autovalutazione, di valutazione esterna e confronto intersoggettivo. In questo quadro si colloca la rivalutazione sia in ambito educativo generale, sia in quello più specifico formativo scolastico e professionale del contratto educativo (o didattico) stipulato tra educatori ed educandi.

Una variante di modelli neo-direttivi lascia in mano all'educatore il progetto generale di percorso educativo, mentre favorisce forme di libertà e di autonomia esplorativa di tipo locale, includendo modalità di autovalutazione e di valutazione condivisa in esse. Una valutazione complessiva può essere sia solo dell'educatore, sia più partecipata e condivisa. Alcuni propongono che il progetto generale venga fatto conoscere agli allievi in modo da poter riconoscere il senso globale delle situazioni educative locali.

2. L'analisi di Lapp, Bender, Ellenwood e John

Riferendosi più specificatamente al mondo educativo della scuola, Lapp, Bender, Ellenwood e John (1975) hanno fornito una concettualizzazione di quattro possibili modelli educativi, evidenziandone le assunzioni, interrelazioni e conseguenze di ordine filosofico, psicologico e operativo. Ciascuno di questi modelli presenta un insieme organizzato di concetti e di principi di ordine teorico e pratico, che debbono, o dovrebbero, guidare l'azione e le decisioni dell'educatore. Rifacendosi un po' liberamente alla proposta di questi Autori è possibile ridefinire i quattro modelli estendendoli ai processi educativi in generale.

Per ciascuno dei modelli presentati viene indicata sia la sua origine storico-filosofica, sia le teorie dello sviluppo e dell'apprendimento che essi abbracciano, sia le manifestazioni a livello di organizzazione operativa, sia le strategie educative più comunemente associate. Si risponde, cioè, alle seguenti domande.

a) Per organizzazione operativa vengono intese sia il contenuto sia le forme di interazione tra educatore ed educando. Che cosa contraddistingue lo stile educativo? Che cosa lo distingue dagli altri modelli?

b) Per componente psicologica vengono considerate la teoria e la metodologia educativa e d'apprendimento che fanno da supporto a ciascun modello. Come l'educatore mette in relazione il contenuto educativo con l'educando? Come l'educando se ne appropria? Come l'educatore attiva relazioni interpersonali con l'educando?

c) Con la componente filosofica si indaga la base di riferimento di ciascuno stile, sia in relazione al suo contesto storico-sociologico, sia quanto alle finalità ed ai valori fondamentali. Perché l'educatore ha scelto questo stile invece di altri? Perché si trova più a suo agio con questo stile che non con un altro?

I modelli vengono caratterizzati dal ruolo differente che assumono le tre variabili fondamentali prese in considerazione: l'educatore, l'educando, il contenuto. I reciproci rapporti tra queste tre variabili sono evidenziati graficamente tramite due cerchi, uno per l'educatore e l'altro per l'educando, e una freccia a doppia punta, per il contenuto. In alcuni modelli domina il contenuto, in altri l'educatore, oppure l'educando. Le modifiche a questo diagramma di base forniscono un quadro di immediata comprensione.

a) *Il modello educativo «classico»*

Esso intende trasmettere alle giovani generazioni i contenuti formativi che sono ritenuti fondamentali per la sua educazione. Il contenuto formativo assume un'importanza massima. Esso consiste prevalentemente in conoscenze, competenze e atteggiamenti selezionati per il loro valore intrinseco. Tale contenuto è organizzato in modo obiettivo, chiaro e sistematico e viene presentato all'educando secondo quest'ordine e non sulla base del suo interesse e coinvolgimento. L'educatore è un esperto e un modello. Preparato più su ciò che deve proporre che sul come, egli lo presenta e aiuta l'educando a farlo proprio. Questi riceve «passivamente» queste conoscenze e queste sollecitazioni. In genere, ma soprattutto per l'educazione scolastica, è un lavoro duro che esige l'esecuzione di prescrizioni e il conseguimento di obiettivi in un'atmosfera competitiva. L'esercizio intellettuale è la finalità principale dell'attività formativa; mentre sono trascurati il suo sviluppo emozionale e il suo adattamento sociale. È questo certamente il modello più diffuso nel contesto scolastico, ma spesso lo si ritrova anche in contesti di insegnamento religioso e di catechesi.

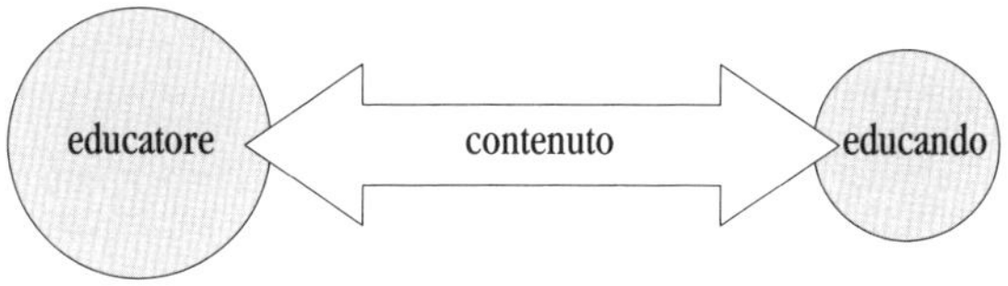

Si possono distinguere due accentuazioni del modello. La prima, che può essere definita perennialista, sottolinea le verità immortali del passato, ignorando le urgenze del presente e del futuro. La seconda, denominata essenzialista, guarda più al presente e ai suoi valori e alle richieste, preparando il giovane al suo inserimento nella società e nell'attività professionale. Ciò che hanno in comune è la concezione dell'educazione: è questi che sceglie e trasmette il contenuto all'educando.

b) *Il modello tecnologico*

Questo modello considera il processo di educazione principalmente come trasmissione di informazioni e competenze pratiche. Si apprezza meno la preservazione di una cultura, mentre si concentra l'attenzione sulle competenze individuali da acquisire da parte dell'educando adattando il contenuto allo stato di preparazione che egli manifesta.

Il contenuto è scelto da esperti del settore di competenze preso in considerazione. Esso tiene conto soprattutto delle conoscenze, delle abilità e degli atteggiamenti che formano le competenze umana, culturale, sociale e professionale intese. L'educando deve assorbire una quantità elevata e complessa di indicazioni, di materiali di lavoro, di esercizi e di schemi di comportamento secondo metodologie di apprendimento che richiedono poca o punta riflessione critica. La nuova competenza risulta immediatamente disponibile. L'educatore sta in una posizione arretrata. Dal momento che egli ha a disposizione strumenti di comunicazione affidabili, efficienti ed accurati, può dedicarsi maggiormente alla cura delle dimensioni non cognitive dell'educando. Alcuni modelli educativi e formativi proposti dai fautori dell'uso di moderne tecnologie informatiche sembrano ispirarsi a questo modello.

c) *Il modello personalizzato*

L'educando è al centro del processo educativo e di apprendimento. La formazione si avvia e si struttura attorno alle sue esperienze, i suoi interessi e il suo grado e forma di sviluppo. Può essere visto sotto due prospettive: quella dell'educazione progressiva e quella romantica.

– L'educazione progressiva

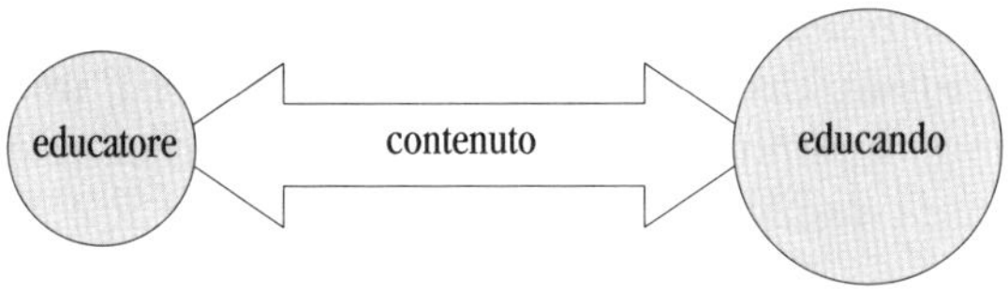

L'educando è visto come «una persona nella sua interezza», la sua crescita emozionale e il suo adattamento sociale sono vitali quanto il suo sviluppo intellettuale. L'educatore è secondo solo all'educando. Egli è insieme levatrice, psicologo, esperto di metodologia, facilitatore, risorsa umana. Egli «non trasmette il contenuto», ma guida e assiste l'educando lungo il suo cammino evolutivo e attraverso le sue esperienze. Il contenuto emerge dalle esperienze dell'educando. Queste gli offrono la base sulla quale riflettere, giungere a una comprensione, e in questo modo egli riesce a controllarle in vista delle esigenze future. In qualche modo si può ricollegare questo orientamento alla tradizione socratica e alle forme non direttive di intervento educativo sollecitate da C. Rogers.

– L'educazione romantica

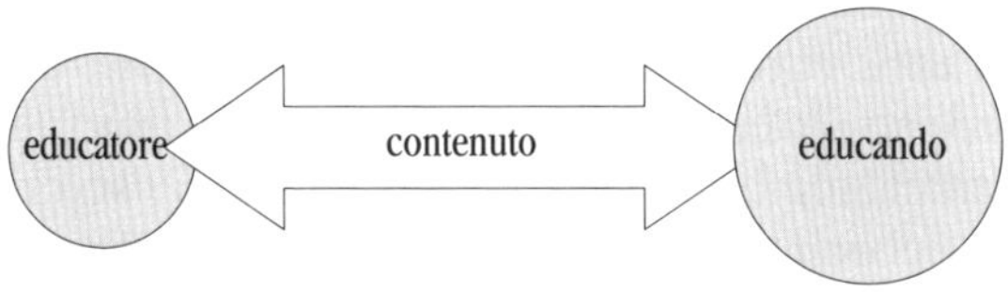

Tutto l'apprendimento e la crescita personale emergono dal suo interno nell'interazione con l'ambiente. Il suo apprendimento è parallelo al suo sviluppo nella stessa maniera in cui egli impara a camminare e a parlare. L'esperienza è il naturale insegnante dell'educando. In un ambiente stimolante ove egli è libero di interagire, di seguire le sue innate curiosità e di sperimentare le conseguenze delle sue azioni, egli ripercorre, secondo un percorso interiore, molti degli apprendimenti delle passate generazioni. L'educatore non può insegnare alcunché direttamente all'educando; egli può solo lasciarlo libero di apprendere. Il suo compito è di fornire un ambiente educativo e quindi lasciarlo libero di percorrerlo, proteggendolo da interferenze esterne che potrebbero disturbarlo. Egli è anche una risorsa a disposizione dell'educando, se questi lo desidera. Questa prospettiva è oggi sostenuta dai fautori del cosiddetto costruttivismo radicale che si rifà a Piaget.

d) *Il modello interazionale*

Questo approccio non ritiene che esista nel mondo d'oggi un permanente e indiscusso corpo di conoscenze e di competenze o un analogo insieme di valori. Occorre superare le attuali forme e tecniche educative. L'educatore deve cercare nelle radici umane (di qui l'uso dell'espressione «educazione radicale») per aprirsi a nuove finalità e nuovi valori tramite i quali gli uomini possano vivere meglio insieme. Questa ricerca è il fondamento del modello.

L'insegnante ha la responsabilità di creare un'atmosfera comunitaria, basata sul dialogo fiducioso e l'interdipendenza. Pur riconoscendo che la sua esperienza è più matura, egli condivide la condizione degli educandi nell'ascolto reciproco. L'educando apprende dal rapporto dialogico instaurato con gli altri; apprendere è uno sforzo collettivo e interdipendente. Egli condivide con gli altri la percezione della realtà, scambiando con essi stimoli e orientamenti. Prestando attenzione a un particolare aspetto o problema del nostro mondo, cerca di scoprirne il senso e i valori. Egli valuta e risolve le questioni alla luce della dignità umana e quindi riordina la sua vita alla luce delle nuove percezioni. A questo modello si possono ricondurre varie proposte di educazione come processo di umanizzazione o come processo di liberazione o come processo di coscientizzazione.

Anche secondo gli Autori di questa analisi non si devono confrontare tra loro questi modelli per sceglierne o proporne uno come migliore degli altri, bensì è importante che ciascun formatore prenda coscienza della loro natura e delle loro esigenze per costruire un proprio modello e un proprio stile educativo.

3. L'analisi ideologica di M. Schiro

Michael Schiro (1978) ha delineato un quadro di riferimento a due dimensioni mediante il quale è possibile condurre più sistematicamente una esplorazione qualitativa dei modelli sia teorici che pratici di educazione, tenendo conto delle assunzioni ideologiche di sfondo.

La prima delle due dimensioni considerate pone agli estremi opposti di una linea retta continua l'importanza che viene data nella promozione delle conoscenze, delle competenze e degli atteggiamenti che formano i contenuti educativi, in alternativa alla loro fonte od origine oppure al loro uso nel contesto educativo o nella vita. A una estremità cioè si pone il privilegiare l'origine dei contenuti educativi, all'altra l'uso che di essi si fa o si dovrebbe fare.

Con la seconda dimensione viene invece evidenziata quale realtà assume un ruolo dominante nel processo di insegnamento: la realtà oggettiva, sia essa il mondo delle teorie o quello fisico e sociale, o quella soggettiva dell'educando e dell'educatore.

Componendo le due dimensioni viene a delinearsi un quadro o diagramma del tipo rappresentato nella Fig. 1. Sull'asse verticale si passa da una valorizzazione della fonte dei contenuti educativi a quella del loro uso, sull'asse orizzontale dall'accettazione, come base del processo educativo, della realtà oggettiva alla prevalente considerazione di quella soggettiva.

Nel quadrante in alto a destra è possibile collocare un insieme di tendenze e di affermazioni che privilegiano l'educando stesso come origine fondamentale della conoscenza, delle competenze e degli atteggiamenti e in genere come perno non solo insostituibile, ma quasi esclusivo del processo di apprendimento e dell'intero fatto educativo. Privilegio questo, che simmetricamente svaluta l'incidenza di altri fattori, sottolineando talora in modo esasperato i bisogni e le aspirazioni dell'educando. Questi infatti ha in sé, si afferma, come suo patrimonio personale sia le prospettive sia la capacità di crescita, ed egli solo è in grado di riconoscere non soltanto la congruenza degli stimoli e degli influssi ambientali al suo mondo interiore, ma anche di realizzarne tutte le potenzialità. L'educando stesso nella sua esplorazione e nella sua interazione con l'ambiente è la principale fonte dei contenuti educativi.

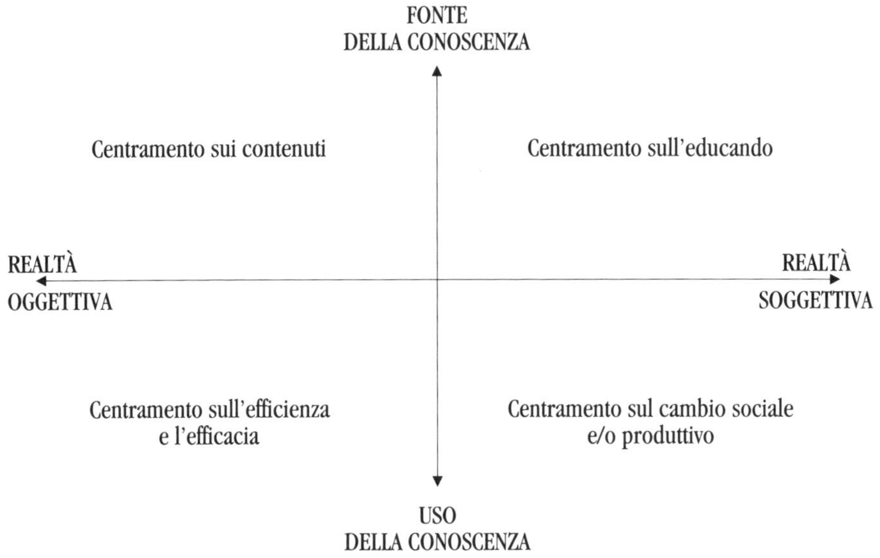

Fig. 1 - *Quadro di riferimento elaborato sulla base delle proposte di M. Schiro* (1978).

Tale visione ottimistica ha radici profonde e i suoi risvolti pratici si colorano spesso di spontaneismo, di ricerca e di accettazione incondizionata dei suoi interessi anche momentanei o indotti. Di questo approccio se ne possono cogliere due articolazioni: una naturalista e una spiritualista. Non è possibile ora approfondire l'argomento, tuttavia è evidente l'influsso di una concezione romantica dell'educazione.

Nell'educazione è facile coglierne i risvolti. Indici significativi sono lo spazio e l'importanza dati al cosiddetto attivismo, alla creatività, alla non direttività, all'autodeterminazione, all'auto-apprendimento, all'antieducazione, alla destrutturazione e informalità dei processi e dei rapporti, ecc. Un riscontro generale è l'accettazione di una continua espansione dei bisogni e dei desideri, spesso non razionalmente analizzati e coscientemente controllati.

Continuando l'esplorazione del nostro diagramma di riferimento, possiamo passare al quadrante in alto a sinistra. In esso possono essere poste le opinioni di coloro che accentuano l'incidenza dei contenuti educativi strutturati e della conoscenza nel processo educativo. Contenuti e conoscenze sono concepiti come organizzazione sistematica del sapere e del saper fare secondo concetti, regole e principi da una parte, e procedimenti e criteri di giustificazione dei risultati dall'altra. Compito educativo generale è quello di introdurre gli educandi nel campo dei contenuti e delle conoscenze comunicandone loro non solo l'aspetto sostanziale, ma anche quello sintattico, in una parola favorendo l'acquisizione dell'essenza delle conoscenze e delle competenze strutturate, e del modo di codificarle e di giustificarne la correttezza e validità. Tra gli esempi che si possono citare, merita ricordare la proposta degli anni sessanta di J. Bruner che sollecitava la considerazione prevalente della struttura dei contenuti educativi da far apprendere.

Quanto al quadrante in basso a destra, esso permette di includere nello schema di riferimento movimenti di idee ed esperienze sul campo riferibili all'educazione come agente di cambio sociale. L'impegno educativo è visto sotto il profilo sociale e in termini di utopia. La società attuale è definitivamente malata e ingiusta, l'unica via d'uscita è una trasformazione radicale attraverso l'educazione e l'azione «delle masse». Cultura e società attuali vanno sostituiti, a tal fine è necessario creare un consenso sociale che le rifiuti e accetti profondamente i valori e le prospettive di una migliore società futura.

Ispirata a questa impostazione, ma sviluppando forme più sfumate e più ricche di suggestioni e di valori educativi generali, sono le proposte della *Pedagogia degli oppressi* di P. Freire o l'attività della Scuola di Barbiana. In genere si afferma la necessità di un'educazione alternativa, dove i rapporti sociali siano profondamente diversi e ribaltati i processi di comunicazione e di conquista collettiva del sapere, del saper fare e del saper essere.

Una variante meno politicizzata, ma che presenta alcune analogie, insiste sul valore educativo della interazione considerata in se stessa. Centro dell'attività educativa è la creazione di una comunità nella quale domini un'atmosfera di interdipendenza e di dialogo autentico. In essa si realizza lo scambio delle proprie percezioni della realtà, si ascoltano le esperienze altrui, e a poco a poco in tale continuo interscambio dialogico si costruiscono sia una visione del mondo, sia una nuova strutturazione della persona. I contenuti hanno un ruolo secondario, ciò che è essenziale è la comunicazione di reali e autentici interessi, prese di coscienza, giudizi e sentimenti.

Assai differente si presenta quanto può essere collocato nell'ultimo quadrante: quello in basso a sinistra. Esso include in primo luogo la tendenza tecnologica, oggi assai diffusa. Oltreatlantico si parla di strumentalismo scientifico perché da una parte si esige di procedere in modo «scientifico» e, dall'altra, che l'intero impianto educativo sia funzionale agli obiettivi e desideri posti dalla comunità educativa e in ultima analisi dalla società stessa. Per poter far questo vanno identificati sia i bisogni educativi, sia gli obiettivi terminali dell'azione educativa, con chiarezza, precisione e pubblicità.

Quanto ai percorsi attraverso i quali giungere agli obiettivi, essi devono essere attentamente studiati e strutturati, seguendo procedimenti di natura scientifica e tecnologica. Dalle stesse fonti derivano anche gli strumenti e le modalità di controllo e di miglioramento dei risultati via via conseguiti. L'ideale massimo è posto nella standardizzazione degli itinerari educativi, in quanto ben calibrati sulle possibilità, i ritmi e gli stili individuali. La gestione di questi canali formativi, numerosi e complessi, potrebbe essere anche affidata a elaboratori elettronici sufficientemente potenti e adattabili. Si ispirano a questo modello le indicazioni provenienti dal comportamentismo quando parla di processi di modellamento dei comportamenti.

Il diagramma generale permette sia una osservazione e definizione qualitativa del modello prevalente nell'attività educativa, sia una collocazione in un suo punto preciso, o almeno in una sua area, di modelli proposti come validi e produttivi.

4. L'approccio (modello o metodo) clinico

La parola «clinica» evoca i mondi della medicina e della psicologia. La clinica medica e la psicologia clinica si caratterizzano per l'attenzione al singolo, o ai singoli, in primo luogo per un'elaborazione intuitiva, che si basa sia su quanto dice di sé il paziente, sia su alcuni segni esterni fisici o comportamentali. Ogni buon clinico deve iniziare il suo lavoro con quella che viene definita l'anamnesi del paziente, cioè la ricostruzione della sua storia quanto a salute fisica e/o psicologica, indagando e rilevando eventi, situazioni, dinamiche, che possano aiutare a comprendere e spiegare la situazione in esame, i condizionamenti che essa presenta, le opportunità che offre. Di qui nasce una prima congettura abbastanza ampia e aperta a conferme e falsificazioni, che orienta il clinico a raccogliere ulteriori informazioni e dati tramite strumenti e metodi di vario tipo. È una congettura che ha due basi fondamentali: la qualità delle conoscenze medico-scientifiche possedute e la loro organizzazione interna (Gagné, 1989); il livello di esperienza e di competenza pratica raggiunta (Dreyfus & Dreyfus, 1986). La diagnosi clinica di conseguenza si svolge secondo una dinamica processuale abbastanza complessa, che gioca tra intuizione, documentazione, rilevazione empirica e argomentazione e nella quale occupano un posto rilevante, soprattutto in un setting psicologico, il linguaggio, la narrazione, la ricostruzione concettuale e linguistica personale sia del paziente, sia del clinico.

Quanto all'aspetto prescrittivo e più propriamente operativo occorre distinguere, a mio avviso, a seconda dei contesti di riferimento. Un conto è un'azione formativa con formatori adulti, un altro con adolescenti fuori dalla classe, un altro ancora con alunni in una classe di matematica. L'analogia con la clinica medica e con quella psicologica può essere di aiuto. Nel caso medico è importante che il paziente comprenda la sua situazione e si renda conto del perché e delle esigenze della terapia prescritta, ma è altrettanto importante che egli segua con sistematicità e fedeltà le prescrizioni mediche. Nel caso psicologico può essere adottata una metodologia di tipo non direttivo.

Si può quindi pensare a un continuo che va da una metodologia di intervento di tipo direttivo a una tipicamente non direttiva. In tale continuo esistono forme e metodi di azione che possono assumere caratteri intermedi: a esempio favorire la presa di coscienza della necessità di un intervento educativo, impostare una qualche forma di negoziazione e contrattazione educativa, sollecitare nello svolgersi dell'azione formativa modalità di autovalutazione e di valutazione condivisa, mentre lo sviluppo dell'azione formativa vera e propria rimane nelle mani dell'educatore. Comunque occorre ribadire subito che anche nel caso medico, il dottore può fornire tutti gli aiuti possibili in termini di terapie farmacologiche o chirurgiche, ma è l'organismo del paziente la causa prima della sua guarigione. Così è nel campo educativo: è l'educando stesso la causa prima della sua educazione (S. Tommaso d'Aquino, 1965, 113). L'educatore viene spesso definito per questo causa strumentale transeunte. Egli, cioè, è occasione e strumento limitato nel tempo, che può certo emettere una diagnosi circa le necessità educative del o dei soggetti, indicarne una via di risposta, predisporne tempi, modi e mezzi di attuazione, verificarne l'efficacia, ma la realtà della crescita personale sta nelle mani del o degli educandi, se questi possono e vogliono effettivamente impegnarsi in maniera adeguata in tale direzione.

Riccardo Massa ha elaborato un modello clinico di impostazione dell'azione formativa integrando modelli clinici che provengono dalla medicina e dalla psicoterapia. Egli afferma che «la clinica della formazione aspira a istituire un *setting*, o contesto, specifico di lavoro in cui momento conoscitivo, momento esistenziale e momento tecnico si esprimano congiuntamente, senza appiattirsi uno sull'altro» (Massa, 1992, 29).

Egli introduce il discorso parlando del mondo della formazione. Questo, come già accennato, è un mondo complesso, ma in questo caso si tratta di una «pratica consapevole, intenzionale, finalizzata, settoriale, organizzata e controllata rispetto all'apprendimento strutturato e permanente di conoscenza, abilità e atteggiamenti determinati» (*Ibidem*, 16). Qui il discorso è particolarmente attento al mondo della formazione degli adulti e in particolare al mondo della formazione professionale. In seguito l'Autore accenna alla progettazione formativa, momento essenziale là dove la formazione è intesa come «un processo di regolazione e di controllo» che esige «un insieme organizzato di azioni formative». Egli insiste a questo punto sulla necessità di appoggiarsi a una teoria dell'azione formativa e di considerare lo stretto rapporto esistente tra mondo della formazione e mondo della vita (Lebenswelt). Tratta quindi di alcuni riferimenti teorici che fanno da sfondo alla sua impostazione. Giunge quindi a trattare direttamente del suo modello o metodo di «Clinica della formazione». Il discorso è sviluppato in un linguaggio abbastanza complesso e ricco di riferimenti. La sua lettura implica attenzione, riflessione, approfondimento, anche linguistico.

5. Il sistema educativo di don Bosco

Il metodo educativo che si rifà a San Giovanni Bosco è stato da lui stesso definito «sistema preventivo», contrapponendolo al «sistema repressivo». P. Braido (1999, 7) sostiene che «sistema preventivo e sistema repressivo sono due veri sistemi di educazione, relativamente distinti. Furono, nelle più svariate versioni, praticati nella storia, sia nella famiglia che nelle istituzioni. Si fondano entrambi su ragioni plausibili e possono vantare metodologie produttive ed esiti positivi». Richiamando il quadro di riferimento elaborato da P. Meirieu e presentato nel terzo paragrafo del secondo capitolo, i due sistemi sembrano valorizzare rispettivamente una delle due prospettive là evocate: a) considerare l'educando come un soggetto ancora in formazione, che deve essere condotto come per mano per le strade dell'educazione; b) considerare l'educando come già costituito nella sua identità, libertà e responsabilità.

Il sistema preventivo è più sensibile al fatto che l'educando nella sua crescita ha bisogno di continua guida e assistenza, sostegno e pazienza, accoglienza e affetto, in quanto non ha ancora raggiunto livelli di consapevolezza, maturità, perseveranza adeguati. Il clima che si vive in questo contesto è un clima di relazioni famigliari, che valorizza forme di rapporto ispirate alla comprensione e all'argomentazione persuasiva. Il sistema repressivo, invece, sottolinea il fatto che l'educando è pienamente responsabile delle proprie azioni; egli viene visto come un giovane adulto, che deve seguire accuratamente le norme di comportamento e di relazione socialmente stabilite, pena forme di correzione e di punizione adeguate alla incoerenza generale o alle singole mancanze. Il clima è decisamente più austero ed esigente, i rapporti interpersonali sono prevalentemente di tipo istituzionale, centrati su rigide distinzioni di ruolo.

Don Bosco non ha elaborato un modello educativo teorico, ben strutturato nei suoi fondamenti filosofici e teologici e nelle sue articolazioni interne. È un modello educativo che si esprime secondo principi che si possono cogliere più compiutamente nel contesto delle pratiche educative sviluppate. Si può affermare che si tratta di un modello che accentua la componente operativa, ma che permette di individuare il quadro teorico di riferimento a partire dai principi d'azione e di relazione assunti. Ci si ricollega in questo ambito a ciò che Polanyi (1990) ha definito conoscenza tacita o personale, insieme di conoscenze che emergono, vengono concettualizzate e strutturate a partire dalla riflessione sviluppata durante l'azione. Tale conoscenza non può essere descritta né trasmessa facilmente facendo leva su termini astratti o su sistemi di regole di condotta espresse in modo formale. Essa può essere, però, còlta osservando con cura l'agire altrui e l'interpretazione che questi ne dà, esplicitandone le intenzioni, le scelte e il loro significato globale. La forma più comune per comunicare tutto ciò è quella della narrazione. Essa consente di andare oltre le pure vicende e i singoli comportamenti per cogliere il senso e le ragioni che ne stanno dietro. P. Braido (1999, 8) esprime tale approccio in questi termini: «Egli [...] ha consapevolmente sperimentato e riflessamente adottato principi, metodi, mezzi, istituzioni, che gli hanno permesso di dare ai giovani una formazione umana e cristiana relativamente compiuta e di indicare ai suoi collaboratori una proposta educativa organica e unitaria». La modalità comunicativa adottata è stata di conseguenza triplice: testimonianze vive, che permettevano l'osservazione e il ricordo; narrazioni molteplici e variate che aiutavano non solo a cogliere modalità operative attivate in diversi contesti, ma anche i principi che le ispiravano; esplicitazioni semplici ma pregnanti dei principi ispiratori, che guidavano le sue scelte, e che riassumevano anche quelli da seguire e attualizzare da quanti intendevano operare secondo il suo sistema educativo.

Esiste però un insieme di scritti originali, che, accanto ad altre testimonianze, permettono di ricostruire una quadro complessivo e organico dei principi pedagogici assunti o elaborati e delle implicazioni metodologiche da questi derivanti. Tre documenti in particolare possono essere qui ricordati:[2] *Il Sistema preventivo nell'educazione della gioventù*, scritto nel 1877; *Ricordi confidenziali* stesi nel 1871 e nel 1886; una *Lettera* scritta da Roma il 10 maggio 1884, uno stralcio della quale è stato riportato nel primo paragrafo del quarto capitolo.

Volendo cogliere in estrema sintesi gli elementi chiave che caratterizzano il modello educativo proposto da don Bosco si possono scegliere alcune espressioni sintetiche ma pregnanti da lui usate spesso. Gli obiettivi

[2] Un'edizione critica di questi tre documenti è stata pubblicata nel volume curato da P. Braido, *Don Bosco educatore: scritti e testimonianze* (Roma, LAS, 1992).

che, usando le parole di G.M. Bertin, esprimono il principio teleologico che assicura coerenza e organicità a tale modello è promuovere la crescita di buoni cristiani e onesti cittadini. È questo un principio teleologico ancora di grande attualità, basti qui ricordare come il tema dell'educazione alla cittadinanza sia considerato centrale per la formazione nel terzo millennio. E. Morin (1999, 71) definisce la cittadinanza in termini di solidarietà e responsabilità nei riguardi della propria patria. E il concetto di patria nella visione cristiana è stato ben espresso da Erasmo da Rotterdam secondo una successione di cerchi concentrici, che partono dal luogo natale (la Heimat) per allargarsi verso la propria nazione, l'Europa (o il proprio continente), il mondo intero, la patria celeste.

Rispetto ai tre piani descritti nel primo paragrafo, è possibile evidenziare con chiarezza il primo e il terzo. Sul piano, infatti, delle asserzioni o degli assunti impliciti di natura teorica è chiarissima la visione antropologica sottostante al sistema preventivo di don Bosco: è una visione dell'uomo e del suo sviluppo integrale in chiave cristiana, ma con alcune accentuazioni che si rendono evidenti sul piano dei principi operativi o di metodo.

Questi principi, come già accennato, sono stati icasticamente espressi da don Bosco nella formula contenuta nel suo libretto *Il Sistema preventivo nell'educazione della gioventù*: «questo sistema si appoggia tutto sopra la ragione, la religione, e sopra l'amorevolezza». Tali principi una volta esaminati nella loro pregnanza esprimono anche con adeguata chiarezza le dimensioni fondamentali di una «piena umanità cristiana: i valori temporali, il senso "religioso" della vita, il mondo dell'affettività sensibile, spirituale, soprannaturale» (Braido, 1999, 289).

L'uso della ragione (il ragionare con i giovani), la ragionevolezza dei discorsi, il metodo della persuasione, il far conoscere preventivamente norme e modi di agire e di relazionarsi necessari per potersi orientare e comportare in ambienti e situazioni nuove o insolite, devono avere la meglio sull'imposizione violenta, sull'accettazione indiscussa, sull'obbedienza cieca. Tali modalità d'azione e di relazione dell'educatore hanno anche l'effetto di favorire l'interiorizzazione non solo di tali modi di agire, ma anche del loro valore in modo che i giovani imparino a ragionare con la propria testa, ad argomentare a difesa delle proprie posizioni. In particolare egli affermava: «l'avviso amichevole e preventivo che lo ragiona [*sic!*], per lo più riesce a guadagnare il cuore, cosicché l'allievo conosce la necessità del castigo e quasi lo desidera»; «Si usi la massima prudenza e pazienza per fare che l'allievo comprenda il suo torto colla ragione e colla religione».

Intrecciate con la valorizzazione della ragione nel rapporto educativo stanno la valorizzazione dell'amorevolezza e della religione. «Le "piccole virtù" che cadono sotto il termine di *amorevolezza* – far conoscere che si ama, condividere sinceramente le inclinazioni dei giovani – assumono dignità e consistenza, morale e pedagogica, grazie alle "grandi virtù" che ne sono il fondamento e l'animano» (*Ibidem*, 295). E le «grandi virtù» sono quelle dell'amore o carità teologale, della giustizia, della disponibilità a incontrare il volto dell'altro. L'amorevolezza d'altronde implica l'apporto della ragione e della religione, in quanto sorgenti e guardiani della qualità del rapporto affettivo e della relazione interpersonale attivata. Anche l'esperienza di un affetto adulto, rispettoso e disinteressato è essenziale per sviluppare un atteggiamento positivo verso i valori connessi con l'accettazione degli altri e la dedizione a essi.

La valorizzazione della religione nella visione di don Bosco è una componente essenziale del processo educativo; religione vista come personale e autentico sviluppo di vita interiore e spirituale, del rapporto con Dio nella preghiera e nella frequenza dei sacramenti, di un impegno morale serio e continuo. Questa dimensione educativa deve essere perseguita in stretta interrelazione con le altre due dimensioni: dalla religiosità derivano una visione globale dell'uomo e della sua realtà più intima e una interpretazione profonda delle vicende della vita; dalla ragione possono emergere domande esistenziali che interpellano la fede. Questa, d'altra parte, deve poter rendere conto di se stessa, fornire le sue credenziali, anche se rimane la coscienza dei limiti intrinseci di argomentazioni puramente razionali. Dalla religione deriva il fondamento più profondo dell'amore, del rispetto, della speranza e della fiducia dell'educatore nei riguardi dell'educando.

LETTURE DI APPROFONDIMENTO

Lo studio dei modelli educativi è stato spesso contestualizzato nel campo dell'educazione scolastica. In questa prospettiva sono utili le seguenti opere: F. MORANDI, *Modèles et méthodes en pédagogie* (Paris, Nathan, 1997); B. JOYCE e M. WEIL, *Models of teaching* (Englewood Cliffs, Prentice-Hall, 1986, 3ª ed.); G. BALLANTI, *Modelli di apprendimento e schemi di insegnamento* (Teramo, Giunti e Lisciani, 1988); M. PELLEREY, «Modelli di insegnamento e loro concettualizzazione». In: C. SCURATI (a cura di), *Realtà e forme dell'insegnamento* (Brescia, La Scuola, 1990, 127-147).

Un approccio più globale è seguito da D. GAYET, *Modèles éducatifs et relations pédagogiques* (Paris, Colin, 1995).

Per chi desidera approfondire alcune figure retoriche come la metafora e l'analogia, si può consigliare il volume di M.P. ELLERO, *Introduzione alla retorica* (Milano, RCS Libri, 1997).

In senso più generale si possono esplorare i modelli, spesso denominati metodi o sistemi educativi posti da differenti autori (a es. modello o metodo Montessori, Decroly, ecc.) o educatori (a es. metodo o modello socratico), oppure promossi da varie istituzioni educative (a es. metodo scout). In particolare è utile approfondire il *Sistema preventivo* di don Bosco, modello che è stato spesso rivisitato e attualizzato da studiosi salesiani e non salesiani. Un approfondimento del sistema preventivo si può affrontare per mezzo delle seguenti opere: P. BRAIDO, *Il sistema educativo di don Bosco* (Torino, SEI, 1955); IDEM, *Don Bosco* (Brescia, La Scuola, 1969, 3ª ed.); IDEM, *L'esperienza pedagogica di don Bosco* (Roma, LAS, 1988; tradotto in varie lingue); IDEM, *Prevenire, non reprimere. Il sistema educativo di don Bosco* (Roma, LAS, 1999). Soprattutto l'ultima opera citata è necessaria per chi non conosce adeguatamente l'opera e il messaggio educativo di don Bosco e li vuole approfondire.

ESERCIZI

Primo esercizio

Non sempre è chiaro il concetto di analogia. Il suo statuto logico può essere chiarito ricorrendo a un racconto tratto da *Il Novellino*.

«In Alessandria vi erano molte botteghe in cui abili cuochi preparavano cibi squisiti. Un mendicante, che non disponeva di mezzi per comperare il companatico, pensò di impregnare il suo tozzo di pane con gli odori prelibati che emanavano da una di queste botteghe. Il cuoco si risentì e pretese un pagamento; il mendicante, però, si difese sostenendo di non aver arrecato nessun danno al cuoco. La contesa si prolungò e, per la sua novità, incuriosì il Sultano che radunò i suoi savi perché dirimessero la questione. Dopo aver lungamente soppesato gli argomenti favorevoli e contrari a ciascuno dei due contendenti, i savi giunsero alla seguente conclusione: visto che si era appropriato del profumo del cibo, il mendicante avrebbe dovuto pagare il conto con il suono di una moneta. Il Sultano approvò la sentenza e la fece applicare».

Il «tema» è l'argomento di cui si parla. Il «foro» è il contenuto che si evoca

foro	tema
cibo	moneta
profumo del cibo	suono della moneta

Si ha uno schema quindi di questo tipo:

Il cibo sta al suo profumo	a sta a b
come la moneta sta al suo suono	come c sta a d

La relazione che esiste tra il cibo e il suo profumo
è della stessa natura de
la relazione tra la moneta e il suo suono

Nel caso dei modelli di pratiche educative si ha la seguente struttura.

foro	tema
la pratica	il modello
le relazioni	le relazioni
tra gli elementi	tra gli elementi
della pratica	del modello

Prova ora ad applicare lo schema generale dell'analogia ad altre situazioni sia di natura educativa, sia di altro tipo. Utilizzando un dizionario o altra fonte prova poi a verificare similitudini e differenze tra il concetto di analogia e metafora, eventualmente ricorrendo alla loro etimologia.

Secondo esercizio

Il concetto di analogia, come visto nel primo esercizio, si basa sul concetto di proporzione. Ma a differenza della proporzione matematica, si devono prendere in considerazione due coppie di elementi appartenenti a due campi o domini di riferimento diversi (eterogenei). L'analogia riguarda la somiglianza esistente tra la relazione che lega i due elementi del primo dominio e quella che connette due elementi considerati del secondo dominio. L'analogia consente di descrivere la relazione esistente tra gli elementi dell'argomento, o tema in discussione, per mezzo della relazione (già conosciuta) presente tra gli elementi del secondo dominio (quello denominato foro).

Trova o costruisci ora tu qualche analogia.

La *metafora* viene spesso considerata come un'analogia condensata, in quanto un elemento del foro viene identificato con un elemento del tema. Un esempio è questo: la metafora «la vecchiaia è la sera della vita» deriva dall'analogia «la vecchiaia sta alla vita (tema) come la sera sta al giorno (foro)». Come si vede viene sottinteso l'elemento «la vita», facendo svolgere all'elemento «vita» un doppio ruolo, quello suo proprio (la vita) e quello del «giorno». Viene identificato cioè il giorno con la vita.

Trova o costruisci ora tu alcune metafore che risultano dalla contrazione o condensazione di un'analogia.

Terzo esercizio

Spesso, soprattutto in ambito educativo, si usano in maniera equivalente i termini modello, sistema, metodo. Pur evocando un riferimento concettuale analogo, tali termini rivestono significati con sfumature diverse. Cerca su un vocabolario o, meglio ancora, sul *Dizionario di scienze dell'educazione* (Torino e Roma, LDC-LAS-SEI, 1997) questi tre termini e trascrivine le definizioni; poi, confrontale tra di loro, evidenziando aspetti comuni e differenziazioni.

a) Modello (educativo): ....
b) Sistema (educativo): ....
c) Metodo (educativo): ....
d) Aspetti comuni: ....
e) Differenze: ....

Quarto esercizio

Esamina un progetto educativo, a esempio quello degli scout oppure quello elaborato da una comunità educativa o da una comunità terapeutica, o una proposta educativa, a esempio quella liberatrice sviluppata da P. Freire, e cerca di evidenziare a quale modello prevalentemente essa si ispiri e quali altri modelli potrebbero essere tenuti presente. Esiste un modello prevalentemente seguito in questo testo?

Quinto esercizio

Quali somiglianze e differenze noti tra i caratteri presi in considerazione per distinguere i vari modelli individuati da Lapp, Bender, Ellenwood e John e i caratteri, o componenti, precedentemente ricordati ed elaborati da P. Meirieu?

SETTIMO CAPITOLO

LA DEFINIZIONE DEGLI OBIETTIVI E LA SCELTA DI UN ITINERARIO EDUCATIVO

Nel quarto capitolo abbiamo esaminato il problema della progettazione educativa come processo di soluzione di problemi e abbiamo visto come il momento iniziale o di avvio dell'intero processo derivi dall'emergere di una situazione problematica, cioè nel provare una più o meno profonda insoddisfazione per come si percepisce lo sviluppo della pratica educativa. Si è quindi rivolta l'attenzione al lavoro che bisogna fare per identificare la natura e i caratteri del problema educativo emerso. Si tratta di quella che è stata chiamata l'analisi della domanda educativa o dei bisogni educativi. È stato anche affermato che per leggere la domanda educativa occorre aver identificato un quadro di riferimento o ideario che comprende l'insieme delle mete educative che l'educatore o la comunità educativa ritiene importanti per gli educandi, o per il singolo educando, da un punto di vista ideale. Per favorire l'elaborazione di tale quadro di riferimento nel quinto capitolo sono state esplorate le dimensioni fondamentali della domanda educativa. Il capitolo seguente, il sesto, è stato dedicato all'esame del concetto di modello di pratica educativa e alla presentazione di alcuni di modelli che più o meno esplicitamente possono essere usati per selezionare le mete e i relativi percorsi educativi. È stato anche precisato, nel quarto capitolo, che per evidenziare i reali bisogni educativi di uno o più educandi occorre rilevare la distanza o discrepanza esistente tra le mete ideali prescelte e la situazione effettivamente presente, cioè come e dove si collochino gli educandi rispetto alle mete intese.

È a questo punto che la comunità educativa, o il singolo educatore, può definire gli obiettivi educativi da porre a riferimento della progettazione di un intervento educativo più o meno lungo e impegnativo. Questo capitolo di conseguenza sarà dedicato in primo luogo al problema della definizione e della redazione degli obiettivi educativi, segnalando anche le critiche che sono state mosse a una pedagogia per obiettivi. Successivamente si prenderanno in considerazione le questioni connesse con l'elaborazione di un percorso o itinerario educativo, che, almeno in via di ipotesi, può condurre agli obiettivi prefigurati. In effetti, nel progettare un intervento educativo occorre ricordare che questo si sviluppa nel tempo e più gli obiettivi sono ambiziosi, più tempo occorrerà per raggiungerli. Ma non sarà solo il tempo trascorso a permettere di raggiungerli, bensì la qualità delle attività e delle esperienze educative predisposte e il modo secondo il quale esse si succedono nel tempo.

È questo un capitolo che accentua la dimensione tecnico-operativa dell'azione pedagogica proponendo un insieme di dispositivi e metodi di progettazione della pratica educativa. Essi favoriscono una impostazione più chiaramente intenzionale e sistematica del processo formativo. Un pericolo, però, può annidarsi nell'esasperare l'aspetto tecnico, perdendo di vista l'insieme delle componenti dell'attività progettuale. Ciò può portare a forme di burocraticismo e proceduralismo deleterie, spesso denunciate.

Obiettivi del capitolo

Al termine dello studio di questo capitolo il lettore dovrebbe essere in grado di:

- *definire il concetto di obiettivo educativo, distinguendolo da quello di finalità istituzionale;*
- *indicare il ruolo che nella progettazione educativa hanno gli obiettivi;*
- *descrivere il processo di determinazione degli obiettivi educativi;*
- *elencare alcune obbiezioni alla pedagogia per obiettivi;*
- *enunciare le caratteristiche di un obiettivo espresso in forma comportamentale, evidenziando i limiti di tale modo di procedere;*
- *definire il concetto di itinerario educativo, evidenziandone le caratteristiche fondamentali;*
- *descrivere i principali modelli e le differenti forme di organizzazione di un itinerario educativo;*
- *distinguere tra tempo necessario e tempo disponibile in un percorso educativo;*
- *distinguere i vari modelli di organizzazione di un itinerario educativo.*

1. La generazione logico-psicologica degli obiettivi

Abbiamo esaminato nel terzo capitolo il processo attraverso il quale viene generata l'intenzione di agire. È quella fase dell'azione che è stata denominata motivazionale. In essa entrano in gioco i motivi o valori di riferimento di cui ciascuno è portatore e che entrano a far parte del suo Sé. Si tratta più precisamente del sistema del Sé considerato nella sua complessità: concezioni relative a se stessi come educatori e al proprio ruolo, concezioni relative al processo educativo stesso, agli educandi; ideali, valori, convinzioni, atteggiamenti; stima di Sé e degli altri; prospettive e finalità a lungo termine della propria esistenza e di quella istituzionale. Questo sistema del Sé interagisce con la situazione di fatto quale essa è percepita nel momento in cui si deve giungere a una decisione circa cosa fare, a esempio, per superare una situazione nuova o problematica. La lettura e interpretazione della situazione vien fatta alla luce del sistema del Sé e ne deriva una valutazione in ordine all'agire, cioè a quali obiettivi concreti assegnare all'azione.

Una rilettura di questo processo in termini di razionalità pratica è stato esposto nello stesso capitolo. Si tratta di quella che è stata definita l'inferenza pratica. Se io desidero conseguire un determinato bene, a esempio il bene di un particolare educando, e per realizzare tale bene è necessario che io mi impegni per raggiungere uno specifico obiettivo, allora mi dispongo, mi organizzo per cercare di raggiungerlo. È un calcolo prudenziale di quali obiettivi o intenzioni specifiche d'azione conviene assumere date le circostanze: condizioni dell'educando, risorse disponibili, vincoli o condizionamenti esistenti.

Questo processo, quando avviene all'interno di una comunità educativa, deve essere riletto al plurale; e qui entrano in gioco una molteplicità di sistemi del Sé non sempre omogenei tra loro. È necessario dunque che la comunità educativa si confronti su due piani: quello delle concezioni, dei valori, delle convinzioni, della stima di Sé; quello dell'analisi e valutazione della situazione di fatto esistente, estesa a tutti gli elementi che devono essere coinvolti nella generazione di un'intenzione di azione il più possibile condivisa. Naturalmente questo processo è reso più agevole se esistono riferimenti nei quali tutti i membri della comunità educativa si riconoscono o debbono riconoscersi. Questi riferimenti possono essere: la comune ispirazione ideale, le finalità specifiche dell'istituzione nella quale ci si trova a operare; un comune vincolo contrattuale con persone o istituzioni per raggiungere determinati fini, ecc.

Comunque occorre sottolineare la centralità nella progettazione dell'azione e della pratica educativa della generazione delle intenzioni o definizione degli obiettivi, che dovranno fare da riferimento non solo nella predisposizione di un percorso educativo, ma anche nella continua verifica di se e come si sta procedendo nella sua attuazione. Quanto le azioni singole e le interazioni via via attuate siano coerenti con il quadro degli obiettivi elaborato dipenderà dunque in primo luogo dal grado di convergenza e condizione raggiunto dalla comunità educativa in tale impresa.

2. Obiettivi educativi e finalità istituzionali

Dopo aver indicato nella generazione delle intenzioni d'azione educativa l'origine logico-psicologica degli obiettivi, occorre procedere a una loro definizione più puntuale, soprattutto se riferita al contesto di un'azione formativa istituzionalmente segnata. In senso generico, infatti, un obiettivo costituisce una meta o riferimento intenzionale che viene posto in maniera esplicita a un'azione, a un percorso o a un progetto. Non basta quindi un intento implicito, sempre presente nell'azione umana (*homo agit propter finem*), occorre che esso assuma forma riflessa e comunicabile, anche se, forse, mai comunicata.

Generalmente si definiscono come *obiettivi educativi* gli intenti che la comunità educativa, o anche il singolo educatore, determina in modo chiaro e non ambiguo come riferimento esplicito per la progettazione, conduzione e valutazione della propria azione educativa. Si distingue spesso, soprattutto tenendo conto del carattere di generalità e astrattezza che assume l'espressione di tali intenti, tra finalità (in inglese *aims*), propositi (in inglese *purposes*), mete (in inglese *goals*) e obiettivi (in inglese *objectives*).

L'azione educativa che si svolge in una istituzione (scuola, comunità terapeutica, associazione, ...), come ogni azione umana, è orientata verso dei fini. Discutere in generale dei fini dell'azione educativa è compito delle teorie dell'educazione. Più specifico e immediato, invece, è il discorso relativo alle finalità proprie dell'istituzione in cui si opera e che quindi superano la competenza del singolo educatore. A esempio, il processo educativo scolastico è un processo intenzionale e l'istituzione scolastica è al servizio della comunità nazionale e locale. La fonte delle sue finalità sta nelle leggi e nei decreti che hanno dato origine e caratterizzazione ai vari ordini e gradi scolastici e nei programmi di studio in vigore. Lo stesso tipo di vincolo vale per le istituzioni educative che sono caratterizzate da una identità particolare, come un'ispirazione religiosa o umanitaria, e che sono state istituite e vivono per realizzare specifici obiettivi sociali. Tra queste si possono ricordare orfanotrofi, comunità di recupero per soggetti a rischio, comunità per tossicodipendenti, associazioni religiose o laiche, movimenti di volontariato.

La definizione di obiettivo può assumere anche questa forma: «intento espresso in modo chiaro e non ambiguo, rispetto al quale è possibile decidere se un percorso o un processo è giunto al termine e/o è valido per giungervi». È inerente quindi a questa definizione il processo decisionale attraverso il quale la comunità educativa locale giunge alla determinazione e alla formulazione non solo delle mete da porre a fondamento dell'azione educativa a favore di un gruppo di giovani preciso, ma anche dei modi di verifica del loro raggiungimento. Tale processo si svolge tra due poli di riferimento fondamentali: le finalità istituzionali e i bisogni di educazione dei giovani. Le prime vanno lette e interpretate contestualizzandole alla cultura e alla condizione giovanile dell'ambiente in cui si opera; i secondi vanno rilevati nella maniera più fedele possibile e rispondente al tipo di intervento prefigurato e quindi interpretati alla luce dei valori e delle finalità istituzionali contestualizzate. Si tratta in quest'ultimo caso di realizzare una vera e propria mediazione operativa tra un quadro ideale e una situazione reale, tra un dover essere e un dato di fatto. Questo lavoro consente anche di assegnare priorità tra i vari obiettivi. Da una parte infatti sono considerati i valori e le finalità educative secondo un ordine di importanza dettato da considerazioni generali, dall'altro viene studiata la distanza o discrepanza esistente tra una loro presenza ideale nei giovani e la loro presenza attuale. Questo lavoro consentirà alla comunità la scelta e l'organizzazione degli obiettivi educativi.

In sintesi, il ruolo e la funzione degli obiettivi possono essere così riassunti. In primo luogo essi permettono la convergenza nelle iniziative educative delle azioni e intenzioni dei singoli e dei gruppi particolari. In secondo luogo essi offrono la possibilità di elaborare un itinerario educativo e una programmazione dei tempi, delle persone, dei luoghi e delle risorse. Gli obiettivi sono criteri di giudizio e di decisione nella predisposizione di percorsi educativi concreti. Senza di essi è ben difficile riuscire a trovare e a selezionare quanto è necessario, o anche solo utile, alla realizzazione dell'impresa educativa che la comunità vuole sviluppare. In terzo luogo viene favorita la comunicazione tra gli educatori e le famiglie, tra le comunità educative e le altre comunità (civile, ecclesiastica, ...). I giovani da una parte debbono poter partecipare alla definizione degli obiettivi, a mano a mano che l'età e la maturazione personale li rendano capaci di giudizio e di discernimento (sarebbe ben strano che i primi interessati al processo formativo venissero esclusi da questo momento decisionale), dall'altra debbono essere informati sia all'inizio sia costantemente circa gli intenti che guidano l'azione e l'impegno educativo dell'istituzione. Infine, occorre sottolineare come gli obiettivi costituiscano l'orizzonte concreto di valori entro il quale la comunità educativa cammina. Ci si potrà, quindi, confrontare costantemente con essi per verificare se le iniziative, il clima, i rapporti, le scelte, i risultati, sono con essi coerenti o se invece se ne discostano più o meno fortemente e per quali cause.

3. Metodi per determinare gli obiettivi educativi

L'individuazione di un metodo proficuo nella determinazione o scelta degli obiettivi educativi ci riconduce a una serie di considerazioni già accennate nel contesto del quarto capitolo, quando è stato definito il concetto di domanda educativa e di bisogno di educazione. Prima di proseguire nella lettura di questo paragrafo sarebbe utile, quindi, rileggere soprattutto il secondo e il terzo paragrafo di tale capitolo.

Come già detto in quel capitolo, la determinazione degli obiettivi educativi impegna tutta la comunità educativa locale. Le strade che possono essere percorse sono sostanzialmente tre: una discendente, che cerca di derivare le indicazioni operative da quadri di riferimento teorici più generali (di natura filosofica, psicologica, sociologica, ecc.), l'altra ascendente, che parte cioè dall'esame della realtà della popolazione scolastica; una terza via integra in maniera dinamica le prospettive dell'una e dell'altra.

La prima via può anche essere definita deduttiva o analitica, in quanto tende a identificare progressivamente, a partire da un quadro di finalità ideali definite da un punto di vista teorico, obiettivi sempre più particolari e precisi, spesso chiamati sottobiettivi. Ne deriva un insieme di obiettivi specifici, la scelta dei quali è basata non solo su assunzioni di ordine teorico, ma anche su giudizi di valore e di priorità espressi dalla comunità educativa, in coerenza con le finalità proprie dell'istituzione nella quale si opera.

La seconda via può essere denominata induttiva, in quanto tende a far emergere un quadro di obiettivi coerenti con le finalità proprie dell'istituzione nella quale si opera, sulla base delle rilevazioni empiriche riferite sia ai contesti culturale, sociale ed economico degli educandi sia al loro grado di crescita personale, sociale, culturale e professionale. Tuttavia, occorre notare come nell'interpretazione delle informazioni raccolte per mezzo di metodi di rilevazione empirici entrino normalmente in gioco giudizi sia di natura teorica che valoriale.

La terza via si basa sul concetto di bisogno educativo inteso come discrepanza, o distanza, esistente tra una situazione, o stato educativo desiderato o «quale dovrebbe essere», e la situazione «quale essa è». Il primo riferimento è quindi messo in relazione con un giudizio di valore, il secondo con una rilevazione, quanto è possibile oggettiva e pertinente. La valutazione dei bisogni è in sintesi il processo che porta alla determinazione degli obiettivi sulla base di assunzioni di ordine valoriale e di rilevazioni empiriche e che conduce alle decisioni relative all'ordine di precedenza degli interventi.

La determinazione degli obiettivi educativi, secondo la nostra impostazione, prevede quindi che ci sia in primo luogo una scelta di quadro, una scelta di finalità educative congruenti con i soggetti verso cui la nostra azione educativa si esplica o si deve esplicare. Non basta però una elencazione, occorre determinarne anche l'*importanza*, costruirne una gerarchia, una struttura ordinata. A esempio, se si accetta che obiettivo fondamentale dell'azione educativa sia la promozione di persone in grado di prendere decisioni serie e responsabili, allora il quadro restante va riletto e ordinato in questa prospettiva. Questo lavoro va svolto, tenendo conto della diversità delle istituzioni coinvolte, da coloro che sono o saranno responsabili dell'impostazione e della conduzione dell'azione educativa, cioè da quella che viene chiamata comunità educante.

Spesso si fa notare come questo lavoro progettuale se da una parte esige l'impegno di una comunità, dall'altra ne sollecita la costituzione e sviluppo. Se l'elaborazione di un progetto è fatta da una comunità, essa contribuisce a fare la comunità stessa. Si ha cioè un'azione circolare, ricorsiva, che, oltre tutto, non può ritenersi mai del tutto compiuta, proprio perché incide sulla formazione degli educatori stessi come singoli e come gruppo. È questo infatti un esercizio continuo e condiviso della virtù fondamentale dell'educatore, quella della prudenza, virtù che cresce con la pratica e con la moltiplicazione propria della testimonianza altrui.

Questo compito a un tempo progettuale e di autoformazione della comunità educante acquista ancor più profondità e impegno in quanto occorre esplorare con attenzione come i soggetti educandi si collocano rispetto alle finalità educative definite. Cioè individuare i bisogni di formazione o domanda educativa rispetto al carattere di *urgenza*. Solo dopo questa rilevazione di sua natura empirica, cioè legata a una situazione di fatto, è possibile arrivare a una definizione degli obiettivi. Si riscopre quindi anche per la comunità educante, come per il singolo educatore, la dinamica del processo che porta alle più cruciali decisioni educative. Non basta infatti avere un quadro ordinato di finalità educative per poter deliberare degli obiettivi, occorre conoscere in maniera affidabile, valida e pertinente la situazione di fatto. È quanto nella descrizione della virtù della prudenza viene spesso collocato sotto il titolo di deliberazione e di giudizio, processi che precedono la decisione vera e propria. Cioè nel confrontare tra loro aspirazioni educative e situazioni concrete si «calcolano» i mezzi educativi che possano rispondere meglio alle une e alle altre. Si prefigura cioè una situazione personale o di gruppo migliore di quella presente, ma non tanto ideale da non sfuggire alle possibilità d'azione e alle risorse educative disponibili.

La scelta degli obiettivi è quindi un impegno di natura intellettuale, la prudenza è una virtù intellettuale, nella quale entrano in gioco da una parte valori, significati, convinzioni, attese e aspirazioni, cioè il mondo interiore di riferimento e l'identità dell'educatore e, dall'altra, abilità conoscitive relative alla descrizione la più accurata e affidabile della situazione. In tutto questo entrano in gioco però anche componenti di natura affettiva ed emozionale, soprattutto se si tratta di un gruppo di persone che deve giungere a elaborare un progetto comune. Qui la psicologia sociale e di gruppo può dare non poche indicazioni.

4. La scrittura degli obiettivi educativi

Molte proposte sono state avanzate circa il modo di scrivere gli obiettivi. Quella che rimane probabilmente la più significativa e funzionale suggerisce di riferire gli obiettivi a ciò che si vuole ottenere come cambiamento negli educandi. In altre parole spostare l'attenzione da ciò che fa o deve fare l'educatore a quello che deve sapere, saper fare o saper essere l'educando al termine di un percorso educativo. Le tre espressioni «sapere», «saper fare» e «saper essere», che tradizionalmente sono state usate, indicano alcune categorie di qualità della persona umana che ne costituiscono un patrimonio personalmente posseduto. Recentemente si è aggiunta una quarta espressione: «saper stare insieme con gli altri».

«Sapere» si riferisce alle conoscenze che devono essere acquisite in modo significativo, stabile e fruibile. Non si tratta tanto di singole informazioni, anche se queste possono essere importanti, quanto di concetti e mappe concettuali che l'educando al termine dell'itinerario formativo è in grado di evidenziare ed utilizzare quando ciò sia richiesto oppure sia necessario (Novak - Gowin, 1989). Uno dei risultati della critica alla pedagogia per obiettivi, alla quale dedicheremo la nostra attenzione nel prossimo paragrafo, è stata quella di proporre un metodo di progettazione che abbia come sua meta quella di sviluppare nella mente degli educandi mappe concettuali adeguate al loro grado di maturazione. E. Damiano (1994; 1995a; 1995b) ha curato una serie di pubblicazioni diretta proprio a valorizzare nei processi educativi, anche in quelli relativi all'insegnamento della religione e alla catechesi, questa dimensione della conoscenza. Occorre ricordare che il possesso di adeguate categorie concettuali risulta della massima importanza per saper leggere e interpretare la realtà in cui si vive, attribuendole un significato e, quindi, per essere in grado di valutare le situazioni presenti e prendere decisioni prudenti e responsabili. Va anche detto che un'acquisizione ripetitiva e meccanica, limitata alla pura riproduzione di espressioni linguistiche, risulta assai poco valida e produttiva sia sul piano intellettuale, sia, soprattutto, su quello formativo più generale della persona.

«Saper fare» è invece un'espressione che evoca immediatamente competenze operative intellettuali o pratiche. In questo caso non si tratta tanto di leggere e interpretare un situazione, quanto di agire in maniera valida ed efficace per realizzare quanto deciso di fare. Questa categoria di obiettivi è in genere la più facile da descrivere in termini di competenze o di comportamenti, che devono essere promossi in maniera adeguata e verificati nel loro effettivo raggiungimento al termine del percorso. Anche in questo caso è possibile imparare in maniera meccanica e riproduttiva tecniche di redazione senza averne compreso la struttura interna, ma soprattutto senza sapere quando e perché utilizzarle in maniera valida e feconda. Le competenze che possono essere prese in considerazione sono le più varie, dalle competenze relazionali e comunicative, competenze prevalentemente di natura sociale, alle competenze nel saper leggere e comprendere ai vari livelli di significatività un testo scritto relativo a un determinato campo del sapere (psicologico, pedagogico, pastorale, scientifico, letterario, ecc.). Tra gli obiettivi propri del saper fare si possono far rientrare quelli relativi alla promozione delle vie della ragione esplicitate nel contesto del secondo paragrafo del quinto capitolo e cioè: la razionalità analitica, la razionalità dialettica e argomentativa, la razionalità teorica e quella pratica, sia produttiva, sia etica.

L'espressione «saper essere» è quella che dal punto di vista educativo generale tende a racchiudere una vasta gamma di obiettivi di grande importanza e significatività. In genere si parla di atteggiamenti, cioè di disponibilità positive o negative verso qualcosa o qualcuno. Un atteggiamento è una disposizione interna stabile che tende a manifestarsi nel comportamento esterno. È quindi assai difficile rilevare direttamente un atteggiamento, tuttavia è possibile risalire a esso dall'osservazione della prontezza e resistenza dell'educando nell'impegnarsi in qualche direzione. Per promuovere lo sviluppo di atteggiamenti positivi non è sufficiente far conoscere la loro importanza o le loro caratteristiche, è necessario farne sperimentare personalmente il loro valore soggettivo. Più profonda ancora è la categoria delle convinzioni. Queste, rispetto agli atteggiamenti, condensano anche giudizi su cose o persone e orientamenti per l'azione. Più astratta è la categoria dei valori: questi vengono a costituire come il riferimento generale per tutto un insieme di comportamenti, di atteggiamenti e di convinzioni, in quanto ne costituiscono il supporto profondo. Atteggiamenti, convinzioni e valori sono caratterizzati da una componente cognitiva (ragioni a favore o contro), da una componente affettiva (attrazione o repulsione emozionale) e da una componente volitiva o comportamentale (facilità e persistenza nell'impegnarsi).

Quanto all'espressione «saper stare insieme con gli altri», questa può essere interpretata in una molteplicità di significati tra loro spesso intrecciantesi. Non si tratta solo di promuovere competenze comunicative e relazionali, del tipo di quelle evocate nel primo paragrafo del quinto capitolo, ma anche di sviluppare competenze e valori legati alla solidarietà e responsabilità personale verso le diverse patrie di appartenenza. Nel nono capitolo dedicato alla comunità come luogo della conversazione educativa esploreremo più in particolare varie componenti di questo obiettivo generale.

Tuttavia, se gli obiettivi educativi vengono articolati secondo queste quattro grandi aree, occorre ricordarsi che una crescita autentica richiede spesso che esse siano profondamente e validamente integrate tra di loro.

Dunque, nello scrivere gli obiettivi occorre precisare quali competenze si intendono promuovere negli educandi e ciò implica la descrizione non solo dell'insieme di prestazioni che al termine del programma questi è in grado di esplicare, ma anche in quali contesti specifici, con quali risorse e a quale livello di sviluppo. La scuola comportamentista ha esplicitato tre elementi caratterizzanti un obiettivo specifico chiaramente espresso (Mager, 1972).

a) La descrizione della prestazione, o comportamento, che l'educando deve essere in grado di manifestare al termine del percorso educativo. Ciò si può ottenere utilizzando verbi che non siano aperti a molte interpretazioni (a esempio «elencare» al posto di «conoscere»).

b) La precisazione delle condizioni materiali e psicologiche entro le quali la prestazione deve essere esplicata. A esempio, se da solo o con l'aiuto degli altri, se in forme individuali o di gruppo, ecc.

c) La indicazione dei criteri, o livelli, di accettabilità della qualità della prestazione, o del comportamento: come numero minimo di risposte corrette, tempo limite entro cui agire, ecc.

Questo modo di formulare gli obiettivi educativi è stato negli anni passati ampiamente utilizzato soprattutto in campo scolastico, in particolare nell'ambito dell'insegnamento delle diverse discipline. La pratica ha però messo in evidenza alcuni pericoli e deviazioni. Nel prossimo paragrafo accenneremo ad alcune di queste problematiche.

5. Critiche alla pedagogia per obiettivi

L'impianto educativo poggiato sul principio di progettazione dell'azione educativa sulla base di obiettivi predefiniti è stato spesso contestato. In primo luogo si mette in risalto la fondamentale e irripetibile caratterizzazione dei diversi soggetti educandi. Volerli tutti imbrigliare in un unico progetto e in un analogo percorso educativo significa da una parte misconoscere la realtà e la dignità delle singole persone, dall'altra esporsi a brucianti delusioni e fallimenti. In secondo luogo si constata che è difficile prevedere in anticipo tutti i bisogni e le possibilità educative che durante l'attività formativa emergeranno. Essere prigionieri di un progetto prefabbricato rende ciechi e sordi a nuove istanze, a occasioni inaspettate, a nuove presenze e a nuove prospettive. Le cose veramente importanti nel fatto educativo sono l'attività e l'esperienza che vengono proposte, che devono essere in sé cariche di potenzialità e di valori in molte direzioni. Ciascun giovane le vivrà secondo il suo animo e la sua motivazione, le farà fruttificare secondo i propri ritmi, il proprio stile, arricchendo se stesso secondo le proprie esigenze e prospettive (Stenhouse, 1977). In terzo luogo ci si espone a pericoli di formalismo tecnicista, di burocraticismo, di comportamentismo riduttivo (Damiano, 1991).

A questa serie di obiezioni si risponde generalmente con una molteplicità di argomentazioni. Si afferma in primo luogo che il processo educativo promosso da una istituzione è un processo caratterizzato dall'intenzionalità e dalla sistematicità e quindi ha bisogno di riferimenti chiari per poter essere impostato, attuato e valutato. Occorre poi mettere in evidenza che non è possibile a una comunità di tale fatta agire senza elaborare una ipotesi educativa, che coinvolga sia nella sua definizione, sia nella sua realizzazione tutte le componenti interessate. Infine, occorre certamente evitare tecnicismi e riduzionismi pericolosi, ma l'azione educativa esige per sua stessa natura un riferimento progettuale sia per quanto concerne la sua dimensione etico-sociale, sia per quanto riguarda la sua componente tecnico-pratica.

Gran parte delle critiche però si riferiscono soprattutto al definire gli obiettivi in termini comportamentali. Vengono definiti obiettivi comportamentali, quelli che rispondono alle definizioni proposte da R. Mager (1972, 3): intento comunicato da una espressione che descrive un cambiamento che ci si prefigge di realizzare nel comportamento di un educando; indicazione di come un educando dovrebbe sapersi comportare quando ha completato con successo una esperienza educativa. In questa prospettiva gli obiettivi sono dunque considerati comportamenti (cioè azioni, gesti, parole, ecc.) terminali, osservabili e misurabili.

L'espressione «terminale» vuole precisare che essi non vanno confusi con la descrizione delle attività educative progettate, né con ciò che vuole o che deve fare l'educatore. Questa esigenza può essere però riletta in termini più generali e meno comportamentali, e cioè come sollecitazione affinché l'attenzione vada spostata decisamente sull'educando, come soggetto attivo, e sulle conoscenze, capacità e disposizioni interne che egli deve far proprie.

I comportamenti terminali, secondo questa prospettiva, devono inoltre essere descritti con precisione. Quindi vanno evitati termini ad accezioni equivoche, che danno origine ad interpretazioni notevolmente diverse, tanto che usandoli corriamo il rischio di essere mal compresi. Questa esigenza è certamente accettabile se interpretata a un livello ragionevole di applicazione. In effetti come risultare efficaci nelle varie forme di comunicazione tra educatori e tra educatori ed educandi se si rimane nel vago o nell'equivoco?

Gli obiettivi, viene detto poi, devono essere evidenziati come comportamenti terminali osservabili e misurabili. Alla fine dell'attività educativa deve essere possibile constatare in maniera palese se gli obiettivi sono stati raggiunti. Ciò implica la necessità di esplicitare il grado di prestazione accettabile dell'educando, in altre parole la presenza di un criterio di misura che faciliti la valutazione circa il raggiungimento o meno dell'obiettivo. Da questa esigenza derivano le indicazioni concernenti la loro formulazione: che cosa l'educando saprà fare (descrizione del comportamento finale)? avendo a disposizione che cosa (descrizione delle condizioni entro le quali va manifestato il comportamento)? a quale grado di accuratezza (criteri di riferimento per valutare se i comportamenti sono stati acquisiti)? Questo lavoro viene spesso denominato fase di operazionalizzazione degli obiettivi. Quando un obiettivo educativo è formulato in maniera formalmente corretta si dice quindi che è stato operazionalizzato (Pellerey, 1994).

Certamente queste ultime caratterizzazioni degli obiettivi pongono molte difficoltà in campo educativo generale, mentre possono essere validamente accettate per quanto riguarda specifiche abilità di ordine motorio e pratico, o anche di tipo intellettuale se strettamente concatenate tra loro (come nel calcolo aritmetico). In effetti le numerose critiche avanzate nei loro riguardi mettono in evidenza proprio questo problema. Si è a esempio affermato (Eisner, 1985) che solo in parte gli obiettivi possono essere espressi in termini comportamentali. Questo è possibile quando si tratta di abilità abbastanza precise e facilmente osservabili, ma è oltremodo difficile farlo quando si tratta di processi cognitivi più generali e complessi, come la capacità di soluzione di problemi, o di dimensioni più complessive della crescita umana che non possono essere predefinite con chiarezza in quanto dipendono da molti fattori concorrenti.

Tenendo conto di queste critiche è possibile giungere a una formulazione degli obiettivi che sia sufficientemente chiara e non ambigua, valida sul piano comunicativo e operativo, senza giungere a forme di precisazione che, soprattutto in certe dimensioni dello sviluppo giovanile, risultano certamente improprie. Molto spesso in effetti per valutare se certi obiettivi sono stati o meno raggiunti occorre basarsi su indizi e segnali esterni (i comportamenti appunto) per cercare di risalire alle intenzioni, i motivi, le competenze effettivamente acquisite.

6. Le competenze come obiettivi educativi

Spesso, per evitare di usare il termine incriminato di «comportamento» si tende a utilizzare quello più comprensivo di «competenza». Occorre tuttavia chiarire le diverse accezioni che quest'ultimo termine può assumere in un contesto educativo.

a) La prima concettualizzazione non si discosta da quella di comportamento o pratica osservabile. È questo l'approccio che a esempio è stato spesso adottato dalla cosiddetta pedagogia per la padronanza, o *mastery learning*, cioè da una pedagogia diretta a promuovere la padronanza di abilità o capacità facilmente identificabili. Sono già stati segnalati gli eccessi di questa impostazione: comportamentismo sommario, tassonomie interminabili, frazionamento eccessivo degli obiettivi, organizzazione dell'insegnamento per obiettivi frammentati (Perrenoud, 1998, 23).

b) La seconda accezione considera le diverse prestazioni che si è in grado di mostrare o portare a termine in un ambito particolare del sapere, del saper fare, del saper essere o del sapere stare insieme con gli altri come indicatori di competenza. Questa, per sua natura è invisibile, ma può essere individuata attraverso una famiglia di prestazioni che permettano di inferirla.

c) Una terza accezione vede la competenza come facoltà generica, una potenzialità propria di ogni spirito umano. È l'approccio preferito da N. Chomsky quando tratta della competenza linguistica, vista come capacità di produrre un numero infinito di frasi. Tale potenzialità va però sviluppata attraverso un processo di apprendimento, la capacità di produrre frasi specifiche relative a una lingua particolare non deriva da maturazione spontanea, né si sviluppa nella stessa maniera presso ogni essere umano. Ognuno è geneticamente capace di parlare, ma deve imparare a farlo.

In questo contesto è preferibile utilizzare la seconda accezione, ma per approfondire il concetto di competenza è importante utilizzare anche quello di schema. Per Piaget lo schema è una «struttura invariante di una operazione o di un'azione», che consente accomodamenti minori di fronte a una varietà di situazioni che si riferiscono alla stessa struttura. Esistono diversi tipi di schemi e differenti livelli del loro sviluppo. Le abitudini sono certamente degli schemi d'azione, ma in questo caso si tratta di schemi semplici e rigidi. Così lo schema «bere da un bicchiere» si adatta alle diverse forme, ai diversi pesi, volumi, contenuti. Tali schemi si apprendono dalla pratica, ma ciò non significa che non si appoggiano su nessuna teoria.

Uno schema può costituirsi poi in un *abito*: «un piccolo insieme di schemi che permettono di generare un'infinità di pratiche adattate a situazioni sempre rinnovate, senza mai costituirsi in principi espliciti» (Bourdieu, 1972, 209); «sistema di disposizioni durature e trasportabili che, integrando tutte le esperienze passate, funziona in ciascun momento come una matrice di percezioni, di apprezzamenti e di azioni, e rende possibile il portare a termine compiti infinitamente differenziati, grazie a trasferimenti analogici di schemi che permettono di risolvere problemi della stessa forma» (*Ibidem*, 178-79).

Una competenza può essere in generale caratterizzata dalla orchestrazione di un insieme di schemi, ciascuno dei quali è una totalità costituita, che sottende un'azione o un'operazione relativa a un campo operativo particolare. Una competenza di una certa complessità mette in opera più schemi di percezione, di pensiero, di valutazione e d'azione, che implicano inferenze, anticipazioni, trasposizioni analogiche, generalizzazioni, stime di probabilità, diagnosi a partire da un insieme di indici, ricerca di informazioni pertinenti, formazione di una decisione, ecc. D'altra parte, all'inizio della loro genesi molte competenze hanno origine da ragionamenti espliciti, decisioni coscienti, tentativi e incertezze. Questo funzionamento può a poco a poco automatizzarsi e costituirsi secondo uno schema complesso, nuova componente stabile di una «pratica incosciente».

7. Il concetto di itinerario educativo

Quando si è accennato nel quarto capitolo alla programmazione educativa, si è evidenziato come l'articolazione operativa di un progetto implica un suo distendersi nel tempo. Ciò ha anche permesso di evocare la prospettiva di una progettazione e, soprattutto, programmazione delle pratiche educative di tipo narrativo. L'attenzione che ora verrà rivolta al concetto di itinerario educativo deriva immediatamente proprio dalla dimensione temporale che essenzialmente caratterizza ogni programmazione educativa.

Un itinerario educativo è dunque una sequenza di attività educative che si prolunga nel tempo e che è diretta a promuovere il raggiungimento degli obiettivi intesi dalla comunità educante. Il termine «itinerario» è stato assai usato sia nei trattati di vita spirituale (ad es. di S. Bonaventura, *Itinerarium mentis in Deum*), sia nella organizzazione delle attività pastorali e liturgiche. Esempi di itinerari sono le iniziazioni sacramentali, proprie del periodo quaresimale, che fin dai primi secoli della Chiesa sono state definite nei loro momenti e nella loro successione temporale. Si usa anche spesso l'espressione «cammino di fede» per indicare il passaggio progressivo da uno stato di poca o nulla fede a uno nel quale la fede anima e dà significato alla vita e all'esperienza umana.

Nella pratica educativa spesso si è collegato il concetto di itinerario con quello di metodo, ma ancor più con quello di sequenza pedagogica, cioè successione ordinata di attività educative. In senso generico, quindi, il concetto di itinerario si riferisce al percorso attraverso il quale si può, o si deve, passare per giungere a una meta prefissata. In senso specifico per itinerario si deve intendere una successione ordinata di tappe o momenti educativi (tappe che sono strutturate nei loro obiettivi particolari, nei loro contenuti e metodi, nei loro modi e tempi di realizzazione e nei loro mezzi e protagonisti), che almeno in via di ipotesi è in grado di condurre al conseguimento degli obiettivi educativi prestabiliti dalla comunità responsabile. Si nota quindi subito come il concetto di itinerario sia direttamente collegato con quello di obiettivo, anzi ne forma il necessario complemento. Ciò deriva anche dal carattere proprio dell'educazione realizzata nelle istituzioni: e cioè l'intenzionalità e la sistematicità.

L'intenzionalità indica la necessaria definizione ed enunciazione esplicita delle finalità generali e degli obiettivi specifici che si vogliono conseguire attraverso le iniziative educative considerate; la *sistematicità* si riferisce alla conseguente organizzazione di un progetto di intervento, strutturato in tutte le sue componenti, alla sua realizzazione concreta e alla valutazione continua sia dei risultati, sia dei modi attraverso i quali essi sono stati conseguiti. Un itinerario ben strutturato tende a garantire la sistematicità dell'azione pastorale, educativa e didattica.

La predisposizione di un itinerario educativo deve necessariamente passare attraverso la chiarificazione della meta e la consapevolezza documentata della situazione o delle condizioni di partenza dei soggetti interessati al progetto. Ciò si può rendere evidente mediante il seguente schema:

Situazione o condizione di partenza	Itinerario	Mete o obiettivi da raggiungere
•	——————————→	

Questo schema permette di evidenziare alcune *tendenze* nella determinazione del progetto educativo e della conseguente organizzazione delle attività. La prima tendenza enfatizza le mete, viste soprattutto nel loro aspetto valoriale e ideale, cioè il «dover essere». Questa tendenza privilegia, quindi, l'aspetto utopico di un progetto, ma proprio per questo può perdere di vista la situazione reale e i tempi, i ritmi e i modi propri di una crescita personale e comunitaria, e quindi rimanere un quadro ideale privo di un'autentica prassi e di una strada concreta di realizzazione.

La seconda tendenza esaspera invece le condizioni di partenza, talora molto difficili e precarie, sia per quanto concerne i soggetti educandi sia per quanto riguarda le risorse educative e gli educatori stessi. Essa potrebbe essere definita realistica, se talora non perdesse proprio questo carattere per l'imprigionamento nel presente e la ripetizione stanca delle cose di sempre.

La terza tendenza cerca invece continue mediazioni tra condizioni iniziali, difficoltà sempre presenti e quadro di riferimento valoriale o finalità da raggiungere.

Esiste però anche chi pone il suo interesse solo sul tragitto, o meglio sulle attività che vengono promosse, evitando di pronunciarsi sulle reali condizioni di partenza o sugli obiettivi finali, in quanto, dice, ciò è impossibile o imprevedibile, stante la varietà e la singolarità di ciascuna persona. L'importante è promuovere attività ed esperienze in sé cariche di valore, ciascuno poi ne approfitterà a seconda del suo stato d'animo e della sua disponibilità: questo è il cuore del processo educativo; né una descrizione chiara della situazione iniziale, né la definizione precisa delle mete sono in grado, infatti, di operare nell'animo e nel comportamento dei giovani profondi e duraturi cambiamenti.

È opportuno anche ricordare le angolature possibili dell'atteggiamento di fede e dello *stato della speranza* degli educatori. La tendenza utopica può far peccare di presunzione, quasi che basti enunciare ideali e valori elevati per avere sicurezze, oppure seguire un itinerario prestabilito e trasmesso dalla tradizione per assicurare il raggiungimento delle mete. Un atteggiamento di disperazione, invece, può derivare dal ritrovarsi impigliati nelle difficoltà e nelle complessità del presente, tanto da non essere in grado di sollevare il capo verso un traguardo elevato o di promuovere cammini nuovi e più rispondenti ai bisogni presenti.

L'atteggiamento più consono all'impegno educativo delle comunità e dei singoli è però quello animato dalla speranza educativa, che dà forza e costanza nel cercare vie nuove e nuovi mezzi per risolvere problemi antichi, ma resi diversi dalle mutate circostanze storiche, e che sostiene nella tensione costante tra ideale e reale, tra dover essere ed essere, tra oscurità del presente e anticipazioni del futuro. La speranza è la sorgente profonda della fiducia necessaria a predisporre un cammino educativo, a percorrerlo con fedeltà sostanziale e adattare continuamente il passo e lo stile alle reazioni dei giovani.

8. Modelli di itinerario educativo

Esistono diversi *modelli* sulla base dei quali possono essere elaborati gli itinerari educativi. Ai poli estremi stanno il modello tecnologico e quello socioculturale.

Il *modello tecnologico* prende spunto dal concetto moderno di tecnologia, che pone al suo cardine il principio di progettazione, mentre nel passato ci si serviva di più di un approccio basato sull'accumulo di esperienza e sulla riflessione critica relativa alle pratiche sviluppate. Il principio di progetto parte dalla definizione circostanziata e precisa degli obiettivi generali del progetto per poi articolare quest'ultimo in sotto-obiettivi coordinati e interrelati. A partire da questo riferimento viene elaborato un piano definito nei suoi processi, strumenti, materiali, persone e tempi. Segue la realizzazione del progetto, che viene via via regolata da un continuo controllo dei risultati e dei procedimenti che ad essi hanno condotto. Il piano è spesso espresso in modi astratti e simbolici, talora di tipo matematico. Per evitare spese inutili e dissipazione di risorse e di tempo, esso viene specificato nei singoli dettagli e strutturato in tutte le singole parti in modo da definire un percorso ottimale. Il tempo dedicato alla preparazione del progetto è talora più elevato di quello dedicato alla sua realizzazione, anche come costi.

Il *modello socioculturale* parte invece dal concetto di interazione. Questa relazione e influenza reciproca tra le persone è la base di ogni iniziativa. Il cuore di ogni intervento è infatti lo sviluppo di un quadro di simboli e di significati, quadro che può emergere solo se si verificano autentiche transazioni tra le persone e sulla base di una valida comunicazione interpersonale. Non sono le mete prestabilite ad avere il sopravvento, ma la carica di valori e di significati potenzialmente presente nell'ambiente e nelle persone. Non è possibile prevedere in anticipo il risultato di questo interscambio, in quanto tutti i protagonisti hanno qualcosa da dire e da dare. Una forma più attenta agli apporti culturali introduce il concetto di *mediazione culturale,* mediazione promossa da educatori e operatori sociali, che cercano di stimolare un incontro fecondo tra quanto deriva dalla cultura di appartenenza, intesa in senso antropologico, quanto attiene alle teorie e alle metodologie scientifiche e quanto deriva dall'ambiente fisico e sociale.

Un itinerario assume caratteri e rilievo del tutto opposti nelle due concezioni. Tuttavia è possibile una loro integrazione. Infatti la base comunicativa interpersonale e la disponibilità a riconsiderare da capo i progetti educativi elaborati, a causa delle situazioni contingenti sono elementi insopprimibili in qualsiasi realizzazione di intervento educativo. Inoltre, sono i valori e i contenuti dell'educazione che debbono avere il sopravvento sulle procedure e i possibili formalismi progettuali. Ma è altrettanto pericoloso non avere a disposizione una chiara ipotesi educativa e non seguire un piano di intervento ben strutturato e organizzato; ciò è soprattutto vero nelle differenti istituzioni educative. La mancanza di una pratica accuratamente progettata e sviluppata è assai spesso la causa prima di delusioni e rinunce, dopo grandi enunciazioni e aspirazioni educative.

9. La progettazione di un itinerario educativo

Come precedentemente affermato, per itinerario si intende una successione ordinata di tappe o momenti educativi, successione che, almeno in via di ipotesi, è in grado di condurre al conseguimento degli obiettivi predisposti dalla comunità educativa. Vediamo ora quali sono gli elementi fondamentali da tenere presente nella elaborazione di un itinerario: esamineremo anche alcuni modelli di organizzazione e prenderemo in considerazione qualche aspetto relativo al processo decisionale e regolativo degli itinerari educativi.

Tenuto conto degli obiettivi previsti, della situazione o condizione attuale e permanente dei giovani, delle risorse disponibili, una delle prime variabili da prendere in considerazione è *il tempo necessario*. È questo un vincolo reale che non possiamo né trascurare né sottovalutare, pena il fallimento di tanti progetti... redatti troppo ed esclusivamente sulla carta. I ritmi di apprendimento e di interiorizzazione delle conoscenze, degli atteggiamenti e dei valori sono generalmente assai più lenti di quanto spesso pensiamo, soprattutto se vogliamo che essi siano conquiste stabili e influenti nelle scelte e nell'azione quotidiana.

In secondo luogo va considerato il *tempo disponibile* utilizzato in maniera intelligente per farlo coincidere il più da vicino possibile con quello necessario. Questo sta a indicare da una parte che il *tempo psicologico*, quello vissuto nelle esperienze educative dai giovani, non è omogeneo e lineare come quello fisico, cioè non si svolge con uniformità e continuità. Se c'è continuità, esiste anche discontinuità notevole sia nei tempi lunghi (di uno o più anni), sia in quelli medi (di uno o più mesi), sia in quelli brevi (di una lezione, di un incontro, di un'attività educativa o di un giorno). L'attenzione e la sensibilità a problemi e conoscenze dipendono certamente dallo stato di preparazione e di sviluppo dei giovani, ma anche dallo stato di motivazione del momento. Nell'arco di una esperienza educativa si ha una oscillazione tra attenzione, impegno, distensione e riposo e tra esplorazione, riflessione, dialogo e sintesi personale, con un andamento che si può definire ciclico, nel quale a momenti intensi e di piena partecipazione seguono momenti di rilassamento e di distensione.

D'altra parte, anche sul medio e sul lungo termine è necessario dare tempi e spazi per il consolidamento, la presa di consapevolezza riflessa, l'esercizio in condizioni non di ripetizione artificiosa, ma di vero e proprio bilancio sia personale sia collettivo dei traguardi conquistati o delle difficoltà incontrate. La segmentazione del tempo fatta in maniera psicologicamente e socialmente valida e produttiva è il primo impegno nella costruzione di un itinerario. Ne derivano cicli, tappe e momenti educativi che coordinati e integrati tra di loro formano lo scheletro di un progetto educativo concreto.

Le tappe. Sia che si tratti di cicli formativi (che qui intenderemo d'ora in poi come riferiti al lungo periodo), sia di periodi più brevi (che possono essere denominati a seconda dei casi moduli, unità ...), sia di singole attività ed esperienze educative, questi archi di iniziativa educativa devono essere strutturati tenendo conto di alcuni riferimenti specifici qui rappresentati nei due schemi di Fig. 1.

Nel primo vengono considerati aspetti più di spinta e propulsione all'azione, nel secondo di vincolo e di condizionamento dell'azione. Nel primo schema entrano gli obiettivi particolari di quel ciclo, periodo o attività educativa, i contenuti educativi che si vogliono far conquistare, il metodo o i metodi che si intendono mettere in atto, il processo di valutazione continua e finale che verrà adottato. Nel secondo le risorse materiali disponibili (intese come spazi, materiali, strumenti, ecc.), le risorse in termini di persone e di relazioni interpersonali sulle quali si può contare, i tempi a disposizione e il numero dei soggetti implicati, i costi che ne derivano per l'organizzazione e le fonti di reperimento del denaro necessario.

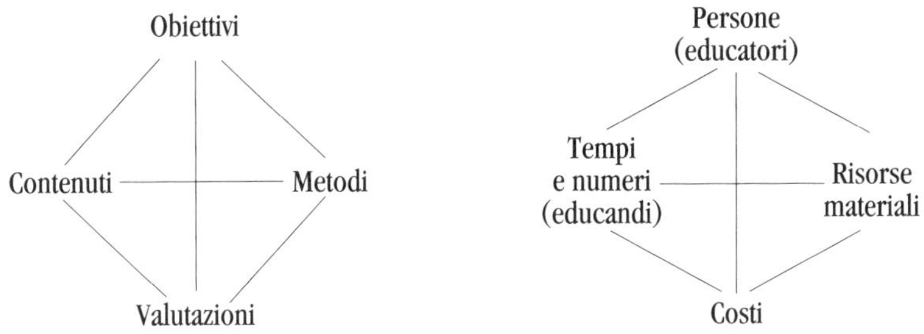

Fig. 1 - *Schemi di riferimento che possono essere utilizzati per strutturare le tappe educative (cicli, periodi, attività) che entrano a far parte dell'itinerario educativo.*

L'analisi e la strutturazione delle singole tappe può raggiungere livelli più o meno dettagliati e precisi a seconda del campo e dell'attività educativa considerati. Evidentemente per l'ambito scolastico le cose dovranno essere più articolate, mentre per quello relativo ai centri giovanili o alle parrocchie si potrà rimanere più nel generico, ma fino a un certo punto, perché la distribuzione degli impegni e delle responsabilità sia tra gli educatori, sia tra i collaboratori, sia tra i giovani e le persone interessate, deve avvenire con sufficientemente chiara determinazione, in vista di traguardi comuni, in modo tale da far convergere sull'essenziale ed evitare sovrapposizioni, incertezze o lacune. Inoltre, sia nel lungo, che nel medio, che nel breve termine, vanno attentamente considerati e specificati i riferimenti sopra ricordati.

L'organizzazione sequenziale delle tappe. La necessità di organizzare una successione ordinata di tappe deriva in sostanza da una parte dal fatto che il conseguimento di atteggiamenti, di capacità o di conoscenze non può realizzarsi tutto in una volta, ma esige una molteplicità di esperienze e di attività educative, dall'altra dal fatto che queste ultime si debbono distribuire nel tempo, riferimento lineare e a senso unico. Inoltre occorre tenere presente che il raggiungimento di determinati obiettivi parziali condiziona o facilita il raggiungimento di altri obiettivi, e che l'attività svolta in un settore e le relazioni interpersonali ivi sperimentate influenzano anche gli altri settori educativi e didattici, sia in senso negativo sia in senso positivo.

Ciò ricordato, consideriamo ora tre fondamentali modelli o schemi di organizzazione sequenziale delle attività e delle esperienze educative: il modello lineare, quello modulare ramificato, quello ricorsivo.

Il *modello lineare* privilegia la continuità nell'azione educativa. Pur considerando archi o cicli educativi che si svolgono con una precisa dinamica psicologica, il complesso del progetto lo si articola secondo momenti o tappe direttamente ordinate nella loro successione: una dopo l'altra, senza attività collaterali o parallele. Prima di procedere alla tappa successiva, deve essere completata e controllata nella sua efficacia la precedente. Lo schema è questo:

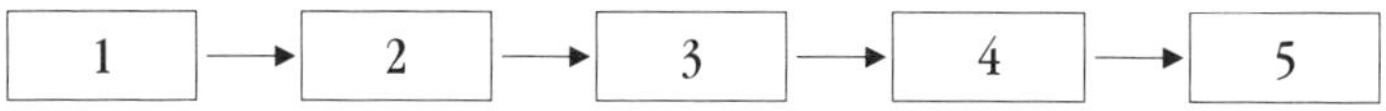

È chiaro che in questo caso non ci sono deviazioni, né percorsi paralleli. Tutti i giovani impegnati nel progetto camminano secondo un ritmo medio-uguale, anche se si possono avere differenziazioni all'interno delle singole tappe.

Il *modello modulare ramificato* considera sia la necessità di articolare le attività e le esperienze per gruppi più omogenei, sia la opportunità di procedere talvolta su percorsi paralleli, anche se convergenti. Si tratta di organizzare moduli educativi o didattici (cioè cicli medio-brevi ben definiti negli obiettivi e negli altri riferimenti sopra ricordati) che possono essere collegati tra di loro in vario modo, ad esempio sviluppandone alcuni parallelamente e quindi realizzandone uno di integrazione di quanto già appreso; oppure distribuendo i giovani in gruppi diversificati che percorrono moduli analoghi, ma più consoni al proprio ritmo, livello e stile di apprendimento.

Gli schemi possono essere sostanzialmente due.

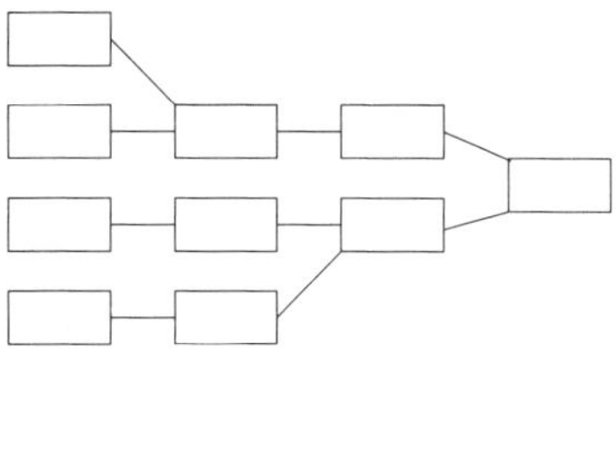

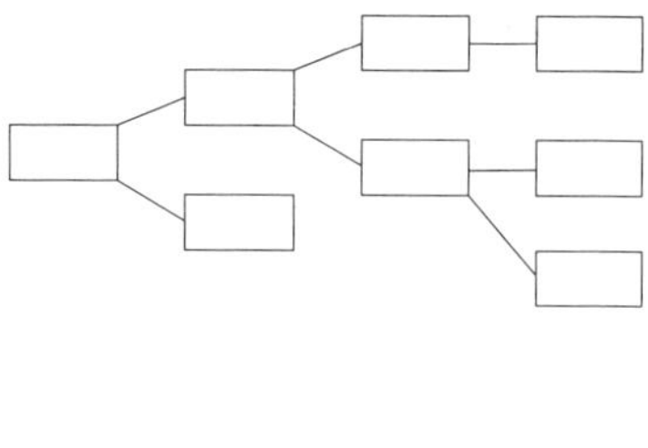

Il *modello ricorsivo*, definito anche *a spirale*, organizza i vari contenuti educativi in modo che vengano ripercorsi in tempi successivi, ma approfondendo e allargando la tematica svolta. Cioè si ha un rifare il cammino, ma con maggiore intensità ed estensione. Analogo, benché psicologicamente un po' diverso, è il cosiddetto *modello a macchia d'olio* o espansivo. In esso si danno in sostanza due tipi fondamentali di attività. Il primo ha carattere informale ed esperienziale e mira a far accumulare stimoli, a problematizzare il patrimonio conoscitivo e comportamentale già posseduto, a introdurre in nuovi mondi e in nuove prospettive, a fornire contatti diretti e indiretti. Il secondo favorisce invece la presa di coscienza riflessa e puntuale dei concetti, dei princìpi, dei valori, delle abilità, ecc., in qualche maniera già sollecitati e preparati. Il primo momento è più esplorativo e problematizzante, il secondo più critico e sistematico. L'espressione *a macchia d'olio* deriva dal fatto che, mentre si consolida sul piano della riflessione e della sistemazione la base esperienziale precedente, vengono contemporaneamente proposte nuove attività di esplorazione e di iniziazione, sulla cui base in seguito verrà compiuta analoga strutturazione.

Il processo decisionale. La comunità educativa che elabora un progetto non può rimanere soltanto al livello dei princìpi delle finalità generali, né può limitarsi a enunciare una serie di obiettivi educativi, anche se questo è già di grande aiuto. Occorre scendere sul piano della pratica, che conduce progressivamente alla loro conquista. Ciò impegna ed esige competenze precise e il rispetto di alcune modalità procedurali.

In primo luogo si deve ricordare che non si dà decisione se non ci sono alternative. Cioè non ha senso giungere a una comune scelta se non vengono con cura studiati i vari elementi di un itinerario (tempi, ambiente, tappe, loro organizzazione sequenziale) e i riferimenti a cui rapportarsi (obiettivi parziali, contenuti, metodi, valutazione; persone, tempi e numeri, costi), in vista del raggiungimento degli obiettivi e a partire e tenendo conto delle condizioni iniziali e permanenti dei giovani.

Una pedagogia delle risposte e della proposta è una pedagogia flessibile, che sa adattarsi alle situazioni e alle persone, nel rispetto dei valori e delle finalità fondamentali e dello stile di un rapporto educativo valido e stimolante. Questo comporta da parte degli educatori la capacità di ipotizzare cammini e tappe diversificati a seconda dei bisogni e delle condizioni personali, culturali e sociali. La scelta dell'itinerario sarà quindi oggetto di transazioni e adattamenti. Enunciato prima in via di ipotesi, oggetto quindi di verifica ed eventualmente di modificazione, esso rimane vincolante finché tale modificazione non sia stata decisa insieme. Occorre infatti che, nel momento della verifica concreta della bontà del progetto, si possano considerare con chiarezza tutte le componenti dell'itinerario e tutti i ruoli in esso svolti dagli educatori.

LETTURE DI APPROFONDIMENTO

Per quanto riguarda la tecnica di redazione degli obiettivi si possono leggere:

R. MAGER, *Gli obiettivi didattici* (Teramo, Lisciani e Zampetti, 1972; IDEM, *L'analisi degli obiettivi* (Teramo, Lisciani e Zampetti, 1974). Quest'ultimo volume si riferisce alla definizione degli obiettivi di atteggiamento; sfortunatamente è stato sistematicamente tradotto in maniera errata il termine inglese *attitude* scrivendo attitudini invece di atteggiamenti.

In francese è utile la lettura dell'opera di D. HAMELINE, *Les objectifs pédagogiques en formation initiale et en formation continue* (Paris, ESF, 1979) e quella di V. e G. De LANDSHEERE, *Définir les objectives de l'éducation* (Paris, PUF, 1976) tradotta in italiano (Firenze, La Nuova Italia, 1977).

Classiche opere, in genere riferite al contesto scolastico, sono quelle di B.S. BLOOM et alii, *Tassonomia degli obiettivi educativi* di cui il primo volume è dedicato al dominio cognitivo (Teramo, Lisciani e Giunti, 1983), il secondo a quello affettivo (Teramo, Lisciani e Giunti, 1984).

In inglese sono molte le opere dedicate alla elaborazione dei curricoli, soprattutto scolastici, che sviluppano il concetto di obiettivo educativo. Più precisamente dedicata alla identificazione degli obiettivi educativi richiesti dai contesti culturale e sociale contemporanei è il volume di N. POSTMAN *The end of education*, New York, Knopf, 1995.

Una critica serrata alla pedagogia per obiettivi è stata sviluppata da E. Damiano. Un riassunto si trova nella voce «Obiettivi, analisi degli», J.M. PRELLEZO (Coord.), *Dizionario di scienze dell'educazione* (Torino-Roma, LDC-LAS-SEI, 1997). Più dettagliatamente la si trova in: E. DAMIANO (a cura di), *Insegnare con i concetti* (Torino, SEI, 1994).

ESERCIZI

Primo esercizio

1) Scegli un obiettivo educativo da perseguire.

2) Esamina quali disposizioni interne, conoscenze e competenze (intellettuali, morali, psicologiche, sociali, fisiche) dovrebbe possedere un soggetto che ha raggiunto l'obiettivo.

3) Identifica un insieme di dispositivi pedagogici (attività, dialoghi, forme di relazione) che possono promuovere il raggiungimento di tale obiettivo.

4) Progetta un itinerario che in un tempo ragionevole può portare al raggiungimento dell'obiettivo.

Secondo esercizio

Trasforma il progetto precedente in una narrazione proiettata nel futuro, descrivendo un contesto, una situazione iniziale, i personaggi; sviluppando la trama, cercando di identificare i momenti centrali o più difficili della storia; ipotizzando la sua conclusione.

Terzo esercizio

Rispondi alle seguenti questioni, scegliendo l'alternativa giusta:

1) Un obiettivo educativo è costituito da una domanda espressa in modo chiaro e non ambiguo dalla maggioranza degli educandi? SÌ NO
2) Un itinerario educativo è costituito dalla comunità degli educatori e degli educandi? SÌ NO
3) La finalità di una istituzione è determinata dai responsabili di quella istituzione? SÌ NO
4) Un modello ricorsivo di percorso o itinerario educativo prevede uno sviluppo lineare delle varie tappe o attività formative? SÌ NO
5) Il modello tecnologico di itinerario educativo è fondato sul concetto di interazione linguistica e di comunicazione socioculturale? SÌ NO

OTTAVO CAPITOLO

LA PRATICA EDUCATIVA COME CONVERSAZIONE

Una volta stabiliti gli obiettivi della nostra azione educativa, occorre impostare la pratica educativa che, almeno in via di ipotesi, riesce a favorire il loro raggiungimento da parte degli educandi. Una forma o modalità educativa che ha avuto nel tempo una larga risonanza e valorizzazione è quella della conversazione o del dialogo educativo. Anche oggi, soprattutto grazie alle suggestioni del pensiero postmoderno, il tema della conversazione educativa è più che mai presente. Questo capitolo è dedicato quindi a una rilettura della pratica educativa sotto il profilo della conversazione. Si tratta di una metafora ricca e complessa: il processo educativo è caratterizzato da un dialogo continuo e prolungato nel tempo tra l'educando e i suoi educatori, ma anche tra lui e il mondo della sua esperienza diretta o indiretta. Questo dialogo, attraverso l'esperienza diretta, indiretta, l'argomentare e il persuadere permette all'educando di costruire la sua identità, di interiorizzare valori, significati e modi d'agire, di orientarsi nel mondo. La riflessione stessa, base della concettualizzazione, può essere considerata come un dialogo interiore. Il dialogo comunque è in primo luogo scambio verbale e non verbale, e da questo punto di vista verrà inizialmente esplorato, per poi passare a un esame della conversazione educativa, delle sue caratteristiche e difficoltà.

Obiettivi del capitolo

Al termine dello studio di questo capitolo il lettore dovrebbe essere in grado di:

- *presentare le recenti sollecitazioni postmoderne circa il ruolo della conversazione nei processi educativi;*
- *discutere il valore e i limiti delle proposte postmoderne;*
- *definire i concetti di testo, intertestualità, discorso e voce;*
- *evidenziare gli apporti di Vygotskij, Bakhtin e Rorty al tema della conversazione;*
- *presentare gli apporti degli Studi culturali nel campo della comunicazione di massa;*
- *presentare la pratica educativa come conversazione e le possibili obiezioni;*
- *descrivere il ruolo della narrazione nel dialogo educativo;*
- *indicare i punti principali presenti nella rilettura del dialogo educativo di L. Not.*

1. Una nuova lettura della pratica umana della conversazione

Nel contesto della grandi trasformazioni culturali e tecnologiche e delle migrazioni di popoli e gruppi sociali appare abbastanza chiaramente un ruolo sempre più evidente dell'insieme dei testi (orali e scritti) e delle immagini nell'agire umano. Questi e queste diventano non solo mezzi, ma anche oggetti di lavoro, di informazione, di scambio commerciale, di commodificazione (Baudrillard, 1981). Il cittadino del prossimo millennio è un cittadino che agirà e lavorerà in contesti saturi di media, testi, simboli. Il suo inserimento sociale dipenderà in gran parte dalla sua capacità di costruire, controllare e manipolare testi e simboli. Si evidenziano poi due elementi di riferimento essenziali: la rappresentazione e la soggettività. Quanto alla rappresentazione viene coinvolta la capacità non solo di produrre, ma soprattutto di «consumare» testi: l'accesso e il controllo legale di essi; i diritti di nominare, costruire, descrivere, delineare. Quanto alla soggettività, entra in gioco come si viene denominati, posizionati, desiderati, descritti; a quali linguaggi, testi e termini ci si riferisce. Testi, cioè, e identità (Luke, 1995, 5-6).

L'analisi e la descrizione scientifica di questi problemi hanno assunto recentemente metodi e terminologie che provengono dalla sociolinguistica, dalla etnografia della comunicazione, e dalla etnometodologia (Cazden, 1988). Il centro dell'analisi sono diventati i discorsi, ma con approcci teoretici differenti. L'analisi psicolinguistica ha rivolto una particolare attenzione agli intenti, alle intenzioni, ai processi e alle abilità cognitive, alla competenza dei singoli. La sociolinguistica e l'etnografia della comunicazione hanno sottolineato il ruolo sociale del linguaggio, studiando i processi di socializzazione e l'uso linguistico connesso con norme e ruoli. Ambedue hanno sollecitato la considerazione della natura costruttiva di testi scritti e orali.

Anche in ambito religioso si rivaluta la prospettiva biblica, sottolineando come in essa la «Parola» creatrice svolga un ruolo centrale. In questo caso la «Parola» è per sua natura costitutiva del soggetto nella creazione. Nei Vangeli il Figlio è generato nell'eternità dalla Parola del Padre. Essa, come dice Isaia (55, 10-11) è segno dell'azione generatrice e rigeneratrice di Dio: «Come infatti la pioggia e la neve scendono dal cielo e non vi ritornano senza aver irrigato la terra, senza averla fecondata e fatta germogliare [...], così sarà della parola uscita dalla mia bocca; non ritornerà a me senza effetto, senza aver operato ciò che desidero e senza aver compiuto ciò per cui l'ho mandata». Nei Vangeli (Matteo, 13) la parabola del seminatore viene spiegata da Gesù identificando il seme con «la parola del regno», se seminato in un terreno buono, «questo dà frutto e produce». Ma non solo la parola di Dio ha questo ruolo, ma anche la parola dei suoi profeti assume potenzialità analoghe. Gli stessi cattivi profeti hanno il potere di sedurre con la parola. Il maligno tenta di sedurre con la sua parola lo stesso Figlio di Dio nel deserto, come il serpente antico sedusse Eva e questa Adamo. La forza della parola non solo nell'influire sul pensare e sul giudicare dell'uomo, ma anche nell'inclinare la sua volontà e la sua azione in una direzione particolare è al cuore del processo educativo, o diseducativo, dei singoli, come dei gruppi e dei popoli.

2. La conversazione nelle tendenze postmoderne

Rileggendo in una prospettiva poststrutturalista il tema della conversazione occorre chiarire subito alcuni termini spesso usati. In primo luogo con la parola *testo* si intende ogni esempio di linguaggio (scritto, orale, visivo, audiovisivo, gestuale) che abbia coerenza e significato codificato. Oggi i testi sono in genere multimodali, ma i sistemi di segni di base (orali e scritti) sono ancora gli artefatti che stanno alla base della produzione di significato e di relazioni sociali (Voloshinov, 1986). D'altra parte i testi sono specificatamente legati alle diverse culture e subculture e operano secondo logiche coerenti nei riguardi dei riferimenti culturali a cui sono affiliati. Così avviene nei diversi testi televisivi, nei notiziari, nei racconti, nei saggi scientifici, nelle conversazioni; nei testi propri del mondo degli affari, nei manuali scolastici, nei libri di preghiera. I testi non hanno un effetto di pura trasparenza, cioè di pura descrizione, bensì anche un effetto *rifrat-*

tivo, mediando, interpretando, ricostruendo versioni del mondo naturale e sociale, identità, relazioni sociali. I testi assumono valenza normativa, formativa, costruttiva.

Ma i testi stessi non possono essere considerati in isolamento. Ogni testo, infatti, è inscritto in un contesto testuale più vasto. Di qui il concetto di *intertestualità*. Un testo effettivo (come una notizia di giornale, una striscia comica) normalmente è intrecciato o incluso in testi più ampi. Espressioni, affermazioni e tematiche che appaiono nei diversi testi vanno considerate all'interno o in connessione con altri o più vasti eventi testuali, a cui sono legati da richiami continui. A esempio, la lettura di un brano di giornale o di una vignetta può essere fatto mentre si conversa con un amico, a scuola, in famiglia. D'altra parte, ogni testo si colloca nel contesto di una istituzione sociale chiave (incluse le regole, le procedure e i vincoli di questa) e viene usato per dar senso al proprio mondo e sviluppare azioni e relazioni sociali che sono richieste nelle attività di ogni giorno. Molte forme di testi popolari (video musicali, pubblicità televisiva, film) sono legate a significati narrativi e a strutture rappresentative semiotiche di altri testi.

Più complesso, anche perché usato in accezioni spesso differenti, è il concetto di *discorso*. Questo è costituito da espressioni e affermazioni ricorrenti che sono presenti nei differenti testi ed evidenziano, nel loro lessico usato e nelle loro strutture sintattiche, sistemi di significato, campi di conoscenza, insiemi di convinzioni, categorizzazioni del mondo e modalità d'azione. In seno ai discorsi si formano e si riformano le individualità, le identità e i ruoli sociali, le categorie culturali. D'altra parte la multidiscorsività di ogni testo, ma soprattutto della esperienza dei singoli, induce a pensare a una molteplicità di posizioni assunte nel contesto dei discorsi sviluppati nella vita di ogni giorno.

Michel Foucault (1972, 1977, 1979, 1980), ha posto l'accento sul carattere costruttivo del discorso sia per quanto riguarda le formazioni sociali, sia per quanto concerne la definizione, la costruzione e il posizionamento dei singoli soggetti umani. I discorsi svolti nei vari contesti esistenziali e nelle varie comunità di vita (famiglia, scuola, chiesa, luoghi di lavoro, comunicazione di massa o sociale, ecc.), quando riguardano il sé, «formano» in maniera non coercitiva l'io, sono «tecnologie del sé» (*Ibidem*, 1980). Ci si trova in un contesto nel quale la razionalità pratica ha un ruolo centrale. In effetti egli afferma che: «possiamo considerare quattro tipi fondamentali di "tecnologia", tutti ugualmente matrice di ragion pratica: 1) le tecnologie della produzione, dirette a realizzare, trasformare o manipolare gli oggetti; 2) le tecnologie dei sistemi di segni, che ci consentono di far uso di segni, significati, simboli, significazioni; 3) le tecnologie del potere, che regolano la condotta degli individui e li assoggettano a determinati scopi o domini esterni, dando luogo a una oggettivizzazione del soggetto; 4) le tecnologie del sé, che permettono agli individui di eseguire, coi propri mezzi o con l'aiuto degli altri, un certo numero di operazioni sul proprio corpo e sulla propria anima – dai pensieri, al comportamento, al modo di essere – e di realizzare in tal modo una trasformazione di se stessi allo scopo di raggiungere uno stato caratterizzato da felicità, purezza, saggezza, perfezione o immortalità» (*Ibidem*, 1992, 13).

Il concetto di *voce* si riferisce alle forme di rappresentazione del sé e del sociale che mediano e producono più larghe strutture di significato, di esperienza e di storia (Aronowitz - Giroux, 1991, 100). Così gli educandi si pongono come voci quando elaborano significati attraverso le differenti collocazioni soggettive che a essi sono consentite nella più vasta società. Tali voci si strutturano per mezzo delle risorse culturali e i codici che fanno da perni di ancoraggio e di organizzazione dell'esperienza e della soggettività. Ciò si attua secondo molteplici e differenziati collocazioni e piani nei discorsi sociali e può avvenire che in questi ultimi si rimanga «privi di voce», interlocutori a cui non è permesso parlare, emarginati nel silenzio. Nella pratica educativa la categoria della voce emerge come categoria interpretativa dei testi e dell'intertestualità che in essa si riscontrano: se le voci degli educandi, le loro storie, la loro memoria, le loro vicende entrano di diritto nella conversazione oppure sono emarginate, ridotte al silenzio (*Ibidem*, 101).

3. Gli apporti di Vygotskij, di Bakhtin e di Rorty

In questo contesto si comprende anche la valorizzazione che in questi ultimi anni si è avuta dei contributi della scuola russa di S.L. Vygotskij e di M.M. Bakhtin. L'emergere della cognizione umana nel contesto della conversazione deriva, secondo Vygotskij, dalla interiorizzazione dei discorsi che si svolgono socialmente. I processi cognitivi intrapersonali sono sollecitati e sostenuti da quelli interpersonali, che si svolgono in un contesto storico, culturale e linguistico. Il pensiero si svolge come un discorso, è una conversazione interna al soggetto. La forma di questa conversazione è interiorizzata progressivamente nel tempo a partire dai discorsi e dalla conversazione che si attuano nell'ambiente di vita e di interazione interpersonale.

Dal canto suo Bakhtin ha sviluppato una teoria del linguaggio in opposizione alla distinzione fatta da de Saussure tra *langue* e *parole*. La prima era vista infatti come l'intero repertorio delle possibilità entro un sistema linguistico; l'altra si riferiva alla specifica espressione, costruita a partire dalla prima. Bakhtin ha contestato in particolare il fatto di aver trascurato il ruolo che singole espressioni (*utterances*) assumono nel dialogo (sia orale, che scritto). Se si vuole cogliere la dinamica linguistica, occorre riferirsi alle espressioni come esse sono presenti in un dialogo, cioè alle unità del discorso comunicativo, più che solo alle singole frasi, cioè le unità linguistiche. Mentre queste ultime sono definite dalla loro struttura formale, le prime sono caratterizzate dall'alternarsi nel dialogo dei soggetti parlanti o nella lettura del testo e del lettore. Sono le singole frasi, espresse dai vari soggetti parlanti nel loro dialogo, le reali unità del discorso (Bakhtin, 1986, 71). Certo le singole parole hanno un loro particolare contenuto semantico e le singole frasi hanno una loro stabile forma grammaticale. Ma una volta che una parola, o una frase, è pronunciata o scritta, essa assume un significato che ha una natura propriamente sociale, irripetibile, un significato che deriva dalla sua collocazione nella catena di frasi che caratterizza un discorso (*Ibidem*, 90-91). Non solo. Ciascuna espressione comunicativa è costituita dalla «voce» di un autore, voce che ha una sua intonazione, una componente emozionale e volitiva, un orientamento valutativo. Nel discorso vivo l'intonazione spesso indica un significato che è indipendente dalla forma linguistica (Morson - Emerson, 1990, 134). Nella sua più profonda realtà non esiste un linguaggio perfettamente identico che accomuni i differenti interlocutori. Esiste, in effetti, una pluralità di linguaggi, che risultano come variazioni soggettive di quello usato generalmente da una comunità di parlanti e che derivano dalla storia e dall'esperienza personale irripetibile di ciascuno.

R. Rorty ha utilizzato il concetto di conversazione in un senso più generale, riferibile alla transizione da metodi di ricerca di tipo scientifico-sperimentale a metodi di tipo ermeneutico. La sua posizione postfilosofica e postepistemologica lo ha portato a identificare nella comunità di studiosi il luogo di formazione delle conoscenze disciplinari e nel consenso che in queste si può via via raggiungere il criterio di accettabilità di affermazioni e conclusioni. Non può essere più derivato da criteri epistemologici e metodologici il valore di verità delle affermazioni scientifiche (anzi lo stesso concetto di verità scientifica va rimesso in discussione), bensì dall'emergere del consenso e dal superare il dissenso all'interno della conversazione che si viene sviluppando all'interno di tale comunità. La ricerca dei singoli e dei gruppi rimane, ma entra a far parte del più grande dialogo culturale. «... la gente continuerà a leggere Platone, Aristotele, Descartes, Kant, Hegel, Wittgenstein e Heidegger. Nessuno sa quali ruoli questi filosofi avranno nella conversazione dei nostri discendenti [...]. Il solo punto sul quale vorrei insistere è che l'impegno morale dei filosofi dovrebbe essere quello di continuare la conversazione dell'Occidente, piuttosto che insistere nel mantenere un posto all'interno di quella conversazione per i problemi tradizionali della filosofia moderna» (Rorty, 1992, 304). E questo vale non solo per la filosofia, ma per ogni disciplina di pensiero.

4. Il paradigma della conversazione e la fruizione dei mass media

Il paradigma della conversazione proposto dal pensiero postmoderno è usato anche per rileggere il problema del rapporto tra soggetti e mass media. In particolare è il movimento degli Studi culturali (*Cultural Studies*), e specificatamente la sua corrente britannica, che ha valorizzato molte delle suggestioni provenienti dalle istanze poststrutturaliste e postmoderne per interpretare le pratiche comunicative indotte dalla presenza dei mezzi di comunicazione sociale. S. Hall, uno dei fondatori del movimento, ha presentato lo sviluppo degli Studi culturali come un processo di formazione di idee e di prospettive di matrice discorsiva nel senso di Foucault (Hall, 1992, 278), processo certamente aperto a futuri imprevedibili contributi, ma anche legato a una sua collocazione teorica determinata. Grossberg (1992, 2) ne ha messo in luce più che un carattere interdisciplinare o transdisciplinare, una posizione antidisciplinare, che valorizza apporti teorici assai diversificati e metodi di analisi molteplici (come marxismo, femminismo, psicoanalisi, poststrutturalismo, postmodernismo, analisi testuale, semiotica, decostruzione, etnografia, interviste, analisi fonemica, psicoanalisi, rizomatica, analisi contenutistica, surveys). Il tutto può assumere la forma di un bricolage inteso a cercare «di comprendere ciò che avviene, e specialmente fornire vie per pensare, strategie per sopravvivere e risorse per resistere» (Hall, 1992, 278). Oggetto di analisi è ogni tipo di pratica culturale, sociale, comunicativa tenendo conto sia del suo aspetto materiale, sia di quello simbolico: cultura sia come forma di vita, sia come vasto insieme di pratiche (Grossberg, 1992, 5).

Per sviluppare le proprie analisi, gli Studi culturali si sono appoggiati su una constatazione di de Saussure: le varie forme di linguaggio (orale, scritto, audiovisivo, ...) sono l'unico strumento che abbiamo a disposizione per organizzare, costruire, accedere alla realtà. Ma la relazione tra la parola, in qualunque modo espressa, e il suo significato non è un dato, bensì una costruzione nella quale gioca un ruolo centrale l'aspetto culturale e sociale del linguaggio.

D'altra parte, per analizzare le costruzioni e le relative sedimentazioni che nella storia si sono legate alle varie forme di linguaggio, occorre procedere secondo la linea decostruttiva indicata da Derrida. Foucault (Foucault, 1969, 11) ha segnalato come la distanza tra significante e significato, nel nostro caso tra testo e audience, è appunto lo spazio che permette lo sviluppo dell'interpretazione, e il procedimento decostruttivo viene visto spesso in questo contesto come un procedimento di natura ermeneutica. La semiotica, dal canto suo, permette di esaminare la specificità culturale delle rappresentazioni e dei loro significati usando un insieme di metodi e termini che raggiungono una grande varietà di pratiche di significazione: gesti, vestiti, scritti, fotografie, film, televisione, ecc. Qui è centrale l'idea di segno, l'unità minima di comunicazione di un sistema linguistico (parola, fotografia, suono, immagine sullo schermo, nota musicale, gesto, elemento del vestire, ...). Se il segno, il significante, ha una sua stabilità garantita dalla sua forma fisica, il significato è dato da una costruzione mentale che accanto a usi riconosciuti da comunità più o meno vaste pone valenze soggettive. Tuttavia, sia il segno che il significato sono segnati da evoluzioni storiche e culturali. Per molti esponenti degli Studi culturali i vari testi hanno un loro significato dominante, ma questo può essere colto solamente in un quadro intertestuale, che comprende non solo le pratiche culturali dominanti, ma anche i quadri interpretativi soggettivi e pratiche culturali alternative.

S. Hall in un contributo significativo (Hall, 1980) ha aperto la strada a quella che oggi viene chiamata la teoria dell'audience, cioè dell'insieme dei fruitori dei testi. Il processo di codifica e decodifica deve essere studiato in tutta la sua estensione, dalla composizione del messaggio alla sua lettura e interpretazione individuale e di gruppo sociale e culturale. In particolare, l'audience televisiva non deve essere vista come una singola indifferenziata massa, bensì come un misto composto di gruppi sociali, che si relazionano in modo differente con le forme e i significati dominanti il testo televisivo. Questo anche se è composto per mezzo di un insieme di codici altamente convenzionalizzati, in realtà risulta polisemico, ma non totalmente pluralistico.

Ci sono limiti all'interpretazione posti dall'ordine culturale dominante, mentre permane una mappatura relativa a vari domini di discorso organizzati intorno a significati dominati o preferiti, fino a letture contrastanti le originali composizioni. Si verificano quindi anche «ritotalizzazioni del messaggio all'interno di un quadro di riferimento alternativo» (*Ibidem*, 138). Si hanno così tre possibili comportamenti del fruitore: quello che assume il significato direttamente proposto da chi ha costruito il testo; la posizione di chi negozia il significato anche se ne accetta gli elementi dominanti; la posizione di opposizione di chi capisce il messaggio ma lo rielabora in un quadro interpretativo diverso.

Ogni fruizione dei testi proposti dai diversi media deve essere vista come una pratica umana che si svolge nel contesto dei discorsi culturali che la massa, i vari gruppi sociali e culturali e i singoli individui intrecciano nel tempo. Di conseguenza non si possono accettare facili conclusioni (positive o negative) a cui giungono metodi di analisi di tipo scientifico sperimentale, a causa proprio della fluidità e storicità di tali discorsi. La scienza positiva anche in questo caso non può assurgere a forma assoluta di conoscenza della realtà. Al massimo può contribuire a un discorso più vasto e complesso di lettura e interpretazione dei testi proposti e della loro fruizione culturale e sociale. Una conversazione continua, che non si illude di potersi chiudere negli spazi angusti di conclusioni definitive.[1]

5. La conversazione come pratica educativa

Anche senza appiattirsi sulle posizioni foucaultiane, e in genere sulle tendenze postmoderne, l'approfondimento dello studio della pratica educativa dal punto di vista della conversazione risulta assai fecondo. In primo luogo per far emergere alcune categorie estremamente significative della pratica educativa, come: il suo svolgersi nel tempo; il coinvolgimento di più soggetti in un continuo interscambio anche linguistico; la diversità culturale e sessuale degli interlocutori; il ruolo dei testi e dell'intertestualità; la legittimazione, negoziazione e contestazione di conoscenze, significati, di identità di relazioni sociali (Van Dijk, 1993). E tutto ciò in due prospettive: la riproduzione di strutture sociali e formative stratificate, oppure la generazione di persone «agenti» in quanto capaci di progetti, di azioni, di relazioni, di assunzioni di identità e di ruoli.

La pedagogia critica ne fa oggi un suo cavallo di battaglia. Questo orientamento ha modificato le categorie marxiste di analisi delle posizioni di potere, dell'egemonia, dell'oppressione, dell'ingiustizia, utilizzando le categorie proprie della lezione postmarxista, in particolare di J. Habermas, e postmoderna, in particolare di Foucault. È stato così sostituito il concetto di prassi con quello di comunicazione linguistica e si è cercato di ritrovare in questa le dissimmetrie, le espressioni di potere e di ingiustizia proprie dell'approccio critico (Apple, 1982; Giroux, 1988).

Certamente l'esasperazione foucaultiana della costitutività del soggetto nell'intertestualità del discorso, come in Habermas della costitutività della morale nel dialogo, vanno «disciplinate» riconoscendo la trascendenza e la permanenza del soggetto rispetto all'interscambio linguistico e la fondazione della morale oltre l'intreccio comunicativo. Tuttavia, occorre anche riconoscere i ruoli formativi dello scambio linguistico e del dialogo che si svolgono nei processi di inculturazione famigliare e sociale, di acculturazione presenti nella scuola, nei luoghi di lavoro e di scambio sociale, e di quelli derivanti dai mass media. La parola va rivisitata come azione sociale

[1] Il concetto postmoderno di conversazione non è solo utilizzato dai critici della comunicazione sociale, soprattutto della televisione. Anche i protagonisti si ispirano a tale paradigma. Ne fa fede Maurizio Costanzo che in un recente libretto afferma: «L'arte del talk show è un'arte postmoderna, quella di far convivere tutto con tutto, dando a ogni cosa lo stesso valore, al diavolo e all'acquasanta» (M. COSTANZO, *La televisione è piccola*, Milano, Baldini & Castoldi, 1996, 186). È una conversazione continua che ripete e spettacolarizza quella quotidiana, di tutti con tutto.

che influisce profondamente nella costruzione di categorie di lettura, interpretazione e valutazione della realtà esterna e di quella interna, nello sviluppo dell'immagine del mondo e della propria immagine, nella concettualizzazione dei fatti e degli avvenimenti. Lo scetticismo poststrutturale riguardando la stabilità e la trascendenza del singolo, esaspera certo l'assunzione che i soggetti sono costituiti e strutturati attraverso le pratiche testuali e forgiati nella dinamica della vita di ogni giorno. Questa esasperazione però appare di natura ideologica e preconcetta, in quanto il soggetto è egli stesso il costruttore attivo del suo mondo interiore, della sua identità, anche se nel far questo utilizza tutti materiali che gli sono resi disponibili dall'ambiente e dal contesto comunicativo e culturale in cui egli vive.

L'errore tradizionale è stato spesso quello di considerare i soggetti come passivi, puri recettori di influenze esterne, di riproduttori di «parole» altrui. In realtà ciascuno è un attivo elaboratore di quanto gli viene proposto. Sulla base di quanto ha già costituito come suo patrimonio e capitale culturale egli interagisce e «consuma», metabolizzando più o meno rapidamente e profondamente, i materiali della comunicazione, alcune volte integrandoli nei suoi schemi di giudizio e di azione, altre volte entrando in conflitto con essi al fine di rielaborare i propri schemi, altre volte ancora rifiutandoli o trascurandoli. Anzi, è stato messo in luce recentemente il ruolo antagonista, rispetto al sistema di messaggi derivante dai vari media, non solo dei singoli, ma anche dei gruppi sociali che si riconoscono e si identificano in particolari quadri e sistemi di valori e di significati.

La conversazione considerata come pratica educativa ha una lunga storia. Esempi significativi di tale pratica si possono cogliere nei classici antichi, dalla Sacra Scrittura, ai poemi omerici, agli scritti platonici. Il dialogo socratico, a esempio, è considerato come la base originaria della generazione della conoscenza non solo nei discepoli, ma in generale. L'insegnante o l'educatore nel proporre le domande che avviano e sostengono il dialogo riveste un ruolo analogo a quello della levatrice; egli in tal modo fa emergere alla coscienza personale e fa rappresentare verbalmente quanto esiste già nel profondo della persona, anche se implicito, non ancora definito e identificato in maniera adeguata. La conversazione socratica è il luogo e il momento della nascita della conoscenza e della consapevolezza di essa.

La scuola stessa è nata come scuola della parola, del dialogo, dell'argomentazione, della retorica, intesa questa come arte della persuasione; non scuola del libro, del testo scritto. La vera formazione si aveva interagendo con le persone e non con i testi scritti. Tale era la convinzione degli antichi. Platone nel *Fedro*[2] ne riassunse le motivazioni nel mito di Theuth, ri-

[2] Cfr. G. REALE (a cura di), *Platone, tutti gli scritti*, Milano, Rusconi, 1991, 2ª ed., 579-580.

tenuto inventore, fra tante cose, della scrittura alfabetica. Oggi, dopo la diffusione del libro e degli altri strumenti di lettura, si assimilano di più tra di loro testi scritti e testi orali. L'uomo alfabetizzato ha interiorizzato la tecnologia della parola scritta in modo tale da poterne disporre in maniera agile e facilmente fruibile. Analogo processo è in atto con la tecnologia comunicativa propria della televisione e dell'informatica.

Platone suggerisce nel *Teeteto*[3] un'altra ragione dell'importanza del dialogo e dell'argomentazione.

«SOCRATE – Benissimo. Ma col termine "pensare" intendi quello che intendo io?

TEETETO – Tu che cosa intendi?

SOCRATE – Io intendo il dialogo che l'anima per sé instaura con se stessa su ciò che sta esaminando. [...]

Infatti, mi pare chiaro che, quando pensa, l'anima non fa nient'altro che dialogare, [190 A] interrogando se stessa e rispondendosi da sé, affermando e negando. Quando è giunta a una definizione, sia che abbia proceduto lentamente, sia rapidamente, ormai afferma la medesima cosa, e non è più incerta, è questa che noi poniamo essere la sua opinione. Per conseguenza, io chiamo l'opinare "discorrere" e l'opinione "discorso pronunciato", non tuttavia rivolto ad un altro né pronunciato con la voce, ma in silenzio rivolto a se stesso».

L'idea che il pensiero e la riflessione siano un dialogo interiore, un argomentare tra sé e sé, un porsi domande e cercare di rispondervi, una ricerca di soluzioni e insieme una critica serrata ad esse, è centrale nell'analisi dei processi cognitivi superiori. Come abbiamo già notato citando L.S. Vygostkij, alcuni pensano che la capacità di riflettere e di pensare sia dovuta a una progressiva interiorizzazione del dialogare e dell'argomentare esteriore tra persone diverse.

L'obiezione fondamentale al dialogo come pratica educativa è già stata posta da Platone. Questi nel *Menone* si pone anche questo problema: la virtù si può insegnare? Egli si domanda se essa possa venire dall'insegnamento, dalla pratica o da nessuna delle due cose, perché essa è un'attitudine naturale o qualcosa di simile. O essa è un dono divino? E viene enunciato un paradosso, il paradosso dell'apprendimento: non è possibile imparare alcunché, perché o lo si sa già, e allora non c'è nulla da imparare, o non lo si sa, e allora non si può cercare ciò che non si conosce. «Non è possibile per l'uomo ricercare né ciò che sa, né ciò che non sa. Infatti, né potrebbe cercare ciò che sa, perché lo sa già, e intorno a ciò non occorre

[3] *Ibidem*, 237.

ricercare, né ciò che non sa, perché in tal caso, non sa che cosa ricercare». La conclusione è che la conoscenza non viene dall'insegnare ma dall'interrogare, dal porre domande, dal dialogo argomentativo. Più precisamente il paradosso mette in luce la difficoltà logica contro cui si imbatte il costruttivismo: come spiegare l'acquisizione di conoscenze più complesse a partire da un insieme di conoscenze meno complesse o complesse allo stesso livello.[4] Oppure, posto in termini generali: come può una struttura generare una struttura più complessa di se stessa (Bereiter, 1985).

Dal punto di vista della comunicazione educativa il paradosso platonico potrebbe suonare in questo modo: 1) fino a che le convinzioni e le conoscenze dell'insegnante e del discepolo non coincidono, la comunicazione non può attivarsi; 2) appena coincidono, essa è inutile; 3) quando sarebbe necessaria, essa è impossibile (Davis, 1977, 307).

Come uscire da questo stallo logico? La proposta di MacMillan e Garrison (1988) tende a considerare l'essenza dell'interazione insegnante-discepolo come basata sull'intenzione del docente di porre un atto intellettuale che risponda o fornisca una strada di risposta alle domande che l'allievo dovrebbe avanzare dal punto di vista epistemologico sulla base del suo stato intellettuale (*Ibidem*, 32). In generale apprendere implica una domanda, implicita o esplicita, ma epistemologicamente dovuta, posta a un interlocutore (insegnante, compagno, libro, gruppo; al limite se stessi): a) non conoscendo la risposta; b) essendo convinti che esista una risposta; c) desiderando conoscere la risposta; d) credendo che l'interlocutore conosca o sia in grado di fornire la risposta. Più pragmaticamente C. Bereiter suggerisce un insieme di elementi che possono concorrere alla soluzione del paradosso, partendo dall'assunzione ipotetica che in realtà esista un'attivazione di strutture conoscitive più complesse a partire da strutture meno complesse. Evitando poi ogni forma di troppo immediato riduzionismo, occorre riconoscere da una parte l'esistenza di una dotazione genetica di predisposizioni a determinate forme di apprendimento (come quello linguistico) e, dall'altra, di situazioni casuali e di interventi intenzionali e sistematici che costituiscono uno stimolo efficace per la loro attivazione. Bereiter nel seguito suggerisce dieci possibili facilitatori dei processi costruttivi (Bereiter, 1985).

[4] Posta in altre parole questa è l'antica questione degli universali: come giungere alla conoscenza degli universali a partire dai particolari, cioè senza conoscerli precedentemente. Storicamente sono state proposte tre soluzioni: il realismo, il nominalismo, il concettualismo. Nel primo caso si suppone che gli universali esistano fuori di noi, magari in un mondo alternativo; per Platone, quello delle idee. La seconda soluzione afferma che essi non risiedono nel mondo, ma nel linguaggio: si tratta di convenzioni linguistiche. Questa posizione sembra evocare qualche tendenza postmoderna. La terza posizione, quella del concettualismo, afferma che gli universali sono presenti nella nostra mente come risultato della sua elaborazione (Orton, 1995).

6. Dialogo educativo e rapporti tra le persone

Nella pedagogia il dialogo è spesso considerato come forma processuale attraverso la quale si realizza il rapporto educativo. Esso non consiste, quindi, solo nello sviluppo di una dialettica in vista del superamento di false opinioni o del persuadere l'allievo della bontà di qualche principio e modalità d'azione, bensì nell'impostare una relazione interpersonale valida e feconda che coinvolga le dimensioni fondamentali della persona.

Sul piano educativo più generale occorre evidenziare che: a) se l'educazione è risposta a una domanda, occorre precisare bene che cosa si intende per domanda di educazione. Evidentemente esistono domande esplicite, quando l'educando avverte la necessità di raggiungere una mèta, non ancora conquistata, desidera raggiungerla e crede che l'educatore sia in grado di aiutarlo in questo. Il punto più delicato nasce dall'avvertenza che *ignoti nulla cupido*, di ciò che non si conosce non si può avere desiderio. Agostino affermava *non so se prima bisogna amare per conoscere o prima bisogna conoscere per amare*. Di qui nasce il problema metodologico: come promuovere una domanda di educazione in un soggetto che non la avverte. In altre parole si potrebbe dire «come educare la domanda», nel senso di come promuovere la percezione di un oggetto desiderabile e verso il quale conviene investire le proprie risorse di tempo e di ingegno; se si vuole, di come sollecitare non solo la conoscenza, ma anche l'attribuzione di valore. Bandura (1986) parla di tre strade: quella dell'esperienza diretta, quella dell'esperienza mediata e quella della persuasione.

Un classico esempio di chi non solo ha vissuto, ma anche ha descritto narrativamente nell'ottocento pratiche educative ispirate a modelli di dialogo educativo è quello fornito da S. Giovanni Bosco. In un dialogo immaginario con un suo antico allievo, questi evidenzia un punto chiave della sua pratica educativa.

«Amore? Ma i miei giovani non sono amati abbastanza? Tu lo sai se amo i miei giovanetti. Tu sai quanto ho sofferto e tollerato per ben 40 anni e tollero e soffro ancora adesso per loro. Quanti stenti, quante umiliazioni, quante opposizioni, per dare pane, casa, maestri ad essi e specialmente per la salute delle loro anime. Ho fatto quanto ho saputo e potuto per chi forma l'affetto di tutta la mia vita.

– Non parlo di te!

– Di chi dunque? Di coloro che fanno le mie veci? Da Direttori, Maestri, Assistenti? Non vedi come sono martiri dello studio e del lavoro? Come consumino i loro anni giovanili per coloro che ad essi affidò la Divina Provvidenza?

– Vedo; conosco; ma ciò non basta: ci manca il meglio.

– Che cosa manca adunque?

– Che i giovani non solo siano amati, ma che essi stessi conoscano d'essere amati.

– Ma non hanno gli occhi in capo? Non hanno il lume dell'intelligenza? Non vedono che quanto si fa per essi è tutto per loro amore?

– No ciò non basta.

– Che cosa ci vuole adunque?

– Che essendo amati in quelle cose che loro piacciono col partecipare alle loro inclinazioni infantili, imparino a veder amore in quelle cose che naturalmente loro piacciono poco; quali sono la disciplina, lo studio, e la mortificazione di se stessi e queste cose imparino a far con amore» (Braido, 1992, 371-372).

È quanto rientra anche sotto il titolo di «argomentazione persuasiva». Questa forma di argomentazione, propria della retorica, parte dalla conoscenza, per arte ed esperienza, della natura dell'anima per infondere persuasione e virtù con ragionamenti e savie ordinazioni (Platone, *Fedro*). È la dottrina platonico-aristotelica della psicagogia (conduzione delle anime) a cui si rifà Pascal nel suo trattato sull'«Arte di persuadere». Questi afferma che «occorre aver riguardo, al di là della cosa della quale si vuole persuadere, della persona che si vuole persuadere, della quale occorre conoscere «l'esprit et le coeur», i principi che sostiene, le cose che ama (Pascal, 1963, 355-356).

Questo modo di presentare i capisaldi della pratica educativa proposta da S. Giovanni Bosco lo si ritrova spesso sia sotto forma di narrazione, sia sotto forma di dialogo ricostruito. Il santo ha scritto varie «storie di vita» edificanti, ha usato la narrazione sotto forma di sogni per esprimere le sue idee e i suoi suggerimenti, ha narrato le sue esperienze, la sua vita, la nascita e lo sviluppo della sua attività educativa. Per tutto questo si possono consultare le varie opere del santo. Braido (1992) parla a questo proposito di «pedagogia narrativa».

La pratica educativa rivisitata sotto il profilo della conversazione ha anche evidenziato una forma di dialogo che mira alla comprensione reciproca tra i partecipanti. Comprensione intesa nel senso di «fusione di orizzonti» (Gadamer, 1972), non rinuncia alle proprie posizioni, che possono essere culturalmente incommensurabili, bensì ricerca e costruzione di significati più o meno condivisi, che si svolge nel tempo e che implica tolleranza e rispetto delle differenze. Gli interlocutori della conversazione non mirano al raggiungimento di un obiettivo conoscitivo estraneo alla conversazione stessa, ma procedono in maniera interattiva e collaborativa verso una comprensione dei problemi e delle posizioni altrui, cercando di condividere una prospettiva di significati comune sulla base di quanto emerge via via in questo rapporto.

In questa stessa prospettiva è stato anche ripensato il concetto di apprendimento, inteso come costruzione di significati soggettivamente pregni di senso, di valore di utilità pratica attraverso forme di conversazione con gli ambienti naturali e artificiali, con le persone e con se stesso. D'altra parte questi significati sono qui intesi come sistemi intenzionali di pensieri e di sentimenti che formano la base delle nostre anticipazioni c delle nostre azioni (Harri Augstein-Thomas, 1991, 6-7). Tutto il processo conversazionale può essere poi ricollegato alla nozione di «incontro», elaborata da R. Guardini (1987), come distaccarsi da un possesso e un perpetuamento rigidi della forma del sé, per accettare il rischio dell'apertura a ciò che è altro, facendo crescere in questo modo la propria individualità.

È evidente che questa costruzione avviene lungo tutto l'arco della vita e che fin dalla più tenera infanzia gli «incontri conversazionali» si succedono ininterrottamente, tuttavia perché si abbiano vere e proprie forme di conversazione occorre che tali esperienze siano segnate da prese di coscienza, da riflessioni che incidono sul sistema personale di valori, concezioni, credenze, bisogni, desideri e propositi. Questo non vuol dire rinunciare a se stessi, anzi: in questa direzione si sviluppa e si irrobustisce la nostra capacità di autoregolazione, fondata su una più cosciente e proattiva percezione di sé, delle proprie possibilità e responsabilità. Ogni incontro diventa occasione di apprendimento, di crescita, di maturazione.

Da un punto di vista leggermente diverso la prospettiva conversazionale si presta per approfondire il problema degli incontri tra persone che appartengono a razze, culture, lingue, religioni assai diverse dalle nostre. Il concetto di conversazione così inteso porta a cercare di comprendere, afferrare i significati, i valori, le prospettive di vita, i comportamenti degli altri, senza per questo dover rinunciare ai propri. Anzi, tali confronti permettono di identificare meglio quelli che caratterizzano noi stessi e, spesso, anche di approfondirli o di integrarli con quelli altrui. Ne nasce il rispetto, la possibilità di convivenza e di lavoro collaborativo, un cammino conversazionale culturalmente, socialmente e personalmente fecondo.

7. La pedagogia narrativa

Si è già accennato al termine del quarto capitolo alla possibilità di rileggere la progettazione educativa come narrazione proiettata sul futuro delle vicende educative che almeno in via di ipotesi sono in grado di aiutare a superare la situazione problematica emersa nel contesto della pratica educativa. Si è ricordato a questo proposito quanto J. Bruner ha evidenziato in varie sue opere (Bruner, 1988; 1992; 1997), cioè il ruolo del pensiero narrativo nella costruzione e negoziazione dei significati che avviene nei differenti contesti culturali e linguistici.

La conversazione educativa che si svolge in seno alla famiglia, come nelle differenti comunità educative, è segnata profondamente dalla dimensione narrativa della comunicazione interpersonale. Un contesto culturale, quale è quello famigliare, sociale, scolastico, struttura lo sviluppo di vari aspetti della personalità: «una persona acquisisce una visione del mondo, lo crede organizzato secondo certe modalità, impara a desiderare certe cose, a scegliere una cosa e non un'altra» (Mantegazza, 1996, 15). D'altra parte una narrazione non solo è una sequenza di vicende ed esperienze soggettivamente vissute dai protagonisti, ma, in particolare per mezzo della sua trama e la evidenziazione delle varie situazioni, talvolta esasperate, comunica un modo di leggere la realtà, modalità concrete di vivere valori e significati, norme di convivenza e di interazione sociale. Non si raccontano solo le vicende, ma le si aiuta a interpretare, fornendo prospettive di lettura.

Dal punto di vista dell'analisi dei bisogni di educazione dell'educando è essenziale che l'educatore lo incontri e lo ascolti. Questi si manifesta proprio attraverso la narrazione delle sue vicende e della sua personalissima maniera di averle vissute nel passato e di viverle oggi. Una narrazione autobiografica è sempre una rilettura del passato alla luce del presente e una invocazione rivolta al futuro. È in primo luogo una narrazione che si fa a se stessi, una modalità per ripensare alla propria esperienza e cercare di darle senso e contemporaneamente un verificare con altri le proprie percezioni e interpretazioni. L'educatore deve imparare sia a suscitare il bisogno di narrarsi, sia ad ascoltare tali narrazioni cogliendone l'invocazione profonda di aiuto che in esse è contenuta. Il vero «volto» interiore degli altri può essere colto più che da comportamenti esterni sulla base dei quali inferire atteggiamenti e disposizioni interne, attraverso le risonanze che questi hanno avuto e hanno nell'animo degli interlocutori.

Ma la narrazione è anche il canale fondamentale per comunicare non solo modalità pratiche di comportarsi in determinate situazioni di vita in maniera valida, ma anche le ragioni che spingono a scegliere tali comportamenti. Riprenderemo il discorso nel prossimo capitolo trattando dell'esperienza vicaria, cioè delle esperienze di vita vissute in terza persona. Trattando di componenti dell'atto educativo in ambito morale, Abbà (1995, 316) afferma: «L'esempio vissuto del modello ha più forza di attrazione sull'affettività. Ma può essere opportunamente completato dall'espressione letteraria o drammatica di un'azione e dei caratteri in essa coinvolti: essa è artistica in quanto, per dirla con Conrad, metà della narrazione la scrive il lettore, sollecitato dalla vicenda a chiarire il proprio carattere, le proprie emozioni, le proprie deliberazioni». Da questo punto di vista si può vedere la narrazione come una forma di «ospitalità» (Pollo - Tonelli, 1997). «Chi narra invita coloro a cui la narrazione è rivolta ad entrare nel suo mondo e si dichiara disponibile ad interagire con il mondo dei suoi ascoltatori: accoglie nel suo mondo e si fa accogliere in quello degli interlocutori» (*Ibidem*, 28).

Di conseguenza è necessario valorizzare adeguatamente nel contesto della conversazione educativa forme valide ed efficaci di pedagogia narrativa, che aiutino a costruire o negoziare significati e visioni del mondo; a sviluppare prospettive di vita e identità personali; a sollecitare, guidare e sostenere processi decisionali; a intrecciare sistemi di rapporti interpersonali autentici e fecondi. Utili suggerimenti si possono trovare nella bibliografia citata.

8. Una rilettura del dialogo educativo

Una rilettura recente del problema del dialogo in educazione è stata condotta da L. Not, che ne ha suggerito una interpretazione riassunta dall'espressione «formazione in seconda persona» (Not, 1989), distinguendo questa dalla formazione in terza e in prima persona.

La formazione in terza persona esalta il ruolo attivo e direttivo dell'educatore, sia esso insegnante, genitore, animatore di gruppo giovanile. È questi che progetta, dirige e valuta le attività educative. All'educando basta seguire le indicazioni, le direttive, le prescrizioni, i comandi dell'educatore. Il suo impegno consiste nel conformarsi a quanto viene proposto dall'educatore e nel sottomettersi ai suoi giudizi. Nel campo dell'insegnamento si parte dal postulato della trasmissibilità del sapere. In campo educativo più largo il postulato presuppone la malleabilità dell'educando, che prende la sua forma progressivamente sotto l'azione modellatrice dell'educatore. È questi che prefigura quale conformazione finale dovrà assumere l'educando, imposta e sviluppa un itinerario che a poco a poco condurrà a questo esito finale.

«È l'educatore che guida la danza».

La prospettiva educativa di una formazione in prima persona si fonda su alcuni principi di base, che possono essere così riassunti: a) la crescita personale assume la sua direzione sulla base delle proprie aspirazioni, dei propri interessi, dei propri soggettivi bisogni; b) tale crescita si realizza a causa dell'attività che viene sviluppata dall'educando a partire da queste sollecitazioni personali; c) l'educazione deve essere centrata sull'educando nel senso che questi è il punto di partenza, il centro e il fine e non certo i contenuti, le aspirazioni, gli obiettivi dell'educatore. «È l'educando che guida la danza».

La prospettiva di un processo formativo in seconda persona è stato concettualizzato da L. Not secondo queste linee guida.

– Le due prospettive precedenti sono ambedue contraddittorie sul piano concettuale e impossibili sul piano pratico.

– Nel processo educativo si hanno due centri di iniziative di azioni che sono articolate a partire da quelle dell'altro. Ciascuno è un IO che si rivolge a un TU. L'educando si rivolge all'educatore e questi gli risponde. Il costituente della domanda educativa è l'educando; l'educatore ne prende atto e su questa base imposta la sua azione.

– L'educando è un IO che si impegna a partire sia dalle sue aspirazioni e dai suoi bisogni, sia dalle proposte e sollecitazioni dell'educatore. Purché queste ultime entrino a far parte delle sue intenzioni d'azione.

– L'educatore è un IO che propone le sue iniziative educative a partire dai fini, contenuti e modalità educativi che formano la base delle sue conoscenze e competenze.

– L'educando è il TU dell'educatore. È il centro di iniziative d'azione a cui questi si rivolge esercitando il suo ruolo di educatore che sollecita, orienta e sostiene il primo.

– L'educatore è il TU dell'educando. Questi si rivolge a lui come un centro di iniziative e d'azioni a suo favore, uno che può aiutarlo nelle difficoltà, rispondere ai suoi problemi e alla sue domande, guidarlo nelle sue attività.

– Nel processo educativo c'è quindi una compartecipazione, ci sono dei partner, che esercitano un ruolo diverso, ma ambedue sono centri attivi di iniziativa e di azione. Ne deriva un NOI che vive nelle sue convergenze e divergenze, nei suoi consensi e conflitti.

– La relazione è reciproca, ma non simmetrica. L'educatore è portatore di conoscenze e competenze più vaste e profonde di quelle dell'educando. Il suo ruolo è diverso. Ma educatore ed educando agiscono e reagiscono a partire dalla loro individualità. L'educatore ascolta, sollecita, interpreta la domanda educativa; illumina, fornisce indicazioni, conoscenze, motivazioni; propone attività, iniziative, esperienze; aiuta e facilita l'azione dell'educando. L'educando non solo reagisce alla sollecitazione e alla guida dell'educatore, bensì prende anche egli stesso iniziative e sollecita l'educatore. Si costituisce così un movimento circolare.

– La base di questo dialogo educativo è una implicita forma contrattuale, nella quale si prendono spesso in maniera inespressa, ma evidente, impegni reciproci. Si danno quindi responsabilità reciproche. In tale rapporto si esercita la libertà dei contraenti, che sulla base di una reciproca fiducia, si vincolano a forme coerenti di azione e interazione.

Naturalmente occorre evitare una eccessiva idealizzazione di tutto questo. Conflitti, cadute di motivazione, infedeltà, scelte contraddittorie possono manifestarsi da tutte e due le parti. Più spesso evidentemente da parte dell'educando, quanto più questi è giovane e immaturo.

LETTURE DI APPROFONDIMENTO

Il ruolo del dialogo educativo è stato sempre un argomento esaminato dai vari pedagogisti. Potresti rileggere da questo punto di vista una storia della pedagogia come quella di J.M. PRELLEZO e R. LANFRANCHI, *Educazione e pedagogia nei solchi della storia* in tre volumi (Torino, SEI, 1995).

Il volume di L. NOT, *L'enseignement répondant* (Paris, PUF, 1989) è un buon testo per approfondire il ruolo del dialogo nell'educazione scolastica.

Dal punto di vista psicologico è certamente indispensabile leggere l'opera principale di L.S. VYGOTSKIJ, *Pensiero e linguaggio* (Firenze, Giunti Barbera, 1976). Per quanto riguarda i fondamenti di psicologia culturale relativi al ruolo della narrazione nella costruzione e condivisione di significati sono importanti le ultime opere di J. BRUNER: *La mente a più dimensioni* (Bari, Laterza, 1988); *La ricerca del significato* (Torino, Bollati Boringhieri, 1992); *La cultura dell'educazione* (Milano, Feltrinelli, 1997). Queste opere sono disponibili anche nell'originale inglese e in varie traduzioni.

ESERCIZI

Primo esercizio

Rifletti sulla pratica educativa basata sulla formazione in terza persona. Evidenziane gli aspetti più significativi, le possibili forme di pratica, gli eventuali risvolti problematici, le possibili correzioni e gli adattamenti.

Quale forma di conversazione verrebbe ad assumere una impostazione della pratica educativa di questo tipo? Quale autore classico che hai incontrato nel corso dei tuoi studi essa può evocare? Hai avuto esperienza di pratiche educative ispirate a questi principi?

Secondo esercizio

Rifletti sulla pratica educativa basata sulla formazione in prima persona. Evidenziane gli aspetti più significativi, le possibili forme di pratica, gli eventuali risvolti problematici, le possibili correzioni e gli adattamenti.

Quale forma di conversazione verrebbe ad assumere una impostazione della pratica educativa di questo tipo? Quale autore classico che hai incontrato nel corso dei tuoi studi essa può evocare? Hai avuto esperienza di pratiche educative ispirate a questi principi?

Terzo esercizio

Confronta le distinzioni di Not con quanto è stato precedentemente descritto nel sesto capitolo circa i possibili modelli di pratica educativa. In particolare riferisciti ai modelli direttivi, non direttivi e neo direttivi.

Quarto esercizio

Ecco alcune domande di autovalutazione del proprio comportamento educativo. A ciascuna domanda segue una scala relativa alla frequenza con cui tale comportamento viene attuato. Scegli il livello che a tuo giudizio corrisponde al tuo modo di agire.

La scala

1. Quasi mai   2. Ogni tanto   3. Spesso   4. Quasi sempre

Le domande

1. Dimostro a ciascun giovane che lo apprezzo come un individuo diverso dagli altri   1 2 3 4
2. Permetto a ogni giovane di esprimere i suoi personali pensieri e le sue personali convinzioni   1 2 3 4
3. Offro appoggio emozionale e incoraggiamento ai giovani insicuri di riuscire   1 2 3 4
4. Aiuto i giovani a chiarire i loro interessi e obiettivi personali   1 2 3 4
5. Offro occasioni ai giovani per imparare a prendere decisioni prospettiche   1 2 3 4
6. Manifesto ai giovani che mi prendo cura di loro   1 2 3 4

7. Incoraggio i giovani a esprimere le loro preferenze per le diverse maniere di imparare — 1 2 3 4

8. Apprezzo i miei giovani per quello che sono al di là di quello che riescono a fare o a raggiungere — 1 2 3 4

9. Predispongo attività educative che siano una sfida personale per ogni giovane — 1 2 3 4

NONO CAPITOLO

LA COMUNITÀ LUOGO DELLA CONVERSAZIONE EDUCATIVA

Nel capitolo precedente è stata esplorata una metafora che riassume bene una modalità fondamentale di sviluppo della pratica pedagogica: la conversazione educativa. Questa metafora vuole richiamare il ruolo essenziale che gioca in tale pratica il dialogo. Luoghi privilegiati del dialogo educativo sono le varie comunità di vita nelle quali l'educando nel corso della sua crescita si viene a trovare. In primo luogo la famiglia, e più in generale la cerchia dei parenti e degli amici di famiglia; poi, la scuola, all'inizio quella materna e quella primaria, luoghi di sviluppo di una nuova forma di socializzazione; in seguito la scuola secondaria e quel particolare mondo che è formato dai compagni e dalla compagne di scuola in età preadolescenziale e adolescenziale. Durante la scuola primaria una buona parte degli educandi è inserita in maniera più sistematica e consapevole nel contesto di una comunità religiosa, tramite la preparazione alla prima comunione; successivamente un numero considerevole frequenta varie forme di associazionismo, a esempio di tipo sportivo o di tipo aperto al volontariato; nel contempo si sviluppano gruppi amicali legati al contesto sociale e umano nel quale si è inseriti. Infine occorre ricordare il mondo della comunicazione sociale, della musica, dello sport e in generale del tempo libero.

In questi contesti, che assumono forme più o meno descrivibili come comunitarie, si esperimenta un dialogo che, per il suo protrarsi nel tempo e per la costanza dei suoi interlocutori, assume il ruolo di orientamento culturale e valoriale, oltre che di sollecitazione di comportamenti sociali e individuali. In questo capitolo si intendono dunque esplorare sia il ruolo di questo contesto nella formazione dell'educando, sia alcune delle condizioni per una sua costruzione significativa.

Obiettivi del capitolo

Al termine dello studio di questo capitolo il lettore dovrebbe essere in grado di:

- *indicare alcuni caratteri propri di una comunità;*
- *distinguere tra loro alcuni possibili usi del termine «comunità»;*
- *esporre il ruolo di una comunità nello sviluppo intellettuale, affettivo e comportamentale dell'educando;*
- *discutere il ruolo della comunità scolastica nella formazione morale o del carattere dei giovani;*
- *descrivere il sistema di relazioni interpersonali tra gli educatori;*
- *esaminare i caratteri propri dell'interazione tra educatori ed educandi, anche dal punto di vista organizzativo;*
- *descrivere alcune caratteristiche proprie del gruppo degli educandi.*

1. La comunità come contesto sociale e culturale

Pur tenendo conto di pratiche educative che si attuano privilegiando i rapporti diretti interpersonali attivati tra singolo educatore e singolo educando, occorre dedicare particolare attenzione al contesto sociale nel quale tali pratiche si collocano. Gran parte delle pratiche formative, infatti, coinvolgono un gruppo di educatori e un gruppo di educandi. Di qui il grande ruolo che vengono ad assumere non solo le dinamiche relazionali tra educatori, tra educatori ed educandi e tra gli stessi educandi, ma anche: lo stesso ambito organizzativo e istituzionale nel quale si sviluppano; la negoziazione o contrattazione formativa collettiva e individuale valorizzata; gli strumenti e i metodi utilizzati; i sistemi di valutazione condivisa e di autovalutazione utilizzati.

L'introdurre il concetto di comunità educativa nel contesto della pedagogia non è certo una novità. Esso, d'altra parte, è oggi assai utilizzato in molti ambiti e settori sia della vita, sia della riflessione teorica. Basti pensare alla distinzione spesso avanzata tra «comunità educante» e «comunità educativa» usata sia in riferimento alla scuola, sia ad altri ambienti educativi come associazioni ecclesiali e di volontariato, dove la comunità educante spesso indica il gruppo degli educatori e in genere dei responsabili del processo educativo e quella educativa viene riferita all'insieme complessivo dei partecipanti alla vita collettiva, educandi ed educatori. Ma il termine viene usato anche per indicare gruppi sociali che condividono tradizioni culturali e linguistiche, istituzioni religiose (le comunità formate da religiosi o da religiose), istituzioni rieducative (come le comunità terapeutiche per il recupero dei tossicodipendenti). Anche nel caso della famiglia si introduce spesso il termine di comunità domestica. I fedeli di una parrocchia si dice che formano la comunità parrocchiale. Possiamo quindi affermare che esiste un esteso insieme di pratiche, e di pratiche educative, che è caratterizzato dal fatto che si svolge in contesti denominati comunità. È importante quindi, anche a partire dalle esigenze proprie di una scienza pedagogica, fermarsi a esaminare con più cura questo ambito di pratiche educative da vari punti di vista. In effetti tali pratiche sono spesso profondamente segnate da assunzioni di natura teorica: filosofica, teologica, pedagogica, sociologica, antropologica, linguistica, psicologica, pastorale, ecc.

Dietro l'uso del termine «comunità», però, può celarsi una qualche ambiguità ideologica, come giustamente fa notare R. Massa (1986, 366-368), che segnala alcune linee di emergenza quando si prendano in esame i significati concettuali ricorrenti nelle varie analisi e proposte in pedagogia o in educazione. Si potrebbe parlare di un insieme di elementi o dimensioni più o meno sottolineati che generalmente entrano a far parte del concetto di comunità: a) solidarietà e senso d'appartenenza; b) consenso e condivisione; c) reciprocità e coinvolgimento; d) collocazione territoriale unitaria; e) relazioni stabili con le strutture sociali, istituzionali, economiche e culturali.

Si può parlare quindi di comunità:

a) come piccolo gruppo (quasi come un «sociogramma»: è il significato psicologico in senso stretto del concetto);

b) come collettività locale (è il significato sociologico del concetto);

c) come residenzialità organizzata (è il significato pedagogico spesso usato del concetto);

d) come situazionalità materiale concreta, rispetto alla quale un gruppo sociale elabora modelli operativi, simbolici, affettivi e cognitivi (è il significato che si direbbe antropologico-culturale del concetto);

e) come totalità valoriale permanente (è il significato teologico del concetto).

A questi significati concettuali «forti», secondo Massa, se ne possono aggiungere altri di tipo «debole» e più analogico:

f) la comunità come intersoggettività (è il significato filosofico e fenomenologico del concetto);

g) la comunità come ambito di ricerca guidata da paradigmi scientifici (è il significato epistemologico del concetto);

h) la comunità come gruppo produttivo (è il significato economico del concetto);

i) la comunità come gruppo di potere (è il significato politico del concetto);

l) la comunità come gruppo di parlanti (è il significato linguistico del concetto);

m) la comunità come gruppo per lo svolgimento di attività ludiche, culturali, simboliche o espressive, di esercizio funzionale o catartico della corporeità e dei processi psico-fisici dell'individuo (è il significato per così dire estetico del concetto, estendibile perfino a forme determinate di volontariato e di lavoro materiale, oltre che di pratica sportiva: si pensi a certi cosiddetti «campi di lavoro» in cui molti giovani svolgono in realtà condotte di occupazione del tempo libero di tipo ludico e corporeo).

Tuttavia, il significato che dal punto di vista della crescita umana e morale del giovane appare più penetrante e comprensivo è stato esplicitato da Sergio Galvan (1995, 355). «[...] un gruppo di persone – più o meno vasto, più o meno articolato secondo ruolo e mansioni diverse, non necessariamente contraddistinto da unità di luogo, né destinato a svolgere funzioni univocamente determinate – si trovi unito intorno ad una concezione (pratica), (analogicamente) identica, della vita e della realtà. Di tale concezione sono emergenti ed esplicite soprattutto le ricadute di carattere pratico – da cui la sua qualificazione di concezione pratica –, in quanto l'uomo che partecipa alla vita comunitaria, per quanto non rifletta esplicitamente sulla sua concezione della vita e sui rapporti tra questa e la sfera pratica della comunità, è, tuttavia, immerso in un mondo di convinzioni, di credenze, di costumi e di pratiche sociali, che rappresentano il precipitato concreto e vissuto della concezione che regge la comunità stessa. In secondo luogo, essa è pervasiva, perché riguarda – dal più al meno – un po' tutti gli aspetti della realtà: si tratta, cioè, di una concezione globale, anche se non riguarda tutti gli aspetti da un punto di vista specifico, bensì da quello che usualmente è detto il punto di vista dell'intero». In terzo luogo «l'elemento caratterizzante della comunità, il cemento che lega tra di loro gli appartenenti alla comunità stessa, è dato dalla concezione del mondo da essi condivisa. In questa è iscritta una teoria del bene, che è la molla dell'agire sociale e la fonte del senso delle azioni umane. La teoria del bene è parte integrante di una concezione della realtà e del mondo a tal punto che» tali termini possono essere usati «come sinonimi».

2. La conversazione educativa all'interno di una comunità

Il concetto di comunità, come si è sopra riscontrato, è un concetto complesso, articolato. In questo contesto viene assunto come sinonimo spazio culturale e vitale nel quale si sviluppa una conversazione educativa che si protrae nel tempo, i cui interlocutori rimangono sufficientemente stabili e che coinvolgono rapporti interpersonali diretti. Alcune delle forme che tale conversazione può assumere verranno esaminate nel prossimo capitolo. Qui ci si limita a prendere in considerazione alcune caratteristiche proprie di tale spazio di interscambio educativo da tre punti di vista: conoscitivo e culturale, affettivo e relazionale, motivazionale valoriale e comportamentale.

Dal punto di vista conoscitivo è utile ripercorrere alcune delle problematiche che al tempo di Platone erano assai vive e che possono aiutare anche oggi a comprendere l'importanza del contesto di vita comunitario.

Nei suoi dialoghi, in particolare nella *Repubblica*, Platone critica fortemente le modalità educative che erano prevalse fino ad allora. Esse erano centrate sull'apprendimento a memoria di testi poetici classici e in particolare dei poemi omerici, che divenivano riferimento costante per l'identificazione di modelli di vita e di comportamento. «La poesia antica era l'unico veicolo di comunicazione di conoscenze storiche, politiche, morali, e, altresì, tecnologiche, ossia una specie di «enciclopedia sociale», contenente tutto il sapere formativo dell'uomo» (Reale, 1998, 39). «Questa stessa poesia era essenziale per il sistema educativo da cui l'intera società dipendeva e per la sua continuità e coerenza» (Havelock, 1973, 79). Al concetto di educazione di tipo riproduttivo Platone contrappone un modello educativo centrato sulla ricerca appassionata del bene. Questa ricerca la si può condurre solo attraverso le forme del pensiero dialettico, della discussione argomentativa, della conquista delle idee fondanti la comprensione del bene e delle sue articolazioni. Persino i testi scritti, anche se redatti in maniera egregia, come gli stessi dialoghi platonici, non riescono a coltivare adeguatamente l'anima. Lo possono fare solo i dialoghi vivaci, le discussioni appassionate tra persone vive. «Solo nei discorsi orali fatti nel contesto dell'insegnamento, ossia scritte nelle anime dei discepoli, c'è "chiarezza" e "compiutezza", e sono questi i discorsi più importanti» (Reale, 1998, 114).

La comunità educativa ideale, dunque, è quella nella quale si ricerca insieme mediante il dialogo, la discussione, l'argomentazione dialettica, quali siano le vie della verità e si giunge a cogliere il bene e a godere il bello. Questo orientamento è oggi ripreso dagli apporti della ricerca pedagogica che si ispira a varie forme di costruttivismo sociale, basato in particolare sulla valorizzazione dei conflitti cognitivi e sociocognitivi (Doise e Mugny, 1982; Steffe e Gale, 1995; O'Connor, 1998). Lo slogan spesso valorizzato è «discutendo si impara» (Pontecorvo - Ajello - Zucchermaglio, 1993). Sia L.S. Vygotskij, sia J. Bruner, come spesso ricordato, hanno evidenziato anche il ruolo di ingresso in un mondo culturale, di promozione di forme di razionalità, di costruzione e condivisione di significati che tali conversazioni assumono, sia quando si tratti di sviluppi argomentativi, sia quando ci si concentri su forme narrative.

Sul piano affettivo e relazionale il ruolo di una comunità è in primo luogo quello di iniziazione alle pratiche che promuovono competenze relazionali e sociali e sollecitano forme di alfabetizzazione affettiva. I prossimi paragrafi metteranno in evidenza sotto questo profilo i caratteri e le condizioni di promozione di un clima positivo e di una piattaforma comunicativa che faciliti l'attuazione di questo ruolo formativo della comunità. D'altra parte una comunità viene a costituirsi come tale non tanto e non solo per forme di condivisione culturale, quanto e specificatamente per il tipo di rapporti interpersonali e sociali promosso.

Sul piano motivazionale, valoriale e comportamentale occorre ripercorrere la prospettiva aristotelica, poi sviluppata ulteriormente da Tommaso d'Aquino, che centrava l'educazione sulla formazione di un carattere virtuoso (Abbà, 1995, 302). Ma la genesi delle virtù e la relativa educazione morale non sono possibili in contesti sociali contraddittori. Occorre che l'educando esperimenti e si eserciti nella virtù in un contesto comunitario umano unificato da «una concezione della vita buona, da una "visione", da proprie storie che fanno rivivere gli eventi che hanno fondato la comunità e ne hanno definito l'identità, da una tradizione vivente che mette a confronto gli ideali tramandati con le nuove situazioni. I diversi compiti dell'educazione non possono essere adempiuti se non all'interno di comunità omogenee. Una teoria della virtù è dunque solidale d'una teoria dell'educazione morale in una comunità in cui i membri collaborano per un bene comune, un ideale di vita buona sulla base di una visione e d'una tradizione» (*Ibidem*, 1995, 298).

Tale prospettiva si scontra certamente oggi con l'etica liberale tipica delle società attuali. Tuttavia, secondo Abbà, è possibile comporre l'esigenza del pluralismo proprio delle attuali società e delle modalità di sviluppo di un'etica sociale e pubblica con le istanze di un'etica comunitaria.[1] Secondo questo Autore: «Le comunità e la società politica hanno funzione diversa, ma sempre necessaria, nella realizzazione della perfezione umana; altri sono i doveri della vita privata e comunitaria, altri sono i doveri della vita pubblica e politica, ma né la vita politica è indipendente dalla morale, né la morale si riduce alla morale pubblica e politica» (*Ibidem*, 299).

Da questo punto di vista le comunità, che possono costituire uno spazio

[1] Sergio Galvan in un suo contributo [S. GALVAN, «Per una teoria liberale della comunità». In: G. DALLE FRATTE (a cura di), *Concezioni del bene e teoria della giustizia. Il dibattito tra liberali e comunitari in prospettiva pedagogica*, Roma, Armando, 1995, pp. 347-364] dal quale è stata tratta anche la citazione sul concetto di comunità riportata nel primo paragrafo, ha proposto una composizione sul piano filosofico politico di quanto viene sostenuto da una concezione liberale della società e quanto viene prospettato da una visione comunitaria. Un'analoga prospettiva viene sviluppata da Will Kymlicka nel volume *La cittadinanza multiculturale* (Bologna, Il Mulino, 1999).

di conversazione educativa sufficientemente coerente e stimolante la crescita virtuosa dell'educando, sono certamente in primo luogo le comunità famigliari. In esse l'educando può sviluppare, sotto l'influsso dei genitori e degli altri membri, comportamenti e abitudini valide che se inizialmente sono assunte sulla base di motivazioni estrinseche come la fiducia, l'obbedienza, i premi e le punizioni, nel seguito possono diventare personalmente assunte perché tali motivazioni sono state interiorizzate e fatte proprie. La conversazione educativa aiuta proprio mediante la spiegazione, la riflessione, il ragionamento etico, l'esame critico prima e dopo l'azione, la stessa persuasione verbale e l'esperienza di modelli positivi a far proprio un mondo di valori, motivi e significati che caratterizza la comunità famigliare di appartenenza.

Comunità che possono svolgere una funzione educante analoga a quella famigliare per realizzare l'ideale di una vita buona sono quelle «unificate da una concezione sapienziale del mondo e da una tradizione vivente» (*Ibidem*, 1995, 299), come possono essere le comunità che condividono una istanza religiosa comune. A questa tipologia si possono collegare alcune forme associative sia religiose, che di volontariato.

È questa in gran parte la stessa prospettiva che MacIntyre ha proposto per lo sviluppo morale. In essa viene esaltato il ruolo della comunità, come luogo di iniziazione alle pratiche umane, dirette a vivere una vita buona e a coglierne i valori interni, e di individuazione di modelli di eccellenza per esse, e in particolare di quella pratica umana complessiva che concerne la vita buona. È interessante notare come anche in R. Rorty emerga il ruolo fondamentale della comunità nell'iniziare un soggetto a una determinata pratica di vita morale. Se Rorty, infatti, insiste sul fatto che non ci si può affidare a una legge morale precostituita, egli afferma anche che non ci si può abbandonare solo alle preferenze individuali. È all'interno di una concreta comunità umana che si diventa uomini, identificandosi in un primo momento con i modelli e gli stili di pratica di vita che questa porta in sé. Solo quando si è giunti a una vera maturità umana si può pensare a un distacco consapevole dal patrimonio culturale e morale della comunità di appartenenza. Se il senso della comunità umana è il «traguardo dell'educazione» (Rorty, 1996, 24), questo può essere promosso solo entrando in pieno in una tradizione educativa vissuta da una comunità specifica. Solo dopo una vera e propria forma di socializzazione primaria promossa dalla comunità di appartenenza è possibile avviarsi in un percorso di individuazione di un proprio itinerario di vita, che può implicare anche distacco da tale tradizione.

Oggi si può notare come le esigenze di universalismo poste da molti approcci alla fondazione dell'etica possano portare a forme di astrattismo tali da risultare insignificanti sul piano personale, cioè come guida alle scelte di vita quotidiane. Più ragionevole appare proprio il cogliere valori e norme morali nel contesto di un gruppo con il quale si condividono esperienze di vita e di lavoro, per poi riflettere sul loro senso e validità non solo in generale, ma come personali prospettive di vita e di comportamento.

3. Comunità scolastica e conversazione educativa

Esiste però un ambito nel quale possono entrare in conflitto prospettive di vita e morali assai diverse: è quello della scuola, soprattutto se gestita dallo Stato. Gli alunni stessi e le loro famiglie possono essere portatori di profonde differenze ideologiche, morali e religiose. Gli insegnanti di una stessa scuola spesso sono portatori anch'essi di una molteplicità di visioni del mondo e di assunzioni ideologiche. Tenendo conto di questa realtà alcuni pedagogisti hanno insistito sulla opportunità, se non necessità, di inserire tutti gli alunni fin dall'inizio della vita scolastica in contesti pluralistici, che stimolino precocemente scelte di vita e assunzioni di valore, scelte e assunzioni che possono essere compiute a ragion veduta solo una volta conseguite una sufficiente conoscenza del mondo e un'adeguata competenza etica. È la prospettiva tipica di una impostazione etica valida per una società pluralista secondo la prospettiva liberale e democratica. Altri hanno evidenziato il pericolo di promuovere in questa prospettiva un forte relativismo culturale e morale, un profondo soggettivismo, se non individualismo, nella considerazione delle scelte di vita e nei comportamenti, la impossibilità di una vera formazione del carattere (Lickona, 1991).

Occorre osservare che certamente la prima inculturazione, o socializzazione primaria, avviene nel contesto familiare. Ma sarebbe ingenuo pensare che la scuola possa limitarsi alla sola istruzione, nel senso di poter non avere influsso dal punto di vista educativo più generale e profondo. Anche senza volerlo esplicitamente la scuola può porsi in continuità con la famiglia o in contrasto con essa. Lo stile di vita, le forme di interazione e di comunicazione presenti, i modelli di vita e di comportamento degli adulti, quelli lodati o criticati, le opinioni espresse, ecc. sono tutte forme di conversazione educativa che influiscono profondamente dal punto di vista educativo.

Ma la scuola non è una istituzione educativa primaria e autonoma dalla comunità locale e da quelle familiari. D'altra parte lo stesso Stato non può imporre alla scuola una proposta etica ed educativa che superi la dimensione di una valida e feconda convivenza democratica e cura di una crescita consistente di responsabilità verso il bene comune. L'autonomia della singola istituzione scolastica, implica di conseguenza una maggiore partecipazione e responsabilizzazione delle famiglie e delle comunità locali, delle quali tale istituzione deve diventare sempre più chiara espressione sul piano della cultura antropologica di appartenenza e dei valori che la caratterizzano. L'obiezione che il pluralismo culturale e ideologico permea ormai le stesse famiglie, spesso complesse, e le comunità locali, ha un suo fondamento, ma questo non esime l'istituzione scolastica dal ricercare, per quanto possibile, una coerenza sostanziale con quanto vissuto dai singoli gruppi componenti la comunità locale. Anche perché è proprio attraverso le pratiche educative e sociali quotidianamente vissute dagli alunni che si esperimentano e si interiorizzano significati e valori.

Si giustifica, quindi, secondo questa prospettiva la proposta, di altri pedagogisti, di favorire ambienti scolastici che siano caratterizzati da una sufficiente omogeneità culturale, religiosa e morale, almeno fino a un livello di crescita adeguato. Come segnalato precedentemente, lo stesso Rorty ammette l'opportunità che l'educazione scolastica si attui in un contesto comunitario sufficientemente omogeneo dal punto di vista culturale e valoriale. Poi con il crescere e, soprattutto con la maggiore età ognuno affronterà il suo viaggio nella società, si confronterà con un contesto culturale più articolato, pluralistico e conflittuale. Ma avrà potuto all'inizio radicarsi da qualche parte nel mondo, acquisire una propria iniziale identità, integrando quanto sviluppato in seno alla famiglia con una prima socializzazione estranea a essa, e l'acquisizione di conoscenze e competenze culturali e professionali fondamentali per vivere e partecipare a una comunità più vasta e all'intera società.[2]

D'altra parte è anche vero che: «garantire la libera, giusta, pacifica convivenza delle diverse comunità è uno dei compiti propri della società politica» e, anche se la società politica non ha la competenza e la capacità di curare una completa educazione alle virtù dei propri membri più giovani, essa però deve garantire che questa possibilità sia data a ciascuna comunità. Attraverso le leggi e il loro rispetto, soprattutto nell'ambito della giustizia, essa garantisce «l'ordinata convivenza di persone e di comunità» (Abbà, 1995, 300-301). Non solo, la società politica cura anche che i processi educativi siano diretti alla coltivazione di quelle virtù civiche che rendono la vita collettiva segnata da giustizia, partecipazione responsabile, convivenza democratica. E ciò deve essere coltivato sia nelle scuole gestite dallo Stato che in quelle gestite dalle differenti comunità particolari.

In questa prospettiva rimane assai discutibile l'insistenza da parte di alcuni pedagogisti di inserire gli alunni fin dall'inizio della vita scolastica in

[2] Nello stesso volume citato nella prima nota è incluso il contributo di G. Dalle Fratte su «Per una teoria comunitaria della scuola» (pp. 365-390). Chi desidera approfondire il tema trova anche una ricca bibliografia in merito, oltre che una costruzione teorica originale e ben documentata.

contesti pluralistici, che stimolino precocemente scelte di vita e assunzioni di valore, scelte e assunzioni che possono essere compiute a ragion veduta solo una volta conseguita una sufficiente conoscenza del mondo e un'adeguata competenza etica.

4. La piattaforma comunicativa necessaria alla vita comunitaria

Tra le cause che provocano situazioni problematiche nel contesto delle pratiche educative si trova frequentemente l'incapacità di educatori ed educandi di comunicare tra loro in modo adeguato. D'altra parte la comunicazione tra le persone non è costituita solo da uno scambio d'intenzioni e di contenuti verbali, essa è soprattutto creazione di relazioni reciproche che determinano ciò che è stato chiamato «piattaforma della comprensione», dalla quale intenzioni e contenuti ricevono il loro significato pratico nei contesti operativi. Oltre le intenzioni, i contenuti, l'organizzazione del percorso educativo e le opzioni metodologiche, è importante vedere se le caratteristiche dell'azione educativa introducono e promuovono una situazione comune favorevole alla realizzazione del compito educativo.

Si può perciò intendere l'esame del rapporto educativo sotto il profilo della comunicazione interpersonale come una ricerca della qualità psicologica e pedagogica dei processi e dinamismi che si possono porre in atto per l'attuazione del compito educativo secondo il suo aspetto socio-interazionale. La piattaforma comunicativa che deriva dall'interazione tra i soggetti coinvolti nella pratica educativa, accompagna questa in tutto il suo dispiegarsi. Essa non viene a costituirsi fuori della pratica educativa, bensì nasce dalla situazione pedagogica in atto, cioè dall'azione e dall'attività dei diversi partecipanti; in altre parole non precede l'azione educativa, e neppure esiste isolatamente al di sopra della relazione interpersonale, ma ne è, piuttosto, il suo spazio operativo.

I termini con i quali si tende a simbolizzare il processo educativo dal punto di vista della comunicazione interpersonale sono molteplici. Tra i più frequenti si possono ricordare: rapporto educativo, relazione pedagogica, rapporto pedagogico, interazione pedagogica, comunicazione educativa, situazione comune, contatto educativo, atmosfera pedagogica (Xochellis, citato da Franta, 1977). Anche se si può essere d'accordo con quest'ultimo sul fatto che tali termini si possono considerare sostanzialmente equivalenti, è bene sottolineare come in queste categorie pedagogiche la situazione interpersonale venga vista quale reciproca interdipendenza, nel senso che la piattaforma comunicativa è il risultato dell'agire vicendevole dei singoli partner educatori ed educandi.

Se gli sforzi per realizzare la comunicazione interpersonale nell'interazione educativa prendono in considerazione soltanto l'aspetto sociale del compito educativo, occorre però sottolineare come l'elaborazione e la proposta di obiettivi e di contenuti educativi validi e una ben calibrata progettazione del percorso educativo possano garantire la creazione di una piattaforma comunicativa che abbia per conseguenza un clima interpersonale positivo.

Il rapporto educativo è certo un tema studiato da tempo nella pedagogia, ma con gli sviluppi della psicologia pedagogica è stato possibile conoscere quali forme di organizzazione e qualità processuali del comunicare sono capaci di facilitare la creazione di relazioni interpersonali autentiche. I risultati di questi studi si riferiscono in genere a tre sottosistemi di organizzazione sociale presenti nel contesto educativo: il gruppo degli educatori-educandi, il gruppo educatori, il gruppo degli educandi. Per cui quando, a esempio, ci siano disturbi comunicativi tra gli educatori, questa situazione ha dei riflessi sulla dinamica degli altri sottosistemi presenti nella comunità educativa. Altrettanto si può dire quando nel gruppo degli educandi le relazioni interpersonali sono di tipo difensivo, questo influisce sia sul gruppo degli educatori che sul gruppo educatori-educandi.[3]

5. Relazioni interpersonali nel gruppo degli educatori

Nell'esaminare il gruppo degli educatori, se i singoli membri comunicano tra loro con atteggiamenti di fraternità o collegialità, può, dal punto di vista della comunicazione interpersonale, essere utile considerare: le aspettative di ruolo di ciascun membro del gruppo, il modo di definire le reciproche relazioni, le forme di organizzazione.

Riguardo alle aspettative di ruolo, bisogna dire che, in un gruppo di educatori, nel quale i membri non avessero chiare le aspettative legate al loro ruolo, o dove queste aspettative fossero troppo difficili da realizzare a causa di ostacoli (sovraccarico, mancanza di competenze), o anche quando i compiti assegnati non fossero concordati, esisterebbero disturbi comunicativi che avrebbero conseguenze negative sulla vita del gruppo degli educatori e, infine, sull'intera comunità educativa. Quando invece le aspettative di ruolo sono definite in modo chiaro, quando sono realizzabili e concordate, non soltanto i compiti degli educatori saranno più facili da realizzare, ma essi proveranno più soddisfazione nell'attuarli.

Un'altra dimensione importante nel rapporto degli educatori è il modo con il quale essi definiscono le loro reciproche relazioni. Educatori che in-

[3] Nel seguito verranno viste da vicino le conclusioni a cui è giunto H. Franta nei suoi numerosi studi. Essi sono citati sotto la rubrica *Letture di approfondimento* e il lettore è vivamente invitato ad approfondire la tematica con il loro contributo.

troducessero nel gruppo comportamenti competitivi, formando sottogruppi per difendere le proprie idee, convinzioni, metodologie, legate magari alla differenza di età o tipo di formazione, non soltanto impedirebbero un positivo clima tra colleghi, ma porterebbero il gruppo al lavoro individualistico e spesso all'alienazione di alcuni membri. Quando invece gli educatori si prendono il rischio della fiducia nel relazionarsi con gli altri, nel rispetto della loro dignità di persona e quando s'impegnano in modo empatico a comprendere gli altri collaborando con loro in un genuino senso del Noi, diventano possibili relazioni autentiche nel gruppo degli educatori.

Per prevenire disturbi comunicativi dovuti a una conoscenza vicendevole superficiale e per facilitare più significative relazioni tra gli educatori, occorre non soltanto offrire occasioni per comunicare su temi legati a compiti educativi e stimolare a dare *feedback*, ma anche facilitare incontri a un livello più personale (per es. incontri culturali, escursioni, ecc.), affinché vi sia la possibilità di relazionarsi fuori del ruolo professionale.

Il rapporto tra gli educatori non soltanto dipende dal modo in cui sono stabilite e concordate le aspettative di ruolo e dalla definizione delle reciproche relazioni, ma è anche influenzato dall'organizzazione strutturale del gruppo. Nel caso in cui il gruppo degli educatori sia organizzato rigidamente secondo una struttura gerarchica, esso potrà senz'altro essere altamente funzionale in situazioni nelle quali i compiti degli educatori sono ben definiti e stabili, ma in questo caso può spesso capitare che vengano a mancare le iniziative per affrontare problemi che non sono contemplati nei ruoli loro assegnati. Quando invece l'organizzazione del gruppo permette e stimola – nel pieno rispetto dell'ordine gerarchico delle funzioni – la responsabilizzazione da parte di tutti, non soltanto esiste più motivazione a collaborare, ma gli educatori potranno anche centrare i loro contributi sullo sviluppo dell'interazione educativa in atto.

6. Interazione educativa tra educatori ed educandi

Le ricerche sull'interazione educativa indicano come il rapporto educatori-educandi dipenda in gran parte dal modo con cui gli educatori propongono i loro contributi educativi, da quali atteggiamenti essi assumono verso i giovani e, infine, dal tipo di organizzazione di gruppo che essi perseguono nell'interazione educativa.

Dal punto di vista del modo con cui vengono proposti i contributi educativi, occorre notare subito quanto sia importante che questi vengano centrati sulla persona dei giovani e siano raggiungibili. Infatti, se i giovani avessero l'impressione che i contenuti educativi sono ad arbitrio degli educatori, o se temessero di non poterli raggiungere, essi reagirebbero con insoddisfazione e indifferenza; mentre, se essi comprendono il significato dei contributi educativi, se li percepiscono come offerti a loro favore e se questi sono visti come raggiungibili o da loro realizzabili, potranno nascere relazioni interpersonali significative tra educatori e giovani. Nel rapporto educatori-educandi diventa perciò compito fondamentale aiutare i giovani attraverso la comunicazione discorsiva – nel rispetto della loro dignità di persona e nel rispetto della loro esigenza di crescita verso l'autonomia – a comprendere i contenuti educativi come offerte a loro favore, dando al tempo stesso la possibilità di confrontarsi con loro per raggiungerli o realizzarli.

Gli atteggiamenti educativi secondo cui l'educatore interagisce con i giovani sono uno dei temi più studiati nella ricerca sul rapporto educativo. Senza entrare nella discussione sul numero e sull'interpretazione di queste categorie (Franta, 1977b, 25) si possono considerare due dei principali atteggiamenti educativi: la dimensione emozionale e la dimensione del controllo.

a) *La dimensione emozionale*

La dimensione emozionale riguarda, nell'interazione educativa, l'incontro affettivo che si manifesta attraverso la qualità degli atteggiamenti e la forma di comunicare. Queste manifestazioni esprimono da parte degli educatori la valutazione che essi hanno della persona e del comportamento dei giovani. Nella polarità positiva di questa dimensione sono da collocare tratti come il rispetto, la stima, il calore umano, l'accettazione incondizionata; nella polarità negativa: il rifiuto, il distacco, la freddezza, la svalutazione.

Questa dimensione può essere vissuta come amore pedagogico (Franta, 1977a). Un primo tratto di tale amore pedagogico è l'accettazione incondizionata dei giovani, ossia la capacità d'incontrarli, indipendentemente dalla loro struttura psichica, dalle loro qualità fisiche, dalla loro provenienza sociale, come persone degne di alta stima e rispetto. Un ulteriore tratto della carità, che contribuisce a creare amorevolezza nell'interazione educativa, è la comprensione che l'educatore manifesta nell'impegnarsi a percepire il mondo dei giovani così come essi lo vedono e lo sperimentano, fino a partecipare ed essere coinvolto pienamente nella loro vita.

Se i giovani si sentono trattati come oggetti, ossia percepiscono che l'educatore non si cura dei loro sentimenti o delle loro idee, se essi si sentono incompresi o svalutati, interagiscono, di conseguenza, in modo difensivo. Quando l'educatore, invece di intervenire con modi comunicativi diretti (valutazioni, interpretazioni, moralizzazioni, ecc.), si impegna a vedere la vita del giovane così come essi la vedono e sperimentano, questi si sentiranno rinforzati a comunicare sul loro mondo.

Infine, l'educando svilupperà sentimenti di fiducia e sicurezza nei confronti dell'educatore in quanto non lo vede come uno che possiede la verità e che vuole dimostrare l'abilità dei propri ragionamenti e la validità delle proprie esperienze, ma lo percepisce come uno che s'interessa degli altri e li rispetta. Così l'educatore attraverso il processo di empatia diventerà un «alter ego» del giovane.

Nell'indicare le caratteristiche dell'amore pedagogico non si può trascurare il tratto dell'incoraggiamento (Franta - Colasanti, 1991). L'educatore non toglie mai la speranza ai suoi giovani, ma s'impegna sempre a trovare una soluzione alle loro difficoltà. Uno dei modi più usati per incoraggiare i giovani consiste, anche secondo il modello educativo di don Bosco, nel porre uno stimolo per un cambiamento nella condotta verso una mèta da raggiungere, manifestando al giovane la speranza che tale scopo può essere da lui raggiunto. Inoltre vengono prese in considerazione le diverse necessità ed esigenze dei ragazzi e ciò implica disponibilità, aiuto attivo, paziente e cordiale nelle diverse situazioni e necessità.

L'amore pedagogico implica anche il tratto della bontà, virtù che viene realizzata dall'educatore specialmente quando si dedica ai giovani più deboli, più bisognosi, senza tener conto se essi corrispondano o meno alla sua dedizione e al suo amore.

b) *La dimensione del controllo come autorità*

La dimensione del controllo si riferisce a quei fatti di autorità che stabiliscono i confini di una qualche competenza tra l'educatore e l'educando. D'altra parte è chiaro che l'educatore ha il compito di condurre gli educandi alla capacità di gestire se stessi in modo prudente e responsabile, rendendosi in questo modo sempre meno indispensabile.

In tale contesto l'educatore evita espressioni e forme autoritarie di comunicazione, forme che spesso portano i giovani a confronti spiacevoli con l'autorità degli adulti e che li costringono a un comportamento passivo, e si manifesta come un interlocutore, anche se dal punto di vista della competenza esiste fra loro un comprensibile dislivello (la relazione cioè è reciproca, ma non simmetrica).

I limiti di un comportamento autoritario possono essere così riassunti. Un comportamento autoritario non riveste alcun carattere di modello: se l'educando volesse imitarlo, sarebbe regolarmente punito. Ordini, comandi, imposizioni, inoltre, non hanno alcun influsso positivo sul processo educativo; essi provocano spesso negli educandi un comportamento pigro e passivo e li spinge a valutare se stessi sulla falsariga delle opinioni altrui. Gli ordini possono, inoltre, provocare irritazione e un comportamento di ribellione. Inoltre tale comportamento da parte degli educatori implica il rischio che i giovani si comportino così anche con i loro coetanei ed entrino in conflitto tra loro.

Per concretizzare la sua responsabilità nella comunicazione pedagogica e per facilitare la crescita dell'educando verso l'autonomia, l'educatore invece d'interagire con forme autoritarie (ordini, proibizioni, comandi, avvisi, ecc.) formula inviti, proposte e dà informazioni concrete. Nel suo esercizio di competenza e di autorità egli preferisce, quando le circostanze lo permettono, consultare gli educandi sulle decisioni da prendere, tenendo in considerazione le opinioni e i pareri da loro espressi, lasciandoli liberi in determinate scelte e in alcuni settori della loro vita, sempre che la situazione lo consenta e che non ci sia il rischio di danni fisici, psichici e morali per sé e per gli altri.

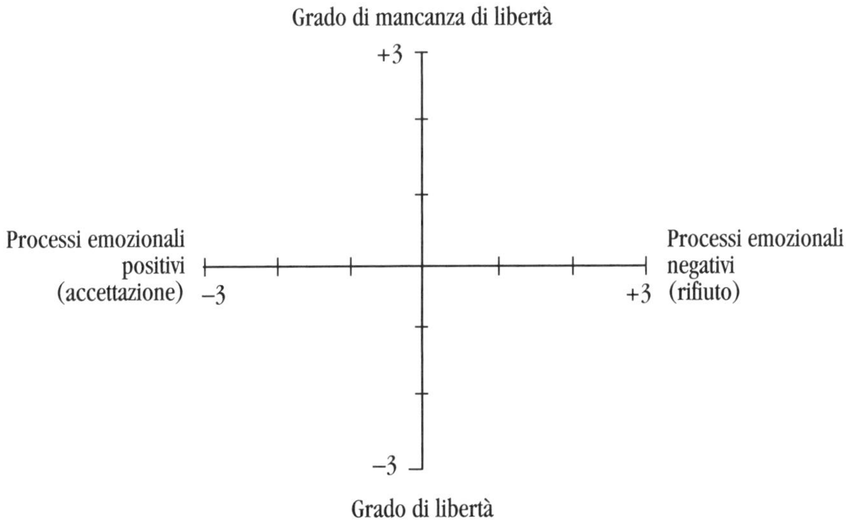

Fig. 1 - *Diagramma riassuntivo delle due dimensioni caratterizzanti gli atteggiamenti educativi secondo Franta* (1977).

7. Su alcuni aspetti organizzativi del rapporto tra educatori ed educandi

Gli aspetti organizzativi del rapporto tra educatori ed educandi riguardano la loro vita in gruppo. Per quanto si riferisce all'impostazione organizzativa generale della comunità educativa, scrive Braido (1969, 66): «Don Bosco come teorico della pedagogia ha risolto il problema del binomio educatore-educando, non nel rapporto democratico del cittadino in una città di ragazzi o in un villaggio di fanciulli, ma nell'immagine di una famiglia. Il suo sistema è nato per ridare o mostrare ai giovani l'ambiente totale e integrale della famiglia. Rapporto giuridico e pedagogico del padre-figlio-fratelli».

Tale clima familiare viene favorito in un primo momento dalla dinamica della coesione dei membri che compongono la comunità educativa. Si realizza tale processo quando i membri riescono attorno a valori significativi (religiosi, sociali, ecc.) a soddisfare i propri bisogni umani fondamentali, ossia quando:

– sperimentano di appartenere al gruppo fino al punto d'identificarsi con esso;
– sentono di poter stabilire contatti amichevoli significativi con gli altri appartenenti al gruppo;
– si sentono rinforzati dagli altri nella loro autostima;
– sperimentano che la dinamica del gruppo è favorevole per la propria realizzazione personale e quando concordano con i suoi scopi.

Nella misura in cui la vita della comunità educativa favorisce la soddisfazione di questi e simili bisogni umani fondamentali, cresce nei membri la dinamica di appartenenza e il senso di benessere; in caso contrario si sviluppano tra essi sentimenti di scontentezza e di frustrazione.

Relazioni interpersonali nel gruppo significano anche organizzazione, cioè partecipazione ad una serie di regole nelle diverse situazioni relazionali. Anche nella famiglia devono esserci delle norme per regolare la vita comunitaria.

All'interno di una comunità educativa le norme di vita risultano efficaci quando (Franta - Salonia, 1979, 136ss):

– sono stabilite quanto più possibile reciprocamente, cioè sono formulate attraverso il consenso per facilitare la convivenza;
– non esigono prestazioni che oltrepassano le forze reali (fisiche, psichiche, ecc.) dei membri, ma rispettano le condizioni delle persone nella comunità;
– sono flessibili, esplicite, univocamente formulate e costruttive per il raggiungimento degli obiettivi educativi.

Questi sono dei criteri che possono servire in riferimento a quelle norme che sono alla portata di decisioni della comunità educativa stessa, cioè che trattano di quegli aspetti organizzativi su cui i membri stessi della comunità educativa possono decidere. D'altra parte, se la comunità vuole realizzare la sua funzione educativa, è necessario che interpreti e viva quelle aspettative di ruolo che gli educandi devono essere in grado di svolgere nella loro vita futura. A questo proposito si possono ricordare due indirizzi: da un lato un'interpretazione piuttosto tradizionale delle competenze comunicative in cui vengono privilegiate le virtù della diligenza, dell'obbedienza, dell'ordine, della sottomissione e del rispetto; dall'altra, un'interpretazione più liberale che sottolinea valori come l'autonomia, la riflessione critica, la libertà da pregiudizi, la necessità di essere informato, la competenza nella comunicazione discorsiva, ecc. In genere, dal punto di vista della preventività prevale oggi la proposta di una via di mezzo tra l'interpretazione tradizionale e quella della pedagogia dell'emancipazione (Franta, 1984).

Il clima familiare di una comunità dipende anche dal grado di apertura e dalla misura in cui i membri si assumono il rischio di autopresentarsi, di comportarsi come persone autentiche, non nascoste dietro una facciata. Volendo formare una comunità educativa in cui i membri si incontrano in un clima di fiducia, apertura e familiarità, è necessario che educatori e giovani si mettano in relazione come persone autentiche che comunicano le loro esperienze in modo diretto, chiaro e specifico. Infatti, in una comunità familiare, dove i membri comunicassero tra loro in modo non autentico, manifestandosi attraverso messaggi indiretti, non specifici e incongruenti, si creerebbe un clima difensivo, cioè di sfiducia, d'insicurezza e di malessere. L'introdursi come persona vera e non difensiva non significa comunque manifestare tutte le proprie esperienze ma, qualora lo si faccia, è necessario essere sinceri riguardo a sé e agli altri.

8. Il gruppo degli educandi giovani

Riguardo ai singoli processi di gruppo (per es. l'influsso di standard di vita, il ruolo del leader, norme che si riferiscono al rendimento) Franta (1984) riprende alcuni risultati ricavati dalla psicologia sociale. Vengono elencati tra i fattori più importanti per la creazione di relazioni autentiche nel gruppo: la motivazione circa l'appartenenza al gruppo, i legami di amicizia, e i comportamenti cooperativi.

La motivazione ad appartenere al gruppo è un fattore decisivo per le relazioni interpersonali nei gruppi giovanili. Di fatto, in questi gruppi la partecipazione non è stabilita da fattori sociali (per es. essere assegnato a una determinata scuola o istituzione o gruppo giovanile), ma è risultato di scelte personali. Infatti, un giovane che si sentisse indifferente davanti agli obiettivi che persegue il gruppo, o che non condividesse le norme e gli standard che riguardano la relazione interpersonale all'interno di esso, che rifiutasse un ruolo assegnato, parteciperebbe in un primo momento con un comportamento passivo e cercherebbe quanto prima di abbandonare il gruppo. Perché i giovani si sentano motivati ad appartenere al gruppo, diventa necessario, da una parte, che il gruppo stesso raggiunga prestigio di fronte agli altri, e, dall'altra, che cerchi di concordare sia gli obiettivi da perseguire, sia gli standard, le norme e le aspettative di ruolo, per rendere la relazione interpersonale non solo più funzionale ma anche più umana e significativa.

Oltre a ciò è necessario che esso, per non chiudersi in se stesso e per essere aperto al mondo sociale, faciliti il raggiungimento dell'appartenenza per quelli che volessero partecipare, ma che a causa di qualche scarsa qualità personale, o per la loro appartenenza a uno strato sociale inferiore, o per scarsa attrazione fisica non sono accettati da coloro che compongono il gruppo. In questo caso diventa necessario stimolare i gruppi, affinché si mostrino meno selettivi circa la scelta dei loro membri, sviluppino più tolleranza verso gli altri e lascino sperimentare i vantaggi di un gruppo aperto e solidale con gli altri.

Quanto ai legami di amicizia, i singoli membri si sentono liberi di essere se stessi come partner spontanei in un clima di amicizia, solo quando nelle relazioni interpersonali, in cui si sentono rispettati ed accettati come persone nella loro individualità, quando si percepiscono come partner significativi e non sottomessi agli altri e, infine, quando provano la vicinanza degli altri e possono nutrire fiducia nei partecipanti del gruppo.

La vita del gruppo non soltanto diventa significativa quando esistono le condizioni necessarie per sentirsi attratti da esso (per es., per gli obiettivi, per la sua organizzazione, ecc.) e quando i membri possono entrare in relazione con legami di amicizia con persone valide, ma diventa significativa anche quando i singoli membri trovano spazi d'interazione e modi cooperativi per realizzare la loro attività di gruppo. Di fatto, solo se il gruppo trova spazi d'interazione per realizzare gli obiettivi proposti (per es. le condizioni per affrontare problemi personali, opportunità per vivere esperienze significative insieme) e quando, secondo lo stile cooperativo (cioè attraverso atteggiamenti di responsabilità, di partecipazione attiva e di solidarietà), i membri cercano di svolgere le loro attività, esso raggiunge il suo pieno significato.

LETTURE DI APPROFONDIMENTO

Sul concetto di comunità, e in particolare di comunità educativa, i testi sono molti. Per quanto concerne la comunità famigliare, si possono leggere: G. SNYDERS, *Non è facile amare i propri figli* (Firenze, La Nuova Italia, 1985); L. MACARIO, *Genitori. I rischi dell'educazione* (Torino, SEI, 1988); G. CAMPANINI (a cura di), *Le stagioni della famiglia* (Cinisello Balsamo, S. Paolo, 1994). Sulla comunità educativa sono disponibili: P. OREFICE, *La comunità educativa: teoria e prassi* (Napoli, Ferraro, 1975); S. VALITUTTI, *Comunità educativa e cultura* (Roma, Armando, 1975); J.J. DIEZ, *La comunidad educativa* (Madrid, Narcea, 1980); e soprattutto G. DALLE FRATTE (a cura di), *Concezioni del bene e teoria della giustizia. Il dibattito tra liberali e comunitari in prospettiva pedagogica* (Roma, Armando, 1995) con ricca bibliografia.

Sullo sviluppo delle relazioni interpersonali e di un sistema di interazioni positive all'interno di una comunità sono utili: H. FRANTA, *Interazione educativa* (Roma, LAS, 1977); H. FRANTA e G. SALONIA, *Comunicazione interpersonale* (Roma, LAS, 1981); H. FRANTA, *Relazioni sociali nella scuola* (Torino, SEI, 1985); H. FRANTA, *Atteggiamenti dell'educatore* (Roma, LAS, 1988); H. FRANTA e A. COLASANTI, *L'arte dell'incoraggiamento* (Roma, NIS, 1991).

ESERCIZI

Primo esercizio

Sviluppa una rilettura critica del concetto di comunità, quale esso è stato utilizzato in contesti educativi, rieducativi o terapeutici dei quali hai avuto una qualche esperienza diretta.

Quali significati e valori le venivano attribuiti e quali hai potuto sperimentare?

Quali difficoltà e pericoli ne hai percepito?

Secondo esercizio

Un utile strumento valutativo e autovalutativo dell'interazione educativa deriva dalle ricerche di H. Franta (1977b; 1988) e dal suo impianto teorico. Esso può servire per esaminare la propria o l'altrui modalità di impostare l'interazione educativa. Prova a utilizzarlo per osservare e valutare da questo punto di vista un'attività educativa.

Prima categoria: Controllo

L'educatore:

+ 2 lascia libertà ed autonomia ed è pronto ad intervenire se la situazione lo richiede
+ 1 quasi sempre lascia libertà ed autonomia
0 a volte lascia libertà ed autonomia, altre volte gestisce in modo autoritario l'interazione
– 1 quasi sempre o gestisce l'interazione senza lasciar spazio all'iniziativa o non dà alcuna direzione cadendo in uno stile «laissez faire»
– 2 è sempre o controllante o lassista

Seconda categoria: Rinforzo-stima-calore

L'educatore:

+ 2 valorizza e loda gli educandi anche indipendentemente dall'attività in corso
+ 1 valorizza e loda gli educandi in maniera congruente con quanto si va svolgendo
0 a volte loda e valorizza gli educandi, altre volte li trascura
– 1 raramente adotta un comportamento valorizzante e stimante verso gli educandi
– 2 prevalentemente durante la lezione svaluta, critica e punisce gli educandi

Terza categoria: Comprensione emozionale

L'educatore durante l'azione didattica:

+ 2 si interessa sempre degli educandi accettando e verbalizzando i loro stati emozionali
+ 1 quasi sempre si interessa degli educandi e dei loro stati emozionali accettandoli e verbalizzandoli
0 in alcuni momenti si interessa degli educandi e dei loro stati emozionali, altre volte li sminuisce
– 1 quasi sempre si disinteressa degli stati emozionali degli educandi
– 2 non si preoccupa mai degli stati emozionali degli educandi

Quarta categoria: Coinvolgimento

L'educatore:

+ 2 è sistematicamente coinvolto personalmente nell'attività educativa: manifestando impegno, sforzo ed energie nel realizzarla
+ 1 quasi sempre è coinvolto personalmente
0 solo in alcuni momenti è coinvolto personalmente
– 1 quasi sempre svolge la sua attività in forma apatica e disinteressata
– 2 svolge la sua attività in forma apatica e disinteressata

Quinta categoria: Collaborazione

L'educatore durante l'attività educativa:

+ 2 crea un clima collaborativo
+ 1 solo in alcuni momenti crea un clima collaborativo
0 solo in alcuni casi crea un clima collaborativo
– 1 non si preoccupa di creare un clima collaborativo
– 2 crea un clima competitivo

DECIMO CAPITOLO

LE FORME DELLA CONVERSAZIONE EDUCATIVA

Si possono cogliere nel contesto delle pratiche educative rilette nella prospettiva conversazionale alcune costanti modalità d'azione. La prima di esse riguarda il fare leva sulla persuasione verbale. Questa intende influire sul mondo interiore dell'educando, cercando di formare in lui convinzioni ritenute positive e di modificare credenze considerate negative, in modo tale che le sue scelte di vita siano coerenti con i valori educativi che si intendono promuovere.

La seconda modalità d'azione concerne metodi meno diretti, ma non meno efficaci, spesso ben intrecciati con la persuasione verbale. Si tratta della testimonianza, cioè il creare le condizioni nelle quali l'educando ha la possibilità di osservare situazioni e condotte ispirate ai principi educativi di riferimento, che sono in grado non solo di attrarre l'attenzione dell'educando, ma anche di diventare modelli di vita. Analoga a questa è l'esperienza vicaria, il far vedere comportamenti e modi di reagire di fronte a situazioni e contesti specifici che possono essere interiorizzati e fare da riferimento interno quando ci si trovi in situazioni e contesti analoghi. In queste forme di esperienza mediata si giunge a conoscere e ad amare sulla base dell'osservazione di altri. Non è tanto il proprio comportamento, quanto il comportamento altrui su cui si dirige l'attenzione e che sollecita la costruzione concettuale, il ricordo e il desiderio. Questo è tanto più sollecitante quanto più l'altro è oggetto di stima, identificazione, affetto.

Infine, va presa in considerazione come modalità d'azione il favorire l'esperienza diretta, l'essere direttamente coinvolti in azioni, interazioni, avventure, situazioni ricche di valori e significati tali da suscitare non solo percezione positiva, ma anche desiderio di coinvolgimento e di ulteriore sviluppo. Nell'esperienza diretta si giunge, infatti, a conoscere e ad amare sulla base delle conseguenze delle proprie azioni e interazioni, conseguenze cognitive e affettive.

Obiettivi del capitolo

Al termine dello studio di questo capitolo il lettore dovrebbe essere in grado di:

- *definire il concetto di persuasione verbale;*
- *descrivere il ruolo della persuasione verbale nel contesto della pratica educativa;*
- *definire il concetto di esperienza vicaria;*
- *descrivere il ruolo dell'esperienza vicaria e della testimonianza nella pratica educativa;*
- *definire il concetto di esperienza diretta;*
- *descrivere il ruolo dell'esperienza diretta nella pratica educativa;*
- *descrivere il concetto e il ruolo dell'esperienza di «flusso».*

1. La forza e la debolezza della persuasione verbale

Parliamo di persuasione verbale per distinguerla da altre forme di persuasione indirette come l'esempio, la testimonianza, l'esperienza diretta, l'esperienza mediata. La persuasione verbale, che d'ora in poi chiameremo semplicemente persuasione, può essere studiata da vari punti di vista. A esempio da un punto di vista logico, esplorando la validità e correttezza interna dell'argomentazione che si propone all'ascoltatore; oppure da un punto di vista pragmatico, cioè esaminando gli effetti persuasivi che le varie forme di discorso assumono e la loro forza o debolezza dal punto di vista pratico. Da quest'ultimo punto di vista la parola persuasiva può essere assimilata allora a un'azione (quando dire è fare).

Già Aristotele aveva messo in risalto la differenza di procedimento razionale e di organizzazione del discorso che esiste tra un'argomentazione in sé logicamente corretta e un'argomentazione efficace nel convincere gli altri. La razionalità implicata nella prima era definita *analitica*, la razionalità coinvolta nella seconda veniva detta razionalità retorica o più brevemente *retorica*. Lo studio della retorica, rivisitata soprattutto sotto il profilo di argomentazione persuasiva, quindi considerata prevalentemente nel suo aspetto pragmatico ha ripreso vigore nella seconda parte del secolo ventesimo. La «nuova retorica» si presenta come il mezzo fondamentale per impostare un'interazione discorsiva ragionevole (Laneve, 1981). La nuova retorica secondo Perelman (1979) è lo studio metodico delle «buone ragioni» che gli uomini adducono a giustificazione dei propri giudizi, delle proprie scelte, delle proprie azioni, e che non assumono i caratteri di argomentazioni e dimostrazioni ispirate alla razionalità analitica, bensì a una forma di razionalità anch'essa valida ma di altra natura, che sta alla base di «tutti quei ragionamenti che giustificano la nostra condotta senza determinarla, che ci lasciano la libertà di decisione senza tuttavia farci apparire le nostre scelte assurde e *senza ragione*» (*Ibidem*, 47).

Nella retorica entra come metafora (Rigotti, 1995) il concetto di «peso» che hanno gli argomenti a favore o contro. «Il pensiero argomentativo mette a confronto ragioni e contro ragioni, *soppesa* pro e contro, si decide per la ragione migliore o più forte in quanto più probabile, più ragionevole» (*Ibidem*, 42).[1] D'altra parte il genere di retorica più usato in campo etico ed educativo è quello *epidittico*. «Con questo genere di discorso la virtù viene elogiata e il vizio biasimato. I buoni esempi vengono raccomandati e quelli cattivi esposti a riprovazione» (*Ibidem*, 126). «Lo scopo principale dei discorsi di questo genere è di ispirare sentimenti generosi di onore e di virtù e di suscitare in essi disgusto verso ogni cosa abbietta e viziosa mediante esempi, che sono i più potenti mezzi di istruzione» (Ward, 1992; orig. del 1759). In Aristotele si sviluppa proprio nel contesto della retorica epidittica una trattazione di che cosa sia la virtù e che cosa il vizio e si specifica che la virtù si articola in giustizia, coraggio, moderazione, magnificenza, magnanimità, generosità, mansuetudine, saggezza, sapienza (Barilli, 1979, 18). «Se queste virtù ci paiono antiquate, proviamo a sostituirle con valori più moderni come quelli di giustizia, dignità, uguaglianza, tolleranza, pluralismo, democrazia» (Rigotti, 1995, 127).

Perelman nel 1952 aveva chiarito bene la distinzione tra l'atto di persuasione considerato nel contesto di processi educativi validi e lo stesso atto visto come forma di propaganda. Spesso si usa la metafora del predicatore-educatore all'interno di una comunità che condivide valori e significati di riferimento e del propagandista-missionario che vuole convertire gli ascoltatori ad altri valori e significati. Occorre quindi chiarire alcune possibili interpretazioni negative del termine persuadere. Persuadere un altro non significa dal nostro punto di vista manipolarlo, cioè: a) indurlo a fare qualcosa contro la sua volontà (mediante violenza o semplicemente imponendo qualcosa in nome della propria autorità o dell'autorità di una legge); b) annullando la sua capacità decisionale (a esempio mediante droghe, ipnosi o altro); c) ricorrendo a forme indebite di condizionamento (mediante denaro, prospettive di carriera, corruzione); d) per mezzo di forme pesanti di influenza psicologica (mettendo sulla bilancia il proprio prestigio o competenza, il fascino personale, il transfert che emerge nelle sedute psicanalitiche).

Persuadere un altro significa influire sulla sua volontà in maniera indiretta, agendo sulle sue convinzioni, sulle sue credenze, i suoi desideri, le sue opinioni, le sue attese e aspirazioni, i suoi valori e significati. Si cerca

[1] A noi sembra preferibile usare al posto di «più probabile», l'espressione «più plausibile», secondo quanto proposto a suo tempo da G. Polya.

un libero cambiamento della volontà dell'altro, influendo a livello cognitivo, cercando cioè di modificare questo suo mondo interiore in maniera «lieve», in altre parole lasciando la persona «*libera* di lasciarsi persuadere» (Piattelli Palmarini, 1995, 7). Di conseguenza la forza della persuasione verbale è una forza di natura intellettuale, non fisica, né emozionale, né legata a incentivi di natura economica o materiale. D'altra parte si può anche ricordare come propriamente parlando «un cambiamento di opinione che risulta da un processo di persuasione non è né *causato* dall'argomentazione persuasiva, né è *indipendente* da questa. [...]. Le opinioni, le convinzioni, le decisioni, le credenze, i ragionamenti, strettamente parlando, non hanno «cause». Eppure sono strettamente, intimamente legati tra di loro, e legati alle vicende del mondo circostante» (*Ibidem*, 36). Questa affermazione va intesa nel senso che esse non possono derivare da cause esterne in qualche modo analoghe alle cause che regnano nel mondo della natura e delle macchine, bensì solo da «cause interne», gestite dalla propria libera volontà.

In una circolare attribuita a don Bosco, che comunque esprime un preciso aspetto della pratica educativa salesiana del tempo, si dice: «È certo più facile irritarsi che pazientare: minacciare un fanciullo che persuaderlo: direi ancora che è più comodo alla nostra impazienza e alla nostra superbia castigare quelli che resistono, che correggerli col sopportarli con fermezza e con benignità. [...] Difficilmente quando si castiga si conserva quella calma, che è necessaria per allontanare ogni dubbio che si opera per far sentire la propria autorità, o per sfogare la propria passione» (Braido, 1992, 329-332).

Ricordiamo l'analisi della dinamica dell'azione umana, sviluppata nel terzo capitolo e nella quale si indicava come nella generazione di un'intenzione d'agire, cioè nell'elaborazione di una decisione, entrassero due componenti essenziali: il mondo interiore dei valori, delle convinzioni, dei desideri e il mondo esterno, o la situazione concreta, quale veniva percepito e interpretato dal soggetto. La persuasione verbale può agire su ambedue queste componenti: cercando di produrre modifiche o trasformazioni a livello di mondo interiore della persona, oppure a livello di percezione del mondo esteriore. Nel secondo caso l'azione persuasiva può anche limitarsi a fornire nuove informazioni, a indicare la maniera di vedere le cose da un altro punto di vista, valorizzando anche aspetti del mondo interiore proprio del soggetto in maniera nuova. Nel primo caso l'azione è più complessa perché valori, convinzioni, desideri sono aspetti della persona assai stabili e radicati.

Si usa dire che non c'è nulla di più persuasivo per una lepre che invitarla a correre. Questo detto riassume quella che è stata definita da Piattelli Palmarini (1995, 11) la «teoria centrale» della persuasione: «si ottiene il massimo della presa quando si adottano le linee di ragionamento che l'interlocutore è più incline ad accettare e quando si fa appello alle motivazioni che più gli stanno a cuore». In altre parole «da Aristotele in poi [...] si sa che la persuasione più efficace è quella che smuove dei meccanismi già presenti nell'interlocutore» (*Ibidem*, 47). L'opera di persuasione «sfrutta, in effetti, le molle già cariche dell'interlocutore, ma gli dischiude motivazioni nuove per farle scattare, e direttrici nuove lungo le quali estendersi» (*Ibidem*, 49). Questa affermazione indica un'altra componente essenziale della persuasione «L'originalità che deve possedere ogni argomentazione veramente persuasiva» (*Ibidem*, 35). Cioè «nella persuasione debbono coesistere [...] elementi prevedibili, quasi calcolabili, e elementi di spontaneità, freschezza, sorpresa» (*Ibidem*, 36).

In altre parole, il ripetere stancamente argomenti ormai logori e spesso utilizzati per convincere un altro senza cercare nuovi approcci, che da una parte valorizzino il suo mondo interiore e dall'altra abbiano un qualche carattere di novità, di dissonanza con quanto già più volte proposto non sollecita più di tanto, anzi può rinforzare l'opposizione. La parola «dissonanza» evoca però anche un altro problema: quello di come risvegliare l'attenzione dell'altro per quanto gli stiamo proponendo. Sappiamo infatti (Berlyne, 1960) che l'attenzione può essere sollecitata sia percettivamente, per l'incongruenza o novità dello stimolo sensoriale, sia cognitivamente (o epistemologicamente) per l'insorgenza di un conflitto cognitivo. Perché si abbia poi un adeguato livello di focalizzazione dell'attenzione è necessario sollecitare il suo stato di vigilanza o di tensione nervosa (tecnicamente «arousal»), ma non oltre certi livelli. Usando l'espressione di Csikszentmihalyi (1975) occorre collocare la persona in una condizione che si trova oltre la noia, ma al di sotto dell'ansietà («*beyond boredom and anxiety*»).

Queste constatazioni mettono in luce una specifica caratteristica della persuasione verbale: essa non si basa tanto sulla qualità logica deduttiva o induttiva dell'argomentazione, quanto sul repertorio di conoscenze del mondo, di valori, di convinzioni, di attese e desideri che sono presenti nel mondo interiore sia del persuasore che dell'ascoltatore. E non solo. È essenziale tener conto di quanto di comune e di pertinente esista tra tali due repertori in quanto a omogeneità o almeno in quanto a rapportabilità, continuità e interconnettività. E qui entra in gioco anche la qualità del linguaggio usato e della sua articolazione. Il problema è che non solo la comprensione, ma anche la produzione linguistica avviene spesso senza che noi ci rendiamo conto di come avviene. «Anche le costruzioni sintattiche più elementari, nel suscitare in noi certi effetti di comprensione e di persuasione, agiscono sempre attraverso meccanismi complessi, universali, inconsapevoli e di immancabile effetto» (Piattelli Palmarini, 1995, citando Chomsky, 186). È qualcosa di analogo a quanto descritto da Polanyi quando tratta della conoscenza personale o tacita, una conoscenza che non può essere espressa mediante regole e principi (Polanyi, 1990), o da Schoen (1993) quando esplora la competenza professionale degli esperti, una competenza che non segue regole o principi codificati o codificabili, ma emerge attraverso la riflessione non tanto prima e dopo l'azione bensì durante l'azione. Si può parlare allora di competenza comunicativa persuasiva tacita, altrettanto bene come di comprensione tacita. E anche in questo caso emerge tutta la validità e fecondità della valorizzazione di forme narrative di vario genere, nelle quali si condensano alcune delle qualità persuasive più penetranti dei discorsi tra umani.

Quello che importa indicare a conclusione di questa analisi della persuasione verbale è che questa certamente gioca un ruolo centrale nella conversazione educativa, in quanto essa cerca per sua natura di favorire lo sviluppo e l'orientamento di un mondo interiore nell'educando in modo tale che la sua volontà lo porti a impostare progetti di vita validi, a compiere scelte con questi coerenti e a perseguire con costanza e fortezza le mete educative prefigurate. Essa inoltre riveste un altro ruolo importante nel guidare la percezione delle situazioni concrete nelle quali si debbono compiere le scelte: fornendo ulteriori elementi informativi, aiutando a vedere le cose anche da altri punti di vista, favorendo la valorizzazione nel leggere tali situazioni delle molle interiori più adatte, ecc.

2. Il ruolo della testimonianza e dell'esperienza vicaria

Gran parte dell'influenza educativa che l'educatore può esercitare sull'educando deriva dalla qualità dei processi osservativi che questi può esplicare nel contesto dell'ambiente formativo e di fronte a persone significative. Sfortunatamente analoga influenza esercitano, come ognuno ben sa, ambienti malsani e modelli negativi. Osservando gli altri mentre agiscono e reagiscono in determinati contesti e prendendo in considerazione anche le conseguenze di tali comportamenti, infatti, i soggetti interiorizzano modi di agire e di reagire, regole e forme di comportamento e di relazione, formando così un patrimonio di esperienza che una volta codificata internamente serve da guida all'azione. Inoltre, essi sono portati ad attribuirne valore o disvalore. In molti casi inizialmente l'influenza più che sui valori, le convinzioni, le credenze personali si esplica nei riguardi della percezione delle situazioni e del modo di interpretarle e di agire in esse. A lungo andare, tuttavia, si cerca di darsene una ragione e si costruiscono non solo teorie ingenue esplicative delle ragioni che stanno alla base di tali comportamenti e modi di fare, ma anche convinzioni personali sempre più profonde circa la loro validità e utilità personale.

«Nel corso degli anni, l'effetto dell'osservazione e interiorizzazione di modelli è stato sempre riconosciuto come uno dei più potenti mezzi di trasmissione di valori, atteggiamenti, modi di pensare e di agire» (Bandura, 1986, 47-48). Bandura ha analizzato con grande cura i meccanismi propri dell'esperienza indiretta, utilizzando sistematicamente l'aggettivo «vicario», aggettivo che evoca il rivivere interiormcnte un'esperienza che è in realtà vissuta da altri. Egli ha analizzato i risultati delle ricerche disponibili, evidenziando gli effetti sull'apprendimento, sull'inibizione e sulla disinibizione ed esplorando in particolare: a) forme vicarie di vivere premi e punizioni; b) informazioni raccolte in modo vicario; c) motivazioni sviluppate su basi vicarie.

Non è il caso in questa sede di approfondire in dettaglio i meccanismi psicologici che stanno alla base dell'apprendere da modelli. Quello che è invece importante è riconoscerne il valore educativo e quali ne siano le condizioni di valorizzazione. D'altra parte tutto ciò è stato da lungo tempo evidenziato sia nella letteratura pedagogica, sia in quella spirituale. Il valore della testimonianza viva e dell'esempio, è stato certamente oggetto di esperienza diretta da parte di ciascuno di noi ed è stato sintetizzato in molti detti e proverbi popolari («verba volant, exempla trahunt», «medice, cura te ipsum», «predica bene, ma razzola male»), che in genere mettono in luce la maggior forza persuasiva delle azioni esemplari rispetto a quella delle sole parole, ma anche la necessità di coerenza tra le une e le altre. Una parola acquista valenza persuasiva soprattutto se è pronunciata da chi ne è vivo testimone.

Non va tuttavia trascurato il ruolo che dal punto di vista dell'osservazione e dell'esperienza indiretta ha l'ambiente o il contesto nel quale si sviluppa la conversazione educativa. Oggi si insiste, a esempio, sul fatto che l'educazione morale è possibile nel contesto scolastico come in quello famigliare, a condizione che questi ambienti diventino delle vere e proprie comunità etiche, comunità nelle quali si possono cogliere nelle azioni e nelle relazioni le ispirazioni valoriali e morali che le guidano. Dal punto di vista psicologico occorre segnalare il ruolo moltiplicatore che hanno i comportamenti che si attuano in gruppo, in quanto questi sono osservati da molti contemporaneamente, in più, coloro che ne sono influenzati e li riproducono diventano modelli per altri (*Ibidem*, 285). Qualcosa di analogo avviene quando si osservano e si interiorizzano comportamenti sviluppati in un programma televisivo visto da molti.

L'interiorizzazione di modelli di comportamento, specialmente se accompagnati da parole che ne spiegano il senso e il valore, è la base iniziale di quello che è stato chiamato «apprendistato». Un apprendistato pratico è caratterizzato dalla presenza di una persona esperta o competente (il mastro o maestro) che fa vedere come si fa a produrre un oggetto o a realizzare un progetto di natura più complessa. Segue poi un esercizio pratico da parte dell'allievo che intende acquisire la competenza espressa dal modello. Tale esercizio è guidato e supervisionato dal maestro e si sviluppa secondo una scansione temporale e di progressiva difficoltà e complessità. Inizialmente il controllo è sistematico e attento, la correzione frequente, la ripetizione degli stessi atti condotta fino all'acquisizione di una sufficiente precisione e scioltezza. A poco a poco il maestro si limita sempre più a osservare e controllare da lontano, a intervenire con parsimonia, lasciando all'allievo sempre maggiore autonomia. Apprendere da un modello in questo caso non è solo osservare, ma passare dall'osservazione progressivamente all'azione e all'esperienza diretta. In un primo tempo il modello è esterno, e con esso l'allievo deve frequentemente confrontarsi per acquisire abilità e coerenza di azione, poi il modello diventa interiore ed egli è in grado di valutare il proprio operato da solo, acquisendo progressivamente anche la capacità di monitorare sistematicamente il corso della sua opera.

Questa modalità educativa non si applica solo nel caso di apprendistati pratici e professionali, ma anche in altri settori dell'apprendimento, in particolare in campo intellettuale e morale.

3. L'esperienza diretta

Si usa dire che l'esperienza diretta è la base fondamentale della costruzione di significati, di valori e di atteggiamenti educativi, che guidano poi non solo l'interpretazione delle sfide della vita, ma anche le conseguenti decisioni e azioni. Ciò è certamente vero, ma vanno considerati con cura il suo ruolo e le condizioni entro cui essa costituisce effettivamente e validamente tale base.

In primo luogo la parola stessa «esperienza» deriva da *experiri* (passare attraverso), cioè provare, sentire, essere colpito da una situazione di vita. Il concetto di esperienza educativa è ben diverso da quello di attività educativa che viene proposta agli educandi. L'attività educativa riguarda per un verso le cose che si fanno da parte dell'educatore, l'orchestrazione e lo sviluppo di un'iniziativa, la pratica formativa impostata e realizzata, per un altro il perché la si fa, cioè gli obiettivi o mete educative che ci si propone di raggiungere. L'esperienza educativa riguarda invece i singoli partecipanti, quanto sono o sono stati coinvolti, la sollecitazione che provano o hanno provato, la modifica o trasformazione interiore che è avvenuta. Naturalmente secondo livelli o gradi diversi di profondità e di coinvolgimento. Dal punto di vista educativo è poi essenziale non solo che si sia sentito o provato qualcosa, ma anche che se ne sia divenuti coscienti.

In psicologia l'esperienza può essere considerata sia come sostantivo, sia come verbo. Come sostantivo è: «la valutazione soggettiva (cosciente) degli stimoli recepiti, o la conoscenza da essi derivata. Come verbo: «provare qualcosa, imbattersi in qualcosa, trovare qualcosa, sentire, soffrire alcunché, o acquistare coscienza di un oggetto di stimolo, di una sensazione o di un evento interiore» (Arnold - Eysenck - Meili, 1975, 383). D'altra parte K. Lewin (1965) elaborando la sua teoria del campo identifica il campo di esperienza interiore con l'insieme dei contenuti interiori che emergono progressivamente e con diverso grado di chiarezza alla coscienza. Esso, quindi, varia da persona a persona sia per estensione, sia per strutturazione, nonché per la dinamica che si svolge nel suo ambito.

L'esperienza diretta implica una partecipazione attiva dell'educando e non solo una osservazione dall'esterno. Quest'ultima può costituire un'esperienza educativa, ma, come abbiamo visto, è un'esperienza indiretta, mediata, vicaria, nel senso che essa avviene come a distanza e il meccanismo psicologico che la realizza ha ben diversi caratteri rispetto a quelli implicati nell'avere agito in prima persona.

In un'esperienza diretta giocano congiuntamente molti fattori. Tra questi rivestono un ruolo del tutto centrale le emozioni, che non vanno intese però come pure reazioni fisiologiche (quali incremento del battito cardiaco, sudorazione delle mani), bensì come intreccio tra tensione nervosa e valutazione dello stimolo che ne è stato o ne è all'origine. È utile ricordare come una stessa situazione possa dare origine a un'emozione negativa o positiva a seconda dell'attribuzione di significato e di valore che a questa si dà. Anche la sola vista di un cane può essere vissuta come un evento piacevole o spiacevole. È ovvio allora che un'esperienza educativa acquista significato e valenza positiva soggettiva in quanto essa è collegata a uno stato emozionale positivo, a un senso di benessere e di arricchimento.

4. L'esperienza ottimale

Mihaly Csikszentmihalyi (1997) ha esaminato in maniera articolata i contenuti fondamentali dell'esperienza, intesi come stati interni della coscienza di sé: emozioni, intenzioni, operazioni mentali. Le emozioni costituiscono l'aspetto più soggettivo della coscienza di sé, ma anche il contenuto più oggettivo presente nella mente. L'esperienza emozionale, infatti, ci appare più reale di quanto possiamo osservare nel mondo circostante o conoscere attraverso la scienza o la logica. Essa può assumere una duplice valenza, positiva e attrattiva o negativa e repulsiva e una diversa intensità. Le emozioni negative, come tristezza, paura, ansietà, noia, producono quella che è stata chiamata «entropia psichica», cioè uno stato interno che induce difficoltà di concentrazione soprattutto se rivolta verso attività esterne, perché occorre restaurare un ordine interno soggettivo.

Le emozioni positive, invece, come felicità, senso di efficacia o di vigilanza producono una «negentropia psichica», cioè non abbiamo bisogno di focalizzare la nostra attenzione sul ruminare interiore e il sentirci dispiaciuti rispetto a noi stessi, mentre, invece, l'energia psichica può fluire liberamente nei nostri pensieri e nelle nostre azioni. Il prototipo delle emozioni positive è la felicità, un bene da sempre posto come obiettivo fondamentale della condizione umana. Tuttavia, occorre osservare che la qualità della vita non dipende solo dal provare tale emozione, ma anche da ciò che uno fa per essere felice. Infatti, la sensazione di essere attivi, capaci e pronti, stato emozionale positivo, aumenta quando ci sentiamo coinvolti in compiti impegnativi e sfidanti, piuttosto che in attività in cui falliamo o che non richiedono da parte nostra sforzo e concentrazione.

Le intenzioni, gli obiettivi, le motivazioni che ci spingono ad agire sono tutte manifestazioni di negentropia psichica. Esse canalizzano l'energia psichica, indicano priorità e in questo modo creano ordine nella nostra coscienza. Senza di esse i nostri processi mentali sarebbero nel caos e deteriorerebbero rapidamente. Da questo punto di vista è meglio possedere non solo motivazioni intrinseche, bensì anche motivazioni estrinseche che agire automaticamente, senza un vero obiettivo su cui concentrarsi. Imparare a gestire i propri desideri e i propri obiettivi costituisce quindi un importante passo nel raggiungere livelli di eccellenza nella vita quotidiana.

Il terzo contenuto della coscienza di sé è dato dalle operazioni mentali. Queste vengono attivate e dirette dalle intenzioni d'azione. Nell'impostazione di Nuttin (1983) tali intenzioni derivano dall'immaginare una situazione migliore di quella percepita. Csikszentmihalyi (1997) sottolinea come nel pensiero sono coinvolti le emozioni e i desideri che attivano le energie psichiche, mentre le intenzioni forniscono loro un ordine, una prospettiva, un quadro di riferimento di risultati desiderati. Emozioni, intenzioni e operazioni mentali entrano in gioco in genere contemporaneamente, interagendo tra loro. La concentrazione, operazione mentale legata alla capacità di gestire la propria attenzione, è tanto più difficile da ottenere, quanto più difficile è il compito. Ma quando la persona ama ciò che fa ed è motivata a farlo, la focalizzazione della propria attenzione avviene senza sforzo anche quando le difficoltà oggettive sono elevate.

Csikszentmihalyi ha esplorato l'intera gamma delle esperienze segnate da risvolti emozionali. Egli ha preso in esame non tanto e non solo le sensazioni di benessere e di felicità, ma soprattutto di coinvolgimento personale intenso e produttivo. E ha racchiuso il livello massimo di questi stati personali intensi nel concetto di «flow», cioè di piena partecipazione e di esplicitazione completa delle proprie capacità e potenzialità. L'attività che viene realizzata in queste condizioni è percepita come degna di essere svolta per se stessa e fonte, essa stessa, di soddisfazione e gratificazione:

in una parola *autotelica*. È un'esperienza di sé come persona che riesce ad agire al massimo delle proprie capacità e questo stato di cose è già di per se stesso motivo di rinforzo. È un *sentimento di efficacia* (White, 1959), che viene definito da Csikszentmihalyi e Nakamura (1989) come l'esperienza di un fluire dell'azione, che presenta un quadro fenomenologico di questo tipo. Il soggetto: a) è coinvolto nell'attività che sta svolgendo; b) ha una chiara idea di come l'attività sta procedendo; c) esegue l'attività anche se non deve farlo per forza; d) non si annoia; e) non deve fare uno sforzo per stare attento a ciò che accade; f) non si distrae; g) prova piacere a fare ciò che sta facendo e ad usare le proprie capacità; h) non si sente in ansia; i) sa chiaramente che cosa si propone di fare; l) si sente in grado di controllare la situazione; m) non disperde attenzione nel guardarsi «dal di fuori», ovvero egli è totalmente immerso nell'attività; n) si sente bene; o) percepisce un «bilanciamento», un'adeguatezza tra le proprie capacità e le opportunità di azione o «sfide» poste dall'ambiente (Massimini - Csikszentmihalyi - Delle Fave, 1986, 136).

Un'esperienza ottimale di questo tipo di solito coinvolge un fine equilibrio tra l'abilità di agire e le opportunità di farlo. Se la sfida è troppo elevata si diventa frustrati, poi impauriti e infine ansiosi. Se la sfida è troppo bassa in relazione alle proprie abilità ci si può rilassare, fino a diventare annoiati. Se poi sfida e abilità coinvolte sono ambedue minime allora si tende a diventare apatici. Il livello ottimale emerge quando sia la sfida posta dal compito, sia la percezione delle proprie abilità ad affrontarla sono elevate. Uno schema che aiuta a cogliere le diverse esperienze emozionali che si possono provare nel contesto di un'attività educativa è quello di Fig. 1.

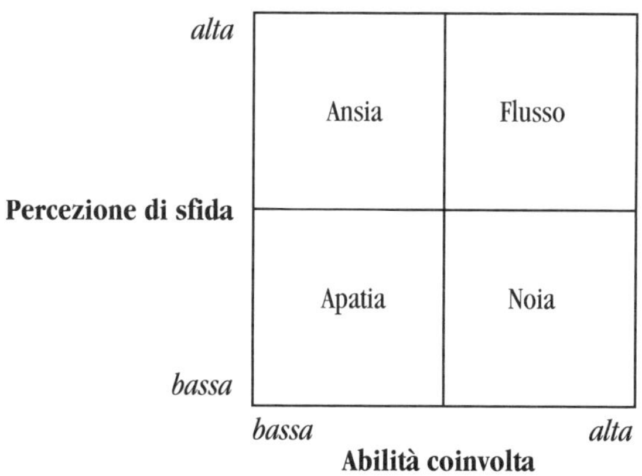

Fig. 1 - *La qualità dell'esperienza come funzione della relazione tra sfide e abilità. L'esperienza ottimale, o flusso, si verifica quando ambedue le variabili sono elevate.*

Naturalmente gli elementi che caratterizzano un'esperienza ottimale non sono sempre controllabili, di conseguenza esperienze altamente positive si intrecciano con altre nelle quali prevalgono l'ansia o la noia, l'apatia o la stanchezza. Dal punto di vista educativo il problema sta nel riuscire a far vivere in maniera sollecitante e gratificante azioni e situazioni che racchiudono in sé un alto valore morale, culturale, sociale.

Un'attività educativa diventa quindi un'esperienza educativa quando si realizzano alcune condizioni. Il soggetto in primo luogo la percepisce come interessante, stimolante, sfidante, suggestiva, sulla base di guadagni e significati internamente vissuti e non solo osservati in altri. In secondo luogo egli si rende conto del senso o della ragione di questa sollecitazione, cioè ha un ritorno riflessivo che permette una più o meno pronunciata concettualizzazione dell'esperienza stessa: perché egli ne è stato stimolato, che cosa gli ha fatto intravedere o verso che cosa gli ha fatto aprire gli occhi, da che cosa si è sentito attirato, quale guadagno personale ha acquisito, che cosa ciò può prospettare per la sua esistenza. È questa la base che può condurre nel tempo non solo ad avvertire il valore implicato in quella attività, ma a interiorizzarlo come riferimento per iniziative proprie e non solo quando ne sia sollecitato da altri.

L'esperienza diretta che si ottiene mediante una partecipazione attiva e personale ad attività ricche di potenzialità educative e ripetute nel tempo agisce sul soggetto in due direzioni: a) promuove una crescita personale nelle abilità, conoscenze e competenze connesse con quella stessa attività; b) favorisce una progressiva percezione del valore personale attribuito a quella pratica. Si può ricollegare questa constatazione al concetto di pratica umana proposto da MacIntyre e alla rilettura in chiave educativa che è stata fatta nel secondo capitolo. Nell'ambito della crescita morale lo stesso Aristotele ha messo in luce come le virtù necessariamente si sviluppino attraverso la loro pratica. A esempio, la prudenza implica un'attenta ponderazione delle situazioni nelle quali si deve agire, per questo chi manca di sufficiente esperienza diretta, come spesso i giovani, è meno prudente di chi, come in genere gli anziani, hanno una maggiore esperienza.

Può essere applicato all'ambito dell'esperienza diretta di valori e significati personali quanto descritto in precedenza circa il processo di interiorizzazione dei valori. Tale processo è connesso con l'agire stesso, cioè con l'esercizio pratico in contesti nei quali tali valori siano percepiti, vissuti e fatti propri.

5. L'interiorizzazione delle motivazioni estrinseche

La possibilità di provare esperienze positive, sia emozionalmente, sia cognitivamente è legata profondamente alla percezione che si ha del valore di una data attività al fine della propria crescita personale o di quella di altri a cui siamo legati affettivamente. La psicologia cosiddetta umanistica ha messo in evidenza come questa percezione sia legata a un insieme di motivazioni profonde e personali, che vengono denominate intrinseche. Deci e Ryan (1985) e Deci e Flaste (1995) hanno esaminato in particolare tre tipi di motivazioni intrinseche mettendo in luce il loro ruolo nell'esperimentare positivamente una determinata situazione di vita e l'interazione tra queste e quelle che sono state definite motivazioni estrinseche. Un fugace accenno ne abbiamo fatto al termine del quarto paragrafo del quinto capitolo, dedicato appunto alla domanda educativa.

Le principali motivazioni intrinseche, proprie di ogni essere umano e presenti fin dalla più tenera infanzia, sono per questi Autori: il bisogno di sentirsi autonomi, di percepirsi competenti, di relazionarsi con altri. Quanto alle motivazioni estrinseche, esse provengono dalle sollecitazioni esterne e sono relative alle varie forme di convivenza sociale e ai valori che sono in tali contesti prevalenti. Tra le motivazioni estrinseche giocano un ruolo importante la ricerca di fama, onore, ricchezza, potere, successo, attrazione fisica. Ma non tutte le motivazioni estrinseche di per sé sono corruttrici. Basti pensare alle conoscenze, alle competenze e ai valori di cui non si è mai avuta esperienza diretta.

Il bambino è sollecitato dalla forza interiore delle motivazioni intrinseche e nella valutazione della qualità delle sue esperienze utilizza come riferimento la coerenza o congruenza tra queste ultime e le spinte interiori provenienti dal bisogno di percezione di autonomia, di competenza, di relazione. Di qui la sua reazione emozionale e il costituirsi nel tempo di un atteggiamento positivo o negativo verso persone, situazioni, luoghi, attività. L'adulto ha quindi un ruolo educativo preciso nell'aiutare a canalizzare tali forze interiori secondo percorsi validi dal punto di vista della crescita personale, sociale, culturale e professionale. A esempio, il bisogno di sentirsi autonomi va guidato verso lo sviluppo di un proprio progetto di vita, di una capacità di scelta basata su valori caratterizzanti la propria identità e di perseveranza nel portare a termine le proprie scelte e i propri progetti. L'educazione alla libertà si innesta sul bisogno di autodeterminazione e di autorealizzazione.

La strada che conduce a una integrazione positiva di motivazioni intrinseche e motivazioni estrinseche si sviluppa secondo tre fondamentali livelli.

Il primo livello è quello della introiezione di modalità d'azione e di comportamento. Il soggetto, cioè, si regola nella sua condotta sulla base di influenze esterne (comandi, sollecitazioni, suggerimenti, proposte, modelli, mode) senza che queste vengano percepite e assunte personalmente, perché riconosciute congruenti con i propri bisogni fondamentali. Viene a mancare un mediazione interiore che consenta di verificare se certe indicazioni, sollecitazioni o influenze consentono un'autentica crescita di autonomia, di competenza o di capacità di rapporto personale. A esempio, si introietta il culto per il denaro e si accettano acriticamente forme di comportamento che sono prevalenti in contesti che fanno della ricchezza un valore dominante. Analoga esemplificazione può essere fatta per la ricerca della forma fisica o per la scelta del modo di vestire, di atteggiarsi o di esprimersi.

Un secondo livello di interiorizzazione delle motivazioni estrinseche deriva dalla identificazione di sé con forme di condotta, modalità di valutazione, prospettive di vita che derivano dall'impatto con gli altri, siano essi educatori o meno. Così una pratica sportiva può portare progressivamente all'identificazione di sé con i valori che sono propri di tale pratica; una pratica di aiuto agli altri vissuta in un contesto di attività di volontariato può portare a percepire tale pratica come positiva per la propria vita.

Il terzo livello di interiorizzazione conduce a una integrazione delle motivazioni estrinseche con le motivazioni intrinseche originarie. A esempio, la motivazione alla ricchezza e al guadagno viene moderata o integrata dal bisogno di sentirsi autonomi e competenti. Il riconoscimento economico viene colto come un segnale di competenza, la disponibilità di risorse come mezzo per vivere una vita famigliare serena e attenta ai bisogni dei singoli. Le motivazioni estrinseche in questo caso non sono valutate nella loro specifica identità, bensì in relazione a un migliore e più maturo soddisfacimento delle motivazioni intrinseche.

La prospettiva delineata da questi Autori può risultare utile per impostare in maniera valida e feconda la conversazione educativa attuata secondo le forme prima ricordate. Tuttavia, sembra necessario aggiungere alle tre motivazioni intrinseche individuate da Deci e Ryan il bisogno di attribuzione di senso alle proprie esperienze: possedere, cioè, riferimenti e disposizioni interne che consentano di interpretare in maniera significativa le vicende quotidiane che si devono affrontare.

6. Conclusione

A conclusione di questo capitolo possiamo riassumere sinteticamente alcuni principi di metodo che possono essere utilizzati nell'impostare da un punto di vista metodologico una pratica educativa. Il primo principio afferma che una conversazione educativa si gioca a più livelli: quello dell'esperienza diretta, quello dell'esperienza mediata e quello della persuasione verbale. Il secondo principio indica la necessità che un'esperienza diretta come un'esperienza vicaria siano opportunamente collegate a momenti di riflessione e di presa di coscienza del loro significato e del loro valore. Ciò può essere realizzato personalmente se si è in grado di farlo, oppure può essere sollecitato e guidato dall'educatore. Terzo principio: esperienza diretta ed esperienza mediata attraverso la riflessione e la presa di coscienza critica debbono portare a poco a poco alla concettualizzazione dei valori e dei significati coinvolti, giungendo a sempre più esplicite e stabili convinzioni e credenze. Quarto principio: la persuasione verbale ha un ruolo sia nel convincere a impegnarsi in una esperienza diretta, sia talora anche in una indiretta, ma soprattutto lo ha nell'aiutare a cogliere il senso e il valore personale in esse presenti, e nel farne un riferimento interno stabile ed efficace per agire in maniera coerente in circostanze analoghe o anche assai diverse, ma che da questo traggono il loro valore. Quinto principio: favorire una interpretazione delle proposte verbali e delle esperienze che sia coerente con i personali bisogni di percezione di autonomia, di competenza, di relazione positiva e di senso.

LETTURE DI APPROFONDIMENTO

Sull'arte della persuasione sono numerose le opere italiane o recentemente tradotte in italiano. Tra queste si possono segnalare: M. PIATTELLI PALMARINI, *L'arte di persuadere* (Milano, Mondadori, 1995); R.B. CIALDINI, *Le armi della persuasione* (Firenze, Giunti, 1995); N. CAVAZZA, *La persuasione* (Bologna, Il Mulino, 1996); N. CAVAZZA, *Comunicazione e persuasione* (Bologna, Il Mulino, 1997).

In francese è assai significativo il volume di L. BELLENGER, *La force de la persuasion. Du bon usage des moyens d'influencer et de convaincre* (Paris, ESF, 1997). In inglese è importante il lavoro di M. BILLIG, *Arguing and thinking. A rhetorical approach to social psychology* (Cambridge, Cambridge University Press, 1987).

Sui processi legati all'esperienza vicaria è fondamentale l'opera di A. BANDURA, *Social foundations of thought and action. A social cognitive theory* (Englewood Cliffs, Prentice Hall, 1986).

Sul ruolo dell'esperienza diretta nell'educazione si possono rileggere le pagine di J. DEWEY, *Esperienza e educazione* (Firenze, La Nuova Italia, 1967). Sempre sul piano pedagogico si può leggere di P. BERTOLINI, *L'esistere pedagogico* (Firenze, La Nuova Italia, 1987). I concetti di esperienza ottimale e di flusso, come le loro implicazioni educative, possono essere approfonditi leggendo le opere di Mihaly Csikszentmihalyi. In particolare si consiglia l'agile volume *Finding flow. The psychology of engagement with everyday life* (New York, Basic Books, 1997) e il più impegnativo *Flow. The psychology of optimal experience* (New York, Harper and Row, 1990). In Italiano esiste un volume di suoi allievi: F. MASSIMINI e P. INGHILLERI (a cura di), *L'esperienza quotidiana: teoria e metodo di analisi* (Milano, Franco Angeli, 1986).

ESERCIZI

Primo esercizio

Vogliamo persuadere una persona a non acquistare un'automobile costosa e vistosa solo perché è un elemento di prestigio sociale.

Occorre per prima cosa esaminare quali sono i desideri e i motivi che spingono la persona a tale acquisto. È effettivamente solo motivo di prestigio sociale, oppure entra in gioco la competitività con altri che l'hanno già acquistata o l'influenza delle qualità intrinseche del modello? Cioè occorre distinguere tra motivi stabili che spingono alla scelta ed elementi di giudizio che derivano dall'analisi della situazione (dove si vive, con chi si ha a che fare, lavoro che si svolge, qualità della vettura, ecc.).

a) Che si deve fare se si tratta prevalentemente di motivi solo di prestigio sociale: essere considerato dagli altri come appartenente a una categoria sociale elevata o come un ricco sfondato, o ancora una persona in vista?

b) Che si deve fare se si tratta prevalentemente di elementi informativi relativi alle qualità superiori della vettura?

Secondo esercizio

Leggi con cura questo passo tratto dal volume di D. Goleman e dedicato all'intelligenza emotiva. Esso si riferisce alle esperienze di flusso citate nel terzo paragrafo. Scrivi poi le tue conclusioni sia sul piano dell'orientamento educativo, sia su quello della metodologia educativa.

«[...] il modello del flusso indica che il raggiungimento dell'eccellenza in una qualunque capacità o campo di conoscenze dovrebbe, in linea ideale, avvenire in modo naturale, quando il bambino viene attratto nelle aree che suscitano spontaneamente il suo interesse essenzialmente in quelle che

gli piacciono. Quando il bambino comprende che l'impegno in quel campo – non importa se si tratta della danza, della matematica o della musica – è fonte del piacere assicurato dallo stato di flusso, questa passione iniziale può rappresentare il punto di partenza per raggiungere elevati livelli di prestazione. E poiché il mantenimento dello stato di flusso comporta che si superino i limiti delle proprie abilità, ecco una motivazione fondamentale per fare sempre meglio – qualcosa che rende il bambino felice. Quello che abbiamo appena delineato, naturalmente, è un modello dell'apprendimento e dell'educazione più positivo di quello con cui la maggior parte di noi si è scontrata a scuola. Chi non ricorda la scuola, almeno in parte, come una serie di noiosissime interminabili ore disseminate qua e là da momenti di grande ansia? Cercare lo stato di flusso attraverso l'apprendimento è un modo più umano, naturale e probabilmente anche più efficace per mettere le emozioni al servizio dell'educazione.

In generale, tutto questo conferma quanto sia fondamentale la capacità di incanalare le emozioni verso il raggiungimento di un fine produttivo; essa può manifestarsi nel controllo degli impulsi e nel rinvio delle gratificazioni, nel regolare i nostri stati d'animo in modo che essi facilitino invece di ostacolare il pensiero razionale, nel trovare la motivazione per insistere e provare – provare ancora – nonostante gli insuccessi, oppure nel trovare i modi per entrare nello stato di flusso e dare quindi prestazioni ottimali: in ogni caso, tutti questi comportamenti indicano che, applicata ai nostri sforzi, l'emozione può rivelarsi un motore potente, capace di dare loro maggiore efficacia» (Goleman, 1996, 123).

Terzo esercizio

Nella conversazione educativa sia persuasiva, sia solo legata a comunicazioni culturali, è essenziale che l'educatore sia comprensibile da parte degli educandi. Lo strumento di lavoro che segue è orientato a un'autovalutazione e valutazione esterna della capacità di comunicare in maniera comprensibile. Un uso assai agevole consiste nel registrare una conversazione mediante registratore solo sonoro o video e poi sottoporla ad analisi valutativa, per cercare di migliorare le proprie prestazioni future seguendo i criteri indicati. A questo scopo di possono utilizzare le seguenti *scale valutative relative alla comprensibilità della comunicazione*. È uno strumento di valutazione elaborato sulla base dei lavori di H. Franta e G. Salonia (1979). Prova a utilizzarlo registrando un tuo testo orale.

Categoria: Semplicità

L'educatore nella sua comunicazione con l'educando:

+ 2 usa tutti gli elementi della semplicità: frasi brevi, chiare e si serve di parole conosciute; quando spiega usa oggetti materiali e fa riferimento a cose concrete, se si esprime con vocaboli nuovi o tecnici ne spiega il significato
+ 1 usa quasi tutti gli elementi della semplicità
0 usa a volte elementi della semplicità a volte quelli della complessità
– 1 usa quasi tutti gli elementi della complessità
– 2 usa tutti gli elementi della complessità: frasi complesse con periodi lunghi e si serve di parole non comuni. Quando spiega usa un alto livello di astrazione e non specifica le parole tecniche o quelle nuove

Categoria: Ordine

La comunicazione dell'educatore presenta un contenuto:

+ 2 logico e coerente, e segue una metodologia precisa
+ 1 quasi sempre articolato e coerente
0 a volte ordinato, altre volte confuso
– 1 quasi sempre contraddittorio e privo di coerenza interna
– 2 confuso, disordinato, contraddittorio

Categoria: Brevità

La comunicazione dell'educatore è:

+ 2 breve, pregnante, concisa e focalizzata sulle mete educative
+ 1 quasi sempre breve e pregnante
0 a volte breve e a volte prolissa
– 1 quasi sempre prolissa
– 2 prolissa, estesa, superflua, ripetitiva

Categoria: Stimolazione

L'educatore comunicando:

+ 2 stimola sempre gli educandi ad interessarsi e a partecipare
+ 1 quasi sempre stimola gli educandi ad interessarsi e a partecipare
0 raramente stimola gli educandi ad interessarsi e a partecipare

– 1 si affida all'interesse suscitato dal contenuto della sua comunicazione
– 2 è impersonale e non stimola gli educandi a interessarsi e a partecipare

Categoria: Controllo della comprensione

L'educatore:

+ 2 durante la comunicazione verifica che tutti gli educandi lo comprendano
+ 1 verifica la comprensione del suo linguaggio basandosi sugli interventi spontanei degli educandi (questo metodo, anche se dà delle informazioni, spesso trascura i più lenti)
0 verifica la comprensione della sua comunicazione solo sulla base dell'attenzione prestatagli dagli educandi
– 1 raramente si interessa di verificare l'effetto della sua comunicazione
– 2 non si interessa, durante la comunicazione, se la sua comunicazione è adeguata ed è compresa dagli educandi

UNDICESIMO CAPITOLO

LA VALUTAZIONE DEI E NEI PROGETTI EDUCATIVI

I processi di valutazione sono stati spesso considerati come un processo che si svolge al termine di un'azione o alla conclusione della realizzazione di un progetto educativo. È un po' come fermarsi a guardare indietro ed esaminare il cammino percorso: da dove si è partiti? dove si è arrivati? gli obiettivi previsti sono stati raggiunti completamente o parzialmente? si è verificato un parziale o totale fallimento?

In realtà, i processi valutativi sono presenti nel corso di tutta l'attività educativa: sia nel momento progettuale, sia in quello realizzativo. Si valutano le situazioni di partenza per identificare i problemi che in esse sono presenti e che la nostra azione educativa deve cercare di risolvere; si valuta la bontà, coerenza, fattibilità del progetto che intende migliorare la situazione iniziale; si valutano nel corso della realizzazione del progetto sia le reazioni dei partecipanti, sia la qualità delle relazioni attivate, sia l'impostazione della propria azione, al fine di adattarla per quanto possibile a quello che via via si viene riscontrando. Certamente si valuta anche al termine del progetto: non solo i risultati ottenuti, ma anche il percorso attivato, e quanto emerso nel corso dell'azione.

Obiettivi del capitolo

Al termine dello studio di questo capitolo il lettore dovrebbe essere in grado di:

- *distinguere tra processi di raccolta delle informazioni e processi di valutazione;*
- *distinguere tra valutazione iniziale, formativa o continua e finale, indicandone caratteristiche e ruolo;*
- *descrivere le polarità fondamentali dell'attività valutativa;*
- *presentare alcuni dei principali paradigmi e modelli di valutazione;*
- *evidenziare i caratteri di una valutazione dei progetti educativi;*
- *descrivere il ruolo e le forme della valutazione regolativa dei processi educativi;*
- *indicare le ragioni di una valutazione dell'agire educativo;*
- *esaminare i caratteri della valutazione dei risultati dell'azione educativa.*

1. Valutazione e raccolta di informazioni

Una distinzione classica è stata avanzata negli anni cinquanta ed è opportuno che subito venga precisata. Si tratta della distinzione tra valutazione e misurazione. Valutare significa in primo luogo «attribuire valore» a qualcosa o a qualcuno. Di conseguenza il primo riferimento che va fatto è a una scala o gerarchia di valori. E qui si coglie immediatamente il riferimento agli obiettivi dell'azione e della pratica educativa progettate. Si è visto nei capitoli precedenti come la definizione degli obiettivi era possibile sulla base di due riferimenti: a) un quadro ideale di conoscenze, competenze, atteggiamenti, valori da promuovere negli educandi, nel quale veniva individuata anche una gerarchia d'importanza in relazione all'età, alla istituzione, al contesto sociale e formativo; b) una situazione reale, còlta attraverso forme adeguate di rilevazione delle condizioni di ciascun educando. Dal confronto tra questi due riferimenti derivavano giudizi di priorità e centralità e quindi un quadro ordinato di obiettivi da perseguire.

L'attribuzione di valore implica sempre l'adesione a un ideale di uomo e di società, a una fonte valoriale di riferimento, ma, contemporaneamente, anche una scelta di priorità che coinvolge una percezione quanto più possibile affidabile della situazione, o delle persona, che viene presa in considerazione. Da questa constatazione deriva la necessità di distinguere tra valutazione e raccolta di informazioni, tra valutazione e misurazione. Il primo processo, quello della valutazione, è legato ai concetti di interpretazione, attribuzione di valore, di giudizio, di decisione; mentre il secondo riguarda il reperimento di informazioni valide, pertinenti e affidabili e la loro rappresentazione sotto forma numerica o verbale. Più precisamente il secondo processo deriva dall'applicazione di procedure rilevative e di misurazione, proprie delle scienze e di molte attività pratiche, all'analisi delle qualità e delle caratteristiche peculiari delle persone. *Misurare* implica, infatti: a) considerare una qualità particolare degli oggetti come il peso, o delle persone, come l'intelligenza, che abbia determinate proprietà (sia cioè una grandezza e una grandezza misurabile); b) scegliere una sua unità di misura o unità campione; c) confrontare la qualità presente in un oggetto o in una persona con quella scelta come unità di misura o unità campione. Il rapporto esistente tra la qualità presente nell'oggetto o nella persona e la qualità unità di misura esprime la misura. Il valore del rapporto può essere espresso quantitativamente sotto forma numerica più o meno precisa o qualitativamente per mezzo di aggettivi e descrizioni verbali.

La raccolta di informazioni, dunque, permette di avere a disposizione alcuni dati espressi o numericamente o verbalmente. Esistono però altre informazioni circa le cose, le persone e le situazioni che non possono essere misurate, ma solo descritte a parole o con immagini. A esempio, la forma del volto di una persona o la sua simpatia non sono qualità misurabili; ai fini della valutazione, però, queste informazioni possono essere della massima importanza.

Valutare significa, dunque, esprimere un giudizio di valore circa i dati raccolti e le informazioni disponibili. Per far ciò occorre mettere in atto due processi interrelati tra di loro. Da una parte richiamare alla mente principi o criteri di riferimento predefiniti per leggere e interpretare alla loro luce i dati e le informazioni disponibili. Dall'altra, avere chiaro il motivo di questa operazione, cioè essere coscienti non solo del suo significato, ma anche delle finalità che a essa si attribuiscono.

Nel caso della valutazione che si esplica nel contesto educativo, criteri o principi di riferimento possono essere gli obiettivi che si sono posti all'azione educativa, a esempio promuovere la capacità di perseverare in un impegno gravoso per un periodo adeguato. Per poter esprimere un giudizio circa la situazione di fatto, cioè per sapere dove si sia giunti nel percorrere un itinerario che dovrebbe condurre a questo obiettivo, occorre avere a disposizione informazioni adeguate. Queste si possono raccogliere in varie maniere: più qualitative, osservando le persone nella loro attività quotidiana; più quantitative, sottoponendoli a una prova più strutturata. La valutazione che ne consegue è diretta a prendere una decisione: se, cioè, ci si possa ritenere soddisfatti per i risultati conseguiti, oppure occorra continuare nel cammino intrapreso, oppure ancora si debba modificare il nostro progetto operativo.

2. Valutazione iniziale, continua e finale

Ulteriori distinzioni riguardano il momento e il ruolo che ha la valutazione. Diversa, come abbiamo già notato, è la valutazione che viene realizzata all'inizio di una pratica educativa o quando, sulla base dell'emergere di una situazione problematica, occorre riprogettare la pratica stessa perché risultata inadeguata o controproducente. È quella che viene chiamata *valutazione iniziale*. Essa in genere ha un valore diagnostico, perché mira a descrivere uno stato di cose prima di un intervento. In campo educativo è, a esempio, assai importante sviluppare una diagnosi delle strategie cognitive, affettive e volitive dei soggetti, tre dimensioni della personalità che sono state esaminate nel quinto capitolo).

La *valutazione formativa* può riferirsi a due oggetti ben diversi. Esiste infatti una valutazione formativa diretta a valutare la qualità dell'elaborazione di un progetto sia mentre lo si sta sviluppando, sia quando esso sia stato completato. Più usualmente si parla di valutazione formativa per indicare la valutazione che ha luogo nel corso dell'azione educativa ovvero della realizzazione pratica del progetto. Il ruolo di questa forma di valutazione, come meglio approfondiremo nel seguito, è di tipo regolativo, cioè essa è diretta a guidare l'azione nel suo svolgersi, fornendo dati e informazioni di ritorno (*feedback*). L'azione, dunque, può essere di due tipi; l'azione di progettazione, e quindi la valutazione formativa serve a garantire la qualità del progetto; l'azione di realizzazione del progetto, e in questo caso la valutazione formativa svolge un ruolo di controllo della qualità dell'azione educativa. In questo secondo caso essa viene chiamata anche *valutazione continua*.

Esiste infine quella che viene comunemente chiamata *valutazione sommativa* o *valutazione finale*. Come l'espressione stessa indica si tratta di trarre le conclusioni o la somma di quanto realizzato, utilizzando tutti i dati e le informazioni in nostro possesso, sia quelle iniziali, sia quelle via via raccolte, sia quelle che emergono a conclusione della nostra attività.

3. Polarità della valutazione

Nella pratica educativa la valutazione assume un ruolo assai complesso e sistematicamente presente sia in maniera esplicita, sia, soprattutto, in maniera implicita. Le azioni e le relazioni che si esplicano in un contesto educativo sono costantemente guidate da tentativi più o meno riusciti di lettura e comprensione delle situazioni personali e di gruppo, di attribuzione di valore a quanto emerge in tali contesti, di apprezzamento degli aspetti positivi e negativi che si possono riscontrare, di verifica dei risultati conseguiti.

D'altra parte l'attività valutativa e autovalutativa è sempre presente sia nell'educatore che nell'educando. Ogni decisione implica un più o meno lento cammino di esame e valutazione della situazione che ci sollecita. Gli stessi stati emozionali derivano non solo dalle stimolazioni esterne o interne, ma soprattutto dagli apprezzamenti soggettivi di queste. Il sistema di riferimento che entra in gioco in ogni forma di valutazione è costituito, infatti, dal sistema del sé, con i suoi valori, significati, motivi, convinzioni, concezioni, principi e criteri di giudizio, percezioni ed emozioni. Questo sistema soggettivo viene posto in relazione alla percezione personale della situazione presente. Di qui, secondo Nuttin (1980), come abbiamo già ricordato, emerge la prefigurazione di una situazione migliore, che risponde cioè di più alle nostre aspirazioni e attese. La valutazione nasce appunto da questo confronto: tra situazione percepita e situazione desiderata.

Il processo di valutazione è sempre stato considerato come uno dei più presenti e impegnativi processi cognitivi dell'uomo. Nella varie analisi tassonomiche (Bloom, 1956; D'Hainaut, 1979; De Landsheere, 1973) la valutazione, considerata come elaborazione di un giudizio, occupa il livello più elevato di complessità di un processo cognitivo.

La stima di sé esprime anch'essa una forma di valutazione. Essa si può intendere infatti come il risultato di un confronto tra il concetto di sé, l'immagine interna che noi abbiamo di noi stessi, e un sé ideale o almeno possibile (Markus e Nurius, 1986). In genere, si concentra l'attenzione sul concetto di sé, includendo in questo anche modalità interpretative e valutative delle proprie qualità personali. A esempio, le scale utilizzate dal Tennessee Self Concept Scale (TSCS) riguardano l'identità (ciò che io sono), la soddisfazione (come mi sento) e il comportamento (cosa faccio) posti in relazione con le varie aree del sé: sé fisico, sé etico-morale, sé personale, sé familiare, sé sociale. Su questa autodescrizione esercitano la loro influenza molti fattori, tra cui quelli sociali (compagni, famigliari, educatori, comunicazione di massa).

Nel proseguire questa iniziale analisi della problematica educativa posta dalla valutazione, occorre esplorare alcune distinzioni importanti. In primo luogo si deve distinguere la valutazione di una situazione considerata in se stessa dalla verifica o controllo che essa di fatto risponda alle nostre attese. La prima forma di valutazione implica un complesso processo di attribuzione di senso e di valore, si tratta di penetrare nel cuore della situazione per comprenderla. Il controllo, invece, si riferisce alla verifica della presenza di ciò che ci si aspetta che ci sia: controllo delle presenze, controllo delle conoscenze e delle abilità, ecc. Si tratta di raccogliere ed elaborare informazioni per quanto possibile valide, pertinenti e affidabili circa la situazione in oggetto per verificare la presenza di quanto inteso. Si cerca di spiegare più che di comprendere. Nella valutazione è presente in maniera prevalente la soggettività, mentre nel controllo prevale l'oggettività (Ardoino - Berger, 1986, 122).

Si può in generale individuare un continuo che partendo da una polarità soggettiva, include: comprendere, cioè cercare di determinare il significato di una situazione senza tener conto di un quadro di riferimento predeterminato; attribuire valore, cioè apprezzamento della situazione o degli elementi che la caratterizzano sulla base di un riferimento predeterminato; stima o giudizio comparativo, che tende ad attribuire un livello o grado di validità sulla base di un ordinamento; misura vera e propria, che tende non solo a dare un ordine, ma anche a esprimere il giudizio in forma quantitativa, utilizzando una precisa unità di misura.

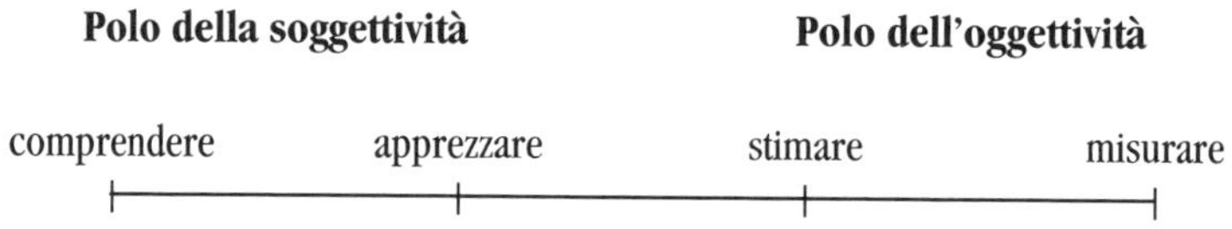

Fig. 1 - *La valutazione tra polarità soggettiva e oggettiva.*

Nella pratica educativa sono presenti tutti questi aspetti del processo valutativo, anche se di volta in volta si tende a privilegiare l'uno o l'altro anche sulla base di preferenze di natura ideale o, talora, ideologica.

Occorre comunque ricordare come in tutti questi casi si tende a costruire una rappresentazione della situazione reale sulla base di più o meno precise, esplicite e pubbliche attese. Tale rappresentazione può assumere la forma di descrizione verbale di natura narrativa o per aggettivi, di descrizione per immagini o per diagrammi, di rappresentazione numerica o funzionale. Ma si tratta sempre di rappresentazioni della realtà e non della realtà stessa. Comprensione, apprezzamento, stima e misura sono sempre riferite a tale rappresentazione e quindi in qualche modo si pongono a una certa distanza dalla realtà. Per questo stesso motivo non si può mai affermare che la nostra valutazione è oggettiva, nel senso che essa è un'immagine fedele della situazione in oggetto. Tuttavia è possibile, anzi è doveroso, impegnarsi a rimanere il più possibile vicino a essa. Questo vuol dire che dovremo rimanere aperti non solo a nuovi elementi informativi, che possono modificare il nostro giudizio, ma anche a nuove prospettive o nuovi quadri di riferimento valutativi.

Una modalità procedurale che permette di rendere più accettabile socialmente e valida educativamente una valutazione consiste nel prendere in considerazione anche un polo intersoggettivo, cioè nel ricercare il consenso degli altri. Questo comporta un confronto e una discussione pubblica, nel senso che almeno due educatori debbono confrontarsi tra loro e cercare un accordo sul loro giudizio. Si può giungere per questa strada a coinvolgere nella valutazione gli stessi educandi, oltre che i vari educatori. Si tratta di incrociare i giudizi, di moltiplicare i punti di vista e le prospettive, i «registri di veridicità» (Chevallard, 1990, 33), nella speranza di ottenere una maggiore affidabilità o veridicità di enunciazioni.

Ne deriva un quadro di riferimento che considera per la valutazione una triplice polarità: una polarità soggettiva, una oggettiva e una intersoggettiva. Lo spazio della valutazione assume allora una forma triangolare ai cui vertici si trovano appunto le tre polarità ricordate. Esso può essere rappresentato come in Fig. 2.

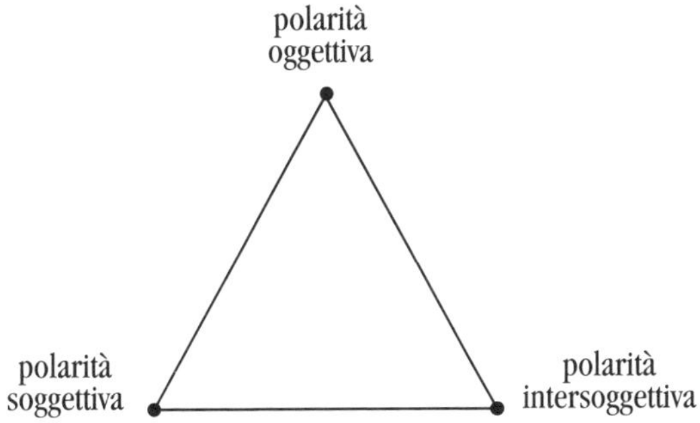

Fig. 2 - *Le tre polarità della valutazione.*

In ciascuno dei lati del triangolo è possibile individuare un continuo che va dal soggettivo all'intersoggettivo, dall'oggettivo all'intersoggettivo e, come già considerato, dal soggettivo all'oggettivo. Nel primo caso il continuo prende in considerazione un progressivo allargamento del consenso pubblico; nel secondo caso il passare da un accordo sulle procedure di misurazione a quello sull'interpretazione e comprensione della situazione in oggetto.

Nell'analisi di una pratica educativa, oppure nella progettazione di un intervento formativo, il triangolo sopra descritto può servire da quadro di riferimento per cercare da una parte di descrivere le pratiche valutative presenti o progettate, dall'altra per giudicarne la qualità sulla base delle assunzioni ideali del modello o dei modelli educativi preferiti. Certamente la pratica valutativa propria di un processo di qualificazione professionale superiore deve essere diversa da quella propria di una pratica educativa rivolta a soggetti che presentano disagio o disorientamento esistenziale;

quella diagnostica propria di uno psichiatra che vuole individuare eventuali forme psicotiche presenti nel paziente si differenzia da quella da attivare in una terapia di sostegno diretta a un soggetto ansioso.

4. Paradigmi e modelli di valutazione

La relazione educando-educatore viene spesso istituzionalizzata attraverso il rito della valutazione: ciò produce un'iscrizione istituzionale dei due poli del processo valutativo (Chevallard, 1990). La costituzione di un soggetto come giudice di un altro avviene all'interno di una istituzione ed è in nome dell'istituzione, di una particolare istituzione, che vengono contestate le valutazioni prodotte da altri. È l'istituzione che legittima l'operare di un valutatore che dichiarerà se e in quale misura l'educando è così come l'istituzione ha il diritto di aspettarsi. È un problema di veridicità, che non può essere espressa da una misura «vera», ma soltanto tendere ad adeguate forme di validità, pertinenza e affidabilità.

Nei vari contesti istituzionali possono essere identificati alcuni paradigmi valutativi fondamentali. Il primo e più diffuso paradigma considera la valutazione come un confronto tra i soggetti. Si paragonano, cioè, tra loro gli educandi sulla base di alcuni aspetti o categorie valutative ritenute rilevanti. A esempio, nella scuola molte pratiche valutative si limitano a tener conto del numero degli errori commessi e della loro gravità. Dai conteggi si ottiene un numero preciso che permette di collocare gli studenti entro una scala più o meno estesa di punteggi: più sono gli errori e più essi sono gravi, più il punteggio è basso. Per far questo è necessario partire da un punteggio massimo: quello di chi non fa alcun errore. È un esempio di quella che si può definire «valutazione comparativa», un tipo di valutazione che ha ampie risonanze sui processi di autovalutazione e sullo stesso concetto di sé.

Un paradigma valutativo diverso porta a confrontare ciascun educando non con i suoi compagni, bensì con gli obiettivi educativi che fanno da riferimento all'azione educativa. Per poter far questo, come abbiamo già segnalato, occorre che gli obiettivi siano identificati ed espressi in maniera sufficientemente chiara e non ambigua, cioè che essi permettano di poter esprimere un giudizio del tipo «questo soggetto ha o meno raggiunto l'obiettivo che si era posto a riferimento dell'azione educativa». Un obiettivo espresso in questo modo assume anche il nome di «criterio» di valutazione: criterio per decidere se si è raggiunto o non si è raggiunto l'obiettivo inteso. Si tratta di un tipo di valutazione che viene definita «valutazione in base a criteri».

Naturalmente queste due forme di valutazione implicano la formulazione di un giudizio, ma il confronto che si opera nel primo caso è di tipo relativo, considera cioè una distribuzione di livelli di crescita o di apprendimento raggiunti dagli educandi presi in considerazione contemporaneamente. Il modello soggiacente è quello di una distribuzione normale o a campana di dati statistici. Il confronto attivato nel secondo caso è più individuale, ciascun soggetto è confrontato con gli obiettivi proposti e questi ultimi possono essere stati anche definiti su base personale e non collettiva. Comunque è chiaro il ruolo dell'educatore nell'elaborare un giudizio e nel prendere una conseguente decisione.

Un ulteriore paradigma valutativo prende in considerazione soltanto la componente informativa della valutazione, trascurando quella propria dell'emissione di un giudizio formale relativo all'educando. In questo caso il momento decisionale ha prevalentemente una funzione regolativa del processo, cioè si intende seguire da vicino lo sviluppo della pratica educativa e i suoi effetti e adattare il proprio comportamento e le proprie azioni a quanto via via rilevato. L'azione educativa viene cioè assistita dalla valutazione. È qualcosa di analogo a quanto avviene in campo medico, quando si vuole seguire il decorso di una terapia raccogliendo con continuità e sistematicità le informazioni pertinenti riferite al miglioramento, o al peggioramento, delle condizioni del malato.

In questo caso si possono avere due varianti fondamentali. La prima vede protagonista l'educatore, al quale sono affidati non solo compiti informativi e interpretativi della situazione, ma anche la formulazione delle decisioni conseguenti. È quella che abbiamo definito «valutazione formativa», una forma di valutazione che utilizza il concetto di monitoraggio, cioè di raccolta sistematica e continua di informazioni relative a qualche aspetto della pratica educativa, al fine non solo di tenerla sotto controllo, ma anche di trasformarla, migliorandola, in base agli obiettivi che si intendono perseguire e ai risultati fin'allora conseguiti.

La seconda variante vede come protagonista l'educando stesso. Viene cioè evidenziato il ruolo dell'educando nel processo formativo. In fin dei conti è costui che, con l'aiuto e la guida dell'educatore, deve educare se stesso. L'educatore garantisce un *feedback* più o meno continuo circa le azioni e i comportamenti dell'educando, fornendogli gli elementi conoscitivi di cui egli ha bisogno non solo per orientare le sue azioni, ma anche per valutare se stesso e le proprie prestazioni. Viene valorizzato il concetto di monitoraggio di sé. Un esempio viene dal cosiddetto *biofeedback*, cioè dalla possibilità di raccogliere informazioni sul proprio comportamento o sul proprio stato emozionale a partire dalle reazioni fisiologiche del proprio organismo (sudorazione, variazioni elettrochimiche, battito cardiaco, ecc.). È chiaro in questo caso lo spostamento di attenzione circa il ruolo o la funzione della valutazione stessa. Qualcosa di analogo è stato proposto da J. Cardinet (1989): una valutazione da lui definita «consapevolizzante», «un approccio che privilegia la partecipazione attiva e l'autonomia degli educandi, ai quali si tratta di fornire i segni di riferimento espliciti, perché, avendo preso coscienza delle proprie difficoltà di funzionamento, possano prendere in mano la propria trasformazione» (Hadji, 1995, 67).

È chiaro che la definizione di un progetto educativo implica anche la scelta di un paradigma valutativo di base, magari integrandolo con altri in una metodologia specificatamente elaborata per risolvere la situazione problematica affrontata. Tale scelta andrà ulteriormente affinata cercando di individuare le modalità concrete di attuazione della valutazione. E qui si apre una vasta gamma di opzioni. A esempio E. Eisner (1986) ha suggerito una più ampia valorizzazione di metodi che si ispirano al modo di giudicare degli esperti nel caso di opere d'arte, di testi letterari e poetici, di risultati di lavorazioni sofisticate come produzione di vini di qualità, di situazioni difficilmente riconducibili a fattori e variabili misurabili con strumenti precisi. Ne è nato il modello detto della *connoisseurship*.

Si può qui solo accennare all'esistenza di metodi osservativi (Postic - De Ketele, 1993), distinguendo tra osservazioni sistematiche e non sistematiche e osservazioni partecipanti; di modelli psicometrici e docimologici; ecc. Di tutto questo si tratta abbondantemente nei manuali specificatamente dedicati alla valutazione. Una certa attenzione, però, può essere data ad alcuni metodi o modelli meno considerati.

Il modello clinico riconosce esplicitamente la necessità di tener conto nell'impostazione di un programma educativo e nella valutazione della sua efficacia non solo dei sintomi specifici, ma anche delle caratteristiche di tutto l'organismo considerato nel suo contesto ecologico, come equilibrio dinamico interno al soggetto e in riferimento all'ambiente sociale, culturale e fisico esterno. Ne deriva la necessità di un approccio più sistemico alla valutazione, che consideri tutto il sistema di relazioni esistente tra i vari fattori che influiscono sulla prestazione (fattori psicologici, sociali, ambientali, scolastici, ...). Di qui la sottolineatura dell'importanza di rilevare anche i possibili effetti collaterali. Un trattamento medico, a esempio, può ben guarire da una malattia, ma introdurre effetti tossici tali da rendere la situazione finale peggiore di quella iniziale. Inoltre andrà sviluppato un continuo controllo del processo, utilizzando sia metodi formali (prove di valutazione, test standardizzati) sia informali (colloqui, osservazione della situazione di classe e dei comportamenti degli allievi) in modo tale da intervenire e modificare gli interventi appena ciò si renda necessario.

Non basta, inoltre, avere un quadro degli effetti attesi e di quelli non attesi, occorre giungere anche a una loro interpretazione, cioè tentare di risalire a una qualche forma di comprensione delle relazioni possibili tra i vari elementi in gioco (e non solo qualità degli obiettivi prescelti, bontà dei metodi adottati e del sistema di relazioni attivato, ecc.), se non a una vera e propria spiegazione che evidenzi in maniera chiara la relazione causa-effetto tra azione attuata e risultati ottenuti. In effetti, anche in campo medico non è immediato assegnare a una cura praticata la responsabilità totale dell'eventuale beneficio, in quanto interagiscono spesso fattori di vario tipo, tra cui alcuni di ordine psicologico e ambientale. Inoltre, anche in campo medico, si accentua sempre più la necessità di adottare un sistema di valutazione che si allarghi nel tempo e ricerchi elementi informativi riferentesi alla storia precedente del paziente, al suo stato presente, alla cura praticata, agli effetti diretti e indiretti della cura, ai suoi risultati immediati e a quelli che si possono controllare solo dopo un tempo adeguato. Questo vale ancor più nel campo educativo.

Il modello antropologico o della «illuminative evaluation», introdotto da M. Parlett e D. Hamilton (1976), riduce notevolmente l'attenzione rivolta ai risultati dell'azione educativa per uno studio intensivo, condotto secondo i concetti e i metodi propri dell'antropologia culturale, delle esperienze educative considerate come un tutto: la maniera di impostarle, la loro evoluzione, le loro operazioni principali, i risultati ottenuti e le difficoltà incontrate. Essa tiene conto non solo di quanto viene direttamente svolto come singola attività, ma anche di tutto il contesto educativo. In effetti, essa vuole primariamente illuminare i partecipanti all'esperienza educativa su che cosa sta succedendo e perché, in modo da permettere giudizi più articolati e completi e trasformazioni migliorative più sensibili alla complessità del problema.

5. La valutazione dei progetti educativi

Come accennato, una valutazione formativa può essere anche riferita al formarsi o definirsi di un progetto educativo, mentre una valutazione sommativa può essere fatta nei riguardi di un progetto educativo già elaborato in tutte le sue componenti. Sia nel primo, sia nel secondo caso un primo esame deve essere dedicato agli aspetti istituzionali. La valutazione formativa risulta, infatti, assai spesso necessaria per impostare, sviluppare e revisionare un progetto.

La prima domanda da porre riguarda la natura stessa dell'istituzione: si tratta di una famiglia, di una casa-famiglia, di una scuola, di un'associazione, di un movimento ecclesiale, di un centro giovanile, di un centro di consulenza, di una comunità terapeutica? quali sono le caratteristiche generali di coloro che partecipano alla vita che si svolge nell'istituzione? quali la loro età, condizione sociale, livello di istruzione, identificazione culturale, etica e religiosa? quali le problematiche che generalmente sono presenti?

È un'analisi dell'istituzione e della sua realtà: a) dal punto di vista della sua storia, evoluzione, identità attuale; b) da quello della sua posizione giuridica, sociale, religiosa, territoriale; c) da quello delle sue risorse in termini di edifici, personale, strumenti e materiali, fonti finanziarie; d) da quello delle aree di intervento privilegiate, del tipo di azione e di pratica educativa svolto, dei principi ispiratori di riferimento, delle situazioni concrete su cui interviene, dei programmi e piani educativi esistenti, dei problemi specifici che deve affrontare e delle esperienze educative originali sviluppate, delle collaborazioni in atto con altre istituzioni.

Tutto questo può essere riletto tenendo conto, soprattutto se si tratta di un'istituzione stabile, delle origini dell'istituzione stessa, della sua evoluzione passata e recente, della sua situazione attuale, dei problemi che in essa sono emersi per cui, a esempio, urge un cambiamento radicale, oppure un ridimensionamento parziale, un cambio di indirizzo, o anche solo un rilancio sul territorio e un rinnovamento metodologico.

Per favorire tale esame può essere utile una griglia, o strumento di lavoro, riguardante l'istituzione nella sua prospettiva storico-sociale. Si prendono in considerazione quattro riferimenti fondamentali: le finalità dell'opera e i suoi destinatari; la sua posizione giuridica, territoriale ed ecclesiale; le sue risorse in termini di personale, strutture edilizie, finanze; l'azione educativa svolta nei suoi principi ispiratori e nei programmi e piani concreti di intervento, le collaborazioni in atto con il territorio e la chiesa locale.

Ne deriva una matrice a due entrate o dimensioni, che assume la configurazione di una griglia del tipo di quella di Fig. 3. Il suo uso è abbastanza evidente: aiutare la ricerca e la discussione collettiva e favorire la considerazione delle istanze e delle aspettative.

Si è visto, inoltre, come un progetto educativo possa essere considerato come una narrazione proiettata sul futuro. È quindi facile poter pensare di valutare un progetto educativo come un testo narrativo. La valutazione in questo caso prende la configurazione di un processo di natura ermeneutica, cioè diretto alla comprensione del senso complessivo del testo stesso, dopo averne esaminate le differenti componenti sulla base delle assunzioni che ne hanno guidato la stesura da parte della comunità educativa o dei singoli.

Questa attività di analisi e valutazione può essere vantaggiosamente proposta anche a coloro che entrano a far parte della comunità educativa in un secondo momento oppure agli stessi educandi. Si tratta infatti in primo luogo di aiutare a entrare nel significato globale del progetto per poi approfondirne i vari aspetti, le attese che esso manifesta da parte di ciascuno.

6. La valutazione regolativa della pratica educativa

La valutazione «è sempre al servizio dell'azione. Le attese in nome delle quali si valuterà la realtà definiscono altrettanti fini ai quali dovrà adeguarsi l'azione. [...] valutare equivale ad interrogarsi sulla pertinenza e sull'efficacia di un'attività. Ad avere il tempo di guardare e di analizzare una situazione, per vedere se essa evolve in conformità ai propri auspici o a quelli dei decisori per i quali, volenti o nolenti, si lavora. Così, la valutazione è un'attività che si pone tra l'analisi, che produce informazioni su un oggetto, e il prendere una decisione concernente quell'oggetto. È una presa di posizione sul proprio oggetto, in funzione di un'analisi e in vista di una decisione da prendere. È certo un'attività di giudizio al servizio dell'azione» (Hadji, 1995, 38-39).

VALUTAZIONE ISTITUZIONALE				
AREE DI ANALISI / PROSPETTIVA STORICO-EVOLUTIVA	FINALITÀ • Tipo di opera • Destinatari	POSIZIONE • Nel territorio • Giuridica • Sociale • Religiosa	RISORSE • Di personale • Edilizie • Finanziarie	AZIONI EDUCATIVE • Tipo di azione educativa svolta • Principi ispiratori • Situazioni concrete su cui interviene • Programmi e piani educativi • Problemi particolari ed esperienze educative originali • Tipi e strategie di collaborazione con altre istituzioni • Area di intervento
ALL'ORIGINE DELL'ISTITUZIONE				
EVOLUZIONE Cambiamenti intervenuti e loro ragioni				
SITUAZIONE ATTUALE Identità				
SITUAZIONE DESIDERABILE Urge solo rinnovamento? O radicale rilancio? O ridimensionamento con Cambio di indirizzo? Motivi e con quale PROGETTO?				

Fig. 3 - *Griglia di valutazione di una istituzione educativa in prospettiva storico-sociale.*

Ma l'azione educativa spesso, come gran parte delle azioni sociali, sembra mancare di un progetto globale coerente e capace di mobilitare. E la conseguenza è che anche la valutazione rimane a livello generico e banalmente intuitivo. La principale ragione secondo Stufflebeam e coll. (1980) è la mancanza di un modello del suo dover essere. Solo avendo a disposizione tale modello è possibile decidere che la situazione presente è insoddisfacente; e, inoltre per mezzo di essa, infatti, è possibile progettare una situazione che risulti migliore, ma soprattutto verificare nel corso dell'azione che effettivamente ci si avvicina maggiormente a questo riferimento.

In effetti dal modello di dover essere occorre passare, a partire dalla valutazione della situazione presente, a un nuovo modello, non più ideale, ma operativo, un modello del dover fare, rappresentazione ideale di un processo dinamico che può, mediante certe precise condizioni, portare ad avvicinarsi al modello ideale. In questo secondo modello, quello operativo del dover fare, deve essere presente sistematicamente l'attivazione di una forma adeguata di regolazione di tale processo.

Secondo Marcel Lesne (citato da Hadji, 1995, 42-43) nella dinamica generale di un processo di formazione, è possibile distinguere quattro sotto-insiemi di attività che corrispondono a quattro momenti essenziali dello svolgimento.

a) Elaborazione di un progetto: definizione degli obiettivi e scelta di una strategia, cioè di un modo generale di condurre le operazioni e gestione dei mezzi.

b) Programmazione: il progetto, che prevede i mezzi da mettere in atto per raggiungere gli obiettivi prefissati, si specifica in un dispositivo, che ordina i mezzi previsti, sia che si tratti di materiali sia che si tratti di persone.

c) Processo educativo: è costituito dall'insieme degli atti educativi in senso stretto, che mettono di fronte educatori ed educandi.

d) Attività di regolazione: quest'ultimo sotto-insieme raggruppa tutte le attività ordinate al «pilotaggio» del processo educativo. Esse sono:

– le attività di controllo, per mezzo delle quali si verifica periodicamente lo stato del «sistema» in relazione al modello definito;

– le attività di conduzione, potendo questa essere definita come un processo dinamico di attenzione al contesto;

– le attività di valutazione in senso stretto, per mezzo delle quali si valutano il funzionamento e i risultati dell'azione di educazione facendo riferimento alle intenzioni dominanti del progetto d'azione.

«Il controllo è statico: esso implica, in certo qual modo, che si arresti il sistema, o che si isoli il sotto-sistema di cui si verifica lo stato. Su un veicolo, il controllo del livello dei fluidi si effettua prima dell'avviamento del motore. Il controllo verte sullo stato del dispositivo (presenza degli elementi, utilizzazione dei mezzi), ma anche sulla realtà degli effetti previsti (controllo delle conoscenze, per esempio). La conduzione è l'attività globale di pilotaggio, in relazione agli obiettivi (da raggiungere), e in conformità al programma (da rispettare). C'è, infine, valutazione ogniqualvolta ci si pronuncia sul funzionamento del "sistema" in causa o sui risultati prodotti, a partire dalle informazioni fornite dal controllo o provenienti dalla conduzione, ma sempre in relazione alle intenzioni caratteristiche del progetto.

Ma se controllo e conduzione possono così servire alla valutazione, da un altro lato controllo e valutazione sono al servizio del pilotaggio. Per riprendere il paragone con la guida dell'automobile, il pilota ha bisogno di una vettura che funzioni correttamente: i controlli permettono di verificare questo "buon" funzionamento. Ma egli non si sposta senza motivo. Per questa ragione dovrà pronunciarsi sull'interesse del viaggio, per decidere se è opportuno o no continuare, o se bisogna cambiare strada. È questo lo scopo della valutazione. La regolazione potrebbe allora essere definita come una conduzione indirizzata da operazioni di controllo e di valutazione. *Nel campo pedagogico è certamente la regolazione ad essere importante prima di tutto*. Il problema è, per l'educatore, "ottimizzare" il funzionamento del sistema di cui egli costituisce una tessera fondamentale, utilizzando in modo adeguato l'informazione di ritorno che egli si procura per mezzo di controlli o, più in generale, per mezzo di valutazione. Porre la valutazione al servizio dell'attività educativa esige dunque che si sappia produrre, da una parte, e utilizzare in modo pertinente, dall'altra, l'informazione di ritorno sull'azione condotta, dal momento che il primo problema consiste nel dire in rapporto a che cosa (intenzioni? principi? norme?) si potrà giudicare la pertinenza o l'adeguatezza» (*Ibidem*, 43-44).

«Sul piano ideale (dell'azione riflessiva), ogni progetto d'azione dovrebbe essere anche un progetto di valutazione che specifichi, per ciascuna fase dell'azione, le attività da svolgere dal punto di vista della valutazione. E, dato che valutare significa "pronunciarsi su", queste attività saranno in funzione, di volta in volta, di ciò su cui è opportuno pronunciarsi perché l'azione abbia maggiori possibilità di risultare efficace. In ultima analisi, infatti, è l'efficacia dell'azione ad essere importante. Ma abbiamo visto che essa può essere giudicata solo in relazione [...] ad un modello ideale e indica quello che è desiderabile [...] dal punto di vista degli scopi educativi. La valutazione è destinata a permettere di valutare la pertinenza dell'azione educativa in rapporto ad alcuni scopi che è stato necessario giudicare a monte» (*Ibidem*, 46).

A questo punto è possibile prevedere un dispositivo di valutazione che indichi, riguardo a ciascun momento forte del processo d'azione (dal progetto alla sua realizzazione), quello che si deve fare dal punto di vista della valutazione per pronunciarsi in maniera utile. Secondo Hadji (1995, 48ss) le qualità di tale dispositivo possono essere così riassunte.

a) Deve essere adattato all'oggetto di valutazione. A seconda della natura di questo oggetto, delle particolarità concrete dell'azione educativa interessata, sarà diverso il dispositivo. Qui si richiede la varietà. Non che essa abbia valore in sé, ma costringe il valutatore ad interrogarsi sulla natura e sui limiti dell'oggetto che egli valuta. È, tra l'altro, in funzione delle particolarità dell'oggetto che potranno essere determinanti alcuni spazi d'osservazione, e scelti alcuni strumenti.

b) Deve essere adattato alle domande che ci si pone a proposito dell'oggetto valutato. A seconda che ci si interroghi, per esempio, sul senso del progetto o sulla sua fattibilità, ci saranno da svolgere attività diverse.

c) Deve essere adattato alle decisioni da prendere.

7. La valutazione dell'agire educativo

Una pratica educativa è un intreccio di azioni dell'educando e dell'educatore assistito dalla valutazione. Se la valutazione è certamente al servizio dell'azione educativa per poterla orientare e pilotare, lo è anche per esaminarla ed eventualmente chiederle di cambiare. Se la valutazione dell'azione educativa può essere collegata per analogia alla valutazione di un processo produttivo, mentre la valutazione dei risultati dell'azione stessa può essere messa in relazione, sempre per analogia, con la valutazione del prodotto, tale analogia deve essere, però, assunta con grande cautela. Infatti, la valutazione dell'azione educativa è soprattutto un processo di autovalutazione, di autocontrollo e in questa prospettiva può essere riferito a un processo cognitivo di ordine superiore, il controllo metacognitivo della propria azione.

Nei decenni passati, in una prospettiva un po' diversa, sono stati costruiti strumenti di analisi e valutazione dell'azione educativa basati su metodi di tipo osservativo, soprattutto in ambito scolastico. Si trattava in origine di lavori di ricerca che avevano per obiettivo quello di esplorare «come gli insegnanti insegnano». Così sono nate le indagini di Flanders e di G. De Landsheere. Successivamente questi strumenti di osservazione e di categorizzazione dei comportamenti dell'insegnante sono stati trasferiti nel contesto della loro formazione per mezzo delle metodologie passate sotto il titolo di *microteaching* o microinsegnamento. Ripercorriamo brevemente questo sviluppo.

Negli anni sessanta e settanta le ricerche attivate hanno utilizzato come quadro di riferimento sia i lavori pionieristici di Anderson e Brewer (1946), sia un'attenzione specificatamente rivolta ai comportamenti osservabili, trascurando il mondo interiore degli insegnanti e quindi le loro azioni didattiche viste nella loro complessità soggettiva. Anderson e Brewer utilizzarono le categorie relazionali già prospettate a suo tempo da K. Lewin (comportamento autoritario – comportamento democratico – comportamento laissez-faire) per progettare e attuare un'indagine sulle influenze che certi modi di relazionarsi degli insegnanti avevano sui comportamenti dei loro allievi. Venivano considerate, in particolare, condotte dominanti dell'insegnante, caratterizzate da rigidità, mancanza di adattamento alle situazioni concrete, ai pensieri e ai sentimenti degli allievi e, per contrasto, condotte che tendono a valorizzare la collaborazione dei soggetti, ad adattarsi alle loro condizioni e aspirazioni. Com'era prevedibile, a condotte degli insegnanti che avevano una certa continuità corrispondevano condotte simmetriche degli allievi: a esempio, a una condotta autoritaria facevano riscontro condotte non collaborative da parte degli allievi. Per una rassegna relativa ad altri autori degli anni quaranta, cinquanta e sessanta si può consultare Mastromarino (1991).

Flanders (1965) ha costruito e utilizzato uno strumento di analisi delle interazioni verbali in classe, cercando di evidenziare la loro natura e frequenza. Venivano prese in considerazione tre grandi categorie osservative: le espressioni verbali degli insegnanti, quelle degli allievi e gli stati di silenzio o di confusione. Amidon e Hunter (1966) ripresero l'impostazione di Flanders costruendo un'ulteriore griglia osservativa, mentre Amidon e Hough (1967) spostarono l'attenzione dai comportamenti verbali considerati in se stessi ai comportamenti considerati in rapporto ai processi di apprendimento degli allievi. De Landsheere e coll. (1969, 1979) condussero analoghe ricerche allargando le osservazioni non solo ai comportamenti verbali degli insegnanti, ma anche a quelli non verbali. La conclusione più significativa di queste ricerche fu la constatazione, già suggerita da F. Klein alla fine dell'ottocento, che gli insegnanti tendono a riprodurre i comportamenti di docenza che hanno interiorizzato durante la loro vita studentesca, confermando così indirettamente le teorie di Bandura sull'esperienza vicaria, cioè sulla rilevanza dell'interiorizzazione dei comportamenti osservati in altri, soprattutto in adulti significativi, comportamenti che vengono poi evocati come possibili schemi d'azione, quando ci si trovi in condizioni analoghe.

Un cambiamento significativo di prospettiva si ha con gli anni settanta. Più che osservare e catalogare i comportamenti dell'insegnante e quelli degli allievi per rilevare eventuali correlazioni tra di essi e ipotizzare possibili rapporti di causalità, si è cercato di creare sistemi di autovalutazione in funzione della formazione di futuri insegnanti. Per far questo sono state ideate forme sistematiche di tirocinio guidato che tendevano a ridurre tempi e complessità delle situazioni di classe per meglio promuovere e controllare la qualità delle azioni didattiche degli allievi insegnanti. Si formavano quindi gruppi di sei-otto alunni per i quali l'allievo insegnante progettava una lezione di circa venti minuti, secondo principi di metodo ritenuti validi e produttivi. L'attivazione di questa microlezione veniva poi registrata, nei primi esperimenti solo tramite registratori sonori, poi anche per mezzo di registratori video. L'allievo insegnante era quindi invitato ad analizzare e valutare da solo o in gruppo la prestazione registrata e a reimpostare la lezione in maniera da correggere comportamenti ritenuti inadeguati o poco produttivi. Anche l'attuazione della seconda lezione veniva registrata, analizzata e valutata per vedere se c'erano stati miglioramenti. Questo lavoro era in genere guidato e supervisionato da un insegnante esperto, che con opportuni suggerimenti e *feedback* facilitava lo sviluppo non solo di capacità di autovalutazione, ma anche di autocorrezione.

Per queste attività di tirocinio basate sul micro-insegnamento furono elaborati appositi sistemi di osservazione in vista del miglioramento dell'azione didattica, sistemi di osservazione che derivavano da teorie dell'apprendimento, da teorie dell'insegnamento, ecc. (Mastromarino, 1991). Questo tipo di metodologia e strumentazione risulta anche significativo da un punto di vista educativo più generale, perché si prendono in considerazione comportamenti e competenze di notevole valenza educativa: qualità della comunicazione e dell'interazione; bontà del progetto d'azione impostato; capacità di riflessione prima, durante e dopo l'azione.

Negli anni ottanta l'attenzione si è ancora spostata, da una parte sotto la spinta della psicologia cognitiva, dall'altra a causa di un'attenzione più forte per metodi di esplorazione di tipo interpretativista (Pellerey, 1990b). Non era tanto il comportamento degli educatori, e quello correlato degli educandi, a essere oggetto di interesse quanto l'azione dell'educatore stesso vista in tutta la sua complessità e cioè pensieri, sentimenti, intenzioni e comportamenti esterni. Parallelamente oggetto di studio erano i pensieri, i sentimenti, le intenzioni e i comportamenti degli educandi e le interazioni tra questi mondi interiori e relativi comportamenti esterni. I metodi di indagine a questo punto hanno dovuto ampliarsi e adattarsi ai nuovi oggetti di studio. Se il comportamento esterno era facilmente osservabile e classificabile ed era possibile stabilire correlazioni tra i comportamenti dell'educatore e quelli degli educandi, ben diverso era il problema di risalire ai riferimenti interni a partire dai comportamenti esterni.

Sono stati così utilizzati metodi osservativi di natura etnografica, o etno-antropologica, cioè registrazioni prolungate delle situazioni educative, registrazioni che poi erano oggetto di attenta analisi e interpretazione e che davano luogo solo a posteriori elementi adatti di descrizione e di comprensione. In questo filone si possono collocare le ricerche di Sarah Delamont (1976). Analoga impostazione, anche se più intrusiva del contesto dinamico del gruppo, hanno i metodi di osservazione partecipante (Postic - De Ketele, 1993).

Un altro filone di ricerca valorizza più specificatamente la percezione e interpretazione soggettiva della propria esperienza educativa. Questo viene fatto per mezzo di tecniche narrative. Si chiede agli educatori di produrre storie di vita, particolarmente centrate sulla loro attività. La raccolta di queste narrazioni diventa l'insieme dei dati da leggere e interpretare secondo varie metodologie. L'approccio narrativo allo studio dell'azione educativa ha come riscontro lo sviluppo di analoghi metodi nello sviluppo di ricerche nel più vasto campo dell'azione sociale. È anche evidente lo sviluppo di una psicologia narrativa.

8. La valutazione dei risultati dell'azione educativa

La valutazione dei risultati ottenuti attraverso l'intervento educativo progettato e realizzato costituisce un momento di grande rilievo nel contesto della pratica educativa. E questo per un doppio ordine di ragioni. In primo luogo la valutazione sommativa o finale fornisce informazioni generali circa la qualità del progetto elaborato e dell'azione educativa sviluppata. Queste a loro volta aumentano, o diminuiscono, la fiducia nel modello di pratica educativa adottato, nell'approccio metodologico sviluppato, nella competenza pedagogica degli educatori coinvolti. In secondo luogo è possibile elaborare un bilancio personale per ciascuno degli educandi: confrontando la loro situazione iniziale con quella finale, esaminando il percorso da loro seguito e i punti di forza e di debolezza manifestati. Ciò permette non solo di fornire un *feedback* informativo efficace e di consolidare le acquisizioni realizzate, ma anche di impostare un nuovo percorso formativo sia nel caso di situazioni finali negative o almeno insoddisfacenti, sia in quello di effettivi progressi. Naturalmente a questo scopo possono essere usati strumenti di valutazione assai differenti, che permettono di conseguire obiettivi diversificati: a esempio per rilevare quali conoscenze sono state acquisite, quali competenze sono state sviluppate, quali atteggiamenti sono maturati, quali valori e significati sono stati solo còlti o sono stati anche assunti personalmente.

Dal punto di vista educativo è della massima importanza esplorare un aspetto più personale e interiore dei singoli: quale significato soggettivo è stato vissuto sia durante l'esperienza educativa, sia al suo termine. Questa dimensione interiore è in effetti il cuore della realtà educativa esperimentata da ciascuno. Ma come è possibile raggiungere questo mondo privato? Esistono alcune strade, ma tutte esigono un clima adeguato di accettazione, di autenticità e di serenità. Solo in un clima di questo tipo l'educando si sente di confidare le sue emozioni, i suoi pensieri, le sue aspirazioni profonde.

Una strada che si è sempre rivelata valida è quella narrativa. Chiedere cioè a ciascuno di raccontare l'esperienza vissuta, i suoi momenti più intensi e quelli più frustranti, le risonanze interiori vissute nelle varie tappe del cammino percorso, la simpatie e antipatie provate, le relazioni sviluppate sia in positivo che in negativo. J. Bruner a più riprese (1988; 1992; 1997) ha insistito sulla centralità della modalità narrativa di vivere e rappresentare le nostre vite (1997; 40). È nella narrazione che si colgono i significati, le intenzioni, le risonanze emotive, le aspirazioni. In primo luogo come narrazione privata, come un raccontare a noi stessi le esperienze vissute, come riflessione e dialogo interiore che permette di comprendere e dare senso alle vicende della vita. E poi come esplicitazione più o meno pubblica di questo mondo privato. O con gli amici e le amiche o con gli educatori nei quali si ripone fiducia. È una forma anche di verifica di se stessi, di confronto, di ricerca di feedback per consolidare e stabilizzare le conclusioni raggiunte, oppure per rimettere in discussione interpretazioni e significati costruiti.

Esistono altre strade più formali per raggiungere questo mondo interiore. Si tratta dei questionari più o meno aperti, più o meno strutturati (Pellerey, 1996a). Non è nostro compito studiarne le varie forme, finalità e metodi di utilizzazione. Solo occorre ricordare che questionari di autopercezione e di autovalutazione sono indicatori validi soprattutto se accompagnati da momenti narrativi. A esempio, si può chiedere dopo la somministrazione di un questionario, di raccontare il perché delle proprie scelte, quali elementi sono entrati in gioco nel rispondere, quali consapevolezze sono emerse.

LETTURE DI APPROFONDIMENTO

Un autore che ha riflettuto sui problemi posti dalla valutazione nel contesto dei vari progetti e delle differenti situazioni e attività educative è C. Hadji. Di questo autore è stata tradotta l'opera *L'évaluation des actions éducatives* (Paris, PUF, 1992) da parte dell'editrice La Scuola di Brescia con il titolo *La valutazione delle azioni educative*. Più recente dello stesso autore è *L'évaluation démystifiée* (Paris, ESF, 1997). L'opera più conosciuta è *L'évaluation, règles du jeu* (Paris, ESF, 1995, 5ª ed.).

Per il mondo della scuola si possono ricordare alcuni autori, le cui opere hanno segnato la storia della valutazione: H. Pieron, R. Tyler, L. Calonghi, J. Cardinet, B. Vertecchi. Per chi è interessato all'argomento si può consigliare di leggere di L. CALONGHI, *Valutazione* (Brescia, La Scuola, 1976); di G. DOMENICI, *Manuale della valutazione scolastica* (Bari, Laterza, 1993). Una fonte di informazioni è rappresentata dall'*Encyclopedia of educational evaluation* (San Francisco, Jossey-Bass, 1975).

ESERCIZI

Primo esercizio

Se non ti ricordi bene i concetti della teoria delle grandezze e della loro misura è bene che te li vada a ripassare. Essi sono della massima importanza in tutti i casi nei quali si voglia misurare una qualità personale, psicologica o conoscitiva, oppure una qualità sociale, economica, culturale. L'uso dei test o delle prove oggettive si basa su questi concetti. In particolare i test di qualsiasi tipo sono strumenti per misurare una qualche qualità o peculiarità delle persone. Quindi occorre anche chiarirsi bene i concetti relativi alla qualità degli strumenti di misurazione.

Secondo esercizio

Usando il quadro di riferimento contenuto nel terzo paragrafo e relativo alla triplice polarità della valutazione, cerca di identificare la natura della pratica valutativa presente nel contesto di una situazione educativa da te sperimentata o come educando o come educatore.

Terzo esercizio

Rifletti e cerca di ricordare una tua esperienza di istituzione educativa (scuola, associazione, movimento, centro giovanile, comunità terapeutica, ecc.). Poi tenta una sua analisi dal punto di vista di uno o più dei seguenti punti di vista:

a) storia, evoluzione, identità attuale;

b) posizione giuridica, sociale, religiosa, territoriale;

c) risorse in termini di edifici, personale, strumenti e materiali, fonti finanziarie;

d) aree di intervento privilegiate;

e) tipo di azione e di pratica educativa svolto;
f) principi ispiratori di riferimento;
g) situazioni concrete su cui interviene;
h) programmi e piani educativi esistenti;
i) collaborazioni in atto con altre istituzioni.

DODICESIMO CAPITOLO

LA FORMAZIONE DEGLI EDUCATORI

Al termine di questa escursione sulla metodologia della progettazione, conduzione e valutazione della pratica educativa è abbastanza ovvio chiedersi quali possano essere le strade migliori, o almeno possibili, per formare un educatore che sia in grado di svolgere la sua professione in maniera sufficientemente coerente e feconda. L'agire educativo, come lo abbiamo definito nel secondo capitolo, è caratterizzato da due dimensioni fondamentali: quella tecnico-pratica e quella etico-sociale. Queste due dimensioni non devono essere contrapposte, come spesso si tende oggi a fare, bensì devono collaborare sul piano operativo. Le competenze tecnico-pratiche permettono all'educatore di costruire spazi educativi nei quali gli educandi possano e vogliano impegnarsi nella loro crescita personale, sociale, culturale, professionale, morale, religiosa. Le competenze etico-sociali, d'altra parte, sono condizioni fondamentali perché tali spazi siano animati da valori e significati, perché gli educandi possano cogliere modelli d'azione e di comportamento, perché si formino un clima e una piattaforma comunicativa positivi.

In questo capitolo verranno, dunque, ripresi in considerazione per applicarli al problema della formazione degli educatori, e in particolare di quelli professionali, molti dei concetti e delle proposte che sono stati presentati ed elaborati nei capitoli precedenti. Inoltre, occorre ricordare come numerose indicazioni espresse in riferimento ai processi educativi dei giovani possono essere rilette utilmente anche quando si tratti di formazione degli adulti; ma in questo caso occorre sempre muoversi a partire dal livello ormai raggiunto di conoscenze ed esperienze e tenendo conto delle convinzioni e competenze che lo svolgersi della vita ha prodotto.

Obiettivi del capitolo

Al termine dello studio di questo capitolo il lettore dovrebbe essere in grado di:

- *descrivere le dimensioni fondamentali della formazione di un educatore;*
- *esplicitare la natura delle competenze tecnico-pratiche dell'educatore;*
- *elencare i livelli di competenza professionale individuati dai fratelli Dreyfus, descrivendone i caratteri;*
- *definire il concetto di conoscenza tacita di Polanyi e quello di professionista riflessivo di Schoen;*
- *presentare un possibile percorso formativo professionale di un educatore, evidenziandone le ragioni;*
- *descrivere il metodo della Ricerca-Azione e la sua valenza formativa;*
- *esplicitare il ruolo del metodo autobiografico nella formazione dell'identità professionale dell'educatore;*
- *definire la natura e lo sviluppo della dimensione etico-sociale di un educatore;*
- *esaminare alcuni problemi connessi con l'acquisizione delle competenze relazionali e comunicative.*

1. L'educatore e la sua formazione

Ciascun uomo e ciascuna donna sono chiamati ad educare: nel contesto della propria famiglia con i figli; nel contesto delle varie istituzioni esplicitamente educative; nel contesto delle attività professionali e lavorative; nel contesto della vita sociale e politica; nel contesto degli impegni religiosi e pastorali. Educare, come abbiamo visto, implica in primo luogo la disponibilità a prendersi cura dell'altro. Educare, in altre parole, implica sempre particolari disposizioni etiche come il saper cogliere nel volto e nella parola dell'altro la sua domanda di aiuto ed esser pronto a cercare di rispondere a questo appello. Nel bambino, al fine di aiutarlo a crescere; nel giovane, per aiutarlo a inserirsi nel contesto sociale e professionale; nell'adulto, per aiutarlo a uscire da situazioni difficili, problematiche o di disorientamento.

Diventare validi educatori è un impegno per tutti, ma soprattutto per coloro che vorranno o debbono svolgere una professione di natura educativa. È naturale quindi che ci si ponga la domanda: come si può diventare educatori professionali? La risposta non è né semplice, né immediata. Anche perché le proposte sono molteplici e molte di esse contengono una loro verità. Per tentare di rispondere alla domanda, occorre, dal nostro punto di vista, riprendere in considerazione le due dimensioni fondamentali dell'agire umano e dell'agire educativo in particolare: la dimensione tecnico-pratica e quella etico-sociale. Ambedue sono direttamente collegate allo sviluppo di quella che è stata definita «intelligenza pratica». A questo scopo vanno ricordati alcuni elementi caratterizzanti lo sviluppo delle conoscenze e delle competenze di natura pratica, sia nel campo tecnico-operativo, sia in quello etico-sociale, per poi considerarne le possibili vie di acquisizione.

La prima prospettiva che esamineremo riguarda il quadro delle conoscenze e delle competenze che concernono il campo tecnico-operativo, riletto nella prospettiva della risoluzione di problemi. In questa esplorazione seguiremo alcuni suggerimenti che provengono dalla psicologia sia cognitiva che sociale.

2. La natura delle conoscenze e delle competenze tecnico-pratiche

Il primo passo nella ricerca delle strade che portano allo sviluppo di conoscenze e competenze di natura tecnico-pratica dovrebbe consistere nella ricerca di una definizione di competenza professionale esperta. In questa direzione uno degli schemi di indagine spesso utilizzati dalla psicologia si basa sul confronto tra principianti ed esperti nella soluzione di problemi di ordine pratico e professionale. Tale confronto se fornisce alcune informazioni utili, evidenzia anche la complessità del problema.

Una delle distinzioni più chiare che emerge tra le prestazioni di un esperto e quelle di chi non si può definire tale riguarda la diversa organizzazione delle conoscenze possedute. I principianti spesso possiedono una buona parte degli elementi di conoscenza necessari per affrontare il problema e, pur riuscendo a ricordarli successivamente, manifestano, tuttavia, una loro scarsa organizzazione funzionale e di conseguenza rigidità nell'impostare una strategia operativa. Gli esperti evidenziano, invece, una valida e completa organizzazione gerarchica di tali elementi, basata spesso su criteri di generalizzabilità, di implicazione e di sotto e sovraordinamento derivati dalla propria esperienza professionale. Di fronte a un problema gli esperti tendono a impiegare una buona parte del tempo nel cercare di inquadrarlo in uno schema risolutivo più generale, per poi passare, spesso per analogia, alla considerazione del caso particolare.

Una caratteristica peculiare degli esperti sta poi nel fatto che le conoscenze sia di natura concettuale, che operativa sono organizzate più sulla base dell'esperienza precedente nella soluzione di problemi, che a partire da una organizzazione logica. Queste conoscenze svolgono in primo luogo una funzione interpretativa della situazione problematica: esse servono a comprendere e inquadrare concettualmente il caso, per poi ricercare nella memoria situazioni analoghe e le strategie che in tali casi sono state adottate. Sulla base dell'esperienza sono stati infatti costruiti schemi interpretativi e operativi che possono applicarsi a una molteplicità di situazioni specifiche.

Tenendo conto anche di queste ricerche, i fratelli Dreyfus (Dreyfus e Dreyfus, 1986) hanno sviluppato un'analisi del concetto di esperto e di *expertise* che si rifà a una prospettiva aristotelica. Gli Autori prefigurano cinque livelli di competenza professionale che portano dal principiante al vero esperto.

a) *Livello del principiante.* Il soggetto tende a seguire regole e principi comunicati dall'esterno senza tener conto in modo esplicito del contesto in cui opera; si presenta in genere privo di flessibilità e di esperienza.

b) *Livello del principiante avanzato.* Il soggetto riesce a collegare quanto studia, o ha studiato, con l'esperienza che sta progressivamente sviluppando nel contesto della sua attività e a selezionare i comportamenti da adottare a partire da una iniziale capacità di tener conto delle esigenze peculiari della diversità delle singole situazioni problematiche.

c) *Livello della competenza.* Le prestazioni sono basate su principi abbastanza generali derivati non solo dallo studio, ma soprattutto dall'esperienza, e sanno adattarsi in maniera congruente alle diverse circostanze. I soggetti sanno specificare, in modo adeguato rispetto ai casi particolari affrontati, gli obiettivi della loro azione e i mezzi per raggiungerli.

d) *Livello di competenza avanzata.* Si ha una notevole capacità di inquadrare le situazioni da affrontare, cogliendole nella loro complessità, e riconoscendo analogie e differenze che esse hanno con situazioni simili affrontate nel passato.

e) *Livello dell'esperto.* Il soggetto riesce a cogliere agevolmente un quadro completo e articolato delle situazioni da affrontare e ad agire per affrontarle in modo fluido, appropriato e senza sforzo.

Gli Autori, uno informatico, l'altro filosofo, hanno sviluppato questo modello nel contesto di un'analisi dei limiti intrinseci che esistono nel tentare di simulare i comportamenti dell'esperto per mezzo di sistemi informatici. Essi riconoscono che con grande impegno si può giungere alla rappresentazione, e quindi alla traduzione in programmi per elaboratori elettronici sofisticati, del comportamento di un professionista solo fino al livello da loro definito della competenza. La ragione sta nel fatto che fino a un certo punto la condotta umana è una condotta guidata da regole più o meno efficacemente e profondamente interiorizzate; da un certo punto in poi, in base alla ricchezza di esperienza e di situazioni affrontate efficacemente, si acquisiscono disposizioni interne, o abiti secondo la terminologia aristotelica, che mettono in gioco capacità di intuizione e di giudizio che non potranno mai essere descritte da una rappresentazione formale o da un sistema rigido di regole.

Quest'analisi è certamente valida per qualunque campo della competenza professionale, ma lo è specialmente nell'ambito delle professioni di natura sociale ed educativa. Il relazionarsi con singole persone e con gruppi sociali diversi tra loro implica una forte capacità di differenziazione delle situazioni e di flessibilità di intervento.

Una conferma di queste indicazioni deriva anche dalle analisi, già richiamate nel secondo paragrafo del primo capitolo e che merita riprendere puntualmente, compiute da M. Polanyi (1990), che hanno dato luogo al concetto di conoscenza tacita o personale e da D.A. Schoen (1993), che ha sviluppato quello di professionista riflessivo.

Polanyi (1990), come in parte già citato, nella rilettura dei processi di acquisizione delle conoscenze metteva in risalto il ruolo della persona e del suo mondo interiore nell'interazione con la realtà oggettiva e osservava: «lo scopo di un'operazione utile si raggiunge osservando un insieme di regole, non conosciute come tali dalla persona che le osserva» (p. 135), di conseguenza «un'arte non può essere specificata nei dettagli, non può essere trasmessa mediante prescrizioni [...] può essere trasmessa soltanto mediante l'esempio del mastro dell'apprendista» (p. 139). Mediante l'introduzione del concetto di conoscenza tacita egli ha valorizzato la dimensione soggettiva dell'accumulo di esperienze, della loro concettualizzazione e categorizzazione, di una schematizzazione personale delle varie situazioni, problemi e strategie di soluzione. È un insieme di principi che sono utilizzati nel corso dell'azione e che si possono cogliere solo in tale contesto. In gran parte si tratta dunque di regole euristiche empiriche o informali, che hanno la caratteristica di derivare dalla riflessione e dall'elaborazione personale quanto si è dovuto affrontare nel passato.

D'altra parte Schoen (1993), come abbiamo già notato, ha sviluppato efficacemente questa tesi di Polanyi evidenziando come la crescita della conoscenza e della competenza professionale è legata in particolare allo sviluppo di una capacità di riflessione nell'azione, oltre che di riflessione prima e dopo di questa. Nel pensiero che si svolge nel corso dell'azione vengono in effetti attivati e sviluppati: a) l'uso di strumenti, di linguaggi e di repertori d'azione utilizzati per descrivere le situazioni complesse e interagire con esse; b) sistemi di valutazione che portano da un lato a impostare i problemi da affrontare e dall'altro a una vera e propria conversazione con la situazione in atto; c) teorie di fondo che permettono di dare senso ai fenomeni e di interpretarli; d) i ruoli nel contesto dei quali i professionisti si trovano e svolgono i loro compiti.

Queste conoscenze e competenze, quindi, non sono descrivibili attraverso un sistema di regole, né possono svilupparsi solo sulla base dell'osservanza di regole espresse e formalmente descritte. Esse però possono essere colte osservando l'azione di persone competenti esperte e attraverso le interpretazioni che queste ne danno sotto forma di narrazioni. Schoen, dunque, ha valorizzato il ruolo della riflessione, non solo dopo l'azione, per rielaborare e raffinare la base conoscitiva personale, e prima di essa, per inquadrare correttamente l'azione da compiere nel contesto degli schemi concettuali e operativi già disponibili, ma, soprattutto, nel corso dell'azione stessa, per continuamente seguire e adattare la propria strategia alle condizioni e agli elementi informativi che via via emergono durante il suo sviluppo.

Si può notare in tutto ciò una conferma, e di ciò dovremo prender atto più dettagliatamente nel seguito, dell'importanza della narrazione sia nel comunicare la conoscenza pratica, sia nello sviluppo della propria identità professionale. Dal punto di vista della formazione professionale, dunque, non è sufficiente, anche se essa è evidentemente necessaria, una conoscenza valida e significativa dei concetti, dei principi, delle teorie che le varie scienze dell'educazione propongono; occorre anche, sulla base della comunicazione narrativa di persone già esperte, dell'apprendistato che si può svolgere sotto la loro supervisione, dell'esperienza che via via viene accumulata e della sua concettualizzazione, che il soggetto sviluppi una sua specifica conoscenza professionale pratica.

3. Lo sviluppo delle conoscenze e delle competenze tecnico-pratiche

In generale nei processi di formazione professionale sia iniziale che continua occorre centrare il discorso sul concetto di ruolo e su quello di competenze professionali. Il concetto di ruolo può essere fatto risalire in prima analisi alla psicologia sociale che definisce i ruoli come «aspettative sociali differenziate relative al comportamento da tenersi in specifiche situazioni» (De Grada - Mannetti, 1988, 263); essi «rappresentano il contesto normativo nell'ambito del quale la responsabilità dell'attore viene giudicata» (*Ibidem*). Nell'ambito professionale esso viene spesso identificato con l'insieme di attese che un sistema produttivo complesso ha nei riguardi di chi deve assumere il compito di organizzare, gestire e controllare un segmento della sua realtà. Un ruolo professionale sarebbe quindi definito a partire dalla considerazione dell'intero sistema produttivo, considerato in tutta la sua complessità, cioè ivi incluso il sistema di relazioni istituzionali e interpersonali che esso implica.

Questo approccio lascia però un po' a desiderare in una prospettiva formativa che tenga conto delle sfide attuali, prospettiva che implica una maggiore valorizzazione della soggettività di chi agisce professionalmente, rispetto alla sola oggettività del sistema sociale e produttivo. «La rivoluzione dei sistemi sociali complessi di questo decennio è infatti decisamente marcata [dal riferimento al soggetto]... Il suo tratto distintivo è l'aver recuperato al soggetto il ruolo centrale nella realtà e nella comprensione della realtà dell'organizzazione» (Quaglino - Varchetta, 1988, 114).

In un quadro di riferimento meno sociologico o psicosociale e più globale il concetto di ruolo professionale deve integrare in modo dinamico e sinergico quattro componenti fondamentali.

a) Il compito, o i compiti professionali affidabili a un soggetto, visti in relazione alla totalità dei compiti presenti nel sistema. Ciò implica da parte del lavoratore o del professionista la capacità di comprendere il sistema e cogliere se stesso come una sua componente essenziale, discriminandone la specificità (funzioni professionali).

b) Le relazioni sia interpersonali che istituzionali che il soggetto deve essere in grado di sviluppare e gestire per portare a termine in modo valido e fecondo i suoi compiti lavorativi (relazioni professionali). Questa componente è particolarmente importante nel caso delle professioni che implicano continue interazioni con gli altri, siano essi colleghi o clienti.

c) Il sistema di significati che il soggetto deve essere in grado di dominare e attribuire alla sua attività professionale, alle persone con cui entra in rapporto, al sistema produttivo e sociale di cui fa parte, còlto nella complessità della situazione storico-evolutiva e territoriale (significati e motivazioni professionali).

d) La capacità di giudizio morale, cioè di valutazione valida e responsabile della coerenza tra i mezzi adottati e i fini o valori o significati perseguiti, e di serietà, costanza e resistenza nel perseguire le scelte compiute (qualità etico-professionali).

È utile aggiungere che tutto questo va posseduto in maniera cosciente, e ciò è evidentemente incluso nelle esigenze sopra delineate, e flessibile, in quanto dinamicamente aperto all'adattamento progressivo alle varie spinte trasformative.

Un processo di formazione, e di formazione professionale in particolare, centrato su un concetto di ruolo ampio come quello sopra descritto, esige il progressivo passaggio da una situazione di orientamento e di apertura fondamentale verso la professionalità a una acquisizione di quelle qualificazioni operative e disposizioni interne che congiunte in modo valido e fecondo permettono l'acquisizione e l'esplicazione di un ruolo professionale vero e proprio. Queste qualificazioni e queste disposizioni vengono comunemente denominate competenze professionali.

Una competenza professionale consiste, da questo punto di vista, nella capacità di svolgere una certa attività professionale, o un compito lavorativo globale, in modo tecnicamente valido e produttivo, in modo socialmente congruo e fluido, in modo cognitivamente e affettivamente adeguato e flessibile, in modo eticamente coerente e responsabile. Una competenza professionale assume cioè le stesse dimensioni, o componenti, del ruolo professionale, ma contestualizzate in modo più pertinente e preciso alle situazioni e ai problemi da affrontare.

A sua volta una competenza professionale deriva dall'integrazione dinamica di conoscenze, abilità, atteggiamenti e valori. Conoscenze relative a fatti, concetti, principi e teorie; abilità di natura intellettuale, tecnologica e pratica; atteggiamenti e valori riferiti sia al lavoro inteso nella sua globalità e specificità, sia alle relazioni sociali, interpersonali e istituzionali, sia alla percezione di sé, del gruppo e della comunità più vasta.

G.P. Quaglino (1985) insiste, richiamandosi a un contributo di J. Burgoyne e R. Stuart (1978), sullo sviluppo di una specifica qualità: la capacità di controllare i processi di acquisizione di conoscenze, abilità e atteggiamenti. Tale attenzione per quella che è stata chiamata la metacognizione, cioè la capacità di comprendere, valutare e controllare i propri processi cognitivi e affettivi, in particolare nei processi di acquisizione delle competenze professionali, è oggi particolarmente evidente non solo nella ricerca, ma anche nell'impostazione dei vari programmi formativi (Pellerey, 1990a). Occorre dire che nel campo della formazione in genere e di quella professionale in particolare, è stato compiuto ancor poco progresso in questa direzione, ma certamente si apre, di fronte alla rapidità dei cambiamenti in corso, un ampio spazio di studio e ricerca su come poterli dominare da un punto di vista più elevato e, per giungere a questo, sono essenziali capacità di ordine superiore, quelle appunto che possono essere denominate meta-qualificazioni e meta-disposizioni.

I vari contenuti di apprendimento, più o meno esplicitamente riferiti a discipline formalmente definite, vanno costantemente riletti e interpretati a partire da questo quadro di riferimento, per costituire altrettante dimensioni del processo di formazione a un ruolo professionale inteso in senso pieno e soggettivamente posseduto, e devono tendere a configurarsi in vista dell'acquisizione di competenze professionali coerenti con tale prospettiva. Questa d'altronde è la base fondamentale di una loro presenza. È evidente, da quanto precedentemente accennato, anche la necessità di un maggior controllo e comprensione dall'alto dello stesso processo formativo, visto nel suo complesso, non solo da parte degli insegnanti, ma anche degli allievi.

Seguendo lo schema proposto dai fratelli Dreyfus si possono individuare alcuni livelli o fasi del processo formativo di un educatore dal punto di vista delle sue competenze professionali di natura tecnico-pratica nell'ambito della progettazione di itinerari educativi.

a) Il primo livello è di natura conoscitiva. Occorre fornire il proprio patrimonio culturale di sufficienti categorie di lettura e di interpretazione dei fenomeni di natura educativa. E questo in maniera sufficientemente articolata e flessibile, senza irrigidimenti ideologici prematuri e senza ingenuità. A questo contribuiscono diverse discipline che studiano la pratica educativa da vari punti di vista: storico, teorico-critico, socio-antropologico, psicologico. Per poter leggere e interpretare con sufficiente attenzione la peculiarità di una situazione problematica educativa, occorre disporre di adeguati strumenti intellettuali. Ma la comprensione di un problema, cioè della domanda educativa presente, e la stessa individuazione di un obiettivo generale da raggiungere, non bastano per impostare un progetto educativo che sia in grado almeno in via di ipotesi di rispondere a tale domanda. Occorre possedere un insieme di possibili tecniche e strategie che consentano di prefigurare un intervento coerente ed efficace. È quanto in genere viene proposto dallo studio di discipline di natura metodologica: sia dal punto di vista della diagnosi, sia da quello della prognosi e della terapia. Tuttavia, come spesso ricordato, senza la conoscenza di un consistente repertorio di modelli d'azione e di strategie d'intervento, che in situazioni analoghe sono risultati fecondi, è ben difficile impostare un progetto che, almeno in via di ipotesi, possa rispondere adeguatamente a una situazione problematica.

b) Come accennato nel paragrafo precedente, la conoscenza di concetti, principi e schemi d'azione non porta direttamente alla capacità di progettare, condurre e valutare una pratica educativa, che risponda in maniera più coerente ed efficace alla situazione presente. Occorre che il futuro educatore si eserciti, cioè applichi le conoscenze apprese a situazioni educative specifiche. In questa impresa si possono individuare livelli successivi di impegno. Un primo livello implica soltanto la capacità di richiamare le conoscenze apprese per interpretare situazioni descritte verbalmente o per immagini (a esempio mediante videotape). Si tratta di quelle che si possono definire esercitazioni applicative. A questo livello un passaggio obbligato è anche quello di imparare a usare le fondamentali tecniche di scrittura degli obiettivi, di progettazione di itinerari, di predisposizione delle differenti attività educative, di valutazione diagnostica, di valutazione regolativa o formativa, di valutazione sommativa o finale. Sul piano delle competenze comunicative e relazionali si tratta di acquisire alcune delle fondamentali tecniche di ascolto attivo e di comunicazione efficace. Per lo sviluppo di tali abilità sono assai utili forme di lavoro in gruppo, di simulazione e di role playing, di autoanalisi mediante rilettura di registrazioni sonore o video di proprie o altrui prestazioni.

c) Il successivo livello comprende forme di tirocinio in istituzioni educative specifiche. Il metodo in questi casi deve ispirarsi all'apprendistato, soprattutto di natura cognitiva. Una guida esperta funge da modello, facendo vedere che ci si impegna a risolvere problemi di natura educativa mediante un'adeguata progettazione o riprogettazione della pratica e spiegano ad alta voce le ragioni delle proprie scelte e dei propri comportamenti; quindi invita gli apprendisti educatori ad affrontare situazioni educative specifiche che presentino un moderato livello di sfida alla loro competenza, seguendoli inizialmente più da vicino, poi a poco a poco lasciandoli più autonomi e stimolandoli a discutere della qualità delle soluzioni trovate tra di loro. Progressivamente l'esperto può lasciare sempre più responsabilità progettuale e operativa all'allievo, limitandosi a supervisionare la sua attività e intervenendo solo quando sia necessario od opportuno.

d) Occorre anche ricordare come in ambito educativo, a esempio nel contesto di molte altre professioni, si debba riconoscere la necessità di una formazione continua successiva alla prima. Quest'ultima, quindi, deve risultare aperta a ulteriori esperienze formative e costituire come una base sulla quale sia possibile costruire lungo l'arco di tutta l'attività professionale. Tra le metodologie formative utilizzabili in tale direzione è particolarmente interessante considerare la Ricerca-Azione (*action-research*) ideata da K. Lewin. Essa si riferisce più all'istituzione educativa e ai suoi membri, che ai singoli educatori, anche se gli effetti formativi si estendono ai singoli. In tale impostazione si riconosce la centralità della cultura educativa e dei significati e valori attribuiti alla propria professione.

Una seconda metodologia, quella dell'apprendere dall'azione di R.W. Revans (1980), è diretta a coinvolgere chi già agisce ed ha bisogno di ulteriore formazione in un processo di rilettura critica, di riflessione sull'azione basata su un insieme di domande e risposte rivolte a come vengono percepite le varie situazioni educative e le attese istituzionali nei riguardi degli educatori. La prospettiva evocata da R.W. Revans viene approfondita in termini più generali nel paragrafo dedicato allo sviluppo dell'identità professionale.

4. La Ricerca-Azione e la sua valenza formativa

La metodologia della Ricerca-Azione tende a sviluppare una capacità di lavoro in gruppo sia nella individuazione e chiarificazione dei problemi, sia nella elaborazione delle conseguenti strategie d'azione, sia nella valutazione dei risultati conseguiti. La metodologia è centrata sui problemi emergenti in una istituzione educativa, o in un gruppo particolare di questa, e sull'insieme di coloro che li manifestano. Sono gli stessi educatori, che devono assumere il ruolo di partecipanti a una ricerca comune per verificare l'origine di tali problemi, se essi effettivamente esistano e, se sono reali, come superarli. I consulenti esterni devono apparire più come tecnici della metodologia di ricerca e di innovazione, che ricercatori di fatto, e divenire spesso animatori e facilitatori nelle attività e discussioni di gruppo.

Lewin era uno psicologo sociale non interessato solo a descrivere e interpretare le situazioni e i fenomeni sociali, ma anche a intervenire in essi, tenendo conto delle forze sia di resistenza che di trasformazione che si sviluppano all'interno dei gruppi sociali. Per questo la metodologia di lavoro da lui ideata mette in stretta relazione sia le esigenze della ricerca, sia quelle dell'azione. Di qui derivano i fondamentali principi di riferimento.

a) La ricerca deve essere realizzata dai membri stessi dell'istituzione, assistiti da persone esterne che hanno il ruolo di consulenti. Sono essi che, animati dai consulenti, devono mettere a fuoco i problemi da affrontare, definendo gli obiettivi di una loro chiarificazione e risoluzione.

b) A tale ricerca partecipano tutti i membri dell'istituzione e i consulenti esterni in condizioni di parità; ciò significa che le decisioni più importanti sono prese sulla base del consenso via via raggiunto. Questo implica non tanto un trasferimento di conoscenze e di competenze dall'esterno, quanto un interscambio culturale e professionale continuo.

c) Vengono considerate attentamente le dinamiche di gruppo e le forze sociali che aiutano o impediscono l'azione collettiva, in quanto si tratta di trasformare da un lato un sistema sociale complesso e, dall'altro, una prassi consolidata. Il ruolo dei consulenti esterni è da questo punto di vista assai importante, in quanto essi devono sia favorire la nascita del gruppo, sia garantirne una vita sana e produttiva. Per quanto possibile libera da conflitti inibenti e da tensioni latenti.

d) Il lavoro viene svolto tenendo conto di un ciclo che porta ricorsivamente dalla progettazione dell'attività educativa (in alcuni casi definita da Lewin «rieducativa»), alla sua realizzazione concreta, alla valutazione continua e conclusiva sia del progetto che della sua realizzazione. Il ciclo riprende a partire dai problemi emersi nel momento della valutazione conclusiva (Pellerey, 1980).

Lewin parlava anche di un triangolo educativo, o rieducativo, formato da azione - ricerca - formazione. Infatti, le varie esperienze realizzate lo «hanno convinto che occorre considerare l'azione, la ricerca e la formazione come un triangolo che occorre tenere insieme per garantire tutti i suoi vertici. È assai raro il poter migliorare la struttura dell'azione senza formare il personale [...] una stretta integrazione tra azione, formazione e ricerca offre enormi possibilità per il campo delle relazioni di gruppo» (Lewin, 1946, 42-43). In senso stretto, infatti, la Ricerca-Azione non è un'attività formativa. Talora non sono necessarie vere e proprie sessioni di formazione in quanto nella raccolta e interpretazione dei dati e delle informazioni si manifestano immediatamente intuizioni valide sul modo di superare i problemi. In altri casi esse sono necessarie per apprendere quanto necessario per una nuova concettualizzazione dei problemi. In altri casi possono essere sviluppate azioni formative senza una diretta connessione con la Ricerca-Azione (Lewin, 1942, 81).

D'altra parte un processo di Ricerca-Azione spesso ha un'intima valenza rieducativa, cioè è diretto a un vero e proprio cambiamento di cultura. Questo va considerato secondo tre fondamentali componenti: la struttura cognitiva del soggetto, i valori e gli atteggiamenti, le competenze operative. Quanto alla prima componente, la struttura cognitiva, non è detto che esperienze di prima mano creino automaticamente concetti e conoscenze corrette, in quanto l'interpretazione di queste è guidata dal fenomeno della percezione soggettiva: un quadro di riferimento attraverso il quale sono visti oggetti, comportamenti, valori, conoscenze. Si tratta di un vero e proprio filtro interpretativo. Per questo non sempre una conoscenza corretta basta a correggere una falsa percezione. Un vero cambio personale implica non solo un cambio culturale, ma anche percettivo, e questo è grandemente influenzato dalla cultura di gruppo: la vera base della percezione individuale (Lewin - Grabbe, 1945).

L'accettazione di un nuovo sistema di valori e di convinzioni dipende dall'accettazione di un'appartenenza a un nuovo gruppo o a una nuova realtà della vita collettiva, dal «sentirsi un noi», esperienza che consente di interiorizzare le nuove norme. Di qui l'enorme importanza che la ricerca, se vuole avere una conseguenza permanente non solo dal punto di vista conoscitivo, ma anche operativo, deve essere svolta dall'intero gruppo, o almeno essere percepita come tale (*Ibidem*).

5. Lo sviluppo della propria identità professionale

Analogamente a quanto spesso ricordato, anche nel caso degli educatori è necessario sollecitare lo sviluppo di una identità personale coerente con l'impegno che si dovrà assumere o che già si è assunto. Accennando all'identità narrativa, si è ricordato l'orientamento di P. Ricoeur circa la necessaria dialettica tra l'esperienza passata e presente, spesso fonte di dispersione e disorientamento, e la ricerca prospettica di una propria identità personale in grado di offrire maggiore coesione e unitarietà. A questo fine si è rilevato come da tale dialettica emergeva la necessità da una parte di sviluppare un'adeguata stima di sé, intesa come fiducia nella propria capacità di impegnarsi, di dare la propria parola; dall'altra, di promuovere disposizioni interiori dirette all'ascolto e alla cura degli altri. Il tutto nell'aspirazione a vivere in istituzioni giuste e a contribuire a realizzarle per quanto possibile in prima persona.

Una via di formazione della propria identità professionale, suggerita soprattutto nel caso di adulti che hanno già alle spalle una consistente esperienza, è quella che mette al suo centro una rilettura autobiografica e che prevede la ricostruzione della propria storia di vita al fine di ritrovarne o trovarne un senso profondo e una prospettiva significativa. Perché questo impegno risulti produttivo occorre che il soggetto venga aiutato a destrutturare i propri sistemi o schemi d'azione consolidati, a riconoscere e interpretare i propri stati emotivi, a prender coscienza mediante appropriate forme di riflessione dei propri modelli mentali e impliciti epistemologici, a ricostruire la propria vicenda personale e professionale in forme narrative appropriate.[1]

In fin dei conti si tratta di promuovere un più profondo e coerente significato esistenziale per la propria identità professionale; di riscoprire motivi e valori che devono guidare le scelte quotidiane di vita e le decisioni educative; di controllare la qualità e il perché di convinzioni e attese, di aspirazioni e paure; di ridare prospettiva e motivazioni alla propria attività educativa; di migliorare la stima di sé, le disposizioni a prendersi cura degli altri, l'aspirazione a vivere e a costruire istituzioni giuste.

A questo fine è necessario ridare spazio a una vita interiore, quella che consente un'esplorazione retrospettiva e prospettica della propria storia formativa. In quest'attività riflessiva e autobiografica può essere di aiuto la produzione di brevi scritture di sé, che consenta una «riorganizzazione mentale di momenti, passaggi, salienze e apicalità della propria vita» (Demetrio, 1998, 44). Ma in questo percorso autobiografico manca qualcosa, se dalle storie rammentate e dai loro intrecci non si entra, aiutati da qualcuno, «nello spazio dei significati attribuibili alla propria vita avvalendosi di miti, archetipi, simbologie» (*Ibidem*, 46).

Un ruolo specifico è stato individuato in questo percorso all'uso del racconto metaforico, di un racconto, cioè, che permette di cogliere analogie con la propria vicenda, offrendo però una nuova chiave di lettura. Esso può aiutare, dunque, gli educatori a rileggere secondo una visione diversa la propria storia e a trovare nuovi significati e prospettive per la propria identità professionale.[2]

[1] Una sistematica esposizione dei contributi in lingua inglese che valorizzano l'approccio narrativo nei processi formativi si trova nel decimo capitolo del volume di W.F. PINAR et alii, *Understanding curriculum. An introduction to the study of historical and contemporary curriculum discourses* (New York, Peter Lang, 1995).

[2] Alcuni caratteri e condizioni di validità dei racconti metaforici sono stati esplicitati da M. Pollo e R. Tonelli (1997). Per ulteriori approfondimenti si può consultare di D. GORDON, *La metafora terapeutica* (Roma, Astrolabio, 1992).

Quanto sopra rivisitato si collega facilmente alla considerazione della seconda dimensione dell'azione educativa, quella etico-sociale dell'agire educativo.

6. Natura e sviluppo della dimensione etico-sociale

È questa la dimensione morale della professionalità educativa. A questo tema abbiamo già dedicato il secondo paragrafo del terzo capitolo. Qui verranno ripresi e approfonditi gli argomenti introdotti nel contesto di un'analisi teorica dell'azione umana educativa. In una prospettiva aristotelico-tomista, prospettiva oggi assai presente nel contesto filosofico e pedagogico anglosassone, la competenza pratica dell'educatore deriva dal saper scegliere prudentemente e responsabilmente nelle circostanze specifiche a partire da una «visione del mondo secondo verità» (Abbà, 1995, 258). Si tratta di una saggezza pratica che coniuga conoscenze generali elaborate sulla base della propria esperienza circa l'ideale da raggiungere in ambito educativo, una valutazione soggettiva della bontà delle persone, delle loro opere, del loro carattere e della loro storia e una specifica competenza nel saper scegliere nelle circostanze specifiche cosa fare, cosa dire, come rapportarsi con gli educandi e con gli altri educatori.

E. Berti (1992) sottolinea anche il ruolo che nella formazione morale gioca una conoscenza più sistematica e generale raggiunta attraverso metodi di indagine di tipo dialettico-confutatorio, che tengano conto del tipo di conoscenza pratica che ne deve derivare. In questo non è impegnata una razionalità analitica, che tende a conclusioni certe, bensì una razionalità che conduce a conclusioni altamente probabili. Queste indagini portano, a partire da conoscenze e opinioni condivise generalmente (come l'uguaglianza tra gli uomini, i diritti degli individui e dei gruppi riconosciuti internazionalmente) a una concezione della persona, a un'antropologia che evidenzi che cosa accomuna ogni uomo, quali siano «le possibilità, le potenzialità, le capacità dell'uomo, quelle capacità che meritano di essere realizzate, che in qualche modo è bene che si realizzino, perché l'uomo possa essere pienamente se stesso» (*Ibidem*, 102). Quest'antropologia, se ha un fondamento razionale argomentativo dialettico-confutatorio che ne assegna un valore cognitivo, perché diventi un valore per me, un quadro ideale che guida le mie scelte, che diventa sorgente di aspirazioni e desideri, occorre che venga fondata anche sulla percezione soggettiva, emozionalmente segnata, della sua bontà. E qui giocano un ruolo essenziale le disposizioni interne orientate alla ricerca del bene degli educandi secondo giustizia, coraggio e moderazione, virtù acquisite nel tempo, cioè il possesso «della virtù etica, che è costitutiva del carattere» (*Ibidem*, 98) dell'educatore.

Secondo questa impostazione la premessa maggiore del sillogismo pratico, la premessa che riguarda i fini e non i mezzi, deriva proprio da una concezione generale del bene educativo da raggiungere, concezione che si fonda su una razionalità a un tempo pratica e dialettico-confutatoria. La «premessa minore, la premessa particolare, la conoscenza della situazione nella quale si deve agire, nella quale si devono individuare i mezzi più idonei, che in questo caso sono le azioni, alla realizzazione di un fine» (*Ibidem*) deriva dalla razionalità che verte sui mezzi, non sui fini. La prudenza, come virtù calcolatrice dei mezzi che consentono nelle circostanze specifiche di raggiungere il bene inteso, interviene per indicare nelle situazioni particolari come ci si deve comportare per realizzare il bene dell'educando.

Nella formazione etica dell'educatore occorre, dunque, da un lato che questi dia un fondamento razionale alla sua concezione del bene dell'educando, concezione che è però influenzata dalla sua crescita morale, dalla qualità del suo organismo virtuoso. Dall'altro lato egli deve esercitarsi nello scegliere bene, cioè secondo prudenza educativa, nelle differenti e specifiche situazioni di vita il bene dei singoli educandi, come dei gruppi di giovani. Giungere a una saggezza educativa adeguata, dunque, implica un cammino di formazione e di autoformazione, che può essere definito processo di formazione del carattere virtuoso dell'educatore, carattere che si fonda non solo sulla percezione soggettiva del valore di specifiche pratiche educative, bensì anche sulla loro difendibilità pubblica.

Occorre ricordare quanto esposto nel secondo capitolo circa la natura delle pratiche umane, in particolare di natura educativa. Si è affermato, a questo proposito, che la pratica umana è stata definita seguendo MacIntyre, come: «qualsiasi forma coerente e complessa di attività umana cooperativa socialmente stabilita, mediante la quale valori insiti in tale forma di attività vengono realizzati nel tentativo di raggiungere quei modelli che appartengono ad essa e parzialmente la definiscono. Il risultato è un'estensione sistematica delle facoltà umane di raggiungere l'eccellenza e delle concezioni umane dei fini e dei valori impliciti» (MacIntyre, 1988, 225). In tale contesto MacIntyre definiva anche il concetto di virtù: «Una virtù è una qualità umana acquisita il cui possesso ed esercizio tende a consentirci di raggiungere quei valori che sono interni alle pratiche, e la cui mancanza ci impedisce effettivamente di raggiungere qualsiasi valore del genere» (*Ibidem*, 229).

Abbiamo anche applicato tali concetti all'educazione, intesa come pratica umana sociale collaborativa socialmente stabilita e diretta alla promozione negli educandi di disposizioni interne, di competenze e di comportamenti esterni che favoriscono il loro benessere. Le virtù morali che deve acquisire un educatore vanno quindi considerate all'interno stesso di tali pratiche e non è possibile coglierne il senso e il valore se non a partire dall'esperienza di azioni e di comportamenti che si ispirano a modelli di eccellenza. Anche nel caso della formazione degli educatori la virtù principe che deve guidare le scelte educative, cioè la prudenza, non è insegnabile direttamente; infatti essa esiste in quanto è il soggetto stesso che comprende i fattori rilevanti della situazione pratica, arguisce, giudica, stabilisce la giusta condotta da tenere per conseguire i fini educativi intesi (Abbà, 1995, 311). Tuttavia, una valida antropologia è necessario fondarla anche mediante forme argomentative adeguate perché da un lato orienti le scelte dell'educatore verso un autentico bene dell'educando e dall'altro consenta di rendere ragione pubblicamente delle proprie scelte.

Lo sviluppo della prudenza educativa, come di ogni altra virtù di questa natura, può avvenire solo attraverso un vero e proprio apprendistato, cioè attraverso un esercizio pratico guidato, che ha di fronte a sé modelli adeguati di azione e di comportamento e attraverso il quale il futuro educatore riesce a percepire la qualità e il valore morale delle proprie scelte e delle conseguenze educative di esse. Sulla base di questa esperienza morale egli può non solo cogliere i valori intrinseci alla pratica educativa, ma anche alimentare il desiderio di crescere in competenza e sviluppare quella saggezza pratica a cui abbiamo accennato all'inizio del paragrafo.

Occorre aggiungere che, come già spesso ricordato, la genesi delle virtù e il suo sviluppo sono possibili in un contesto comunitario umano unificato da una concezione della vita buona, da una «visione», da proprie storie che fanno rivivere gli eventi che hanno fondato la comunità e ne hanno definito l'identità, da una tradizione vivente che mette a confronto gli ideali tramandati con le nuove situazioni. Anche la genesi e lo sviluppo delle virtù educative sono legati a un processo di formazione morale che avviene in una comunità in cui i membri collaborano per un bene comune, un ideale di vita buona sulla base di una visione e d'una tradizione.

D'altra parte, la partecipazione alla vita di una comunità formativa che condivide tale visione e tale tradizione se da una parte permette la percezione di modelli d'azione e di comportamento, dall'altra è occasione di esercizio, di feedback, di sostegno e sollecitazione in una pratica che richiede non solo esperienza, ma soprattutto crescita progressiva dal punto di vista dei motivi, valori e desideri legati alla professione educativa come delle conoscenze e competenze necessarie per comprendere la domanda educativa che emerge nel contesto specifico. Una particolare riflessione personale e collettiva andrà, quindi, posta sulle condizioni e modalità di sviluppo di comunità educative che presentino caratteristiche analoghe in contesti spesso segnati da pluralismo, difficoltà di comunicazione, tensioni e aggressività non controllate.

La dimensione etico-sociale in ambito educativo si qualifica sul piano operativo per il tipo di rapporto educativo che viene attivato e sostenuto nel corso della pratica formativa. Essa implica non solo disposizioni, desideri, decisioni ispirate a valori e virtù educative, bensì anche, proprio perché siano garantite la qualità e l'efficacia di tale relazione, lo sviluppo di congruenti competenze comunicative e relazionali. Rimane comunque centrale nella dinamica dell'azione il sistema di valori, motivi, desideri che anima l'educatore e la sua qualità in funzione della responsabilità educativa che egli deve affrontare. Non basta infatti possedere le competenze necessarie per svolgere il proprio compito educativo, occorre anche disporre nell'azione di energie interne necessarie per affrontare con coraggio, costanza e perspicacia le difficoltà connesse con quelli che abbiamo definito «momenti educativi».

7. L'acquisizione delle competenze comunicative e relazionali

Nel capitolo precedente relativo alla valutazione si è insistito sulla necessità di valutare non solo i progetti educativi e i risultati dell'azione o della pratica educativa, ma anche la stessa azione educativa. Nella prospettiva dialogica e conversazionale sviluppata l'acquisizione di competenze comunicative e relazionali costituisce una condizione essenziale della formazione di ogni educatore. D'altra parte nel concetto di competenza entrano in gioco non solo conoscenze e capacità, bensì anche valori e motivi che le orientano e sostengono e danno loro senso. Così la comunicazione interpersonale acquista significato e forza se è animata da valori morali, come il prendersi cura degli altri, e da virtù educative, come la prudenza, il coraggio, la giustizia, la moderazione. A questo proposito è opportuno rileggere alcune delle pagine dedicate precedentemente alle relazioni tra educatori e tra educatori ed educandi.

La prima area di intervento riguarda il riconoscimento del valore di una presenza attiva in mezzo agli educandi e l'acquisizione delle forme attraverso le quali tale presenza diventa educativa. Essa comprende l'attività amichevole e fraterna che nasce dall'amore dell'educatore per aiutare nei giovani la realizzazione della loro crescita personale.

A tal riguardo Braido (1955, 131) scrive: «L'ambiente della famiglia educativa di Don Bosco è costituito soprattutto da persone *viventi* e *attive*. Nessuno è semplicemente spettatore, né gli educandi né gli educatori, in questo vivace incontro di azioni e "interazioni" in funzione positiva e costruttiva». L'educando, d'altra parte, non solo ha bisogno di una vicinanza affettuosa da parte di persone per lui significative, ma necessita di una loro presenza attiva che, attraverso la prestazione di diversi contributi, lo mettano in grado di raggiungere quelle condizioni mediante le quali egli può diventare realmente protagonista della sua vita attuale e della sua formazione personale.

Un seconda area formativa si riferisce allo sviluppo di validi atteggiamenti educativi, cioè di disposizioni interiori che si manifestano in condotte e comportamenti adatti ad accogliere, ascoltare, orientare, motivare, guidare, sostenere, incoraggiare gli educandi. Essi si radicano nei valori e nelle virtù fondamentali educative, ma esigono per svilupparsi non solo la presa di coscienza delle ragioni della loro importanza, bensì anche l'esperimentare emozioni positive nell'agire in coerenza con essi. Esiste, infatti, un rapporto circolare tra azioni, emozioni e ragioni nella costruzione di validi atteggiamenti (Pellerey, 1992). Tuttavia possono emergere divergenze tra atteggiamenti generali e singoli comportamenti. Questi ultimi derivano da decisioni che vengono assunte in contesti specifici e secondo condizioni particolari, mentre i primi rivestono una maggiore astrattezza e generalità. Tuttavia, come spesso ricordato, la ripetizione di azioni che sono coerenti con determinati valori porta non solo a coglierne il significato e la valenza personale, ma rende disponibili ad agire coerentemente con essi anche nel futuro.

a) La disponibilità ad ascoltare. È attraverso la comunicazione verbale e non verbale degli educandi che è possibile coglierne le aspirazioni, le difficoltà, le paure, le tensioni interiori, le motivazioni e le intenzioni che guidano le loro azioni, le loro emozioni, i loro sentimenti, i loro amori e i loro odi. Si è accennato a questo proposito all'importanza della narrazione autobiografica. Facilitare la ricostruzione della propria storia di vita è uno dei compiti primari dell'educatore. Occorre però ricordare che ascoltare un altro significa anche leggere e interpretare le sue parole e i suoi gesti, le sue vicende e i suoi giudizi, secondo categorie culturali e precomprensioni soggettive. L'ascolto deve essere quindi aperto, accogliente, pronto a rivedere le proprie valutazioni iniziali, a rimettersi in discussione.

Un ascolto attivo, che manifesta interesse e partecipazione per gli stati d'animo, i problemi, le difficoltà, le angosce, le gioie dell'altro, sollecitando in maniera congrua la loro manifestazione e chiarificazione. In genere la capacità di ascolto è una competenza complessa che implica oltre a valori, motivi, disponibilità di base, anche padronanza di tecniche appropriate come quelle relative alla riformulazione delle espressioni fondamentali dell'interlocutore, alla verbalizzazione dei propri sentimenti e stati d'animo, all'assunzione di comportamenti di supporto congruenti (Franta - Salonia, 1979).

b) La disponibilità a comunicare. Sulla base di un ascolto attivo si innesta la comunicazione educativa dell'educatore nei riguardi degli educandi. In primo luogo si tratta di una disponibilità e capacità di manifestare verbalmente e non verbalmente i propri sentimenti e le proprie emozioni, la vicinanza e l'accettazione dell'altro, la comprensione e il rispetto per quanto da lui provato. Poi, la disponibilità e la capacità di comunicare direttamente o indirettamente i contenuti educativi ritenuti necessari (chiarificazioni, spiegazioni, argomentazioni, valutazioni, proposte). Vengono così coinvolte almeno due competenze specifiche: quella relativa alla costruzione di una piattaforma comunicativa di base e quella relativa alla elaborazione di discorsi comprensibili da parte degli interlocutori (*Ibidem*).

Dal punto di vista educativo, una componente essenziale della comunicazione sta nella sua forza persuasiva. Se ne è già trattato. Comunque occorre ricordare che una delle condizioni di una comunicazione persuasiva è la credibilità di chi parla. Dal punto di vista educativo non è però tanto importante una credibilità esteriore, a esempio basata sul modo di vestire, di atteggiarsi, di gestire, cioè su aspetti esterni, anche se questi segnali, detti periferici (Chaiken e Maheswaran, 1994), possono avere un ruolo di risveglio dell'attenzione oppure di rinforzo; tali segnali, però, possono aiutare a contestualizzare colui che comunica, a sentirlo partecipe o meno della propria condizione sociale. Certamente più importante è il senso di fiducia che egli riesce a ispirare, perché ritenuto competente e disinteressato, disponibile e desideroso autenticamente di aiutare. La credibilità dell'educatore e della sua comunicazione si fonda radicalmente sulla testimonianza viva che egli offre di coerenza nell'agire con i valori, gli atteggiamenti e i comportamenti che propone. L'educando deve poter vedere, sperimentare in maniera vicaria, la loro valenza educativa, secondo quanto abbiamo ricordato precedentemente. D'altra parte questo ruolo esperienziale vicario, viene svolto anche dall'insieme della comunità educativa e dai valori che essa riesce a incarnare nella quotidianità della sua vita.

8. Sulle strade della formazione e dell'autoformazione nella dimensione etico-sociale

Una delle dimensioni fondamentali dell'esperienza umana, nella quale è possibile cogliere e vivere significati, motivi, valori e che va riscoperta e promossa in noi e negli altri, è la dimensione spirituale dell'esistenza umana. Qui l'aggettivo «spirituale» non si riferisce a una spiritualità religiosa specifica. Certo, tutte le religioni riconoscono la dimensione spirituale come un aspetto fondamentale della vita e dell'esistenza umana. Le tradizioni religiose la esprimono attraverso simboli che riguardano la condizione umana, che vengono tradotti in racconti, narrazioni, miti, poemi riferiti a fondamentali situazioni di vita dell'uomo. Esse, cioè, riconoscono l'importanza della dimensione conversazionale, riflessiva e contemplativa della vita spirituale.

In questo caso ci si riferisce, tuttavia, a quella dimensione della vita dell'uomo, appunto detta spirituale, che da antichi e da moderni è stata vista in stretta interazione con la sua vita fisica e psichica. La maniera specifica di dare senso e significato a queste tre dimensioni della vita e dell'esperienza può essere chiamato umanesimo. La dimensione spirituale si rivela nel crescere dell'uomo interiore, dell'uomo che non attribuisce solo valore alle cose, ai beni di consumo, a quanto si può fruire solo esternamente, al mercato, ma soprattutto alla vita dello spirito, al dialogo interiore, riflessivo e allo scambio di significati, di senso, di speranza con gli altri, cioè alla fruizione interiore dell'esperienza, alla risonanza profonda di quanto si vive nell'esperienza della vita di lavoro, famigliare, sociale, politica, associativa, ecclesiale.

Le condizioni per sperimentare e coltivare la dimensione spirituale umana sono apertura e ricettività, senso di incompletezza, di impotenza, di mancanza, di vulnerabilità, di inquietudine, ma anche disponibilità, percezione della possibilità di essere diversi e migliori, di essere trasformati, di poter trascendere se stessi, di essere aperti all'attesa e alla speranza che la vita può essere diversa, migliore. E questo si realizza nel lavoro, nello studio, nelle relazioni interpersonali e istituzionali, nella vita sociale e culturale, nelle esperienze di vita fondamentali e quotidiane. In tal senso dare spazio nella formazione alla dimensione spirituale viene ad essere equivalente a costruire un nuovo umanesimo che riconosca i valori che derivano dalla tradizione cristiana, ma anche dalla tradizione laica, su cui si possano appoggiare lo sviluppo di valori etici e religiosi riletti in una nuova chiave culturale umanistica.

All'interno della dimensione spirituale assume particolare significato la dimensione etica. È la dimensione che con più chiarezza è stata sottolineata dalla riflessione contemporanea. Infatti, come accennato nei capitoli precedenti, il superamento della modernità, come unico riferimento culturale e razionale, ha permesso la riconquista della considerazione di forme di razionalità di tipo non analitico: quella dialettica e dialogica, quella retorica e quella pratica. Forme centrate sulle modalità di formazione spesso ricordate: la testimonianza, il modello, la conversazione, l'argomentazione, l'apprendistato. In materia di morale, afferma Ryle, come nelle abilità e nelle arti, noi apprendiamo prima dall'osservare come fanno gli altri; poi dall'esercitarci sotto la guida, la sollecitazione, talora il rimprovero di altri; infine, dall'esser capaci di esercitarci da soli.

In questa prospettiva in primo luogo occorre indicare, come componente essenziale della formazione, l'impegno nel nutrire le menti e nel promuovere la capacità e l'autocontrollo nel pensare, cioè il sapersi porre i problemi e cercare coscientemente di risolverli in modo critico e costruttivo. Lo sforzo nell'agire razionalmente bene implica una prioritaria ricerca di ciò che è bene per me e per gli altri, di ciò che può dare senso alla vita dell'intera comunità di appartenenza o dell'umanità come tale.

Occorre da questo punto di vista contrastare quella che è stata chiamata l'eclissi della ragione, rivalutando la ricerca della verità come un valore morale che caratterizza la condizione umana. Ciò risulta sempre più vero sia dal punto di vista ontologico, cioè dal punto di vista della natura intima dell'essere umano, sia deontologico, considerando l'obbligo di valorizzare le doti di natura, sia teleologico, tenendo presenti le conseguenze della mancanza di razionalità nella vita politica e democratica.

Indagare, cercare, senza basi di conoscenza è una frode. Conoscenza senza ricerca è impossibile. Secondo K.A. Sirotnik (1990), questo impegno per la conoscenza ha tre fonti: il desiderio di immortalità, l'obbligo di registrare i nostri pensieri per noi stessi e per le future generazioni e una prudente considerazione dei benefici che si possono aumentare attraverso una conoscenza ben fondata. Ma conoscenza va intesa non come accumulazione di informazioni, bensì come andare oltre verso l'interpretazione, il significato, la comprensione, la spiegazione. In una parola la conoscenza è il guadagno che otteniamo dalla ricerca, ma essa è stimolata e sostenuta da ciò che conosciamo. Questo non può essere fatto nell'isolamento, soprattutto nel caso in esame. Hanna Arendt (1958) ha reso bene questo punto: «Gli uomini, almeno fino a quando vivono e agiscono in questo mondo, possono sperimentare la significatività solo perché possono parlare tra loro e con se stessi alla ricerca di senso». La ricerca condivisa di senso e di significato sta al cuore del processo educativo scolastico. Il fatto che il primo e più interessato a questo sia proprio l'insegnante produce alla lunga una profonda influenza nella disponibilità e nell'impegno degli alunni a seguire le stesse strade, non solo a scuola, ma nella vita, accanto e oltre la scuola.

Un comune detto afferma che le cose che val la pena di fare, val la pena di farle bene. Segni di incompetenza circondano da presso sempre più ogni giorno. Ragioni per spiegarli possono essere trovate nell'aumento di complessità della nostra società, ma anche nella mancanza di serio impegno. Ci sono anche indizi che le stesse organizzazioni sociali, politiche e sindacali possono, talora, coprire e proteggere l'incompetenza. La competenza, tuttavia, è la più naturale aspirazione dell'essere umano. Amiamo il riconoscimento, il successo, non il fallimento; l'eccellenza, non la mediocrità. Competenza e competizione hanno la stessa radice latina, ma la competizione in questo caso dovrebbe essere con noi stessi e questo si può chiamare apprendimento.

Un'etica della competenza e dell'impegno mostrato nel fare e nell'imparare a fare bene le cose che sono degne di esser fatte bene è un impegno che è già al servizio degli altri, in modo serio, non banale o debole.

Il lamento più profondo dell'uomo è spesso quello di essere o sentirsi solo, di non trovare o di non avere nessuno intorno a sé che sia preoccupato per lui, che si prenda cura realmente di lui e del suo bene. Prendersi cura di qualcuno significa costruire una relazione interpersonale profonda basata sulla stima reciproca e il reciproco aiuto, il rispetto, la disponibilità, la fiducia. È una relazione empatica che appare come una versione anche effettiva della «regola d'oro»: fai agli altri quello che vorresti fosse fatto a te.

Si tratta di saper percepire la realtà altrui, di sentire quello che l'altro sente il più intimamente possibile, e di agire di conseguenza. Cioè, essere «spinti ad agire come se fosse nel nostro bene, mentre in realtà è per il bene dell'altro». L'impegno morale implicato nel prendersi cura dell'altro richiede d'altronde un impegno e una continuità che vanno oltre, anche se non contraddicono, forme naturali di dedizione e di affetto, in quanto esso è perseverante, prudente, saggio.

Libertà e giustizia sono aspirazioni e dimensioni fondamentali della condizione umana; a tutti compete l'obbligo di una loro promozione e protezione. Per questo nascono norme e leggi. Certamente non siamo angeli, ed ai comportamenti umani occorre dare norme e regole di convivenza. Norme e regole sempre modificabili e migliorabili dati contesti e situazioni diverse, ma anche sempre riconducibili a principi generali di riferimento, come il principio di equità, basato sulla reciprocità delle situazioni. Persino una delle branche più moderne e vivaci della matematica, la teoria della probabilità, si fonda, in una delle sue impostazioni più significative, sull'equità delle scommesse. Una scommessa è equa se è sempre possibile invertire le parti senza danno per alcuno dei due scommettitori.

Rispetto della dignità e integrità della persona, però, implicano anche impegno per creare le condizioni interne ed esterne perché ciascuno possa giungere a una crescita e maturazione adeguate nella capacità di scelta e di azione umana, libere e responsabili. In genere questo avviene nel promuovere quelle disposizioni interne che favoriscono l'esercizio e l'acquisizione stabile e consapevole di tale capacità e nel contrastare condizionamenti negativi che bloccano o riducono tale esercizio e acquisizione stabile. L'esperienza diretta dell'esercizio della giustizia nella vita quotidiana da parte di tutti, ma in particolare dei responsabili delle varie istituzioni, costituisce anch'essa un polo di riferimento non secondario, né ininfluente, di orientamento morale, individuale e comunitario.

LETTURE DI APPROFONDIMENTO

Sulla formazione degli educatori sono assai numerose le pubblicazioni. Qui si accenna soltanto ad alcune che sembrano più coerenti con quanto affermato nel contesto del capitolo. D'altra parte tutti i manuali di Pedagogia sono per natura loro orientati a fornire una solida base sia teorica che pratica non solo a chi si prepara a diventare educatore, ma anche per chi vuole riflettere con più consapevolezza sulla sua attività di educatore professionale e riqualificare le proprie competenze operative. Tuttavia, alcuni di essi sono più diretti a prendere in considerazione la formazione del pedagogista, cioè di uno studioso che si specializza nell'esaminare con adeguati metodi scientifici il campo dell'educazione.

In generale è utile la lettura delle seguenti opere: curato da R. MASSA, *La formazione dei formatori* (Milano, IRRSAE Lombardia, 1984); M.S. KNOWLES, *Quando l'adulto impara* (Milano, Angeli, 1993); M.S. KNOWLES, *La formazione degli adulti come autobiografia* (Milano, Cortina, 1996).

Sulla formazione dell'educatore professionale si può leggere di M. GROPPO (a cura di), *L'educatore professionale oggi* (Milano, Vita e Pensiero, 1990); di A. CANEVARO (a cura di), *La formazione dell'educatore professionale* (Roma, NIS, 1991); CONVEGNO DI SCHOLÉ, *La formazione degli educatori nella prospettiva della cultura degli anni Novanta* (Brescia, La Scuola, 1995).

Per quanto riguarda la formazione degli insegnanti è una miniera di informazioni il volume in inglese *Handbook of research on teacher education* edito a cura di J. Sikula, T.J. Buttery e E. Gayton (New York, MacMillan, 1996). Altre opere utili sono: a cura di G.R. HARWARD e P. HODKINSON, *Action and reflection in teacher education* (Merwood, Ablez, 1994); a cura di V. RICHARDSON, *Constructivist teacher education* (London, Falmer, 1997); P. MEIRIEU, *Enseigner, scénario pour un métier nouveau* (Paris, ESF, 1990); A. POLLARD, *Reflective teaching in secondary education* (London, Cassell, 1997); A. POLLARD, *Reflective teaching in the primary school* (London, Cassell, 1997); P. PERRENOUD, *Dix nouvelles compétences pour enseigner* (Paris, ESF, 1999.

ESERCIZI

Primo esercizio

Utilizzando la seguente griglia di analisi suggerita dai fratelli Dreyfus, valuta il livello di competenza professionale di un insegnante, di un educatore o di un altro tipo di professionista che esplica la sua azione in un contesto relazionale, come un medico o un'infermiera, indicandone i comportamenti caratterizzanti.

Livello	Principiante	Principiante avanzato	Competente	Competente avanzato	Esperto
Comportamenti osservati					

Secondo esercizio

Un ruolo professionale, secondo quanto esaminato nel capitolo, è il risultato dell'integrazione di quattro componenti fondamentali. Trascrivi sul quaderno di lavoro il quadro seguente e descrivi per iscritto su di esso e con tue parole tali componenti.

Prima componente:
Seconda componente:
Terza componente:
Quarta componente:

Terzo esercizio

Alla descrizione delle competenze comunicative e relazionali sono stati dedicati alcuni paragrafi del nono capitolo. In questo capitolo se ne è accennato dal punto di vista della formazione degli educatori. Elabora una sintesi riassuntiva delle principali competenze di questo tipo e delle aree formative a queste collegate.

APPENDICE

Quadro di riferimento elaborato da L. Boncori (1975) per giungere alla determinazione degli obiettivi educativi *

1. Maturazione dei rapporti sociali ed affettivi

– *Attuazione di buoni rapporti sociali:*
  - *con i coetanei,*
  - *con la famiglia,*
  - *con gli insegnanti;*

– *formazione ad una propria vita familiare;*

– *acquisizione di senso sociale, come capacità di vedere se stesso inserito in strutture sociali più ampie della famiglia (piccoli gruppi);*

– *apertura verso comunità più ampie: senso di appartenenza e partecipazione sociale, civica e politica, con capacità di adattamento sano, ma anche di verifica, di contestazione e di sviluppo proporzionato alle esigenze reali;*

– *senso dei propri doveri e dei diritti altrui;*

– *sviluppo della coscienza religiosa;*

– *sviluppo di una coscienza personale leale, impegnata, disponibile;*

– *capacità di sentire, su un piano affettivo, problemi, gioie... di altri;*

– *rispetto per gli altri.*

2. Cognizione

(2.1) Conoscenza del mondo esterno e capacità di operarvi

– *conoscenza di un'adeguata terminologia;*

– *conoscenza di nozioni in genere («cultura generale»);*

– *conoscenza di nozioni riguardanti la materia specifica;*

* Da: L. Boncori, *Un questionario per la formulazione collegiale degli obiettivi educativi*, Parte I, «Orientamenti Pedagogici», 1975, 3, 471-486.

– acquisizione di concetti fondamentali riguardanti la materia specifica;
– acquisizione di abilità pratiche nella materia specifica.

(2.2) Acquisizioni metodologiche o strumentali
– comprensione di comunicazioni orali e scritte:
- *nel loro senso letterale immediato,*
- *nelle loro implicazioni;*

– capacità di trovare ed utilizzare fonti d'informazione;
– capacità di consultare repertori, dizionari, tavole, biblioteche...;
– abitudini alla lettura, amore per la lettura;
– acquisizione di tecniche specifiche della materia (calcolo, ortografia...);
– acquisizione di procedimenti o metodologie proprie della materia (per esempio metodi di laboratorio, di analisi, di sperimentazione, di critica letteraria, di traduzione...);
– capacità di comprendere l'evoluzione di avvenimenti attraverso il tempo, d'interpretarli correttamente in base al contesto storico;
– capacità di esprimersi con esattezza (verbalmente, graficamente, ecc.);
– capacità di comunicare con efficacia (verbalmente, graficamente, ecc.).

(2.3) Conoscenza realistica di sé e degli altri
– capacità di comprendere, ricordare, descrivere i propri sentimenti, tendenze, moti dell'animo, ecc., con obiettività;
– consapevolezza dei propri limiti;
– capacità di autocritica;
– capacità di comprendere sentimenti, intenzioni, motivazioni di altri;
– valutazione realistica delle persone e delle situazioni sociali.

(2.4) Sviluppo delle capacità «logiche» e intellettuali in genere
– osservare bene e con ordine;
– capacità di comprendere bene, in tutti i suoi aspetti, un libro, uno spettacolo, una lezione, un esperimento, ecc.;
– capacità di comprendere e di esprimere:
- *relazioni tra oggetti, cose concrete,*
- *relazioni espresse verbalmente, ma relative a cose concrete;*

– capacità di dar giudizi rispetto ad un criterio:
- *concreto,*
- *logico;*

– capacità di formulare un progetto di lavoro;
– capacità di seguire un ordine razionale:
- *nell'esposizione delle idee,*
- *nel lavoro.*

(2.5) Creatività
– originalità;
– capacità di prevedere le conseguenze remote di un fatto;
– capacità di considerare un fatto od un problema da più punti di vista;
– capacità di produrre:
- *molte idee diverse,*
- *molte parole diverse,*
- *molte rappresentazioni visive diverse,*
- *molte realizzazioni pratiche diverse sullo stesso tema.*

3. Integrazione e sicurezza emotiva

– Capacità di utilizzare l'esperienza pratica per comprendere e risolvere problemi (anche non matematici);
– adozione di un atteggiamento equilibrato e indipendente nei confronti delle idee altrui:
- *capacità di accettare le idee valide diverse dalle proprie,*
- *capacità di non modificare le proprie idee in base a pressioni esterne di tipo non razionale (per esempio: anche se si è in minoranza);*

– capacità d'integrare in altri settori e nella vita pratica le nuove idee, nozioni, tecniche acquisite studiando una data materia;
– capacità di accettare la realtà senza subire traumi;
– giusto e valido incanalamento dell'aggressività;
– sviluppo della maturità fisico-psichico-sociale;
– fiducia in se stessi, padronanza delle situazioni, larghezza nei rapporti umani e adattamento positivo;
– autocontrollo;
– capacità di comportarsi in conformità di princìpi morali;
– capacità di comportarsi in conformità di decisioni prese;
– capacità di attenersi al comportamento voluto anche quando:
- *mancano controlli esterni,*
- *ci sono da affrontare sacrifici*
- *c'è da impegnarsi a lunga scadenza.*

4. Elaborazione di una propria filosofia di vita

– Acquisizione e sviluppo d'interessi:
- *concreti,*
- *astratti: culturali, sociali, morali, religiosi...*
- *estetici: artistici, musicali...;*

– acquisizione ed elaborazione di valori;

– riflessione sui valori acquisiti, in modo da strutturarli in un insieme di rapporti organici, gerarchizzati;

– acquisizione di abiti morali atti ad una coerente realizzazione di sé;

– costruzione di un chiaro e realistico ideale di sé:

- *nella scelta scolastico-professionale*
- *nell'elaborazione di un «io ideale».*

BIBLIOGRAFIA

ABBÀ G. (1995), *Felicità, vita buona e virtù. Saggio di filosofia morale*, Roma, LAS, 2ª ed.

ALBERICH E. (1992), *La catechesi della Chiesa*, Leumann (To), LDC.

ALTHUSSER L. (1994), *Sur la philosophie*, Paris, Gallimard.

AMERIO P. (1995), *Fondamenti teorici di psicologia sociale*, Bologna, Il Mulino.

AMIDON A.J. - E. HUNTER (1966), *Improving teaching*, New York, Holt Rinehart & Winston.

AMIDON A.J. - J.B. HOUGH (1967), *Interaction analysis. Theory, research and application*, Reading, Addison-Wesley.

ANDERSON H.H. - J.E. BREWER (1946), *Effects of teachers' domination and integrative contacts on children's classroom behavior*. «Applied Psychology Monograph», 8.

ANDERSON H.H. - M.F. REED (1946), *Studies of teachers' classroom personalities, III: Follow-up studies of the effects of dominative and integrative contacts on children's behavior*. «Applied Psychology Monographs of the APA», 11.

ANDERSON J.R. (1983), *The architecture of cognition*, Cambridge (MA), Harvard University Press.

ANDERSON J.R. (1995), *Learning and memory*, New York, J. Wiley & Sons.

ANDERSON S.B. - S. BALL - R.T. MURPHY et alii (Eds.) (1977), *Encyclopedia of educational evaluation*, San Francisco, Jossey Bass.

APPLE M.W. (1982), *Education and power*, New York, Routledge & Kegan Paul.

ARDOINO J. - G. BERGER (1986), *L'évaluation, comme interprétation*. «Pour», 107.

ARENDT H. (1958), *The human condition*, Chicago, University of Chicago Press.

ARNOLD W. - H.J. EYSENCK - R. MEILI (a cura di) (1975), *Dizionario di psicologia*, Roma, Edizioni Paoline.

ARONOWITZ S. - E. GIROUX (1991), *Postmodern education*, Minneapolis, University of Minnesota Press.

ASTLEY J. (1994), *The philosophy of christian religious education*, Birmingham (AL), Religious Education Press.

AUSUBEL P.D. (1978), *Educazione e processi cognitivi*, Milano, F. Angeli.

BAKHTIN M.M. (1981), *The dialogic imagination*, Austin, University of Texas Press.

BAKHTIN M.M. (1984), *Problems of Dostoevsky's poetics*, Minneapolis, University of Minnesota Press.

BALLANTI G. (1988), *Modelli di apprendimento e schemi di insegnamento*, Teramo, Giunti e Lisciani.

BANDURA A. (1977), *Social learning theory*, Englewood Cliffs, Prentice Hall.

BANDURA A. (1986), *Social foundations of thought and action: A social cognitive theory*, Englewood Cliffs, Prentice Hall.

Bandura A. (1988), «Self-regulation of motivation and action through goal systems». In: V. Hamilton - G.H. Bower - N.H. Frijda (Eds.), *Cognition, motivation, and affect: A cognitive science view*, Dordrecht, M. Nijhoff, 37-61.
Barilli R. (1979), *Retorica*, Milano, ISEDI.
Baudrillard J. (1981), *For a critique of the political economy of the sign*, St. Louis, Telos Press.
Bellenger L. (1997), *La force de la persuasion. Du bon usage des moyens d'influencer et de convaincre*, Paris, ESF.
Bennet W.J. (1996), *Il libro delle virtù*, Vicenza, Neri Pozza.
Berbaum J. (1982), *Étude systémique des actions de formation*, Paris.
Bereiter C. (1985), *Toward a solution of the learning paradox*. «Review of Educational Research», 2, 201-226.
Berlyne D.E. (1960), *Conflict, arousal, and curiosity*, New York, McGraw-Hill.
Berti E. (1987), *Le vie della ragione*, Bologna, Il Mulino.
Berti E. (1989a), *Le ragioni di Aristotele*, Bari, Laterza.
Berti E. (a cura di) (1989b), *La razionalità pratica: modelli e problemi*, Torino, Marietti.
Berti E. (1992), «Il metodo dialettico-confutatorio nella filosofia pratica». In: G. Dalle Fratte (a cura di), *Fine e valore*, Roma, Armando, 95-108.
Bertin G.M. (1968), *Educazione alla ragione*, Roma, Armando.
Bertin G.M. (1971), *Educazione alla ragione*, Roma, Armando.
Bertin G.M. (1984), *Educazione alla ragione*, Roma, Armando, 5ª ed.
Bertolini P. (1987), *L'esistere pedagogico*, Firenze, La Nuova Italia.
Billig M. (1987), *Arguing and thinking. A rhetorical approach to social psychology*, Cambridge, Cambridge University Press.
Billig M. (1999), *Discutere e pensare*, Milano, Cortina.
Bitter G. - G. Miller (1986), *Handbuch religionspädagogischer Grundbegriffe*, München, Kösel Verlag (2 voll.).
Blankertz H. (1977), *Teorie e modelli della didattica*, Roma, Armando.
Bloom B.S. (Ed.) (1956), *Taxonomy of educational objectives. Handbook I: Cognitive Domain*, New York, McKay.
Bloom B.S. - D.R. Krathwohl - B.B. Masia (1964), *Taxonomy of educational objectives. Handbook II: Affective domain*, New York, McKay.
Bloom B.S. - D.R. Krathwohl - B.B. Masia (1983), *Tassonomia degli obiettivi educativi. Vol. 1: Area cognitiva*, Teramo, Lisciani & Giunti.
Bloom B.S. - D.R. Krathwohl - B.B. Masia (1984), *Tassonomia degli obiettivi educativi. Vol. 2: Area affettiva*, Teramo, Lisciani & Giunti.
Bollnow O.F. (1964), *Die pädagogische Atmosphäre*, Heidelberg, Quelle und Meyer.
Boncori L. (1975), *Un questionario per la formulazione collegiale degli obiettivi educativi, Parte I*. «Orientamenti Pedagogici», 3, 471-486.
Boncori L. (1975), *Un questionario per la formulazione collegiale degli obiettivi educativi, Parte II*. «Orientamenti Pedagogici», 5, 929-958.
Borich G.D. (1992), *Effective teaching methods*, New York, Macmillan Publ. Co, 2nd ed.
Boscolo P. (1997), *Psicologia dell'apprendimento scolastico*, Torino, UTET.
Bourdieu P. (1972), *Esquisse d'une théorie de la pratique*, Genève, Droz.
Braido P. (1955), *Il sistema educativo di Don Bosco*, Torino, SEI.
Braido P. (1968), «Significato e struttura della scienza positiva dell'educazione o me-

todologia pedagogica». In: P. BRAIDO, *La teoria dell'educazione e i suoi problemi*, Zürich, Pas-Verlag, 137-143.
BRAIDO P. (1969), *Don Bosco*, Brescia, La Scuola, 3ª ed.
BRAIDO P. (1988), *L'esperienza pedagogica di D. Bosco*, Roma, LAS.
BRAIDO P. (a cura di) (1992), *Don Bosco educatore: scritti e testimonianze*, Roma, LAS.
BRAIDO P. (1999), *Prevenire non reprimere. Il sistema educativo di don Bosco*, Roma, LAS.
BREZINKA W. (1989), *L'educazione in una società disorientata*, Roma, Armando.
BRUNER J.S. (1976), *Dopo Dewey. Il processo di apprendimento nelle due culture*, Roma, Armando.
BRUNER J.S. (1988), *La mente a più dimensioni*, Bari, Laterza.
BRUNER J.S. (1992), *La ricerca del significato: per una psicologia culturale*, Torino, Bollati Boringhieri.
BRUNER J.S. (1997), *La cultura dell'educazione*, Milano, Feltrinelli.
BUBER M. (1954), *Schriften über das dialogische Prinzip*, Heidelberg, Lambert.
BUBNER R. (1976), *Azione, linguaggio e ragione*, Bologna, Il Mulino.
BURBULES N.C. (1993), *Dialogue in teaching: theory and practice*, New York, Teachers College.
BURGOYNE J. - R. STUART (1978), *Management development: Context and strategies*, Westmead, Gower Publ. Co.
BURKE K. (1966), *Language as symbolic action: Essay on life, literature and method*, Berkeley, University of California Press.
BURKE K. (1969), *A grammar of motives*, Berkeley, University of California Press.
BURKE K. (1969), *A rhetoric of motives*, Berkeley, University of California Press.
BURKE K. (1972), *Dramatism and development*, Worcester, Mass., Clark University Press.
CALONGHI L. (1976), *Valutazione*, Brescia, La Scuola.
CAMPANINI G. (a cura di) (1994), *Le stagioni della famiglia*, Cinisello Balsamo (MI), S. Paolo.
CANEVARO A. (a cura di) (1991), *La formazione dell'educatore professionale*, Roma, NIS.
CARDINET J. (1989), *Évaluer sans juger*. «Revue française de pédagogie», 88.
CAVAZZA N. (1996), *La persuasione*, Bologna, Il Mulino.
CAVAZZA N. (1997), *Comunicazione e persuasione*, Bologna, Il Mulino.
CAZDEN C. (1988), *Classroom discourse*, Portsmouth, Heineman.
CHAIKEN S. - D. MAHESWARAN (1994), *Heuristic processing can bias systematic processing: Effects of source credibility, argument ambiguity, and task importance on attitude judgment*. «Journal of Personality and Social Psychology», 66, 460-473.
CHANG H.-C.A. - M. CHECCHIN (1996), *L'educazione interculturale*, Roma, LAS.
CHANGEUX J. - P. RICOEUR (1999), *La natura e la regola. Alle radici del pensiero*, Milano, Cortina.
CHAUCHAT H. (1985), *L'enquête en psycho-sociologie*, Paris, PUF.
CHESNAIS M.F. (1998), *Vers l'autonomie: l'accompagnement dans les apprentissages*, Paris, Hachette.
CHEVALLARD Y. (1990), «Évaluation, véridiction, objectivation». In: J. COLOMB, *L'évaluateur en révolution*, Paris, INRP, 13-36.
CIALDINI R.B. (1995), *Le armi della persuasione*, Firenze, Giunti.
CONNELLY F.M. - D.J. CLANDININ (1988), *Teachers as curriculum planners. Narratives*

of experience, New York, Teachers College Press.

CONNELLY F.M. - D.J. CLANDININ (1997) *Il curriculum come narrazione*, a cura di Maura Striano, Napoli, Loffredo.

CONVEGNO DI SCHOLÉ (1995), *La formazione degli educatori nella prospettiva della cultura degli anni Novanta*, Brescia, La Scuola.

CORALLO G. (1965), *Pedagogia, Vol. I: L'educazione. Problemi di pedagogia generale*, Torino, SEI.

CORALLO G. (1967), *Pedagogia, Vol. II: L'atto di educare. Problemi di metodologia dell'educazione*, Torino, SEI.

CORNO L. - R. KANFER (1993), *The role of volition in learning and performance*, «Review of Research in Education», 301-341.

CORRADINI L. (1976), *La difficile convivenza*, Brescia, La Scuola, 3ª ed.

CORRADINI L. - P. CATTANEO (1997), *Educazione alla salute*, Brescia, La Scuola.

COSPES (1995), *L'età incompiuta*, Torino, LDC.

COSTANZO M. (1996), *La televisione è piccola*, Milano, Baldini & Castoldi.

CSIKSZENTMIHALYI M.R. (1975), *Beyond boredom and anxiety*, San Francisco, Jossey-Bass.

CSIKSZENTMIHALYI M.R. (1990), *Flow. The psychology of optimal experience*, New York, Harper and Row.

CSIKSZENTMIHALYI M.R. (1993) *The involving self: a psychology for the third millennium*, New York, Harper Collins.

CSIKSZENTMIHALYI M.R. (1997), *Finding flow. The psychology of engagement with everyday life*, New York, Basic Books.

CSIKSZENTMIHALYI M.R. - J. NAKAMURA (1989), «The dynamics of intrinsic motivation: a study of adolescents». In: C. AMES - R. AMES (Eds.), *Research on motivation in education. Vol. 3: Goals and cognitions*, San Diego, Academic Press, 45-71.

DALLE FRATTE G. (a cura di) (1984), *Teoria dei modelli in pedagogia.* Atti del Symposium internazionale, Trento, 13-14 ottobre 1983, Trento, Federazione Provinciale Scuole Materne.

DALLE FRATTE G. (a cura di) (1986), *Teoria e modello in pedagogia*, Roma, Armando.

DALLE FRATTE G. (a cura di) (1992), *Fine e valore*, Roma, Armando.

DALLE FRATTE G. (a cura di) (1995), *L'agire educativo: ragioni, contesti, teorie*, Roma, Armando.

DALLE FRATTE G. (a cura di) (1995), *Concezioni del bene e teoria della giustizia. Il dibattito tra liberali e comunitari in prospettiva pedagogica*, Roma, Armando.

DALLE FRATTE G. (1995), «Per una teoria comunitaria della scuola». In: G. DALLE FRATTE (a cura di), *Concezioni del bene e teoria della giustizia. Il dibattito tra liberali e comunitari in prospettiva pedagogica*, Roma, Armando, 365-390.

DAMASIO A.R. (1995), *L'errore di Cartesio. Emozione, ragione e cervello umano*, Milano, Adelphi, 2ª ed.

DAMIANO E. (1988), *L'insegnamento come azione.* «Il Quadrante Scolastico», 38, 23-48.

DAMIANO E. (1991), *La razionalità dell'insegnare. Per un bilancio della 'Pedagogia per obiettivi'.* «Il Quadrante Scolastico», 51, 10-42.

DAMIANO E. (a cura di) (1994), *Insegnare con i concetti*, Torino, SEI.

DAMIANO E. (1995a), *I concetti della religione*, Bologna, Dehoniane.

DAMIANO E. (a cura di) (1995b), *Guida alla didattica per concetti nella nuova scuola elementare*, Milano, Juvenilia.

DARCY-BERUBE F. (1995), *Religious education at a crossroads*, New York, Paulist Press.
DAVIS B. (1977), *Why teaching isn't possible*. «Educational Theory», 27, 304-309.
DE BENI M. (1998), *Prosocialità e altruismo. Guida all'educazione socioaffettiva*, Trento, Erickson.
DECI E.L. - R. FLASTE (1995), *Why we do what we do: the dynamics of personal autonomy*, New York, Putnam.
DECI E.L. - R.M. RYAN (1985), *Intrinsic motivation and self-determination in human behavior*, New York, Plenum.
DE GIACINTO S. (1977), *Educazione come sistema: studio per una formalizzazione della teoria pedagogica*, Brescia, La Scuola.
DE GIACINTO S. (a cura di) (1986), *Letture di epistemologia pedagogica tedesca*, Brescia, La Scuola.
DE GRADA E. - L. MANNETTI (1988), *L'attribuzione causale*, Bologna, Il Mulino.
DE KETELE J.M. (1986), «L'évaluation du savoir-être». In: J.M. DE KETELE (a cura di), *L'évaluation: approche descriptive ou prescriptive?*, Bruxelles, De Boeck, 179-208.
DELAMONT S. (1976), *Interaction in the classroom*, London, Methuen.
DE LANDSHEERE G. (1973), *Elementi di docimologia. Valutazione continua ed esami*, Firenze, La Nuova Italia.
DE LANDSHEERE G. - E. BAYER (1969), *Comment les maîtres enseignent: Analyse des interactions verbales en classe*, Bruxelles, Ministère de l'Éducation Nationale et de la Culture Française.
DE LANDSHEERE G. - E. BAYER (1979), *Come si insegna: analisi delle interazioni verbali in classe*, Teramo, Lisciani e Zampetti.
DE LANDSHEERE G. - A. DELCHAMBRE (1979), *Les comportements non verbaux de l'enseignant*, Bruxelles, Labor.
DE LANDSHEERE V. - G. DE LANDSHEERE (1976), *Définir les objectives de l'éducation*, Paris, PUF.
DE LANDSHEERE V. - G. DE LANDSHEERE (1977), *Definire gli obiettivi dell'educazione*, Firenze, La Nuova Italia.
DEMETRIO D. (1992), *Micropedagogia. La ricerca qualitativa in educazione*, Firenze, La Nuova Italia.
DEMETRIO D. (1997), *Manuale di educazione degli adulti*, Bari, Laterza.
DEMETRIO D. (1998), *Pedagogia della memoria*, Roma, Meltemi.
DEWEY J. (1961), *Come pensiamo*, Firenze, La Nuova Italia.
DEWEY J. (1967), *Esperienza e educazione*, Firenze, La Nuova Italia.
D'HAINAUT L. (1979), *Des fins aux objectifs de l'éducation*, Bruxelles, Labor.
DIEZ J.J. (1980), *La comunidad educativa*, Madrid, Narcea.
DILLON J.T. (1990), *The practice of questioning*, London, Routledge.
DOISE W. - G. MUGNY (1982), *La costruzione sociale dell'intelligenza*, Bologna, Il Mulino.
DOMENICI G. (1993), *Manuale della valutazione scolastica*, Bari, Laterza.
DONATI P. (a cura di) (1995), *Quarto Rapporto Cisf sulla famiglia in Italia*, Cinisello Balsamo (MI), S. Paolo.
DREYFUS H.L. - S.E. DREYFUS (1986), *Mind over machine*, New York, The Free Press.
DUBUISSON O. (1982), *L'acte catéchétique. Son but, sa pratique*, Paris, Centurion.
DUPUIS P.A. (1990), *Éduquer: une longue histoire. Recherche sur l'espace et le temps*

de l'éducation, Paris, Presses Universitaires de Strasbourg.
DUPUIS J.M. (1986), *Guide du bon usage des indicateurs d'évaluation.* «Pour», 107.
EISNER E. (1985), *The educational imagination: On the design and evaluation of educational programs*, New York, MacMillan, 2nd ed.
EISNER E. (1986), *The art of educational evaluation: a personal view*, Philadelphia, Falmer.
ELLERO M.P. (1997), *Introduzione alla retorica*, Milano, RCS Libri.
EMILIANI F. - B. ZANI (1998), *Elementi di psicologia sociale*, Bologna, Il Mulino.
ERICKSON F. (1986), «Qualitative methods in research on teaching». In: M.C. WITTROCK, *Handbook of research on teaching*, New York, Macmillan, 3th ed., 119-161.
FABBRI L. (1994), *Ricerca pedagogica e pratiche educative. Per una pedagogia come scienza pratica*, Napoli, Tecnodid.
FEND H. (1977), *Schulklima: Soziale Einflußprozeße in der Schule*, Weinheim - Basel, Beltz.
FIGARI G. (1986), *Les projets d'actions éducatives*, Rapport de synthèse de l'évaluation nationale des PAE, Université de Grenoble III.
FIGARI G. (1994), *Évaluer: quel référentiel?*, Bruxelles, De Boeck.
FLANDERS N.A. (1965), *Teacher influence, pupil attitudes and achievement*, Washington, U.S. Office of Education.
FLORES D'ARCAIS G. (a cura di) (1973), *Questioni di pedagogia*, Brescia, La Scuola.
FOUCAULT M. (1969), *Nascita della clinica*, Torino, Einaudi.
FOUCAULT M. (1972), *The archaeology of knowledge*, New York, Harper & Row.
FOUCAULT M. (1977), *Language, counter-memory, practice*, Oxford, Basil Blackwell.
FOUCAULT M. (1979), *Discipline and punish*, New York, Harper.
FOUCAULT M. (1980), *Power/knowledge*, New York, Pantheon.
FOUCAULT M. (1992), *Tecnologie del sé*, Torino, Bollati Boringhieri.
FRANTA H. (1977a), *"Amorevolezza" als pädagogische Liebe: Pädagogischer Grundakt und Bedeutung in der Persönlichkeitsbildung Heranwachsender.* «Don Bosco aktuell», 8, 21-35.
FRANTA H. (1977b), *Interazione educativa*, Roma, LAS.
FRANTA H. (1984), «Rapporto educativo». In: J.M. PRELLEZO - J. VECCHI (a cura di), *Progetto educativo pastorale*, Roma, LAS, 364-376.
FRANTA H. (1985), *Relazioni sociali nella scuola*, Torino, SEI.
FRANTA H. (1988), *Atteggiamenti dell'educatore*, Roma, LAS.
FRANTA H. (1990), *Il controllo delle proprie esperienze e attività nel processo di insegnamento: analisi e proposte sugli aspetti regolativi e relazionali.* «Orientamenti Pedagogici», 3, 536-554.
FRANTA H. - G. SALONIA (1979), *Comunicazione interpersonale*, Roma, LAS.
FRANTA H. - A. COLASANTI (1991), *L'arte dell'incoraggiamento*, Roma, La Nuova Italia Scientifica.
FRANZA A.M. (1981), *Retorica e metaforica in pedagogia. Quell'oscuro oggetto della formazione*, Milano, Unicopli.
FREIRE P. (1983), *Educazione come pratica della libertà*, Milano, Mondadori.
FREUDENTHAL H. (1978), *Weeding and sowing. Preface to a science of mathematics education*, Dordrecht, Reidel.
FRIJDA N.H. (1990), *Emozioni*, Bologna, Il Mulino.
GADAMER H.G. (1972), *Verità e metodo*, Milano, Fabbri.

GAGE N.L. (1978), *The scientific basis of the art of teaching*, New York, Teacher College Press.
GAGNÉ E.D. (1989), *Psicologia cognitiva e apprendimento scolastico*, Torino, SEI.
GAGNÉ R.M. (1985), *The conditions of learning and theory of instruction*, New York, CBS, 4th ed.
GAGNÉ R.M. - L.J. BRIGGS - W.W. WAGER (1988), *Principles of instructional design*, New York, Holt, Rinehart & Winston, 3rd ed.
GALATOLO R. - G. PALLOTTI (1999), *La conversazione. Un'introduzione allo studio dell'interazione verbale*, Milano, Cortina.
GALIMBERTI C. (a cura di) (1992), *La conversazione*, Milano, Guerini e Associati.
GALVAN S. (1995), «Per una teoria liberale della comunità». In: G. DALLE FRATTE (a cura di), *Concezioni del bene e teoria della giustizia. Il dibattito tra liberali e comunitari in prospettiva pedagogica*, Roma, Armando, 347-364.
GARCIA HOZ V. (1988), *Educación personalizada*, Madrid, Rialp, 8a ed.
GARDNER H. (1993), *Multiple intelligences*, New York, Basic Books.
GARDNER H. (1995), *L'educazione delle intelligenze multiple*, Milano, Anabasi.
GARDNER H. - T. HATCH (1989), *Multiple intelligences go to school*. «Educational Researcher», 18, 8.
GARIN C. (1991), *L'évaluation impossible*. «Le Monde», 10 gennaio, 11.
GARDNER H. (1999), *Sapere per comprendere. Discipline di studio e discipline della mente*, Milano, Feltrinelli.
GATTI G. (1994), *Educazione morale, etica cristiana*, Leumann, LDC, 2a ed.
GAYET D. (1995), *Modèles éducatifs et relations pédagogiques*, Paris, Colin.
GENNARI M. (1992), *Interpretare l'educazione*, Brescia, La Scuola.
GIROUX H.A. (1988), *Schooling and the struggle for public life: Critical pedagogy in the modern age*, Minneapolis, University of Minnesota Press.
GOLEMAN D. (1996), *Intelligenza emotiva*, Milano, Rizzoli.
GOLLWITZER P.M. (1990), «Action phases and mind-sets». In: E.T. HIGGINS - R.M. SORRENTINO (Eds.), *Motivation & cognition: Foundations of social behavior*, Vol. 2, New York, The Guilford Press, 53-92.
GOOD C.V. (1959), *Dictionary of education*, New York, McKay, 2nd ed.
GOODLAD J.I. - R. SODER - K.A. SIROTNIK (Eds.) (1990), *The moral dimensions of teaching*, San Francisco, Jossey-Bass.
GORDON D. (1992), *La metafora terapeutica*, Roma, Astrolabio.
GROOME T.H. (1980), *Sharing faith*, San Francisco, Harper.
GROPPO M. (a cura di) (1990), *L'educatore professionale oggi*, Milano, Vita e Pensiero.
GROSSBERG L. (1992), *We gotta get out of this place. Popular conservatism and postmodern culture*, New York, Routledge.
GUARDINI R. (1987), *Persona e libertà: saggi di fondazione della teoria pedagogica*, Brescia, La Scuola.
GUITTON J. (1999), *Il libro della sicurezza e delle virtù ritrovate*, Casale Monferrato. Piemme.
HABERMAS J. (1986), *Teoria dell'agire comunicativo*, Voll. 1-2, Bologna, Il Mulino.
HADJI C. (1990), *L'évaluation, règles du jeu*, Paris, ESF, 2a ed. (1995, 5a ed.).
HADJI C. (1992), *L'évaluation des actions éducatives*, Paris, PUF.
HADJI C. (1995), *La valutazione delle azioni educative*, Brescia, La Scuola.
HADJI C. (1997), *L'évaluation démystifiée*, Paris, ESF.

HALL S. (1980), «Encoding/Decoding». In: S. HALL et alii, *Culture, media, language*, London, Hutkinson, 128-138.
HALL S. (1992), «Cultural studies and its theoretical legacies». In: L. GROSSBERG - C. NELSON - P. TREICHLER (Eds.), *Cultural studies*, New York, Routledge, 77-294.
HAMELINE D. (1979), *Les objectifs pédagogiques en formation initiale et en formation continue*, Paris, ESF.
HARRI AUGSTEIN S. - L. THOMAS (1991), *Learning conversation*, London, Routledge.
HARWARD G.R. - P. HODKINSON (Eds.) (1994), *Action and reflection in teacher education*, Merwood, Ablez.
HAVELOCK E.A. (1973), *Cultura orale e civiltà della scrittura*, Bari, Laterza.
HECKHAUSEN H. (1980), *Motivation und Handeln*, Berlin, Springer.
HECKHAUSEN H. (1990), *Motivation und Handeln*, 2. Auflage, Berlin, Springer.
HECKHAUSEN H. (1992), *Motivation and action*, Berlin, Springer.
HECKHAUSEN H. - P.M. GOLLWITZER (1987), *Thought contents and cognitive functioning in motivational vs. volitional states of mind.* «Motivation and emotion», 11, 101-120.
HESS R. - G. WEIGAND (1994), *La relation pédagogique*, Paris, Colin.
HOUGH J.B. - J.K. DUNCAN (1970), *Teaching: description and analysis*, Reading, Addison-Wesley.
HOURDAKIS A. (1998), *Aristote et l'éducation*, Paris, PUF.
IMBERT F. (1992), *Vers une clinique du pédagogique*, Vigneux, Matrice.
IZARD C.E. (1977), *Human emotions*, New York, Plenum Press.
IZARD C.E. - J. KAGAN - R.B. ZAJONC (Eds.) (1984), *Emotions, cognition, and behavior*, Cambridge, Cambridge University Press.
JALONGO M.R. - J.P. ISENBERG (1995), *Teachers' stories: From personal narrative to professional insight*, San Francisco, Jossey-Bass.
JOYCE B. - M. WEIL (1986), *Models of teaching*, Englewood Cliffs, Prentice Hall, 3ª ed.
KANT I. (1965), *Critica della ragion pura*, Bari, Laterza.
KYMLICKA W. (1999), *La cittadinanza multiculturale*, Bologna, Il Mulino.
KLAFKI W. (1964), *Studien zur Bildungstheorie und Didaktik*, Weinheim, Beltz.
KNOWLES M.S. (1993), *Quando l'adulto impara*, Milano, F. Angeli.
KNOWLES M.S. (1996), *La formazione degli adulti come autobiografia*, Milano, Cortina.
KRON F.W. (1971), *Theorie des erzieherischen Verhältnisses*, Bad Heilbrunn, Klinkhardt.
KUHL J. (1981), *Motivational and functional helplessness: The moderating effect of state versus action orientation.* «Journal of Personality and Social Psychology», 40, 155-170.
KUHL J. (1983), *Motivation, Konflikt und Handlungskontrolle*, Berlin, Springer.
KUHL J. (1984), «Motivational aspects of achievement motivation and learned helplessness: Toward a comprehensive theory of action control». In: B.A. MAHER - W.B. MAHER (Eds.), *Progress in experimental personality research*, Vol. 13, New York, Academic Press, 99-171.
KUHL J. (1987), «Action control: The maintenance of motivational states». In: F. ALISCH - J. KUHL (Eds.), *Motivation, intention and volition*, Berlin, Springer, 279-291.
KUHL J. - J. BECKMANN (Eds.) (1994), *Volition and personality: action versus state orientation*, Seattle, Hogrefe & Huber.
LAENG M. (1987), *Nuovi lineamenti di pedagogia*, Brescia, La Scuola.

LAGARDE C. et alii (1995), *Pour une pédagogie de la parole*, Paris, Puf.

LANEVE C. (1981), *Retorica e educazione*, Brescia, La Scuola.

LANGEVELT M.J. - H. DANNER (1981), *Methodologie und «Sinn» - Orientierung in der Pädagogik*, München, Reinhart.

LAPORTA R. (1996), *L'assoluto pedagogico. Saggio sulla libertà in educazione*, Firenze, La Nuova Italia.

LAPP D. - H. BENDER - S. ELLENWOOD - M. JOHN (1975), *Teaching and learning. Philosophical, psychological, curricular applications*, New York, Macmillan.

LAZARUS R.S. (1984), *Stress, appraisal and coping*, New York, Springer.

LEIF J. (1984), *Où va la pédagogie? Réalités et perspectives*. «Raison Présente», 71.

LESNE M. (1984), *Lire les pratiques de formation d'adultes*, Paris, Ediling.

LÉVINAS E. (1982), *Étique et infini*, Paris, Fayard.

LÉVINAS E. (1990), *Totalità e infinito*, Milano, Jaca Book, 2ª ed.

LEWIN K. (1942), «Field theory and learning». In: *Yearbook of the national society for the study of education*, Vol. 41, Part II, Chicago, National Society for the Study of Education, 1942, 215-242. (Reprint in: K. LEWIN, *Field theory in social science*, Selected Theoretical Papers, D. Cartwright, New York, Harper & Brothers Publ., 1951, 60-86).

LEWIN K. (1946), *Action research and minority problems*. «Journal of Social Issues», 2, 34-46.

LEWIN K. (1965), *Teoria dinamica della personalità*, Firenze, Giunti-Barbera.

LEWIN K. - P. GRABBE (1945), *Conduct, knowledge and acceptance of new values*. «Journal of Social Issues», 1, 53-64.

LICKONA T. (1991), *Educating for character*, New York, Bantam Books.

LICKONA T. (1993), *The return of character education*. «Educational Leadership», 51, 3, 6-11.

LINDWORSKY J. (1923), *Der Wille: Seine Erscheinung und seine Beherrschung*, Leipzig, Barth.

LOHMANN Ch. - F. PROSE (1975), *Organisation und Interaktion in der Schule, Möglichkeiten und grenzen des Diskurses*, Köln, Kiepenheuer und Witsch.

LOPEZ-HERRERIAS J.A. (1989), *El profesor educador: persona y tecnólogo*, Madrid, Cincel.

LUHMANN N. - K.H. SCHORR (1988), *Il sistema educativo: problemi di riflessività*, Roma, Armando.

LUKE A. (1995), *Text and discourse in education: An introduction to critical discourse analysis*. «Review of Research in Education», 21, 3-48.

MACARIO L. (1988), *Genitori. I rischi dell'educazione*, Torino, SEI.

MACARIO L. (1993), *Imparare a vivere da uomo adulto*, Roma, LAS, 2ª ed.

MACEWAN H. - K. EGAN (Eds.) (1995), *Narrative in teaching, learning and research*, New York/London, Teacher College Press.

MACINTYRE A. (1981), *After virtue. A study in moral theory*, Notre Dame, University of Notre Dame Press.

MACINTYRE A. (1988), *Dopo la virtù. Saggi di teoria morale*, Milano, Feltrinelli.

MACLEOD D.B. (1989), «Beliefs, attitudes, and emotions: New views of affect in mathematics education». In: D.B. MACLEOD & V.M. ADAMS (Eds.), *Affect and mathematical problem solving*, New York, Springer-Verlag, 245-258.

MACMILLAN C.J.B. - J.W. GARRISON (1988), *A logical theory of teaching: Erotetics and intentionality*, Dordrecht, Kluwer Academic Publishers.

MAGER R. (1972), *Gli obiettivi didattici*, Teramo, Lisciani e Zampetti.
MAGER R. (1974), *L'analisi degli obiettivi*, Teramo, Lisciani e Zampetti.
MAGGI B. (a cura di) (1991), *La formazione: concezioni a confronto*, Milano, Etas Libri.
MAGRI T. (a cura di) (1999), *Filosofia ed emozioni*, Milano, Feltrinelli.
MALAVASI P. (1995), *Etica e interpretazione pedagogica*, Brescia, La Scuola.
MANDLER G. (1984), *Mind and body*, New York, Northon.
MANTEGAZZA R. (a cura di) (1996), *Per una pedagogia narrativa*, Bologna, Editrice Missionaria Italiana.
MARIET F. - L. PORCHER (1995), *Apprendre à devenir citoyen à l'école*, Paris, Flammarion.
MARITAIN J. (1951), *L'educazione al bivio*, Brescia, La Scuola.
MARKUS H. - P. NURIUS (1986), *Possibles selves*. «American Psychologist», 41, 954-969.
MARROU H.I. (1994), *Storia dell'educazione nell'antichità*, Roma, Studium.
MARTIN L.H. - H.GUTMAN - P.H. HUTTON (a cura di) (1992), *Tecnologie del sé: un seminario con Michel Foucault*, Torino, Bollati Boringhieri.
MASSA R. (a cura di) (1984), *La formazione dei formatori*, Milano, IRRSAE Lombardia.
MASSA R. (1986), *Le tecniche e i corpi. Verso una scienza dell'educazione*, Milano, Unicopli, 2ª ed.
MASSA R. (1990), *Istituzioni di pedagogia e scienze dell'educazione*, Bari, Laterza.
MASSA R. (a cura di) (1990), *L'adolescenza: immagine e trattamento*, Milano, F. Angeli, 3ª ed.
MASSA R. (a cura di) (1992), *La clinica della formazione: un'esperienza di ricerca*, Milano, F. Angeli.
MASSA R. - DEMETRIO D. (a cura di) (1991), *Le vite normali. Una ricerca sulle storie di formazione dei giovani*, Milano, Unicopli.
MASSIMINI F. - M.R. CSIKSZENTMIHALYI - A. DELLE FAVE (1986), «Selezione psicologica e flusso di coscienza». In: F. MASSIMINI - P. INGHILLERI (a cura di), *L'esperienza quotidiana: Teoria e metodo d'analisi*, Milano, F. Angeli, 133-180.
MASSIMINI F. - P. INGHILLERI (a cura di) (1986), *L'esperienza quotidiana: teoria e metodo di analisi*, Milano, F. Angeli.
MASTROMARINO R. (1991), *L'azione didattica*, Roma, Armando.
MATTEI F. (a cura di) (1990), *La fine dell'educazione*, Roma, Anicia.
MAYER J.D. - P. SALOVEY (1997), «What is emotional intelligence?». In: P. SALOVEY - J.D. SLUYTER (Eds.), *Emotional development and emotional intelligence: Implications for educators*, New York, Basic Books, 3-31.
MAYMI P. (1980), *Pedagogía religiosa*, Madrid, Ediciones Instituto Pontificio San Pío X.
MEIRIEU P. (1985), *L'école, mode d'emploi*, Paris, ESF.
MEIRIEU P. (1990), *Enseigner, scénario pour un métier nouveau*, Paris, ESF.
MEIRIEU P. (1990), *Imparare ... ma come?*, Bologna, Cappelli.
MEIRIEU P. (1991), *Le choix d'éduquer*, Paris, ESF.
MEIRIEU P. (1994), «Méthodes pédagogiques». In: P. CHAMPY - C. ETVE (Eds.), *Dictionnaire encyclopédique de l'éducation et de la formation*, Paris, Nathan, 660-666.
MEIRIEU P. (1995), *La pédagogie entre le faire et le dire*, Paris, ESF.
MEIRIEU P. (1996), *Frankenstein pédagogue*, Paris, ESF.

MINDER M. (1997), *Champs d'action pédagogique. Une encyclopédie des domaines de l'éducation*, Paris/Bruxelles, De Boeck & Larcier.
MISCHEL H.N. - W. MISCHEL (1983), *The development of children's knowledge of self-control strategies*. «Child Development», 54, 603-619.
MORANDI F. (1997), *Modèles et méthodes en pédagogie*, Paris, Nathan.
MORIN E. (1999), *La tête bien fait*, Paris, Seuil.
MORISSETTE D. (1986), *La mesure et l'évaluation du savoir-être en classe: définition du problème et état des travaux, sur une hypothèse de solution*. «Mesure et évaluation en éducation», 2/3, 5-38.
MORSON G.S. - C. EMERSON (1990), *Mikhail Bakhtin. Creation of a prosaics*, Stanford, Stanford University Press.
MOUGNIOTTE A. (1994), *Éduquer à la démocratie*, Paris, Cerf.
NANNI A. (1998), *L'educazione interculturale oggi in Italia*, Bologna, EMI.
NANNI C. (1984), *Educazione e scienze dell'educazione*, Roma, LAS.
NANNI C. (1990), *L'educazione tra crisi e ricerca di senso*, Roma, LAS.
NANNI C. (1992), *Educazione e pedagogia in una cultura che cambia*, Roma, LAS.
NANNI C. (1997), *La ricerca pedagogico-didattica. Problemi, acquisizioni e prospettive*, Roma, LAS.
NEWELL A. - H.A. SIMON (1972), *Human problem solving*, Englewood Cliffs, Prentice Hall.
NODDINGS N. (1984), *Caring: A feminine approach to ethics and moral education*, Berkeley, University of California Press.
NOT L. (1989), *L'enseignement répondant*, Paris, PUF.
NOVAK J.D. - D.B. GOWIN (1989), *Imparando a imparare*, Torino, SEI.
NUTTIN J. (1980), *Théorie de la motivation humaine*, Paris, PUF.
NUTTIN J. (1983), *Teoria della motivazione umana*, Roma, Armando.
O'CONNOR M.C. (1998), *Can we trace the «efficacy of social constructivism»?* «Review of Research in Education», 23, 25-71.
OREFICE P. (1975), *La comunità educativa: teoria e prassi*, Napoli, Ferraro.
ORTON R.E. (1995). *Ockham's razor and Plato's beard*, «Journal for Research in Mathematics Education», 3, 204-229.
OSSWALD P. (1973), *Erziehungsmittel, Werkzeuge der Manipulation oder Hilfen zu Emanzipation?*, Ratingen, A. Henn, Düsseldorf, Kastellaun.
OSTERRIETH P. (1996), *Faire des adultes*, Liège, Mardaga.
PARLETT M. - D. HAMILTON (1976), «Evaluation as illumination». In: D. TAWNEY (Ed.), *Curriculum evaluation today: Trends and implications*, London, Macmillan, 84-101.
PASCAL B. (1963), «De l'art de persuader». In: *Oeuvres complètes*, Paris, Seuil.
PATI L. (1995), *La politica familiare nella prospettiva dell'educazione*, Brescia, La Scuola.
PELLEREY M. (1980), *Il metodo della ricerca-azione di K. Lewin nei suoi più recenti sviluppi e applicazioni*. «Orientamenti Pedagogici», 3, 449-463.
PELLEREY M. (1989), *Azione educativa e didattica*. «Il Quadrante Scolastico», 42, 23-33.
PELLEREY M. (1990a), *Elementi per la definizione di una pedagogia della Formazione professionale*. «Rassegna CNOS», 3, 21-49.
PELLEREY M. (1990b), *Grida di guerra e ipotesi di conciliazione in pedagogia*. «Orientamenti Pedagogici», 2, 217-227.
PELLEREY M. (1990c), «Modelli di insegnamento e loro concettualizzazione». In: C. SCU-

RATI (a cura di), *Realtà e forme dell'insegnamento*, Brescia, La Scuola, 127-147.
PELLEREY M. (1991a), *Sperimentare nella formazione professionale*, Venezia, Regione Veneto.
PELLEREY M. (1991b), *Le vie della ragione nella ricerca pedagogica: conflitto permanente o conciliazione integrativa?*. «Il Quadrante Scolastico», 49, 10-26.
PELLEREY M. (1991c), «Sulla circolarità tra valori e azioni in prospettiva psicologica». In: G. DALLE FRATTE (a cura di), *Fine e valore. Per una giustificazione dei fondamenti etici della pedagogia*, Roma, Armando, 109-126.
PELLEREY M. (1992), *Su alcune dimensioni morali dell'azione di insegnamento*. «Orientamenti Pedagogici», 4, 743-756.
PELLEREY M. (1993), *Volli, sempre volli, fortissimamente volli. La rinascita della psicologia della volontà*. «Orientamenti Pedagogici», 6, 1005-1017.
PELLEREY M. (1994), *Progettazione didattica*, Torino, SEI, 2ª ed.
PELLEREY M. (1995), *Educazione morale, educazione sociale, educazione del carattere: i compiti della scuola*. «Orientamenti Pedagogici», 2, 219-233.
PELLEREY M. (1996a), *Questionario sulle strategie d'apprendimento*, Roma, LAS.
PELLEREY M. (1996b), *Modernità, postmodernità ed educazione*. «Orientamenti Pedagogici», 4, 701-718.
PELLEREY M. (1997a), *Collaboratori o antagonisti: i mass media favoriscono o ostacolano la capacità educativa della famiglia, della scuola e della chiesa?* «Orientamenti Pedagogici», 5, 947-964.
PELLEREY M. (1997b), *Modernità, postmodernità e educazione. La rinascita del valore conoscitivo della pratica*. «Orientamenti Pedagogici», 6, 1131-1149.
PELLEREY M. (1998), *L'agire educativo. La pratica pedagogica tra modernità e postmodernità*, Roma, LAS.
PERELMAN C. (1979), *The new rhetoric and the humanities. Essays on rhetoric and its applications*, Dordrecht, Reidel.
PERELMAN C. - L. OLBRECHTS-TYTECA (1982), *Trattato dell'argomentazione*, Voll. 1 e 2, Torino, Einaudi.
PERRENOUD P. (1989), «Des inégalités culturelles aux inégalités scolaires: L'évaluation et la norme dans un enseignement indifférencié». In: L. ALLAL - J. CARDINET - P. PERRENOUD (Eds.), *L'évaluation formative dans un enseignement différencié*, Berne, Lang, 20-25, 5ª ed.
PERRENOUD P. (1998), *Construire des compétences des l'école*, Paris, ESF, 2ª ed.
PERRENOUD P. (1999), *Dix nouvelles compétences pour enseigner*, Paris, ESF.
PERTICARI P. (a cura di) (1993), *Della conversazione. La costruzione della conoscenza e il rapporto con l'altro*, Rimini, Guaraldi.
PIATTELLI PALMARINI M. (1995), *L'arte di persuadere*, Milano, Mondadori.
PIEPER J. (1956), *Sulla giustizia*, Brescia, Morcelliana.
PIEPER J. (1957), *Sulla fortezza*, Brescia, Morcelliana.
PINAR W.F. - W.M. REYNOLDS - P. SLATTERY - P.M. TAUBMAN (1995), *Understanding curriculum. An introduction to the study of historical and contemporary curriculum discourses*, New York, Peter Lang.
POISSON Y. (1990), *La recherche qualitative en éducation*, Sillery (Québec), Presse de l'Université du Québec.
POLANYI M. (1990), *La conoscenza personale*, Milano, Rusconi.
POLKINGHORNE D.E. (1992), «Postmodern epistemology of practice». In: S. KVALE, *Psychology and postmodernism*, London, Sage, 146-165.

POLLARD A. (1997), *Reflective teaching in the primary school*, London, Cassell.
POLLARD A. (1997), *Reflective teaching in secondary education*, London, Cassell.
POLLO M. - R. TONELLI (1997), *È possibile educare narrando*. «Note di Pastorale giovanile», 6, 7-36.
PONTECORVO C. - A.M. AJELLO - C. ZUCCHERMAGLIO (1993), *Discutendo si impara*, Roma, La Nuova Italia Scientifica.
POSTIC M. - J.M. DE KETELE (1993), *Osservare le situazioni educative*, Torino, SEI.
POSTMAN N. (1995), *The end of education*, New York, Knopf.
POSTMAN N. (1997), *La fine dell'educazione*, Roma, Armando.
POURTOIS J.P. - H. DESMET (1997), *L'éducation postmoderne*, Paris, PUF.
PRELLEZO J.M. - J. VECCHI (a cura di) (1984), *Progetto educativo pastorale*, Roma, LAS.
PRELLEZO J.M. - R. LANFRANCHI (1995), *Educazione e pedagogia nei solchi della storia*, 3 voll., Torino, SEI.
PRELLEZO J.M. (Coord.) (1997), *Dizionario di scienze dell'educazione*, Torino-Roma, LDC-LAS-SEI.
QUAGLINO G.P. (1985), *Fare formazione*, Bologna, Il Mulino.
QUAGLINO G.P. (1988), «Note sulla nuova managerialità». In: G.P. QUAGLINO - G. VARCHETTA (a cura di), *La formazione e il suo centro*, Torino, Tirrenia Stampatori, 113-171.
QUAGLINO G.P. - G. VARCHETTA (a cura di) (1988), *La formazione e il suo centro*, Torino, Tirrenia Stampatori, 113-171.
REALE G. (1998), *Platone: alla ricerca della sapienza segreta*, Milano, Rizzoli.
REALE G. (a cura di) (1991), *Platone: tutti gli scritti*, Milano, Rusconi, 2ª ed.
REBOUL O. (1995), *I valori dell'educazione*, Milano, Ed. Ancora.
REVANS R.W. (1980), *Action learning*, London, Blond & Briggs.
RICHARDSON V. (Ed.) (1997), *Constructivist teacher education*, London, Falmer.
RICOEUR P. (1988), *Tempo e racconto*, Milano, Jaca Book.
RICOEUR P. (1989), *Dal testo all'azione*, Milano, Jaca Book.
RICOEUR P. (1990), *Soi-même comme un autre*, Paris, Éditions du Seuil.
RICOEUR P. (1994), *Persona, comunità e istituzioni* (a cura di A. Danese), Firenze, Edizioni Cultura della Pace.
RIGOTTI F. (1995), *La verità retorica: etica, conoscenza e persuasione*, Milano, Feltrinelli.
RORTY R. (1992), *La filosofia e lo specchio della natura*, Milano, Bompiani.
RORTY R. (1996), *Scritti sull'educazione*, Firenze, La Nuova Italia.
RYAN K. (1993), *Mining the values in the curriculum*. «Educational Leadership», 51 (3), 16-19.
SABINI J. (1995), *Social psychology*, New York, Norton & Co., 2nd ed.
SALOVEY P. - J.D. MAYER (1990), *Emotional intelligence*. «Imagination, Cognition, and Personality», 9, 185-211.
SALOVEY P. - J.D. SLUYTER (Eds.) (1997), *Emotional development and emotional intelligence: Implications for educators*, New York, Basic Books.
SANDIN R.T. (1992), *The rehabilitation of virtue: foundations of moral education*, New York, Praeger.
SAN GIOVANNI BOSCO (1959), *Epistolario*, Torino, SEI.
SAN TOMMASO D'AQUINO (1958), *Il maestro*, Roma, Paoline.
SAN TOMMASO D'AQUINO (1965), *De Magistro*, Roma, Armando.

SANTELLI BECCEGATO L. (1998), *Interpretazioni pedagogiche e scelte educative*, Brescia, La Scuola.
SATIR V. (1972), *Peoplemaking*, Palo Alto, Science and Behavior Books Inc.
SAVATER F. (1997), *A mia madre mia prima maestra. Il valore di educare*, Bari, Laterza.
SCAGLIOSO C. (1995), «Azione educativa e pedagogia come scienza pratica». In: G. DALLE FRATTE (a cura di), *L'agire educativo: ragioni, contesti, teorie*, Roma, Armando, 207-217.
SCHAEFER K.H. - K. SCHALLER (1976), *Kritische Erziehungswissenschaft und kommunikative Didaktik*, Heidelberg, Quelle und Meyer, 3ª ed.
SCHEPENS J. (1977), «Le condizioni e le leggi psicologiche della comunicazione nei gruppi primari». In: F. DESRAMAUT - M. MIDALI (Eds.), *La comunicazione e la famiglia Salesiana*, Leumann (To), LDC, 19-68.
SCHIRO M. (1978), *Curriculum for better schools*, Englewood Cliffs, Educational Technology Publications.
SCHOEN D.A. (1993), *Il professionista riflessivo*, Bari, Dedalo.
SCILLIGO P. (1994), *La relazione di aiuto fondata sull'azione*, Roma, IFREP.
SELG R. (1978), «Soziale Interaktionsformen III». In: B. MINSEL - W. KLAUS (Eds.), *Soziale Interaktion in der Schule*, München, Urban und Schwarzenberg, 110-122.
SHERMAN N. (1989), *The fabric of character: Aristotle's theory of virtue*, Oxford, Clarendon.
SIKULA J. - T.J. BUTTERY - E. GAYTON (Eds.) (1996), *Handbook of research on teacher education*, New York, MacMillan.
SIMON H.A. (1970), *The sciences of the artificial*, Cambridge (Ma), MIT Press.
SIROTNIK K.A. (1990), «Society, schooling, teaching, and preparing to teach». In: J.L. GOODLAD - R. SODER - K.A. SIROTNIK (Eds.), *The moral dimensions of teaching*, San Francisco, Jossey Bass, 296-327.
SNYDERS G. (1985), *Non è facile amare i propri figli*, Firenze, La Nuova Italia.
STEFFE L.P. - J. GALE (Eds.) (1995), *Constructivism in education*, Hillsdale, Erlbaum.
STELLA P. (1981), *Don Bosco nella storia della religiosità cattolica*, vol. 2, Roma, LAS, 2ª ed.
STENHOUSE L. (1977), *Dalla scuola del programma alla scuola del curricolo*, Roma, Armando.
STENHOUSE L. (1981), *What counts as research?* «British Journal of Educational Studies», 29, 103-114.
STERNBERG R.J. - D.R. CARUSO (1985), «Practical modes of knowing». In: E. EISNER, *Learning and teaching. The ways of knowing*, Chicago, NSSE, 133-158.
STONE K.F. - H.Q. DILLEHUNT (1978), *Self science: The subject is me*, Santa Monica, Goodyear Publ. Co.
STUFFLEBEAM D.L. e coll. (1980), *L'évaluation en éducation et la prise de décision*, Ottawa, NHP.
TAGLIAGAMBE S. (1998), *L'albero flessibile. La cultura della progettualità*, Milano, Masson.
TAUSCH R. - A. TAUSCH (1977), *Erziehungspsychologie*, Göttingen, C.J. Hogrefe.
TAUSCH R. - A. TAUSCH (1983), *Psicologia dell'educazione*, Roma, Città Nuova.
TOCHON F. (1993), *L'enseignant expert*, Paris, Nathan.
TOULMIN S. (1968), *Che cos'è la filosofia della scienza*, Roma, Armando.
TOUPIN L. (1995), *De la formation au métier*, Paris, ESF.
TYLER R.W. (1949), *Basic principles of curriculum and instruction*, Chicago, The

University of Chicago Press.
VALENTINI E. (1960), *L'assistenza salesiana*, Torino, SEI.
VALITUTTI S. (1975), *Comunità educativa e cultura*, Roma, Armando.
VAN DIJK T.A. (1993), *Principles of critical discourse analysis*. «Discourse and Society», 4, 249-284.
VATTIMO G. (1972), «L'ontologia ermeneutica nella filosofia contemporanea». In: H.G. GADAMER, *Verità e metodo*, Milano, Fabbri, I-XXIX.
VECCHI J. - J.M. PRELLEZO (1984), *Progetto educativo pastorale. Elementi modulari*, Roma, LAS.
VIGANÒ E. (1978), «Il progetto educativo salesiano». In: *Atti del Consiglio Superiore della Società Salesiana*, 58, 290, 3-42.
VYGOTSKIJ L.S. (1976), *Pensiero e linguaggio*, Firenze, Giunti Barbera.
VITTORI R. (1996), «Identità e narrazione». In: R. MANTEGAZZA (a cura di), *Per una pedagogia narrativa*, Bologna, Editrice Missionaria Italiana, 13-28.
VOLOSHINOV V.N. (1986), *Marxism and the philosophy of language*, Cambridge, Harvard University Press.
WARD J. (1992), *Sistema di arte oratoria* (*System of Oratory*, 1759). Introduzione, traduzione, note ed excursus di Roberto Salvucci, Urbino, Quattro Venti.
WEINER B. (1992), *Human motivation*, Newbury Park, Sage.
WERTHEIMER M. (1965), *Il pensiero produttivo*, Firenze, Ed. Universitaria.
WERTSCH J.V. (1998), *Mind as action*, New York, Oxford University Press.
WHITE R.W. (1959), *Motivation reconsidered: The concept of competence*. «Psychological Review», 66, 297-333.
WILEN W.W. (1990), «Forms and phases of discussion». In: W.W. WILEN (Ed.), *Teaching and learning through discussion: The theory, research, and practice of the discussion method*, Springfield, IL, Charles C. Thomas, 3-24.
WITTROCK M.C. (Ed.) (1986), *Handbook of research on teaching*, 3rd ed., New York, Macmillan.
WUNDERLICH D. - M. MAAS (1972), *Pragmatik des sprachlichen Handeln*, Frankfurt, Athenäum.
XOCHELLIS P. (1974), *Erziehung am Wendepunkt? Grundstrukturen des pädagogischen Bezuges in heutiger Sicht*, München, Ehrenwirth.

INDICE

ENCICLOPEDIA DELLE SCIENZE DELL'EDUCAZIONE

(volumi disponibili)

4. **Vecchi J. - Prellezo J.M.** (a cura), Progetto educativo pastorale. Elementi modulari, p. 460
7. **Groppo G.**, Teologia dell'educazione. Origine, identità, compiti, p. 504
9. **Franta H. - Salonia G.**, Comunicazione interpersonale. Teoria e pratica, p. 166
10. **Franta H.**, Psicologia della personalità. Individualità e formazione integrale, p. 180
11. **Spagnuolo Lobb M.**, Psicologia della personalità. Genesi delle differenze individuali, p.104
15. **Nanni C.**, L'educazione tra crisi e ricerca di senso. Un approccio filosofico, p. 258 (2ª ediz.)
17. **Scilligo P.**, Modelli lineari nell'analisi degli esperimenti, p. 144
19. **Scilligo P.** (a cura), Gestalt e analisi transazionale. Principi e tecniche, vol. II, p. 200
30. **Polizzi V.**, Psiche e soma. Introduzione alla psicofisiologia in funzione delle scienze dell'educazione, p. 112
34. **Ronco A.**, Introduzione alla psicologia, vol. I: Psicologia dinamica, p. 220 (6ª ediz.)
38. **Pellerey M.** (a cura), Domanda di educazione e nuove tecnologie della comunicazione, p. 196
39. **Castellazzi V.L.**, Psicopatologia dell'infanzia e dell'adolescenza: Le nevrosi, p. 200 (2ª ediz. riveduta e aggiornata)
40. **Franta H.**, Atteggiamenti dell'educatore. Teoria e training per la prassi educativa, p. 214
42. **Castellazzi V.L.**, Introduzione alle tecniche proiettive, p. 198 (3ª ediz. riveduta e aggiornata)
46. **Castellazzi V.L.**, Psicopatologia dell'infanzia e dell'adolescenza: *Le psicosi*, p. 160
51. **Macario L.**, Imparare a vivere da uomo adulto. Note di metodologia dell'educazione, p. 260 (2ª ediz. riveduta e ampliata)
52. **Fizzotti E.** (a cura), «Chi ha un perché nella vita...». Teoria e pratica della logoterapia, p. 238 (2ª ediz. riveduta e aggiornata)
53. **Castellazzi V.L.**, Psicopatologia dell'infanzia e dell'adolescenza: *La depressione*, p. 174
55. **Ronco A.**, Introduzione alla psicologia, vol. II: Conoscenza e apprendimento, p. 196 (4ª ediz.)
58. **Castellazzi V.L.**, Il test del disegno della famiglia, p. 386 (2ª ediz. riveduta e aggiornata)
59. **Comoglio M. - Cardoso M.A.**, Insegnare e apprendere in gruppo. Il *Cooperative Learning*, p. 536
60. **Caliman G.**, Normalità, devianza, lavoro. Giovani a Belo Horizonte, p. 480
61. **Nanni C.** (a cura), La ricerca pedagogico-didattica. Problemi, acquisizioni e prospettive negli ultimi cinquant'anni. Studi in onore del prof. Luigi Calonghi, p. X-678
62. **Van Looy L. - Malizia G.** (a cura), Formazione professionale salesiana: memoria e attualità per un confronto. Indagine sul campo, p. 424
63. **Purayidathil Th.**, Media, cultura e società. I contributi di George Gerbner nel campo della comunicazione sociale, p. 248
64. **Comoglio M.**, Educare insegnando. Apprendere ad applicare il *Cooperative Learning*, p. 544 (2ª ediz. riveduta)
65. **Van Looy L. - Malizia G.** (a cura), Formazione professionale salesiana. Proposte in una prospettiva multidisciplinare, p. 428
66. **Pellerey M.**, L'agire educativo. La pratica pedagogica tra modernità e postmodernità, p. 166
67. **Brophy J.**, Insegnare a studenti con problemi. Ediz. italiana a cura di M. Comoglio, p. 512
68. **Malizia G. - Nanni C.** (a cura), Giovani orientamento educazione, p. 196
69. **Pellerey M.**, Educare. Manuale di pedagogia come scienza pratico-progettuale, p. 310
70. **Castellazzi V.L.**, Quando il bambino gioca. Diagnosi e psicoterapia, p. 138
71. **Purayidathil Th.**, Vivere con i mass media. Alcune riflessioni, p. 222
72. **Frankl V.E.**, Le radici della logoterapia. Scritti giovanili 1923-1942. A cura di E. Fizzotti, p. 158
73. **Sergiovanni T.J.**, Costruire comunità nelle scuole. Ediz. italiana a cura di M. Comoglio, p. XX-174

74. **Sergiovanni T.J.**, Dirigere la scuola, comunità che apprende. Ediz. italiana a cura di M. Comoglio, p. XX-414
75. **Nanni C.**, Antropologia pedagogica. Prove di scrittura per l'oggi, p. 134
76. **Charles C.M.**, Gestire la classe. Teorie della disciplina di classe e applicazioni pratiche. Ediz. italiana a cura di M. Comoglio, p. XX-480
77. **Casella F.**, Per conoscere l'Occidente. Un percorso storico culturale dall'antichità greco-romana ad oggi, p. 398
78. **Sergiovanni T.J.** e **Starratt J.J.**, Valutare l'insegnamento. Ediz. Italiana a cura di M. Comoglio, p. XXXVI-404
79. **Nanni C.**, La riforma della scuola. Le idee, le leggi, p. 130
80. **Brophy J.**, Motivare gli studenti ad apprendere. Ediz. italiana a cura di M. Comoglio, p. 346
81. **Castellazzi V.L.**, Il test del disegno della figura umana, p. 242
82. **Orlando V.** (a cura), Educare nella multicultura, p. 216
83. **Fedrigotti G.**, Il sistema preventivo di Don Bosco nell'interpretazione di Vincenzo Cimatti (1879-1965), p. 244
84. **Gianola P.**, Il campo e la domanda, il progetto e l'azione. Per una pedagogia metodologica (a cura di C. Nanni), p. 200
85. **Wiggins G.** e **McTighe J.**, Fare progettazione. La "teoria" di un percorso didattico per la comprensione significativa. Ediz. italiana a cura di M. Comoglio, p. 290
86. **McTighe J.** e **Wiggins G.**, Fare progettazione. La "pratica" di un percorso didattico per la comprensione significativa. Ediz. italiana a cura di M. Comoglio, p. 378
87. **Castellazzi V.L.**, Il test di Rorschach. Manuale di siglatura e d'interpretazione psicoanalitica, p. 360
88. **Orlando V. - Pacucci M.**, La scommessa delle reti educative. Il territorio come comunità educante, p. 276

EDITRICE LAS - Piazza dell'Ateneo Salesiano, 1 - 00139 Roma
Tel. 06 87290626 – Fax 06 87290629 – E-mail: las@ups.urbe.it – http://las.ups.urbe.it – Ccp 16367393